教育部百所重点研究基地
中国政法大学诉讼法学研究院

第16卷

诉讼法学研究

Procedural Law Research

卞建林 主编

中国检察出版社

诉讼法学研究

（第十六卷）

主编絮语

经过编辑部工作人员半年来的共同努力，多方组稿，层层把关，尤其是承蒙中国检察出版社鼎力相助，本卷终于可以付梓了，这里首先对出版社的同事们表示衷心的感谢！

为了提高书刊的质量，编辑部进行了多方努力。首先是在稿件的来源方面，逐渐加重了约稿的比重，在本卷刊发的稿件中，约稿约占80%。采取约稿方式的主要益处在于可以相对集中主题，突出本刊的特点，在此基础上适当平衡三大诉讼法学稿件的结构，平衡作者的年龄和职称的结构。在确保刑事诉讼法学主体地位的前提下，适当地增加了民事诉讼法学和行政诉讼法学的稿件，增加了有望成为后起之秀的年轻学者的稿件。其次是为了提高稿件的质量，逐渐加重了项目研究成果论文的比重，适当地选编了2009年刑事诉讼法学年会或者有关专题学术研讨会的论文。再次是调整稿件的结构，细心的读者可以发现，本卷在兼顾针对诉讼法基本原理中的某个专题展开比较深入全面地论述的长篇大论的基础上，进一步加重了有关司法实践的调研报告和司法改革的专题论文，这应当是本卷的闪光点所在，也应当为本书刊区别于其他所有书刊的特点所在。这些调研报告和长篇大论大多来自主编和副主编的约稿。让编辑部欣喜的是，接受约稿的同仁都很忙，但来稿的质量却都很高，而且只在本刊发表。这里要特别对那些接受约稿、不吝赐稿的同仁们表示衷心的感谢。在编辑程序方面，采取“三审”制。所有来稿的电子版汇集后，由第一副主编进行初步的技术编辑，形成第一审的电子版本；然后交付主编和副主编按照专业的分工，进行一次总体性的把关，初步确定采用的稿件，然后交付第一副主编再次进行技术编辑，形成第二审的电子版本。在交付出版社之前，由主编定夺，并且撰写主编絮语，形成三审的电子版本，然后交付出版社再次把关。

“证据法与诉讼原理”部分围绕“真实”这一主题，首先刊登了由两位后起之秀倾心打造的两篇重量级的长篇大论，是本卷的第一个看点。郑旭博士的《论盖然确定性》旁征博引英美证据法上的相关文献，作者认为对于美国刑事诉讼证明标准中的“盖然确定性”(moral certainty) 一词，国内法学学者一直存在误解，误读为“道德上的确定性”。这既影响了学术研究的准确性，更影响了我们对美国证明标准的借鉴。本文通过研究盖然确定性的起源、哲学基础、美国联邦最高法院的判例以及学者的论文，澄清并具体解释盖然证据和盖然确定性的含义。在此基础上，文章以毛泽东的《实践论》为依据，论证盖然确定性理论与马克思主义认识论是兼容的，因而我国完全可以实行排除合理怀疑的证明标准，并提出了具体的方案。刘行博士的《论司法证明中的真实》一文立足于中国的审判实践，从法官的视角对学理上有关真实的文献做了一番系统的梳理。作者认为，不同学科的不同观点大体上可以分为本体论和认识论两个角度或者层面。本体论意义上的真实实质仍是认识论意义上的，作为客观存在意义上之本体论概念的只有“事实”，而真实则必然带有主体认识的因素，受主体价值、观念、思想的影响。作者因此认为，真实只是指人类主观对客观世界进行认识和把握的一种状态，这种状态需要人类在存在、认识与价值的统一中去思考和把握。证据法学界提出的法律真实说、主观真实说、客观真实说都有可取之处，也都在各自角度上反映了真实的某些本质特征，但在证据法学上，真实的概念是相当复杂的，似乎并非某一种观点所能完全涵盖。围绕这一核心论断，作者重点论述了推定与自认两种证明的方法。这两篇文章在风格、方法、视角、内容、资料等方面相辅相成，能够帮助读者掌握学界有关“真实”理论研究的前沿，形成一个比较系统的认识。与上述两篇原理性的论文不同，另外两篇论文的篇幅较短，针对具体问题展开简要的论述。罗海敏博士的《刑事诉讼严格证明与自由证明适用范围之探讨》一文认为，可以借鉴其他国家和地区划分严格证明与自由证明适用范围的有益经验，将犯罪构成要件事实纳入严格证明方式的范围，将被告人承担证明责任的事项原则上纳入自由证明方式的范围；多数量刑事实可采用自由证明的方式，部分量刑事实需进行严格证明；诉讼法上的事实通常应采用自由证明的方式，但在某些由控诉方承担证明责任的情形下例外。乔欣教授在《论操纵证券市场行为民事赔偿诉讼中的证明》一文深入细致地论述了操纵证券市场行为的定义和种类，以及相关民事赔偿诉讼中证明的主体和范围。前两篇论文侧重证据法的一般原理，而后两个问题着眼于具体的制度，可谓相得益彰。

“诉讼专论”部分刊登了主要由将成为后起之秀的年轻学者们撰写的四篇学术论文，分为“诉讼和解”与“诉讼关系”两个主题。胡常龙博士后撰写的《论刑事和解的两种模式》一文认为纠纷终结型刑事和解模式和量刑情节型刑事和解模式对于传统刑法理论乃至司法实践的影响和作用存在相当的差别。两种刑事和解模式的划分和研究有助于我们更加准确地把握刑事和解理论，更加清楚地评价刑事和解的作用和价值，更加理性地认识刑事和解于传统刑法理论的冲突和融合。雷运龙副庭长在《试论民事执行和解的司法审查机制》认为，执行和解协议作为执行的一种方式具有合理性，但法院应当审查它的合意性与合法性应当进行审查，遵循尊重当事人的意思自治、不得滥用社会公共利益条款等原则；执行和解协议经司法审查确认其合法性后，具有中止或终结执行程序、确认执行和解协议之执行力、确认执行和解中担保协议之执行力等方面的法律效果。蒋伟龙副教授的《论行政复议与行政诉讼的一体化重构》一文提出了近乎革命性的建构观点，主张在范围、程序、功能、原则、先后等关系方面将行政复议与行政诉讼进行一体化的整合，并且制定统一的《行政争议裁决程序法》，成立专门的行政争议裁决机构。刘东刚讲师的《论行政诉讼程序与行政程序之间的关系》在论述了行政程序与行政诉讼程序区别的基础上，论述两者之间的衔接关系以及法院在审查被诉行政行为合法性时的注意事项，认为行政程序和行政诉讼程序关系的本质是行政权和司法权的关系，是国家行政职能和司法职能在法律程序上的关系。要在行政法律领域实现程序正义，必须将行政程序和行政诉讼程序结合起来运用，两种程序制度的功能既有差异，又是互补的。上述各篇论文多少透出了一点稚气，但思想的锋芒却是闪亮的。

“司法改革”刊登了两篇颇有真知灼见的学术论文，是本卷的第二个看点。廖中洪教授在《“庭审中心主义”的局限与程序设置观念的变革——从民事诉讼程序立法视角的思考》一文中主张从民事诉讼程序设置基本观念及其指导思想上改变“庭审中心主义”，在注重采用法庭审理方式解决纠纷、了结案件的同时，向多视角、多方式解决纠纷和了结案件方向发展，充分发挥不同程序以及同一程序的不同诉讼阶段在解决纠纷以及了结案件中的功能和作用。韩波副教授的《审判委员会运作机制审理化的误区》实证性很强，选题独到，作者在文章中分析了审判委员会工作审理化的各种模式及其误区之后，认为在现行宪法框架下，应该将审判委员会定位为法院内集体议事机构，审判委员会行使的审判权力应该逐渐限缩，逐渐减少审判委员会讨论案件的数量，收缩审判委员会讨论的案件范围，逐步实现审判委员会的职能转化，将其转化为专业咨询机构与审判经验交流和总结的机构。

“诉讼实务”栏目刊登了四篇十分难得的调研报告，分量很重，质量很高，针对性很强，是本卷的最大亮点。关于这些调研报告的内容，这里不作总结了。相信读者不仅在信息和内容方面，更主要的是在调研的方法论方面，都会有丰硕的收获。

“外国诉讼制度”栏目刊载了两篇文章。汪建成教授的《大陆法系刑事司法鉴定模式研究》比较详细地介绍了大陆法系国家刑事司法鉴定的主体、程序、效力、质证等问题，在此基础上作了评价，资料价值和理论价值兼备。罗智敏讲师撰写的《论意大利行政诉讼中的预防性保护程序》出于作者在意大利留学期间获得的大量原文资料，可以说是目前国内相关专题的最翔实的文献。

“博士生论坛”栏目刊载了西北政法大学讲师李大勇的《从原告资格看中国宪政的走向：一个关键词的展开》。作者认为，行政诉讼原告资格是一个“场”，是一个象征性的符号，其中凝聚了当代中国政府法治进程的多重因素，向我们展示出了社会主义中国宪政的特性和基本走势。透过原告资格这个制度杠杆可以有效地协调行政诉讼制度中国家主义和个人主义因素的比重，使国家权力和公民权利在国家运行状态中达到一种和谐与平衡。行政诉讼原告资格对公民权益既保护又限制的双重职能，止于合法权益，是国家权力与公民权利博弈的暂时均衡，反映了在现有宪政结构下国家控制公民的限度。本文是从人权保障和宪政分权的高度审视行政诉讼原告资格的一篇难得的博士生论文。石金平撰写的《量刑事实的证明与量刑程序的设置刍议》一文言简意赅，选题切中实践和理论关注的热点，其最大特点是实事求是，根据实证调研的材料提出改革的建议。

“台港澳法制”栏目将连续刊载许家源先生撰写的《我国台湾地区刑事侦查法制论略》。

“诉讼法史”栏目刊载了杨宇冠教授撰写的《中国古代死刑制度初探》一文，作者阅读了大量的古代文献，足见作者的古代汉语功底。从本期起，将连续刊载《西方刑事正当程序、对质权的起源与发展》一文。本栏目的两篇论文具有很高的资料价值。

卞建林

2009年12月18日于北京

目录

诉讼实务 193

外国诉讼制度 294

博士生论坛 355

台港澳法制 379

诉讼法史 388

证据法与诉讼原理

论盖然确定性

郑　旭*

在通往真实的大道上，绝对、终极、固定的标准，无论名称如何，都只是我们梦寐以求的理想，而现实的司法证明过程中存在的只是标注不同确定性程度的盖然性尺度。盖然的确定性乃是把握司法证明过程中之真实的关键所在。

一、盖然证据和盖然确定性

对于盖然证据（moral evidence）和盖然确定性（moral certainty），熟悉英美法的人一定不会陌生。问题在于，法学界一直把这个词翻译成“道德证据”和“道德上的确定性”，[①] 不仅让人难以理解，而且被认为是“主观上的确定性”而予以批判。[②]

在哲学领域，关文运先生翻译的《人类理解研究》一书，把

---

* 中国政法大学刑事司法学院副教授、法学博士。

① 目前法学论文中都把 moral certainty 理解为“道德上的确定性”，仅举几例：易延友：《证据法学的理论基础——以裁判事实的可接受性为中心》，载《法学研究》2004 年第 1 期，第 107 页；熊秋红：《对刑事证明标准的思考——以刑事证明中的可能性和确定性为视角》，载《法商研究》2003 年第 1 期，第 82 页；陈光中等：《诉讼真实与证明标准改革》，载《政法论坛》2009 年第 2 期，第 16 页。

② 陈光中等：《诉讼真实与证明标准改革》，载《政法论坛》2009 年第 2 期，第 16 页。

"moral reasoning"① 翻译成"或然的推论"②；吕大吉先生的翻译也是如此。③ 此书牛津版对这个词汇专门有一个注释，内容是："在'研究'的前两个版本，休谟在这里使用的是'盖然或或然的推理'（moral or probable reasonings）。休谟在这里使用这个术语意思是那些比完全的确定性差一些的推理，得出的结论是或然的或者说顶多是达到'盖然确定性'（moral certainty）的，并且在这里'moral'一词不包含任何伦理意义上的含义。"④ 换句话说，在哲学领域，moral一词的中文翻译是接近正确的。下面笔者对这些词汇进行进一步的解释。

（一）盖然证据

所谓盖然证据（moral evidence），是指基于人们的一般感知，或者说经验观察的证据，与论证证据（demonstrative evidence）相对而言。⑤ 在诉讼中，盖然证据是指被用来证明与人类事务有关事项的基于观察的证据（empirical evidence）——即审理中提出的证据。⑥

这一术语是美国建国初期从17和18世纪的哲学家和历史学家那里借鉴来的。⑦ 美国宪法起草者之一、联邦最高法院首任大法官詹姆斯·威尔逊在1790年的一次法学演讲中指出，"证据分为两类——论证证据（demonstrative evidence）和盖然证据。""论证证据的事项是抽象的且必然的真理，或者观念之间不变的关系。盖然证据的事项是实际存在的、或许发生的真理，以及实际存在的事物之

① David Hume, *An Enquiry Concerning Human Understanding*, Edited by Peter Millican, Oxford University Press, New York 2007, at 25.

② ［英］休谟：《人类理解研究》，关文运译，商务印书馆1981年版，第34页。

③ ［英］休谟：《人类理智研究》，吕大吉译，商务印书馆1999年版，第28页。

④ David Hume, *An Enquiry Concerning Human Understanding*, Edited by Peter Millican, Oxford University Press, New York 2007, at 191.

⑤ Webster's New Twentieth Century Dictionary, (2d ed. 1979), at 1168. Quoted in Victor v. Nebraska, 511 U.S. 1 (1994), at 12 - 13.

⑥ Victor v. Nebraska, 511 U.S. 1 (1994), at 13.

⑦ Barbara Shapiro, "*Beyond Reasonable Doubt*" *and* "*Probable Cause*": *Historical Perspectives on the Anglo - American Law of Evidence*, ch. 1 (1991), quoted in Victor v. Nebraska, 511 U.S. 1 (1994), at 10.

间发生的联系。……”“作为盖然证据，相反证据的存在不仅是可能的，而且是普遍的；作为论证证据，不可能存在相反的证据。假定存在互相矛盾的论证证据，相当于假设同一个命题既是真的又是假的：这显然是荒谬的。而对于盖然证据而言，在绝大多数情况下，证明其真假的实际证据都是存在的。在真假两个方面，相反的推定、相反的证言、相反的经验必须得到衡量。”①

格林立夫（Greenleaf）在19世纪的专著中写道：“事实问题（maters of fact）只能通过盖然证据来证明；……在日常生活中，我们并不需要论证证据，……并且如果坚持要求论证证据，将是不合理的和荒谬的。”②

（二）盖然确定性

所谓盖然确定性（moral certainty），是指根据盖然证据所能达到的最高的确定程度。换句话说，就是命题接近于真但无法立即论证的确定性。就其程度而言，要求达到排除合理怀疑的或然性程度。

盖然确定性与盖然证据有着相同的认识论来源。③ 盖然确定性是基于盖然证据所能达到的最高的确定程度。在其1790年的演讲中，威尔逊指出：“根据一系列的盖然证据，得出的推理并不是必然成立的；即使前提为真，从中得出的结论也有可能为假。……根据盖然证据，我们不知不觉地从可能性（possibility）上升到或然性（probability），又从或然性上升到最高程度的盖然确定性。”④

盖然确定性是指对某些事件或者行为的主观确信程度，它和排除合理怀疑（beyond a reasonable doubt）是可以互换使用的同义词。⑤ 正如马萨诸塞州最高法院在1875年解释的那样：“‘排除合理怀疑’的证明就是‘盖然确定性’的证明，与绝对的确定性（absolute certainty）相对而言。当被用于对犯罪的审理时，这两个短语是同义词并且是等同的；每一个词都被著名的法官用来解释另一个词；

① 1 Works of James Wilson 477（J. Andrews ed. 1896）, at 518 – 519.

② 1 S. Greenleaf, Law of Evidence 3 – 4（13th ed. 1876）, quoted in Victor v. Nebraska, 511 U. S. 1（1994）, at 11.

③ Barbara J. Shapiro, *To A Moral Certainty*: *Theories of Knowledgf and Angle – American Juries* 1600 – 1850, 38 Hastings L. J. 153（1986）, at 181 – 182.

④ 1 Works of James Wilson 477（J. Andrews ed. 1896）, at 519.

⑤ Victor v. Nebraska, 511 U. S. 1（1994）, at 11.

每一个词的含义都是证明被指控的犯罪是被告人实施的达到这样的程度，即陪审团作为理智正常、且把他们的理智运用到面前的证据中的人，现有的证据满足其判断和良心，并且满足到不可能存在其他合理结论的程度。”[1]

盖然确定性的观念经常与洛克的哲学联系在一起。洛克认为，由于与人类事务有关的事项[2]（“moral” sciences，与数学或者“natural” sciences 相对而言）是不可能达到绝对确定的程度的，顶多能够达到盖然确定性的程度。虽然盖然确定的信仰不能够被证明到排除一切怀疑的程度，但仍然能够成为被各种相互支撑的证据所支持的确立的信仰。[3]

二、盖然确定性的历史发展

（一）英国哲学中盖然确定性的起源

到 16 世纪，人文学者的批评已经使经院哲学和逻辑的缺陷变得众所周知，但他们也没有建立起替代性的体系。怀疑主义开始抬头，它不仅攻击经院哲学，而且质疑宗教教义、感知的可靠性、对事件报告的可靠性以至于任何关于知识的主张。[4] 笛卡尔和培根试图反驳这种怀疑主义的批评并修复经院哲学的缺陷，方法是通过非经院哲学的方法发现具有确定性的知识。笛卡尔否认来自于感官的知识具有确定性，并否认依赖实验或者证言的学科的价值。培根的经验主义哲学强调恰当感官获得的信息，但是仍然寻求绝对确定的公理以

① Commonwealth v. Costley，118 Mass. 1（1875），at 24.

② 对于 moral 一词，休谟也在“与人有关的”这个意义上使用过（除了在“盖然”的意义上使用以外），他所说的 moral philosophy，含义是指“关于人性的科学”（the Science of Human Nature）。也就是说，在 18 世纪，moral 这个词的通常含义是“与人类事务有关的”，而非近代通常使用的“与伦理有关的”这个含义。See David Hume，*An Enquiry Concerning Human Understanding*，Edited by Peter Millican，Oxford University Press，New York 2007，at xxxi，185.

③ Andrew Botterell，*Rethingking Criminal Law*，22 Can. J. L. & Juris. 93（2009），at 97.

④ Barbara J. Shapiro，*To A Moral Certainty*：*Theories of Knowledge And Anglo－American Juries* 1600－1850，38 Hastings L. J. 153（1986），at 156.

及普遍适用的抽象理论。[1] 17世纪以来的英国哲学家和科学家群体既不接受笛卡尔的理论也不接受培根的理论，因为他们并不主张来自于经验观察的事实能够达到绝对确定的程度。他们试图通过实验、直接观察和证言来验证自然现象，并且相信，依靠从上述活动中产生的证据的质量和数量，他们得出的结论的真实性足以作为人类活动的依据。[2] 这种哲学的杰出代表，就是下面要介绍的洛克和休谟。

1. 洛克的或然性理论

英国经验主义哲学家洛克把所有的知识分为确定性的（certainty）和或然性的（probability）两种。在洛克1690年的《人类理解论》[3] 一书中，他认为具有确定性的知识分为两种，一是直觉的（Intuitive）知识，是指不需要借助别的观念为媒介就能够直接看到两个观念之间的契合的知识，例如白非黑，圆非三角形，三比二多并等于一加二。这类知识的特点是，仅仅通过直觉，人的意识就能够感知到这种观念的确定性，而不需要任何其他观念的介入。二是论证的（demonstrative）知识，是指不能直接看出两个观念的契合，而需要借助一个或者多个其他观念为媒介，来发现这种契合的知识。这就需要借助推理，例如三角形三内角之和等于两个直角之和。对于这个论断是否属实，无法通过直接观察和比较来进行验证，因为无法把三个内角拼起来与两个直角进行比较。因而，对于这种论断，就不属于直接的、直觉的知识。为了验证其是否正确，需要找与三个内角相等的其他角，如果那些其他角等于两个直角，那么，就证明了三角形的三内角等于两个直角。论证的知识依赖于清楚的“证明”（proofs），即直觉的知识与论证的知识之间介入的那些观念。[4]

所谓或然性，是指根据可以错误的证明而见到的一种契合，既有可能是真实的，也有可能是错误的。作为论证的知识，借助的媒

---

① Barbara J. Shapiro, *To A Moral Certainty: Theories of Knowledge and Anglo-American Juries* 1600-1850, 38 Hastings L. J. 153 (1986), at 156-157.

② Barbara J. Shapiro, *To A Moral Certainty: Theories of Knowledge and Anglo-American Juries* 1600-1850, 38 Hastings L. J. 153 (1986), at 157.

③ 这本书有中文译本，即［英］洛克：《人类理解论》（上下册），关文运译，商务印书馆1983年版。但为求准确，本文的写作以1825年纽约出版的英文本为准，读者可以参看中译本的相关部分。

④ John Locke, *An Essay Concerning Human Understanding*, Printed by Samuel Marks, New York, 1825, Vol. 2, at 50-51.

介是恒久不变的证明，而或然性，借助的媒介并不是恒久不变的联系。[①] 如果认为或然性的命题为真，就可以称之为信仰（belief）、同意（assent）或者意见（opinion）。所谓信仰等，就是我们虽不确实认为一个命题是真实的，但是因为各种使我们信以为真的论证或者证明承认它是真的。因而，“或然性”和“确定性”的差别也就是信仰和知识的差别，即在知识的每一部分，都有一种直觉，而且每一个中介观念，每一步骤都有其明显的、确定的联系；而在信仰方面，作为媒介的观念不能明显地把观念连接起来，因而不能明显地指出那些观念的契合与否。[②]

或然性的根据有两种：第一，是与我们自己经验的一致性，即与我们自己的知识、观察或者经验相一致；第二，是关于其他人经验的证言，即别人的证言，保证如实陈述了他们的观察和经验。在衡量其他人的证言时，需要考虑下面几个因素：（1）证人的数量；（2）证人的正直品格；（3）证人的表达技巧；（4）如果该证言是来自于对书本的引用，那么考察该作者的原意；（5）证言各部分的一致性，以及是在何种情况下作出的陈述；（6）相反的证言。[③]

笔者对洛克上述理论的理解是，关于历史事件陈述的真实性，以及关于法庭审理中某一时间的真实性，主要是依赖于或然性的第二种根据，也就是凭借他人的证言。因而，对某一具体事实是否存在的命题，不属于知识的范围，而是属于或然性的范围。

2. 休谟的盖然性理论

大卫·休谟继承了洛克在《人类理解论》中对论证推理（demonstrative reasoning）和或然推理（probable）的划分，虽然他把洛克的或然推理称为“盖然推理”（moral reasoning），或者“关于事实问题以及存在问题的推理”（reasoning concerning matter of fact and existence）。按照洛克的说法，从过去推理出将来，只能达到或然性

---

① John Locke, *An Essay Concerning Human Understanding*, Printed by Samuel Marks, New York, 1825, Vol. 2, at 145.

② John Locke, *An Essay Concerning Human Understanding*, Printed by Samuel Marks, New York, 1825, Vol. 2, at 146.

③ John Locke, *An Essay Concerning Human Understanding*, Printed by Samuel Marks, New York, 1825, Vol. 2, at 146.

的程度，即使是基于大量的、完全一致的经验进行的推理。[①]因而，关于事实的推理（factual reasoning，休谟称之为盖然的，洛克称之为或然的），现在通常称之为“归纳推理”（inductive inference），是通过各种日常推理来得出显然合理但并没有达到逻辑上确定程度的结论，根据是我们个人经验、证人证言、我们对人和事规律的理解等。[②]

休谟在 1748 年[③]《人类理解研究》[④] 一书中指出，所有的人类理智的对象可以自然地分为两种：观念之间的关系（relations of ideas）和事实问题（matters of fact）。[⑤] 观念之间的关系，包括几何、代数和算术等科学。简单地说，每一个命题要么是直觉的确定性，要么是论证的确定性。“直角三角形斜边的平方等于其余两边的平方和”是一个命题，表达的是这个数值之间的关系。“三乘以五等于三十的一半”，表达的是这些数字之间的关系。这种命题只需要思维活动就可以发现其真假，不依赖宇宙间任何事物的存在。[⑥]

事实问题，即人类理智的第二个对象，就无法通过同样的方式予以查明了；而且，无论我们对于其真实性的证据多么强有力，也达不到前面那种证据的性质。事实问题命题的相反命题仍然可能是真实的；因为这并不表示存在逻辑上的矛盾，与符合实际情况的命

---

① David Hume, *An Enquiry Concerning Human Understanding*, Edited by Peter Millican, Oxford University Press, New York 2007, at xl – xli.

② David Hume, *An Enquiry Concerning Human Understanding*, Edited by Peter Millican, Oxford University Press, New York 2007, at xxxvii.

③ 该书最初于 1748 年在伦敦出版，当时的题目叫 Philosophical Essays Concerning Human Understanding。1758 年出版第四版时，休谟把题目改为 An Enquiry Concerning Human Understanding，后来内容又略有修正。See David Hume, An Enquiry Concerning Human Understanding, Edited by Peter Millican, Oxford University Press, New York 2007, at xlii.

④ 这本书有中文译本，即［英］休谟：《人类理解研究》，关文运译，商务印书馆 1981 年版；或吕大吉译本《人类理智研究》，商务印书馆 1999 年版。但为求准确，本文的写作以 2007 年牛津出版的英文本为准，读者可以参看中译本的相关部分。

⑤ David Hume, *An Enquiry Concerning Human Understanding*, Edited by Peter Millican, Oxford University Press, New York 2007, at 18.

⑥ David Hume, *An Enquiry Concerning Human Understanding*, Edited by Peter Millican, Oxford University Press, New York 2007, at 18.

题一样，可以同样现实且清晰地想象出来。“明天太阳将不会升起”与“明天太阳将会升起”相比，作为一个命题具有同样的可理解性和不矛盾性。所以，我们要论证其虚假将是徒劳的。如果它可以被论证为虚假，它应当显示出矛盾性并且不可能被意识清楚地想象出来。①

相应地，所有的推理可以分为两种：论证的推理（demonstrative reasoning），即关于观念之间的关系的推理；盖然推理（moral reasoning），即关于事实问题以及存在问题的推理。②

休谟认为，抽象科学，即论证推理的对象，只能是量和数，任何试图把这种完美知识的范围进行扩展的努力都只能是幻想。人类的其他一切研究对象，都只是涉及事实问题和存在问题的，而这些显然是无法进行论证的。所有存在的东西都可能不存在。对任何事实的否定，都不会导致矛盾。任何事物不存在的命题，与其存在的命题，都一样是清楚明确的观念。一个错误的数学命题，如六十四的立方根等于十的一半，就是虚假的命题，无法被清楚地想象出来。但是，如果说历史上从来没有凯撒这个人，这个命题可能是错误的，但是完全可以被想象，并且不会导致任何矛盾。③

因而，任何事物存在的命题，只能通过其原因或者结果来予以证明，并且这些证据完全建立在经验的基础上。只有经验告诉我们原因和结果的性质和界限，使我们能够从一个事物的存在推理出另一个事物的存在。这是盖然推理的基础，它构成人类知识的大部分，并且是一切人类活动和行为的源泉。④

盖然推理要么是关于具体事实的，要么是关于抽象事实的。生活中的所有思考都是关于具体事实的，历史学、地理学和天文学也是如此。关于抽象事实的是指政治学、自然哲学、物理学、化学等，

---

① David Hume, *An Enquiry Concerning Human Understanding*, Edited by Peter Millican, Oxford University Press, New York 2007, at 18.

② David Hume, *An Enquiry Concerning Human Understanding*, Edited by Peter Millican, Oxford University Press, New York 2007, at 25.

③ David Hume, *An Enquiry Concerning Human Understanding*, Edited by Peter Millican, Oxford University Press, New York 2007, at 119.

④ David Hume, *An Enquiry Concerning Human Understanding*, Edited by Peter Millican, Oxford University Press, New York 2007, at 119 – 120.

这些科学所研究的是一整类对象的质量、原因和结果。[①]

（二）从满足良心到盖然确定性

1215 年，教会发布命令，禁止使用神明裁判的方式进行审理。自此以后，大陆法系国家和英美法系国家走上了不同的发展道路。大陆法系的替代模式是法定证据制度，规定两个证人或者一份供述就可以达到法定证明标准，并发展出一套旨在获取口供的刑讯制度。英国则采纳了陪审团制。[②]

早期的陪审团是由了解案件情况的人组成的，后来则需要依赖证人证言来查明案件情况。到 15 世纪晚期，出现了“根据证据和你们的良心”认定事实的给予陪审团的指示。[③]

“满足良心”一词是从基督教决疑论（casuistry）中借用来的。良心是理性思考的结果，排斥情绪化或者直觉的结论。也就是说，理智规范良心的内容，并且旨在达到坚固的、确定的同意。违反良心就是违反理智，“满足的良心”或者“确信的良心”要求“全面的说服”，并且可能达到盖然确定性，虽然达不到论证的确定性。[④]在 17 世纪晚期和 18 世纪早期，“满足良心”一词在给予陪审团的指示中反复出现，使用的词汇包括满足的良心、满足的理解、盖然确定性以及排除合理怀疑。这些词汇都是为了传达同样程度的陪审团成员头脑中的确定性，也都是要求陪审员通过理智进行思考。[⑤]

经过 17、18 世纪哲学上对认识论的讨论，人类知识或者说人类

---

① David Hume, *An Enquiry Concerning Human Understanding*, Edited by Peter Millican, Oxford University Press, New York 2007, at 120.

② Barbara Shapiro, *Changing Language, Unchanging Standard: From 'Satisfied Conscience' To 'Moral Certainty' and 'Beyond Reasonable Doubt'*, 17 Cardozo J. Int'l & Comp. L. 261 (2009), at 261.

③ Barbara Shapiro, *Changing Language, Unchanging Standard: From 'Satisfied Conscience' To 'Moral Certainty' and 'Beyond Reasonable Doubt'*, 17 Cardozo J. Int'l & Comp. L. 261 (2009), at 262.

④ Barbara Shapiro, *Changing Language, Unchanging Standard: From 'Satisfied Conscience' To 'Moral Certainty' and 'Beyond Reasonable Doubt'*, 17 Cardozo J. Int'l & Comp. L. 261 (2009), at 264.

⑤ Barbara Shapiro, *Changing Language, Unchanging Standard: From 'Satisfied Conscience' To 'Moral Certainty' and 'Beyond Reasonable Doubt'*, 17 Cardozo J. Int'l & Comp. L. 261 (2009), at 267.

理解方面的理论对司法实践也产生了影响。在1700年至1750年间，给予陪审团的指示中仍然提及良心，但是越来越多地使用意识、判断、理解等词汇，而不是良心，作为根据证据得出结论的方法。①

到了17世纪末，特别是18世纪中期，“盖然确定性”一词以及排除合理怀疑的信仰这一观念逐渐被人们熟悉。② 在18世纪和19世纪，这个词汇稳固地扎根于证据法著作中。Gilbert 和 Morgan 作为最早的证据法著作的作者，利用洛克的哲学作为基础，在其著作中写道：“确定性存在不同的程度，从完全的确定性和论证的确定性，一直到不大可能和不太可能……与这些不同等级的证据相适应，存在不同的意识活动，从完全确信一直到推测、怀疑、不大相信和不相信。”③

（三）盖然确定性在美国的确立

1790年，美国联邦最高法院大法官詹姆斯·威尔逊继承英国法的传统，指出法律必须与正确的关于人的意识的理论相一致。④ 他以苏格兰常识学派哲学为基础，区分了论证推理（demonstrative reasoning）和盖然推理（moral reasoning），前者是关于抽象和必然的真理，后者则存在不同程度的或然性，从可能性上升到或然性，又从或然性上升到最高程度的盖然确定性。⑤ 盖然证据以及证人证言，构成了陪审团面前证据的绝大部分。威尔逊认为，自然哲学（即科学）的整体，都与法律具有同样的认识论基础，即根据证人证言形成的，而这些证人证言的内容是建立在观察和经验的基础上的。⑥ 威尔逊探讨了怀疑或者拒绝相信证言的理由，并得出这样的结论，即很多证人相互一致的证言，在排除了事先串谋的情况下，将达到与严格论

---

① Barbara Shapiro, *Changing Language, Unchanging Standard: From 'Satisfied Conscience' To 'Moral Certainty' and 'Beyond Reasonable Doubt'*, 17 Cardozo J. Int'l & Comp. L. 261 (2009), at 271.

② Barbara Shapiro, *Changing Language, Unchanging Standard: From 'Satisfied Conscience' To 'Moral Certainty' and 'Beyond Reasonable Doubt'*, 17 Cardozo J. Int'l & Comp. L. 261 (2009), at 272.

③ Sir Geoffrey Gilbert, The Law of Evidence 1 (Dublin, 1754). Quoted in Shapiro, 17 Cardozo J. Int'l & Comp. L. 261 (2009), at 272.

④ 1 Works of James Wilson 477 (J. Andrews ed. 1896), at 505.

⑤ 1 Works of James Wilson 477 (J. Andrews ed. 1896), at 519.

⑥ 1 Works of James Wilson 477 (J. Andrews ed. 1896), at 509.

证推理同样程度的效果。①

盖然确定性作为美国刑事诉讼的证明标准，既是对英国经验主义哲学的继承，也是对绝对确定性无法实现的一种务实态度。要求绝对确定性，即排除一切可能的怀疑，固然能够保证只有有罪的人才会被定罪，但是这样要求将会导致定罪成为不可能的事情。考虑到审理中证据的有限性，对绝对确定性的要求将会导致证明标准过高，将会给司法制度带来过重的负担，在实践中也不具有可行性。因而，美国没有采纳绝对确定性作为司法制度的证明标准，而是采用盖然确定性这种实用的证明标准。②

（四）1850年Webster判例中对盖然确定性一词的使用

最被经常引用的给予陪审团的证明标准的指示，是1850年马萨诸塞州最高法院首席大法官Shaw在Webster③判例中作出的。该指示是这样的：

“什么是合理怀疑？这是一个经常使用、可能被很好理解的术语，但是不容易下定义。它不能等同于只是可能的怀疑；因为与人类事务有关的并且依靠盖然证据的任何事项，都可能存在某些可能的或者想象的怀疑。这种状态是指，在对所有的证据进行彻底比较和衡量之后，陪审员的头脑中形成这样的状态，即他们无法说他们对指控的真实性的持久确信达到了盖然确定性的程度。证明责任由公诉人承担。独立于证据之外的所有法律推定都是倾向于无罪的；并且任何人在被证明有罪之前被推定为无罪。如果根据这样的证明，仍然存在合理的怀疑，被告人有权获得无罪判决。理由是，证据不足以证明一种可能性，虽然根据概率原理，被指控的事实真实的可能性更大；证据必须证明事实的真实性达到合理和盖然确定性的程度；这种确定性能说服和指导一个负责的人的理解，并能满足其理智和判断。我们认为这就是排除合理怀疑的证明。”④

这段话在后来的判例中经常被引用，成了对合理怀疑标准的经典解释。从该段话中我们可以看出，Shaw大法官沿袭了17、18世纪

---

① 1 Works of James Wilson 477（J. Andrews ed. 1896），at 504－505.

② Henry L. Chambers，*Reasonable Certainty and Reasonable Doubt*，81 Marq. L. Rev. 655（1998），at 662.

③ Commonwealth v. Webster，59 Mass. 295（1850）.

④ Commonwealth v. Webster，59 Mass. 295（1850），at 320.

的 moral 一词的用法，指出诉讼中对事实的查明必须依靠盖然证据（moral evidence），并且基于盖然证据所进行的推理，只能达到盖然确定性（moral certainty）的程度。不了解英国现代哲学，就无法理解 moral 的正确含义，甚至容易把 moral 一词理解为两百年后的今天更常用的含义——即伦理学意义上的词义——道德。不仅我国学者在这个问题上作出了歧义的解释，连美国 Victor 案件的律师[①]，甚至某些英美法学者也存在偶尔的误读。[②]

三、盖然确定性在美国判例中的使用

Webster 判例中的指示标志着美国法院系统开始把现代的排除合理怀疑标准适用于刑事案件中。[③] 到 1927 年，州立法机关把 Webster 指示的大部分内容采纳为对合理怀疑的制定法解释。[④]

（一）Cage 判例

Cage v. Louisiana[⑤] 判例是美国联邦最高法院 1990 年作出的一个关于盖然确定性的判例。该案的争议问题是，在陪审团指示中把“排除合理怀疑”解释为“盖然确定性”，是否侵犯被告人第十四修正案规定的正当程序权利。

上诉人被路易斯安那州的一个审理法院判定犯有一级谋杀罪，并被判处死刑。他提出的上诉理由之一，就是审理中给予陪审团的关于合理怀疑的指示存在宪法上的缺陷。该指示的相关部分如下：

“如果你们对于被告人构成犯罪所必需的任何事实或者要素存在合理怀疑，那么你们有责任作对他有利的解释并作出无罪裁决。即使证据表明存在有罪的可能性，但如果没有证明到排除合理怀疑的程度，你必须裁决被告人无罪。然而，这种怀疑必须是一个合理的

---

① Victor v. Nebraska, 511 U. S. 1 (1994), at 13. 在该案中，被告人争论说 moral certainty 会导致陪审员根据其犯罪行为的伦理或者道德属性来作出判决。联邦最高法院驳斥了这一说法。

② Steve Sheppard, *The Metanmorphoses of Reasonablf Doubt: How Changes In The Burden of Proof Have Weakened The Presumption of Innocence*, 117 Yale L. J. 1180 (2003), at 1201. 该文认为，moral certainty 是指合乎伦理地（ethically）认定有罪或者无罪的实际基础。但是持这种观点的英美学者非常罕见。

③ Apodaca v. Oregon, 406 U. S. 404 (1972), at 412, n. 6.

④ Cal. Penal Code Ann. § 1096.

⑤ Cage v. Louisiana, 498 U. S. 39 (1990).

怀疑；即它是建立在一个真实的、触摸得到的且实质性的基础之上，而不是仅仅任意的怀疑或者猜想。它必须是足以引起严重不确定性的怀疑，并且产生的理由是证据的缺陷或者缺乏证据。合理怀疑不能等同于只是可能的怀疑。它必须是一个实际的且实质性的怀疑。它是一个理智正常的人能够严肃对待的怀疑。这里需要的，不是绝对的或者数学上的确定性，而是盖然的确定性。”

联邦最高法院的法庭共同意见判定，对这个指示的解释，需要考虑理智正常的陪审员对这个指示整体上的理解。该指示开始时指出，判定有罪必须达到排除合理怀疑的程度，但是后来它把合理怀疑等同于“严重不确定性”和“实际的且实质性的怀疑”，并且说需要的是被告人有罪的“盖然确定性”。法院认为，“实质性的”和“严重”这些词汇，按照其通常的含义，意味着比排除合理怀疑规则要求的无罪裁决更高程度的怀疑。当这些说法和“盖然确定性”而非证据上的确定性结合在一起考虑时，显然陪审员有可能把该指示解释为可以根据比正当程序条款的要求低的证明程度认定有罪。[①]

相应地，联邦最高法院判定[②]，这个指示违背了 Winship[③] 判例中确立的排除合理怀疑证明标准属于第十四修正案正当程序条款的要求这一原则。[④]

（二） Victor 判例

Victor[⑤] 判例是美国联邦最高法院 1994 年作出的一个关于盖然确定性的判例。该判例是对两个案件一并判决，即 Victor v. Nebraska 和 Sandoval v. California。

上诉人 Sandoval 因多项谋杀罪被加利福尼亚州的一个法院判处死刑和不得假释的终身监禁，后来 Sandoval 以审理中的陪审团指示侵犯其正当程序条款的权利为由提出上诉。该案中对陪审团的指示如下：

“合理怀疑的定义是这样的：它并不能等同于只是可能的怀疑；由于与人的事物有关、并且依靠盖然证据的任何事情，都可能存在

① Cage v. Louisiana, 498 U. S. 39 (1990), at 41.

② Cage v. Louisiana, 498 U. S. 39 (1990), at 41.

③ In re Winship, 396 U. S. 358 (1970).

④ In re Winship, 396 U. S. 358 (1970), at 364.

⑤ Victor v. Nebraska, 511 U. S. 1 (1994).

某些可能的或者想象的怀疑。这种状态是指，在对所有的证据进行彻底比较和衡量之后，陪审员的头脑中形成这样的状态，即他们无法说他们对指控的真实性的持久确信达到了盖然确定性的程度。”

这个指示是根据加州刑法释义第1096条给出的。该条吸纳了Webster判例中的指示，并规定：“法庭在解释无罪推定或者排除合理怀疑时，可以只宣读本法第1096条的规定而不做进一步的解释。”①

Sandoval对这个指示的主要异议，是其中使用的“盖然证据”（moral evidence）和“盖然确定性”（moral certainty）两个术语。正如上面指出的那样，这两个词是从Webster判例中Shaw首席大法官的指示中原封不动地搬过来的，其历史演化过程如前文所述。

联邦最高法院判定，虽然盖然证据一词在现代不经常使用，但是其含义与19世纪时是相同的，即基于人们一般观察的证据。而且，该指示本身包含了对这个术语的解释。陪审团被告知，“与人类事务有关并且依赖盖然证据的任何事物，都可能存在可能的或者想象的怀疑”。换句话说，与人类事务有关的事项，是无法达到绝对确定性的程度的。在这句话中的盖然证据一词，只能被理解为被用来证明此类事项的基于观察的证据（empirical evidence）——审理中提出的证据。而且，法官在该案中指示的其余部分，告知陪审员把注意力集中于他们面前的证据，因而盖然证据这个词的使用是没有问题的。

关于盖然确定性，Sandoval争论说这个术语有可能失去了其历史上的含义，现代的陪审团可能会理解为这是比排除合理怀疑标准低的定罪标准。最高法院认为，单看盖然确定性这个短语，现代陪审员可能不会认识到这是排除合理怀疑标准的同义词，但是，从该指示的整体来看，加利福尼亚法院的指示并不违宪。

Sandoval争论说，很多现代词典对盖然确定性的定义都是基于或然性，例如有的定义为“基于强烈的或然性”、“依赖于或然性的令人信服的理由”等。虽然排除合理怀疑标准也承认事实审理者对于过去发生的事情不可能获得准确的知识而只能获得关于可能发生的事件的信念，但这里的问题在于，盖然确定性标准是否低于宪法所要求的排除合理怀疑标准。最高法院判定，虽然盖然确定性在这

① Cal. Penal Code Ann. §1096a.

个方面是不明确的，但是指示的其余部分解释了该术语的含义。陪审员被告知他们对指控真实性的持久确信达到了盖然确定性的程度。这里的持久确信，是指具有固定的和不变的意义的确信，这种确信是在对全部证据进行认真审查和比较之后形成的。而且，法官已经告知陪审团，与人类事务有关的事项只能通过盖然证据来证明，此部分的盖然（moral）一词应当做同样的理解，即只能理解为与人类事务有关的确定性。由于盖然确定性一词与持久确信一并使用，因而联邦最高法院认为该术语并没有允许陪审团依据比正当程序条款的要求低的证明标准对他定罪。

Sandoval 的第二个争论是，陪审员可能在控方未能证明其有罪达到排除合理怀疑的程度时，仍然确信被告人有罪达到盖然确定性的程度。有的词典对盖然确定性的定义是“基于强烈的可能性或者坚定的确信，而不是基于实际的证据”。[①] 而且，联邦最高法院在 Cage 判例中专门对“盖然确定性”和“证据上的确定性”进行了区分。[②] 在本案中，联邦最高法院判定，盖然确定性一词不能离开其上下文来理解。在 Cage 判例中的指示，仅仅告诉陪审员他们对被告人有罪必须达到盖然确定的程度，没有其他进一步的解释。但是在本案中，法官告知陪审员在对所有的证据进行彻底比较和衡量之后，达到盖然确定性的程度。这个指示明确告诉陪审员他们的结论必须是建立在该案的证据的基础上。该案指示的其余部分，告诉陪审员只能根据审理中被提出的证据来判断案件的事实，而不能从任何其他来源；并且不能受到同情或者偏见等个人情感的影响。相应地，陪审团对盖然确定性的理解必然是根据该案中提出的证据。

联邦最高法院认为，盖然确定性一词的使用，既不会被陪审团理解为低于正当程序条款要求的证明标准，也不会被理解为允许根据控方证据以外的因素定罪。但是，联邦最高法院不赞成在陪审团指示中继续使用该术语，因为正如现代词典中对盖然确定性的定义所证明的那样，该术语自从在 Webster 判例中使用以来，其通常含义已经发生了变化，并且可能有一天会变化到与 Winship 判例确立的标准相冲突的程度。事实上，在联邦法院系统最为普遍使用的对排除

---

① American Heritage Dictionary (3d ed. 1992), at 1173. Quoted in Victor v. Nebraska, 511 U. S. 1 (1994), at 15.

② Cage v. Louisiana, 498 U. S. 39 (1990), at 41.

合理怀疑的定义中，并不包含盖然确定性这个短语。[1]

（三）对 Victor 判例的评价

如上所述，盖然确定性一词是从哲学和科学中借鉴到法学的一个概念，“盖然”（moral）的含义相当于“非常”（very）[2]。但经过两百年的语言演化，有可能有的人并不知道这个词在 18 世纪时的含义，并且有可能对其进行错误的理解。

例如，在 Victor 判例中，Sandoval 就争论说，盖然证据和盖然确定性术语的使用，由于盖然和道德是一个英文词（moral），容易被误解为对他犯罪行为伦理上或者道德上的评价。[3] Blackmun 和 Souter 大法官在该案的部分赞同部分反对的意见中也指出，盖然确定性一词很有可能导致陪审员们合理地相信他们可以根据道德标准或者情感作出定罪决定，在证据标准之外甚至替代证据标准。在被告人被指控实施了一项令人厌恶或者残忍的罪行的案件中，陪审员们把“盖然确定性”理解为授权他们可以部分地根据对被告人行为的伦理价值判断来定罪，这种风险是特别大的。正是由于这个原因，在 Cage 判例里最高法院才对“盖然确定性”和“证据上的确定性”进行了区分。[4]

虽然博学的最高法院大法官们驳斥了 Sandoval 的这个理解，[5] 但是，“moral”一词的“盖然”这个词义在现实生活中确实已经很少使用了。因而，在给予陪审团的指示中应当避免“盖然确定性”这一词语的使用，而是应当使用这样的解释：“合理怀疑就是那种使一个理智正常的人犹豫不决的怀疑。”[6]

早在 Victor 判例之前的 1982 年，联邦法官会议的一个委员会提出了一个陪审团指示的建议，于 1987 年通过，把“排除合理怀疑的

---

① Victor v. Nebraska, 511 U. S. 1 (1994), at 16 – 17.

② Barbara j. Shapiro, *To A Moral Certainty*: *Theories of Knowledge And Anglo – American Juries* 1600 – 1850, 38 Hastings L. J. 153 (1986), at 153.

③ Victor v. Nebraska, 511 U. S. 1 (1994), at 13. See also Tom J. Ervin, *What Does 'Beyongd A Reasonable Doubt' Really Man*? . 6 – AUG S. C. Law 32 (1994), at 33.

④ Victor v. Nebraska, 511 U. S. 1 (1994), at 37.

⑤ Victor v. Nebraska, 511 U. S. 1 (1994), at 13.

⑥ Tom J. Ervin, *What Does 'Beyongd A Reasonable Doubt' Really Man*? . 6 – AUG S. C. Law 32 (1994), at 35.

证明”解释为“令你坚定地确信的证明”。这种把“盖然确定性”改为“坚定确信”（firm conviction）的办法，既解释了排除合理怀疑的内涵，又保留了盖然确定性的原意。[①]

四、盖然确定性对中国刑事诉讼证明标准的启示

（一）盖然确定性与马克思主义认识论并不矛盾

我国法学界传统观点一直认为认识论是刑事证据制度的理论基础，[②] 即使是批评观点也认为诉讼都包含着裁判者运用证据对案件事实进行确定的认识活动[③]。笔者认为，至少证明标准这个问题属于认识论（Epistemology，或者译为知识论、理智论、理解论）的问题，即人类知识的范围和限度的问题。这是一个在古今中外都已经形成共识的一个问题，上面对盖然确定性历史和哲学基础的分析就证明了这一点。[④]

按照洛克和休谟关于认识论的理论，人类的理解分为两个大的种类：一是论证推理，获得的是具有完全确定的结论，但是这种推理只适用于数值和数字，具体而言只限于几何、代数、算术学科的论证。二是盖然推理，获得的是具有盖然性的结论，其推理的根据是盖然证据，即基于人的观察和经验的证据，这种推理用于解决事实问题，历史学、物理学等科学都是如此，法庭上的事实查明也属于这一种类。

笔者认为，仅仅就本文所关注的事实问题的认识而言，上述经验论哲学的观点与马克思列宁主义、毛泽东思想中的认识论并不矛盾。具体分析如下：

第一，人的认识来源于经验。毛泽东在其著名的《实践论》一

① Steve Sheppard, *The Metamorphoses of Reasonable Doubt: How Changes In The Burden of Proof Have Weakened The Presumption of Innocence*, 117 Yale L. J. 1180 (2003), at 1203 - 1204.

② 陈光中等：《刑事证据制度与认识论——兼与误区论、法律真实论、相对真实论商榷》，载《中国法学》2001 年第 1 期，第 37 页。

③ 陈瑞华：《从认识论走向价值论——证据法理论基础的反思与重构》，载《法学》2001 年第 1 期，第 22 页。

④ 有人还专门写出了法律认识论的专著，如 Larry Laudan, *Truth, Error and Criminal Law: An Essay in Legal Epistemology* (2006)。

文中指出："认识开始于经验——这就是认识论的唯物论。"[①]"你要知道梨子的滋味，你就得变革梨子，亲口吃一吃……一个人的知识，不外直接经验的和间接经验的两部分。而且在我为间接经验者，在人则仍为直接经验。因此，就知识的总体来说，无论何种知识都是不能离开直接经验的。任何知识的来源，在于人的肉体感官对客观外界的感觉……"[②]"例如有些外面的人们到延安来考察，头一二天，他们看到了延安的地形、街道、屋宇，接触了许多的人，参加了宴会、晚会和群众大会，听到了各种说话，看到了各种文件，这些就是事物的现象……这叫做认识的感性阶段……这是认识的第一个阶段。"[③] 从以上引用可以看出，毛泽东思想中的认识论，在认识来源于经验这一点上，与经验主义是一致的。

第二，根据间接经验进行认识。诉讼中的事实查明，主要是根据证人证言来进行。毛泽东在《实践论》中对这种情况也进行了探讨："'秀才不出门，全知天下事'，在技术不发达的古代只是一句空话，在技术发达的现代虽然可以实现这句话，然而真正亲知的是天下实践着的人，那些人在他们的实践中间取得了'知'，经过文字和技术的传达而到达于'秀才'之手，秀才乃能间接地'知天下事'。"也就是说，对于某一没有亲身经历的事件，可以通过他人的证言来进行认识。

第三，关于认识的确定性程度。毛泽东没有对知识进行确定性和或然性的划分，而是认为"在绝对真理的长河中，人们对于在各个一定发展阶段上的具体过程的认识只具有相对的真理性"。[④] 对这句话有两种可能的理解：一种是毛泽东认为具有完全确定性的论证的推理不属于本文探讨的范围，另一种是毛泽东认为即使是论证的推理，也只具有或然性。无论是上述哪一种理解，都必然得出这样的结论：关于事实问题和存在问题的推理，只能达到或然性的程度。

---

① 毛泽东：《实践论》，载《毛泽东著作选读（上册）》，人民出版社 1986 年版，第 129 页。

② 毛泽东：《实践论》，载《毛泽东著作选读（上册）》，人民出版社 1986 年版，第 126 页。

③ 毛泽东：《实践论》，载《毛泽东著作选读（上册）》，人民出版社 1986 年版，第 123 页。

④ 毛泽东：《实践论》，载《毛泽东著作选读（上册）》，人民出版社 1986 年版，第 134—135 页。

具体到刑事诉讼中事实查明问题，就是根据证人证言所认定的事实，只能达到或然性程度，而无法达到完全确定的程度。已经有学者使用相对真理和绝对真理的理论来分析刑事诉讼中的事实查明，并得出结论说“一个具体刑事案件的证明标准，只能达到近似于客观真实，……‘客观真实’……告诫办案人员要奋力地接近它，它绝不会成为个案的一个具体的证明标准。”[①] 笔者认为，这种观点是符合毛泽东关于认识论的论述的，也暗合关于事实问题属于盖然推理的理论。

（二）刑事诉讼中的事实问题属于盖然推理

事实审理者面临的判断关于过去事件的陈述的真实性的问题，与历史学家所面临的任务是一样的。例如，在刑事诉讼中事实审理者面临的问题可能是张三是否杀了人，在历史研究中面临的问题可能是凯撒是否被刺身亡。历史研究和诉讼中的事实查明，都是在没有直接的基于观察的证据的情况下，得出发生了什么，或者说可能发生了什么的结论。历史学家和事实审理者都被迫对证据的可靠性进行衡量，而证据主要是由那些声称有直接观察经验的人的证言构成的。[②] 因而，历史事件和事实审理者得出的结论，在性质上都属于盖然推理的结果，因而只能达到盖然确定性的程度。

刑事诉讼是解决刑事被告人是否有罪的活动，其主要目标就在于查明犯罪已经发生并且是嫌疑人所为这个命题的真伪，而这个命题显然属于事实问题（matter of fact）。那么，事实问题的推理方法必然是盖然推理（moral reasoning）而不是论证推理，其根据的也只能是盖然证据（moral evidence），得出的结论也必然是具有盖然确定性（moral certainty）而非绝对确定性的结论。

（三）刑事诉讼中达到盖然确定性的方法

刑事诉讼中查明事实只能根据证据。按照威尔逊的分法，证据分为两类：论证证据（demonstrative evidence）和盖然证据（moral evidence）。论证证据是指观念之间不变的关系，盖然证据是指基于人们的一般感知或者经验观察的证据。按照这种分法，刑事诉讼中

① 樊崇义：《客观真实管见——兼论刑事诉讼证明标准》，载《中国法学》2000 年第 1 期，第 116 页。

② Barbara j. Shapiro, *Law and Science In Seventeenth - Century England*, 21 Stan. L. Rev. 727 (1969), at 750.

的证据都是盖然证据。

按照我国《刑事诉讼法》第42条的规定，证据分为七种：物证、书证，证人证言，被害人陈述，犯罪嫌疑人、被告人供述和辩解，鉴定结论，勘验、检查笔录，视听资料。一切刑事案件都是过去发生的事件，对于事实审理者而言，不可能亲眼目睹案件发生的过程，只能在案件发生之后，根据证据来进行认识。[①] 这些证据对于事实审理者而言，都是他人的证言，或者根据某一实际存在的事物进行原因至结果的推理。因而，这些都属于盖然推理。

虽然刑事诉讼中的查明真实是盖然推理，但是要求达到盖然推理中的最高程度的或然性，即盖然确定性的程度。那么，在对这些盖然证据进行衡量时，应当采取下列方法：

第一，对单个证据，特别是言词证据进行审查。借鉴洛克关于衡量他人证言（在我国刑事诉讼中应当既包括证人证言，也包括被害人的陈述）的标准的论述，具体应当包括：（1）证人的数量；（2）证人的正直品格；（3）证人的表达是否清楚明确；（4）如果该证言是对他人陈述的转述，是否具有可靠性的保障；（5）证言各部分的一致性，以及是在何种情况下作出的陈述；（6）是否存在相反的证言。

第二，要求作出证言性陈述的证人、被害人、鉴定人等必须出庭，通过在如实作证保证书上签名（证人宣誓）来约束其良心使其不愿伪证，通过接受辩方的反询问来揭露其证言中的虚假，并通过伪证罪的处罚来威慑证人不敢伪证。

第三，赋予辩护方通过强制程序获得有利于本方证人的权利，并保障该权利的实现。也就是说，辩方在获得辩方证据方面，应当拥有与控方平等的权利和机会。这样，通过相反证据的提出，事实审理者对于事实问题的推理将更加接近盖然确定性。

（四）盖然确定性的具体操作标准

长期以来，受我国传统文化中对绝对真实的热爱、大陆法系追求绝对真实的传统以及对马克思主义认识论的误读，我国一直把绝对真实（absolute truth，有的学者称之为“客观真实”）作为刑事诉

---

① 陈光中等：《刑事证据制度与认识论——兼与误区论、法律真实论、相对真实论商榷》，载《中国法学》2001年第1期，第39页。

讼中事实问题的标准。[①] 笔者认为，刑事诉讼中的事实查明属于人类知识中事实问题的事项，因而属于盖然推理的范围。所以，刑事诉讼中事实查明应当是以盖然确定性作为证明标准。

盖然确定性与“排除合理怀疑”具有相同的含义，后者的流行主要是因为词汇的历史变迁导致“盖然”一词在现代生活中很少使用。从以上的论述可以看出，在我国采纳“排除合理怀疑”的证明标准，从而用实用真实来代替传统的绝对真实，是具有合理性和现实性的。排除合理怀疑并不是要求排除其他一切可能[②]，因为排除其他一切可能就成了完全的确定性，与事实问题属于盖然推理这个原理不符。

对排除合理怀疑的理解，应当是本案证据不存在合理的怀疑时，才能对被告人进行定罪；如果存在合理的怀疑，则不能作出有罪判决。那么，问题的关键就在于对“合理怀疑”一词的解释。笔者认为，所谓合理的怀疑，必须具备以下几个条件：

第一，是否存在合理的怀疑，必须是在听取了控方的全部证据之后。事实审理者只能根据审理中接受的证据，而不能根据任何其他来源来对案件事实进行确定。在全面、公正并且无偏倚地考虑了全部证据之后，如果认为仍然无法作出有罪判决，这时才允许事实审理者对有罪存在合理怀疑。

第二，合理的怀疑不能是基于对被告人的怜悯或者偏见。事实审理者只能考虑案件的事实，而不能受感情、猜想、同情、热爱、偏见、公众的意见或者公众的情感的支配。

第三，合理的怀疑不能只是可能的怀疑。最低限度地说，合理的怀疑是一个有理由的怀疑，即必须存在怀疑的理由。一个想象的怀疑不是合理的怀疑。任何事情都是可能的，如地球外的文明的存在，但是这不是诉讼中要解决的争议事实。一个合理的怀疑是合理地从下列因素中产生的一个实际的、实质性的怀疑，这些因素包括

---

① 这个观点近年来有些松动，例如陈光中在 2009 年的文章中就主张客观真实与法律真实相结合。见陈光中：《诉讼真实与证明标准改革》，载《政法论坛》2009 年第 2 期，第 14 页。

② 有学者主张我国应当采用排他性证明标准，即“从证据的调查和运用上要排除一切矛盾，从运用证据对案件事实所得出的结论上，本结论必须是排除其他一切可能，而是本案的唯一的结论。”见樊崇义：《客观真实管见——兼论刑事诉讼证明标准》，载《中国法学》2000 年第 1 期，第 120 页。

证据，证据证明的事实或者情节，或者控方缺乏证据；但是不能是从下列因素中产生的怀疑，这些因素包括仅仅的可能性，纯粹想象，或者奇怪的猜想。

第四，合理怀疑是指一个将会导致理智正常的人犹豫不决的怀疑。借用美国 Victor 判例中的话，“‘合理的怀疑’是这样的一种怀疑，即一个理智正常并且审慎的人，在比较重大和比较重要的日常活动中，在相信表现出来的事实是真实的并且依赖这些事实行事时，令他暂停并且犹豫的怀疑。”①

① Victor v. Nebraska, 511 U. S. 1 (1994), at 18.

论司法证明中的真实

刘　行*

如果说事实是证据法的起点，那么，真实则是证据法的终点。在理想的状态下，两者是合二为一的；但在现实生活中，尤其是在司法证明过程中，事实与真实之间存在错综复杂的关系。要想从事实的此岸达到真实的彼岸，不仅需要借助一系列精心设计的证明程序，而且采用一系列烦琐复杂的证明方法。即使如此，事实与真实的完全符合也是难以奢求的例外。巨大的司法证明成本会迫使人们自觉地接受真实证明的不完美性，而真实的含义及其方法因此日渐走向开放和多样。真实证明过程中的主体属性与民主合意的因素也日趋重要。

一、真实的概念与本质

（一）不同学科定义的比较分析

1. 各学科中的不同观点

（1）语义学中的真实。真实是人们日常生活中的常用词，且经常与“真”、“真实性”、“真理”等词语发生语义交叉或相互涵盖，但它是如何产生的？其本义是什么？尽管学者有所探讨[①]，但从语义学上辨明其本质与内涵的著述可谓凤毛麟角，高家伟教授博览相关古籍文献，以语源分析为切入点，对“真实”一词进行了解剖和

---

* 北京市高级人民法院专利审判庭法官，法学博士。

① 比如高绍君：《论“真实”》，载《湖南师范大学社会科学学报》第31卷第2期（2002年3月）；陆杰荣：《论哲学“真实”之规定》，载《哲学研究》2003年第6期；王敏远：《再论法律中的“真实”》，载《法学研究》2004年第6期。

分析。[①]

有学者通过对“真”与“实”的语源分析，认为在古代汉语中，“真”与“实”结合成词并非常态，仅在特定不常见的场合下偶然使用，尤其是受到道教和佛教的影响，在“真实”概念产生之后，几乎被道教和佛教所垄断，成为一个道教和佛教的基本哲学范畴。在王力先生主编的《古代汉语词典》有关“真”的注解中没有收录真实的词组。[②] 而在陈兵先生主编的《佛教词典》中专门开设了“真实论”的章节，按照该词典的解释，真实是指“未经主观认识所改变、歪曲的本来面目，和正智如实知见的本然，真而无妄、实而不假者，是虚假、虚妄的反义词。……真，谓如实不妄，系从认识论角度而言；实，谓本然如是，不以他起，系从本体论角度而言。合而言之，真实是指本然之实在。”[③] 在现代汉语中，真实是指“跟客观事实相符合；不假。”[④]

由此可见，真实一词的产生具有浓厚的宗教色彩，不论在古代还是在现代语境下，表达的都是一种人们对事实本身认识的价值偏好和理想追求。

（2）社会学上的真实。真实是社会学中经常使用的词汇，关于其含义的界定也是不一而足。经过梳理，在社会学意义上，真实的概念有如下几种代表性的观点。

① 三层含义说。该说认为在真实的各种含义中，有三层是本质上的：一是在本原、本性意义上使用；二是在与“假”相对的意义上使用；三是在辞书中所列的其他意义上使用。[⑤] 第一层含义强调真实是对事物客观本质属性的认识；第二层含义把真实作为与“虚假”相对的一个范畴，真实就是不“虚假”，虚假肯定不真实；第三层含义是兜底性的涵盖。

---

① 高家伟：《事实与真实的语义之辨》，载卞建林主编：《诉讼法学研究》，中国检察出版社 2007 年版，第 18—30 页。

② 王力主编：《古代汉语词典》，商务印书馆 1998 年版，第 2007 页。

③ 陈兵编著：《新编佛教词典》，中国世界语出版社 1994 年版，第 91 页。转引自高家伟：《事实与真实的语义之辨》，载卞建林主编：《诉讼法学研究》，中国检察出版社 2007 年版，第 26 页。

④ 中国社会科学院语言研究所词典编辑室编：《现代汉语词典》（修订本），商务印书馆 1996 年修订第 3 版，第 1598 页。

⑤ 了肇祥：《真理理论》，社会科学文献出版社 1999 年版，第 4—5 页。

② 五层含义说。该说从广义上理解“真实”，认为有五层含义：一是与“有”、“存在”同义；二是指具有某些规定性的东西；三是指主观印象的正确；四是指思想、理论的正确；五是指与“好”、“善”同义。[①]

③ 六层含义说。该说认为真实主要是在六个方面来使用的：一是证明的就是真实的；二是信任的就是真实的；三是只有亲身体验的才是真实的；四是人们都赞同的就是真实；五是哈贝马斯沟通意义上的真实；六是实用主义真实，即有用的真实。[②]

（3）哲学上的真实。真实是哲学研究古老而常新的课题。在古希腊，真实是一种终极实体，它不在可感觉的世界中，而在有形的现象世界之外、背后，是可感世界的终极因，包含有如下几层意蕴：① 真实的世界是不动的、完善的、永恒的，因而也是既定的、已完成的、非历史的；② 真实的世界在人和自然之外，是一彼岸的世界；③ 真实的世界不向人的感觉呈现，而只在人的理性面前留存、显示自身；④ 真实是以“什么是真实的”这样一种陈述方式去指出的，实质上没有回答真实本身是什么的问题。[③]

千百年来，各国学者围绕“真实”的讨论活跃而争辩激烈，但同时他们也都陷入困惑，真实好像是一种无法解释的“东西”。在哲学家们对“真实”含义的探寻过程中，主要经历了这样一个阶段：① 真实是一种“无蔽”状态，这是早期希腊哲学的观点，在始源关系方面把人与自然看成是同一的，“自然”成为观察一切事物的出发点。② 真实是超越“自然世界”的真实，这是中世纪宗教哲学所特有的意义，人对真实的界定完成了由外在走向内在的转变。③ 归于世俗的真实，这主要是近代知识论的观点，真实成了人类认识世界的“真理”，人们借助于理性科学知识，真实不再是可望而不可即的。④ 真实是个体内在的真实，这主要体现在现代人文主义哲学观点之中，即真实是“本真”，是基于个体情绪、感受的体悟。

① 目前，五层含义说较有代表性，但学术界也有争议。具体参见郭继海：《真理符合论的困难及其解决》，中国社会科学出版社 2003 年版，第 1 页。

② 参见 Aleksander Peczenik，On Law and Reason，Kluw ers academic publicshers，1989 年版，第 181—182 页。转引自杨建军：《法律事实与法律方法》，载《山东大学学报》（哲学社会科学版）2005 年第 5 期。

③ 高绍君：《论“真实”》，载《湖南师范大学社会科学学报》2002 年 3 月第 31 卷第 2 期。

在现代哲学意义上，不同派别和思想倾向的哲学家对真实内涵的分歧依然很大。主要观点有：

① 实在说。这是逻辑实证主义哲学家的代表性观点，认为真与假分别对应于实在和非实在的东西，所谓真，就是实在，是指那些互相关联的事件或“时空系统”以及为这个系统所假定和蕴含的一切所构成的命题的总和；所谓假，即非实在，是指和上述命题总和相矛盾的那些命题总和，其中包含一切现实的或可能的思想对象，这些思想对象既不在时空系统中占有任何位置，也不为这个系统所蕴含。①

② 结合说。该说从主客体关系的角度出发，认为在客观实在性上，真实是从世界的运动、变化、发展中表现出来的客观事物自身的规律性；在主观上，真实是主体对于客体实在及其规律的正确认识和把握。②

③ 相符说。这是目前哲学界的通说，认为真实是在陈述或判断一种相符情况下使用的概念。海德格尔认为，当一个陈述所指所说与他们陈述的事情相符时，该陈述便是真的。真实的东西，无论是真实的事情还是真实的命题，都是相符、一致的东西。这种相符是双重意义上的相符：一方面是事情与人们对事情所作的先行意谓相符；另一方面是陈述的意见与事情相符合。③

由于现代汉语上的真实最早源于佛典，原为梵文 tattava 的意译，而且真实也是“佛学对象的中心范畴”，因而不得不提及宗教哲学上的真实含义。《瑜伽师地坛·菩萨地真实品》中把真实分为四个层次：一曰“世间极成真实”，指世间凡夫众生公认的真实；二曰“道理极成真实”，指贯穿于事物中的固有法则；三曰“烦恼障尽智所行真实”，指依佛法修道，断了烦恼障的圣者，以其离烦恼的清净心所认知的诸法无我之真实；四曰“所知障尽智所行真实”，指依大乘佛法修道，断所知障的菩萨、佛，以其更为圆满的智慧所认知的真实。这四种真实，从相对到绝对的角度及真实程度而言，构成了

① ［美］蒙太格：《实在论的真与错的学说》，载［美］霍尔特等：《新实在论》，伍仁益译，商务印书馆 1980 年版，第 262 页。

② 王朝闻：《美学概论》，人民出版社 1982 年版，第 32 页。

③ 参见［德］海德格尔：《海德格尔存在哲学》，孙周兴译，九州出版社 2004 年版，第 82—107 页。

一个渐次升进的阶梯结构。[①]

(4) 法理学中的真实。在现代法学中，存在两种真实观：一种是形式真实，一种是实质真实。[②] 所谓形式真实，是指“法院于审理案件中应受当事人意思之约束。即仅在当事人主张事实及所提证据之范围内认定事实。对于当事人二造不争之事实，则不应再为调查，而遥为真实”。[③] 也就是说，形式真实“恒为当事人之意思所拘束，而仅须发现形式上真实之事实”。[④] 从这个意义上说，现代法学中的形式真实是指在当事人主张事实和所提证据的范围内求真实，这是受当事人意志约束的真实。其主要特点有：① 规范性；② 有限性；③ 主观性。

与形式真实相对应的，是实质真实，指法院认定的事实不受当事人意志的约束，而探求事实的真相。[⑤] 该观点在现代法学中较为流行，也被学者们称作“实体真实”。其主要特点有：① 客观性；② 拓展性；③ 本源性。

2. 评析

综观以上各学科的不同观点，我们不难发现，尽管对“真实”的界定和理解多种多样，但也存在共性，即无非是从以下两个方面来认识和探讨“真实”。

(1) 存在意义上的真实。这个意义上的真实等同于实在、实是，是具有本体论意义上的“真实”。比如在语义学中，界定真实为“与客观情况相符”，在哲学中强调与客观事实相符以及法理学中的“实质真实”等，都是一种强调本体论意义上的概念。

(2) 认识意义上的真实。这个意义上的真实，是把真实作为一种判断，一种对事实的陈述和评价，即是主体认识的产物，是具有认识论意义上的“真实”。比如在语义学中，把与事实情况不相符的

---

① 陈兵：《真实论》，载《法音》1993 年第 7 期。

② 对于实质真实与形式真实的关系，近年来国内学者多有论及，比如左为民：《分辨事实真伪的理性思考》，载《法学》2003 年第 3 期，裴苍龄：《论实质真实》，载《中国刑事法杂志》1999 年第 4 期。本节内容部分参考借鉴了裴苍龄先生的论文，特此说明并致谢。

③ 周荣：《证据法要论》，商务印书馆 1932 年版，第 5 页。

④ 刁荣华：《刑事诉讼法释论》（上册），台湾汉苑出版社 1977 年版，第 8 页。

⑤ 周荣：《证据法要论》，商务印书馆 1932 年版，第 5 页。

称之为假，其实客观实在是不存在真和假的，但作为主体的认识则存在真与假之分；再比如，在社会学中，关于真即是善、美的概念，更带有主体主观价值感受的性质；另外在哲学尤其是宗教哲学中，信仰和确信也可以成为“真实”。法理学中的“形式真实”更是主体利用规范还原的“真实”，带有强烈的认识形式性。

从表面上来看，真实介于本体论与认识论之间，但仔细分析，我们会发现，其实上述本体论意义上的真实实质仍是认识论意义上的。这是因为，存在意义上的本体性概念只有事实，不存在“真”实和“假”实，只是一种不随人的意志为转移的客观存在，而真实则必然带有主体认识的因素，受主体价值、观念、思想的影响，否则就不叫真实，而是事实。从这个意义上说，这里所说的“存在意义上的真实”只是狭义的理解，或许说只不过是因为较之认识意义上的真实更强调客观性，更少受各种主观价值的影响而已。高家伟教授在其《事实与真实的语义之辨》一文中，正是从认识论意义上对“真”进行界定的，并概括出如下八个特点[①]：①主观性，真实表达的是人们对事物的认识和心灵感受，尤其是真假、好恶、丑美等倾向性感受，主观性、社会性是其首要属性；②价值性，从“真实”的词源学上来看，“真”字从诞生之日起，就与价值上追求“善”形影不离；③片面性，事实本身是全面的，而人的认识能力是有限的，这就决定了真实必然具有片面性，这也是为什么事实是不变的、恒久的，认识同一事实的“真实”有时却是发展和变化的原因所在；④多义性，从前面不同学科的界定不难看出这一点，正是因为人们对真实“横看成岭侧成峰”，从不同角度认识、界定真实，比如社会学中多层次的真实说，而且值得一提的是，这些多层次的真实之间往往不是相互冲突和矛盾的，相反是相互兼容的；⑤选择性，因为真实较之事实具有较多的面孔，而且由于每个人的认识角度、能力、方式各不一样，因而真实具有多样性，人们面对真实时就具有选择性；⑥内在性，真实是人们的一种认识，但这种认识往往只是指事物的内在本质和属性、规律；⑦先验性，也就是说，真实是人们的主观认识，既然是主观的，因而即使是不能立刻证明为

① 对“真”这八个方面特点的概括和提升，可谓全面、深刻而又独到。具体参见高家伟：《事实与真实的语义之辨》，载卞建林主编：《诉讼法学研究》，中国检察出版社2007年版，第20—25页。

"实"的东西，也不一定是不"真"的，这里先验性在起支配作用；⑧宗教性，前面已述及，真实的产生背景中就有浓厚的宗教色彩，表达的是人们的价值偏好和理想追求。

从上面分析可以看出，如果我们要探寻"真实"概念的实然状况，也许我们不得不承认，真实是一个内容丰富而又复杂的概念，在不同的领域中，在不同的时代，其表现、要求和标准是处在变化之中的，如果非要为其内涵作个界定的话，真实就是指人类主观对客观世界进行认识和把握的一种状态。这种状态需要人类在存在、认识与价值的统一中去思考和把握。

（二）相近概念的比较分析

1. 真实与事实

不论是在语义学上还是在哲学上以及在法理学上，事实与真实都是极为重要甚至居于核心地位的概念，二者的关系错综复杂，既密切相连，又存有明显的区别。对此，学者们的探讨固然不少，但零散的居多。高家伟教授对二者的关系作了最全面、系统的梳理和分析。他结合已有研究成果，将真实与事实的关系概括为如下三个方面。（1）同一还原说，即"真实就是经过认识而得到还原的事实"。[①]（2）升华提炼说，即"真实是经过经验和思想的理性提炼出来的事实，真实来自事实而又高于事实"。[②]（3）符合反映说，即如德国学者石里克认为，"真的判断在某种意义上就是与事实相符合的，是以某种方式与这些事实相适应或者相'一致'的判断，而假的判断则与事实不相适应，不相符合，不相'一致'"。[③]

各种说法从不同角度和层次对事实与真实的关系作了界定，接下来高家伟教授又进一步进行提升和抽象，并用本体论和认识论、辩证论与相对论、实证论与心证论三个范畴进行诠释。[④]

---

① 高家伟：《事实与真实的语义之辨》，载卞建林主编：《诉讼法学研究》，中国检察出版社 2007 年版，第 28 页。

② 高家伟：《事实与真实的语义之辨》，载卞建林主编：《诉讼法学研究》，中国检察出版社 2007 年版，第 29 页。

③ ［德］M. 石里克：《普通认识论》，李步楼译，商务印书馆 2005 年版，第 84 页。转引自高家伟：《事实与真实的语义之辨》，载卞建林主编：《诉讼法学研究》，中国检察出版社 2007 年版，第 30 页。

④ 本节内容具体参见高家伟：《事实与真实的语义之辨》，载卞建林主编：《诉讼法学研究》，中国检察出版社 2007 年版，第 30—33 页。

(1) 本体论与认识论。事实是本体论的范畴，真实是认识论的范畴。事实在进入人们的认识视野，成为人们的认识对象后，才变成了真实的问题。或者说，事实并不排除人的主观因素，但是相对于人的主观性而言，客观性是它的本质的第一位的属性，而主观性则是派生的、第二位的属性。而作为认识论范畴的真实，是指符合事实本来面目的主观认识，主观性是其本质的、第一位的属性。

(2) 辩证论与相对论。将事实与真实截然区分开来，目的是为了正本清源，突出它们各自的本质，正是在这种相对之中，事实与真实才得以相映生辉、相映成趣。具体说，事实的意义离不开真实；真实的内容离不开事实，真实在事实的基础上才能立足。因此，尽管两者之间存在对立和冲突，但两者在绝对终极意义上之所以能够达成同一，就在于真实的本质、属性和规律离不开事实的现象、本体和存在。

(3) 实证论与心证论。事实与真实的辩证相对关系关键靠方法论来展开，就是说，在事实走向真实、真实回到事实的过程中，实证与心证相互交织，起着桥梁的过渡作用，因此事实与真实原本为一，只不过是在认识的道路上被人为的一分为二，两者在“实”的境地里一分为二，最终在“真”的境界里合二为一。

2. 真实与真理

在现代汉语中，“真”是一个用法十分宽泛的词汇，在很多语境下，真实和真理也是可以互通互换使用的，以至于许多哲学家一直为二者的关系争论不休。[①] 何为“真理”？作为同属“真”字一族的家庭成员，其与真实之间到底是何关系？

(1) 同一说。按现代汉语词典的解释，“真实”是指“跟客观

---

① 逻辑学家王路先生从翻译学和哲学术语的角度对真与真理进行界定：(1)“真理”一词在我国哲学界有固定的用法，即“认识主体对存在于意识之外的、并且不以意志为转移的客观实在的规律性的正确反映”，这一确定的用法不能用来翻译西方哲学中的“truth”；(2) 西方哲学所探讨的“truth”是“真”而不是“真理”，对于这种“真”应该从“真的”意义上来理解。参见王路：《奎因〈真之追求〉译者序》，载奎因：《真之追求》，王路译，三联书店1999年版。张桂权对此提出质疑，认为“真”与“真理”的使用在哲学上应视语境而定。参见张桂权：《“真”能代替“真理”吗?》，载《世界哲学》2003年第1期。

事实相符；不假”。[①]“真理”是指“真实的道理，即客观事实及其规律在人的意识中的正确反映”。[②]用现代哲学语言来表达，真实是与客观事实相符，真理是人们对客观事物及其规律的正确反映，而“正确反映”的标准无疑也是“相符”。由此可见，不论是真实，还是真理，都强调与客观事实的“相符”性，因而从对事实的反映上来说，真实与真理是相同的，即都是对客观事实的“正确反映”和“相符”，具有同一性。

（2）统一说。真实与真理在内涵上有同一的地方，都表示对客观事物的正确认识和反映，但二者在外延上存在很大区别，比如真实的适用范围较为广泛，既有生活意义上的，也有哲学、社会学意义上的，而真理一般只运用在哲学范畴中，应当说，真实在某种程度上可以代替“真理”，但真理却无法在任何场合下代替真实；再比如，真实带有强烈的宗教色彩，具有信仰的价值内核，而真理尽管也不完全排斥宗教色彩，但相比较而言，要比“真实”弱很多，因为“真实”才是宗教尤其是佛教等探讨的核心范畴。可见，尽管真实与真理都源于客观事实，但二者却并不是“同一”的，只能是具有某种“统一性”的关系。

（3）升华说。真实既注重“真”，也注重“实”，更强调真与实的统一，而真理则既注重“真”与“实”的相符，更强调“理”对“真”的升华，“理”要与“真”以及“实”相符，由此可见，在实、真、理三者关系中，真只不过是由实到理的一个中介而已，人们对客观事物的认识，目的在于抓住“理”，真理比真实居于更高的层次，是对真实的提升。

如果要对二者的关系作深入的梳理和分析，我们不妨从以下几对范畴来展开。

（1）本体论与认识论。真实与真理都属于认识论的范畴，是主体对作为本体的事实的认识和反映，因而不论是真实还是真理都是第二性的，都是建立在事实这一第一性基础之上的。

（2）目的论与过程论。在认识论中，人们认识的目的在于获得

---

① 中国社会科学院语言研究所词典编辑室编：《现代汉语词典》（修订本），商务印书馆1996年修订第3版，第1598页。

② 中国社会科学院语言研究所词典编辑室编：《现代汉语词典》（修订本），商务印书馆1996年修订第3版，第1598页。

对事实及其规律性的认识，并以之来指导人类实践，而在通达真理的征途中，真实是中介，具有过程性价值，对一个事物的“真实”面目都无法认清，更谈不上获得事实真理性的认识，只有通过对真实的分析，方能提炼出规律性的认识即真理。

（3）具体论与抽象论。真实与客观事物相符，客观事实是单个的、具体的，不同主体的认识具有片面性和层次性，因而真实也是具体的、片面的、有层次、有选择的，但真理作为对客观事实的“正确反映”，则因“规律性”而具有抽象性，往往是对同一类事物内在本质规律的认识和把握。

（4）先验论与经验论。尽管真实与真理都有“经验”的成分，都是主体对客观事实的反映和认识，但二者的经验程度则完全是不同的，真实既有经验性的反映，也有先验性的认识，而且前面已述及，从根本上来说，真实来源于宗教信仰，先验性是其本质内涵属性之一，但真理则往往是经验性的，是对客观事实真实的升华，同时真理往往还要到实践中接受经验的检验。

（三）证据法上不同观点的比较分析

1. 不同观点

对于证据法上的“真实”概念，国内外学者一直有激烈的争论，并在传统证据法学中形成了“客观真实论”和“法律真实论”两个最具影响力、至今仍对证据法理论和实践产生重大影响的观点。但自20世纪90年代以来，有些学者从法学尤其是证据法学的独特视角提出了“主观真实说”这一观点，并日益扩大影响。本文试图通过对上述不同观点的简单梳理，揭示出真实在证据法上的本质内涵。

（1）客观真实说。客观真实是人们主观认识符合客观实际情况，对于这一点，学界没有分歧，何家弘教授认为，“所谓客观真实，是说司法活动中人们对案件事实的认识完全符合客观的实际情况，即符合客观标准的真实。”[①] 但是，这里的“符合”究竟内涵何在？如何理解？学者们的观点则不一。有学者认为，所谓客观真实，是司法人员在诉讼中根据证据所认定的案件事实要符合客观存在的案件事实，要忠实于案件的事实真相，并认为客观事实与实体事实有相

---

① 何家弘：《论司法证明的目的和标准——兼论司法证明的基本概念和范畴》，载《法学研究》2001年第6期。

通之处。[①] 有的学者认为，客观真实就是要“以事实为根据”，在司法实践中“要忠于事实真相，查明案件的真实情况……作为认定案件的事实，必须有确实充分的证据，不能凭主观想象、怀疑、推断或查无实据的设想、说法来处理案件。”[②] 还有学者认为，客观真实是裁判者依法据以裁判、形式上符合法律要求、客观上与案件有关、并能再现案件的历史事实。[③] 尽管这些观点表述不一，但在本质上是一致的，即都坚持证据法上的真实是客观真实，认为客观真实是主观认识必须符合客观实际，从而达到对案件事实的完全重现和认识，因而要求法院裁判证明的事实必须是对案件事实的真实再现。[④]

（2）法律真实说。法律真实在证据法学研究中一直是一个热门话题，尤其在我国近年来的证据理论研究中更是备受青睐。理由很简单，如美国学者哈兰所说，“在关于以前事件的事实存在争议的司法程序中，事实发现者对于究竟发生了什么不可能获得完全准确的认识，相反事实发现者能够获得的只是关于可能发生了什么的一种信息。”[⑤] 与客观真实的界定一样，学者们对法律真实的具体表述也各不一致。有学者认为，“所谓法律真实，是说司法活动中人们对案件事实的认识符合法律所规定或认可的真实，是法律意义上的真实，是在具体案件中达到法律标准的真实。”[⑥] 也有学者认为，法律真实是指裁判人员运用证据认定的案件事实达到了法律所规定的视为真实的标准，在诉讼证明过程中，法官运用证据、逻辑推理和经验法则，对案件事实的认定符合法律真实的要求，达到从法律的角度认为是真实的程度。[⑦] 概而言之，法律真实说的实质内涵是：在诉讼中

---

① 陈光中、陈海燕等：《刑事证据制度与认识论》，载《中国法学》2001年第1期。

② 刘金友：《客观真实与内心确信》，载《政法论坛》2001年第6期。

③ 李华：《客观真实是诉讼证明的终极目的》，载《阿坝师范高等专科学校学报》2003年第4期。

④ 王贞会、王福恒：《从客观真实与法律真实之价值考量》，载《河北师范大学学报》（哲学社会科学版）2007年1月第30卷第1期。

⑤ 转引自王贞会、王福恒：《从客观真实与法律真实之价值考量》，载《河北师范大学学报》（哲学社会科学版）2007年1月第30卷第1期。

⑥ 何家弘：《论司法证明的目的和标准——兼论司法证明的基本概念和范畴》，载《法学研究》2001年第6期。

⑦ 樊崇义：《客观真实管见》，载《中国法学》2000年第1期。

通过当事人举证或法院调查后所形成的案件事实，只是法律意义上的事实，而非实际状态下的历史事实。实际状态下的历史事实是社会发展必然性与偶然性结合的产物，具有不可重复性，加之人本身认识能力具有有限性，因而无法对实际发生的历史事实进行完全再现和法律评价，而“法律意义上的事实是事实因素与法律相结合的产物，是获得了法律的评价，带有法律价值色彩的事实。根据程序公正的要求，诉讼中再现的事实，必须符合法律的形式规定，并受制于法律的评价。在此基础上认定的事实，才是法官据以定案的根据”。[①]

（3）主观真实说。主观真实说是近年来产生的“非主流”观点，对于其内涵的界定，学术界的声音也有不同。概括起来，主要有两个倾向：一是着眼于与客观真实相对应，如有学者认为，主观真实是司法活动中人们对案件事实的认识符合主观的标准，是脱离实际情况的真实。[②] 也有学者按照认识论的标准将证明标准分为主观真实与客观真实两种对立的标准，认为主观真实就是西方国家曾强调的“内心确信”的真实，主观上真诚地相信真实。二是着眼于真实的主体间性，强调从诠释学上界定真实的含义，如有学者从诠释法学的角度将事实界定为一种关系事实，认为事实的阐释者一般都主观期望“通过对阐释事实来达到对事实真相的了解”。[③] 两种观点尽管倾向和着力点不同，但却都统一于主观真实的范畴之内，即主张在证据法上坚持主观真实，要求司法机关在处理纠纷时，必须以法官的理性和良心形成的“内心确信”的事实作为裁判的根据，而不论这种“确信”是来自于何方、由主体如何得出，也不论这种“确信”的事实是否符合客观事实。

2. 评析

客观真实与主观真实是哲学认识论上的一对范畴，而法律真实是纯法律上的概念，在证据学上与主、客观真实的界定标准与角度是不同的，因而长期以来，学术界将法律真实与客观真实作为一组

① 肖建国、肖建华：《民事诉讼证据操作指南》，中国民主法制出版社2002年版，第284页。

② 何家弘：《论司法证明的目的和标准——兼论司法证明的基本概念和范畴》，载《法学研究》2001年第6期。

③ 谢晖：《事实之为诠释学法学的对象》，载《法律科学》2001年第4期（总第112期）。

对应的范畴来研究，有值得商榷的地方。但值得注意的是，这些观点上的分歧，无疑蕴含着丰富的哲学思想。

(1) 对立与统一。证据法上真实概念的分歧，归根结底是证据法上事实与真实的关系问题，而从前面的分析可知，事实与真实是对立与统一的关系。在哲学上，事实本实，真实本真，二者在最本质上是一致的，事实是真实的本质，真实是事实的完全反映，二者是统一的。但在认识论上，由于受人主观认识的种种限制，人所认识的真实往往带有片面性和选择性，以及会随着时间、地点、环境的变化而变化，而事实则是恒久不变的，因而在二者之间存在矛盾和冲突，证据法必须对这二者的矛盾和冲突进行调和，也只有在这个意义上，证据法才有生命力。

(2) 事实与价值。事实是价值无涉的，是客观存在的东西本质属性所在，而价值则渗入了人的主观观念，受人的理性、目的、信仰、期望等价值的影响和制约。证据法上的事实一方面作为裁判的“事实”根据，必然要具有事实的要素，具有客观性，另一方面由于人认识的限制和诉讼效率的要求，人们不可能在诉讼过程中无限制地追求客观事实，而必须在考虑客观事实的同时，加入效率、公平、正义等价值考量，运用证据规则来认定事实，对那些无法还原的缺乏证据证明的事实，则更是如此。

(3) 目的与手段。对证据法上真实的认识受制于真实的属性，即真实在证据法上到底是属于目的理性还是手段理性？如果属于目的理性，那么我们就应矢志不渝地追求客观发生的历史事实，追求裁判事实与历史事实完全重合，而如果证据法上的真实仅是手段理性，那么我们就没有必要穷尽所有事实真相的细节，无休止地调查实际发生的历史事实，只需运用证据规则，依靠当事人举证以及法院在法定条件下的调查取证，完全可以得出法律上认为是“真实”的结论。

由此可见，尽管法律真实说、主观真实说、客观真实说都有可取之处，也都在各自角度上反映了真实的某些本质特征，但在证据法学上，真实的概念是相当复杂的，似乎并非某一种观点所能完全涵盖。因此，我们可以从以下几个方面来把握证据法学上真实的含义和本质。

(1) 客观事实关联性。真实是“与客观情况相符”，而且在本质上，事实与真实统一于“实”，因而真实与事实有天然的不可分离的关联性。在证据法上亦然。尽管证据法上认定的事实不再强调是完全与历史事实相符的客观事实，而是司法人员运用证据规则、司法推理等规范证明的事实，但这些事实的真实性仍然是要求与客观事实是相关联，也就是说，虽然与客观事实完全相符的“真实”是不存在的，但通过证据获得的“真实”完全脱离客观事实也是万万不可的。

（2）主观认识性。真实是属于认识论范畴的，天然带有人的主观烙印，是人主观对客观事实的反映。在证据法上，裁判发现真实的过程，是司法主体运用证据规则和自身经验、理性认识案件事实的过程。在这一过程中，人的主观作用是极其巨大的。这也是为什么强调提高司法职业人员门槛、增强司法人员认识能力和提高司法技术装备水平的重要原因之一。

（3）法律价值影响性。真实是人主观对客观事实的“相符”反映。在“反映”过程中，自然要受到反映主体自身及社会价值的影响。在证据法上，裁判所发现的真实，不仅要受到司法主体自身价值的影响，更大程度上要受到法律价值的影响，受法律秩序、效率、公平、正义、安全等价值的影响。正是这些价值的存在和影响，决定了我们在司法中不可能无限制地追求与历史事实完全一致的“真实”，而只能是受到各种价值尤其法律价值制约下的“真实”。

二、真实的种类与结构

种类是“根据事物本身的性质或特点而分成的门类”，[①] 结构是“各个组成部分的搭配和排列”。[②] 对真实进行分类，并研究其各组成部分之间的内在关系，对于深化对真实本质的认识，把握其在哲学、法学和证据法学上的内涵，具有十分重要的基础价值和指导意义。

（一）主观真实与客观真实

真实是主观的还是客观的，真实是否既有主观性又有客观性，在什么意义上真实是主观的，在什么意义上真实是客观的，肯定真

---

① 中国社会科学院语言研究所词典编辑室编：《现代汉语词典》（修订本），商务印书馆 1996 年修订第 3 版，第 1632 页。

② 中国社会科学院语言研究所词典编辑室编：《现代汉语词典》（修订本），商务印书馆 1996 年修订第 3 版，第 646 页。

实属于认识论范畴是否否认了真实的客观性等问题，在我国哲学界存有诸多而持久的争议。

笔者认为，在弄清楚主观真实与客观真实之前，有必要对主观与客观这两个概念作简要分析。从哲学史上来看，两者的含义都不是唯一和固定不变的。所谓主观，是指“属于自我意识方面的（跟‘客观’相对）；不依据实际情况，单凭自己的偏见的”①，带有人的精神现象系统的特性，“从功能性的角度来看，主观性的实质就是精神现象与活动的超越性，或如通常所谓自觉能动性，即精神能在观念中突破和超越客观事物所赖以存在的条件的限制，改变事物的存在状态，创造出在现实中尚不存在的新的事物形态以指导人的行动，从而使人具有能动的创造的本质。”② 而所谓客观，是指“在意识之外，不依据主观意识而存在的（跟‘主观’相对）；按照事物的本来面目去考察，不加个人偏见的”③，黑格尔在《小逻辑》中对客观进行了分析，认为客观具有三个意义：“第一为外在事物的意义，以示有别于只是主观的、意谓的、或梦想的东西。第二是康德所确认的意义，指普遍性与必然性，以示有别于我们感觉的偶然、特殊和主观的东西……第三是指思想所把握的事物自身，以示有别于只是我们的思想，与事物实质或事物的自身有区别的主观思想。”④ 由此，不难发现，主观与客观的关系存在本体论、认识论和知识论三个层次。

由此观察主观真实与客观真实的关系，也不失为一个很好的视角。在本体论上，真实与事实是合二为一的，主观与客观也是合二为一的，正如恩格斯所指出的：“我们的主观的思维与客观的世界服从于同样的规律，因而二者在自己的结果中不能相互矛盾，而必须彼此一致，这个事实绝对地统治着我们的整个理论思维。它是我们

---

① 中国社会科学院语言研究所词典编辑室编：《现代汉语词典》（修订本），商务印书馆 1996 年修订第 3 版，第 1642 页。

② 封来贵：《论真理的客观性和主观性及其统一》，载《上饶师范学院学报》2001 年第 2 期。

③ 中国社会科学院语言研究所词典编辑室编：《现代汉语词典》（修订本），商务印书馆 1996 年修订第 3 版，第 716 页。

④ ［德］黑格尔：《小逻辑》，贺麟译，商务印书馆 1980 年版，第 120、397 页。

的理论思维的不自觉的和无条件的前提。”① 这就是说，真实即使是主观认识的产物，带有主观性，但其本质决定了不可避免地要受到客观性的约束，要求真实的内容具有客观性，即与其所反映的对象的本质相符合，而不能有任何主观随意性、臆断性、虚妄性的成分。在认识论上，真实与事实一分为二，主观与客观也一分为二，也只有在这种情况下，主观真实与客观真实的区分才有意义，因为真实是一个主体性范畴，属于人的主观世界，真实与事实相符合的程度受主体主观选择性、主观创造性和主观局限性的影响。在知识论上，真实处于走向与事实“合二为一”的路上，通过人的认识能力和技能的提高，认识装备和技术的改良，主观真实会逐渐逼近客观真实。因此，可以说，尽管真实具有主观性，但其作为一种观念形态，体现着人类思维本身所固有的、力求把握客观事实本质以达致主观与客观相一致的必然认知趋势。

在证据法上，主观真实与客观真实的划分具有基础性价值和功能。所谓主观真实，指在司法活动中认定的事实具有主观的色彩，人为的品格，正如美国学者吉尔兹曾经指出的，“主观真实并不是自然生成的，而是人为造成的，一如人类学家所言，它们是根据证据法则、法庭规则、判例汇编传统、辩护技巧、法庭雄辩能力以及法律教育等诸如此类的事物而构设出来的。”② 所谓客观真实，是指认定的事实与客观存在的事实相符合。主观真实与客观真实的关系，在本质上应当是统一的，即实现主观真实与客观真实的统一，主观真实由客观真实所决定同时又与客观真实相符合。但在司法认识活动中，主观真实与客观真实完全“合二为一”只是不切实际的良好愿望而已，因为在任何案件中，主观真实与客观真实都存在着质和量上的差异，具体来说，主观真实在质上不同于客观真实，因为主观真实是人的主观对客观事实的认识和反映，受自身认识能力和资源的限制，得到的真实不可能完全与客观真实相符，或多或少会掺杂一些人的因素，保留人的痕迹；另一方面，主观真实在量上也与客观真实有别，因为每一个案件所涉及的客观事实有很多，并不是也不可能每一个事实都可以反映到人的主观之中并形成与客观相符

① 《马克思恩格斯全集》（第20卷），人民出版社1971年版，第610页。

② ［美］克列福德·吉尔兹：《地方性知识：事实与法律的比较透视》，邓正来译，载梁治平主编：《法律的文化解释》，三联书店1994年版，第80页。

的反映，实践中很多客观事实会在司法活动中丢失甚至根本进入不了司法活动的视野。但值得注意的是，愿望不易实现或根本无法实现并不代表人们就可以放弃对理想愿望的追求，因而在司法活动中，尽管主观真实存在着诸多障碍，妨碍其与客观真实“合二为一”，但我们不能轻言放弃，即使不能完全达到目标，也应该努力接近目标，为此必须提高司法活动认识事物、还原真相的能力，并配置以完善的制度和规则。

（二）绝对真实与相对真实

绝对真实与相对真实是哲学中另一对非常重要也颇有争议的范畴。所谓绝对，是指“没有任何条件的；不受任何限制的”，[①] 含有无条件、无限、永恒、普遍、确定、至上等意蕴；所谓相对，是指“依靠一定条件而存在，随着一定条件而变化的”，[②] 包含有条件、有限、暂时、特殊、不确定、非至上等意蕴。按照唯物辩证法的观点，绝对真实标志着主观与客观“没有任何条件的”完全“合二为一”，是主观意志“不受任何限制的”对客观事实的完全反映，这一点是无条件的、绝对的，而且从人的认识无限逼近客观真实的角度来说，人的主观认识每前进一步，都是对无限的绝对真实的一种接近，这一点也是“绝对真实”的。但同时，任何真实都是具体的、历史的，在事物发展的每一阶段上，人们所能获得的真实（即使绝对真实）都具有承前启后的性质，即人们所获得的每一个真实都是相对真实，而且受人的主观认识能力和条件的限制，尽管人可以无限接近绝对真实，但往往无法实现美好愿望，只能获得相对的真实。诚如列宁所言，“人类思维按其本性是能够给我们提供并且正在提供由相对真理的总和所构成的绝对真理的。科学发展的每一阶段都在给这个绝对真理的总和增添新的一粟，可是每一科学原理的真理的界限都是相对的，它随着知识的增加时而扩张，时而缩小。”[③]

由此可见，绝对真实与相对真实之间是一种对立统一的关系。

① 中国社会科学院语言研究所词典编辑室编：《现代汉语词典》（修订本），商务印书馆 1996 年修订第 3 版，第 690 页。

② 中国社会科学院语言研究所词典编辑室编：《现代汉语词典》（修订本），商务印书馆 1996 年修订第 3 版，第 1371 页。

③ 列宁：《唯物主义和经验批判主义》，载《马列著作选读·哲学》，人民出版社 1988 年版，第 226 页。

具体说，绝对真实与相对真实是有区别的，本质在于对事实规律认识的程度不一致，在对客观事物及其规律所含因素、内容上认识不同，但需注意的是，在范畴上将两者分开本身并不是目的，而在于突出和看清各自的“庐山真面目”，正是在这种绝对与相对之中，事实的认识才丰富多彩，真实也才变得“可爱”，呈现出多层次性和主体的可选择性。另一方面，绝对真实与相对真实又是相互依存的，即二者相对比而存在，没有相对真实也就无所谓绝对真实，反之亦然。正因如此，我们可以说，绝对真实与相对真实统一于真实的统一体之中。绝对真实包含相对真实，相对真实也包含绝对真实中的无数个因素和“颗粒”，而且在一定条件下，相对真实与绝对真实还可以相互转化，即相对真实可以上升为绝对真实，即无数相对真实经过前进性和曲折性的螺旋式上升可以成为绝对真实，而绝对真实在广度、深度上的每一次超越和提升，既是对自身的超越，也使得自身由绝对真实变成相对真实。

在证据法上，也存在司法认识结论是否真实以及在何种程度上真实即绝对真实与相对真实的问题。在诉讼证明活动中，所谓绝对真实，是指司法证明所确认的事实完全符合客观发生和存在的事实；所谓相对真实，是指司法所确认的案件事实只是在一定程度上符合客观发生和存在的事实。按照对立统一的辩证论，既然司法活动中认定的事实是个别的，是人在各种条件、环境制约下的主观认识，而且受时限的影响，主体不可能无限期、无止境地对一个案件的客观事实进行追求，因此对每一个具体的案件来说，证据法上证明的事实都不可能是绝对真实意义上的，而只能是相对真实意义上的。也就是说，每一个具体案件中的事实不可能与客观事实完全百分百地相符，而只是在一定程度上的真实，即相对真实。但另一方面，案件事实具有相对真实的属性，并不否认在无限发展的认识进程中，人类的认识能力可以逐渐摆脱相对真实的束缚，进入绝对真实的王国；而且对于每一个相对真实所赖以支持的事实而言，本身也是由无数个小的具有绝对真实的因子所组成，即相对真实与绝对真实并不是完全截然分开的，相对真实中也包含有绝对真实。①

① 参见卞建林、郭志媛：《论诉讼证明的相对性》，载《中国法学》2001年第2期。

（三）先验真实与证明真实

在传统哲学上，先验论属于唯心主义认识论的范畴，与马克思主义唯物反映论相对，是指“人的知识（包括才能）是先于客观存在、先于社会实践、先于感觉经验的，是先天就有的”。[①] 先验真实就是指真实不仅不以客观存在为依据，相反早于客观存在而存在，是先验的和永恒的。这种真实来源于真实天生所具有的宗教性，表达的是人们对真实的美好理想和价值追求，反映的是人内心深处的信仰。而证明是“用可靠的材料来表明或断定人或事物的真实性”。[②] 所谓证明真实就是用证明的手段来判断真实，通过证明来认识客观事实，并形成真实的反映。这种真实天生具有实证性，强调运用证据材料来说明问题，即真实不仅需要认识到，还需要通过客观存在的东西（比如材料和证人证言等）加以证明，如果没有足够的证明材料予以佐证，这样的真实是值得怀疑的。

由此可见，先验真实与证明真实的关系，实质上就是先验论与实证论的关系。一方面，先验真实与证明真实具有本质上的相通性，即都是表达人们对真实的一种信仰和追求，都体现了人类的理想价值，只不过两种真实的实现手段和途径不同而已，而且在证明真实无法实现或难以实现时，为某种目的或需要，先验真实可以达到辅助作用，帮助主体认识真实，达到内心确信的程度。另一方面，先验真实与证明真实也有质的区别，主要表现在：先验真实突出强调人认识真实的内在性，即内心信仰的真实，而证明真实特别强调外在性，即通过外部证据的证明来认识真实；先验真实的东西并不一定可以得到实证证明，但这并不一定表明其就不“真实”，与客观事实不相符合，证明真实的东西也不一定是“真实”的，完全与客观事实相符，应当说二者并没有必然的对应关系；先验真实的层次更高，突出了人的主体性地位，从人的自身主观出发来认识事实，达到真实，而证明真实的层次相对较低，突出了认识对象的主体性，从外部的材料和现象入手来认识事实；先验真实是绝对的，而证明真实是相对的，随着证明主体、材料、环境、方法等变化而发生变

① 中国社会科学院语言研究所词典编辑室编：《现代汉语词典》（修订本），商务印书馆 1996 年修订第 3 版，第 1362 页。

② 中国社会科学院语言研究所词典编辑室编：《现代汉语词典》（修订本），商务印书馆 1996 年修订第 3 版，第 1608 页。

化。另外，从某种程度上说，真实作为一个带有极强主体性的概念，先验的成分要远远高于证明的成分，这是真实概念与生俱来的一种信仰，因为即使有证据证明，如果没有先验的东西存在，人又如何认识、分析客观存在的证据并形成内心确信的真实呢？

在证据法上，先验真实与证明真实的划分非常有意义，在某种程度上也体现了人类证据法制度的发展。先验真实表明司法活动认定事实靠的是人先验的感觉、知识和信仰，无须依赖客观、外在的形式或材料来证明，而证明真实要求司法活动必须以证据“说话”，通过客观、外在的证据来达到证明案件事实的目的。在证据法发展史上，先验真实曾经占据过主导地位，比如在神示证据时期，凭借神的各种启示作为判断案件是非曲直的方法。[①] 随着证明技术和人类文明的发展，证明真实逐渐取得主导地位，俗话说“打官司就是打证据”，但先验真实在司法证明中依然占有十分重要的位置，比如自由心证制度等，都体现了先验真实在证据法事实认定中的重要作用。从对诉讼活动中的事实确信程度来看，先验真实无疑具有绝对性，当然绝对性并不表明其在符合客观事实上的绝对性，只是内心确信上的绝对性，证明真实由于是对过去事实的一种回溯性证明，证明的对象是已经发生过的具体事件，而非事物的规律性，[②] 是一种“历史证明”，受到各种主客观条件的限制，导致其具有相对真实性，会随着主客观条件的变化而变化。从对诉讼活动中的事实的证明方法上来看，在通向事实的道路上，先验真实靠的是心证的方法，而证明真实靠的是实证的方法。所谓“实证的方法是指应用各种直观形式的客观存在，作为认识得以形成的来源和基础，借此确保主观的认识符合客观的事实。特点是，从感性到理性，从外在到内在，从客观到主观，从物质到精神，走唯物主义的路线”。而心证的方法则正好相反，“是指应用内心先验积累的知识、经验和理论等，通过内心的感悟、思想和思辨，来确保主观的认识符合客观的事实。特点是从精神到物质，从内心到外在，从主观到客观，遵循唯心主义

---

① 神示证据制度曾普遍存在于亚欧各国的奴隶社会，但由于各民族风俗习惯、历史传统以及区域上的差异，神示方式在实际运用中呈现出多样化的特点，比如采用对神宣誓、水审、火审、决斗等证明方法。具体参见卞建林主编：《证据法学》，中国政法大学出版社 2007 年版，第 16—19 页。

② 陈一云主编：《证据学》，中国人民大学出版社 1991 年版，第 113 页。

的路线。"[1]

（四）自然真实与规范真实

自然真实与规范真实是以客观真实与法律真实为基础的一对范畴，但是自然真实与规范真实的概念并不完全等同于客观真实与法律真实，因为后者回答的是“什么是事实”的问题，而前者回答的是“如何认识事实达到真实”的问题，存在本质的区别。[2]

在现代汉语中，自然既指“自由发展，不给人力干预”，也指“自然界”，包括无机界和有机界，也包括社会在内的整个物质世界。[3] 而规范指“约定俗成或明示规定的标准”，“合乎规范”。[4] 从字面上来理解，自然强调物质性，排除人的干扰，而规范则强调“规定性”和人的参与性。引申到哲学意义上，自然真实强调“本在”，即真实与事实之间的一致性是“自然而然”的，是“自由发展”的，是浑然天成的，是在最本质上的一致性；规范真实则强调“他在”，即真实与事实之间的一致性，是“人为规定”的，是受“规范”制约的，尽管在理想上二者追求本质上的一致，但实践中却并不容易甚或根本上是达不到的。自然真实是规范真实追求的目标和努力的方向，规范真实是自然真实在现实生活中的一种无奈的、“退而求其次”的选择。规范真实在体现人类创造性（创造出规范本身并通过规范来认识事实）的同时，也恰恰凸显了人类的渺小和弱点，即自身认识能力是有限的。从这个意义上说，自然真实具有绝对性，而规范真实具有相对性。之所以要确立这种相对的规范真实，盖因自然真实“遥不可及”，且无法摆脱各种主客观因素的限制，而人们对生活秩序、正义、效率等价值的追求又要求人们必须对事实有统一的、令人信服的“真实”认识，来指导人们的行为和认识事实，而“规范”正好具有这种“规范”作用，因而也可以说，规范真实在某种程度上弥补了自然真实一旦过去即不可触摸的

---

① 高家伟：《事实与真实的语义之辨》，载卞建林主编：《诉讼法学研究》，中国检察出版社 2007 年版，第 32 页。

② 何家弘：《论司法证明的目的和标准——兼论司法证明的基本概念和范畴》，载《法学研究》2001 年第 6 期。

③ 中国社会科学院语言研究所词典编辑室编：《现代汉语词典》（修订本），商务印书馆 1996 年修订第 3 版，第 1668 页。

④ 中国社会科学院语言研究所词典编辑室编：《现代汉语词典》（修订本），商务印书馆 1996 年修订第 3 版，第 474 页。

弱点，使得人们对真实的认识有章可循。

在证据法上，自然真实与规范真实的划分也很有意义。因为司法活动作为一个证明“历史”的过程，无法或不可能完全实现客观的自然真实，而必然是一种有限的真实，即司法活动中的真实必然受制于规范性，“法律事实之‘真’仅限于规范之真，规范之真不同于自然之真，它必然缩小了真的范围。”[①] 而且追求事实的真实并非规范的唯一目的和价值取向，规范追求真实还必须从人类其他诸如秩序、安全、自由、效率、公平、正义等价值相协调，强调特殊情况下事实非真实的重要价值和意义。之所以如此，一方面是法官无权以法律没有规定或事实无法还原、再现为由拒绝裁判；另一方面受认识能力和客观条件的限制，法官对事实真实性的判断受制于证据规则，这就使得事实非真实成为可能。这种规范真实违背自然真实的情形，最突出表现在证据法上“视为”和“推定”两种法律技术的设计，两种规范都是对事实的一种规范拟制，是法律上对事实的一种假设，而不是自然事实，与自然事实或相近，或离得很远，甚或完全相反，都有可能。可见，“视为”和“推定”是法律对自然真实的直接入侵和“殖民”，自然事实在法律上可能成为虚假的或者为规范所不认可。[②] 在某种程度上，这也是证据法的“魅力”之一。

三、真实的理论与实践意义

（一）真实是证据法的核心概念

真实是证据法的价值目标之一，因此有学者将“真实发现”作为证据法的基本原则之一。[③] 由此，真实在证据法上的地位跃然纸上，可谓证据法上的另一核心概念。

1. 目的论。证据法的本质在于事实，但如何判断是否认识了事实或正确地反映了事实？这就是证据法的目的，即发现真实，通过

---

① 杨建军：《法律事实与法律方法》，载《山东大学学报》（哲学社会科学版）2005 年第 5 期。

② 左卫民、谢鸿飞：《分辨事实真伪的理性思考》，载《法学》2003 年第 3 期。

③ 宋英辉、汤维建主编：《我国证据制度的理论与实践》，中国人民公安大学出版社 2006 年版，第 68 页。

设计和运用证据规则去分析判断证据，并据此认定事实。在这里，目的存在两个层次的要求，一个是在本体论意义上的，即证据法的目的在于使人的认识真正与客观发生的案件历史事实完全相符，即达到绝对的、客观的“真实”，这是证据法的最高目的；另一个是“第二等好”的目的，即使主体的认识与客观发生的历史事实实现某种程度上的相符，即达到相对的、规范上的真实，这是证据法上层次较低但较为实际、可操作性强的目的。之所以如此，盖因诉讼法上认识事实的活动与哲学、社会学上认识事实的活动存在质的不同，它是以解决纠纷、协调利益纷争为目标的，其认定事实的过程不仅受到客观事实的制约，还受到各种主客观因素的限制，同时还有秩序、效率、公正等多方面价值的考量。总之，不论是绝对的真实，还是相对的真实，无非真实都是证据法所要追求的目标。

2. 价值论。前面述及，真实是一个天生带有主观价值倾向的词汇，一般与善、美等价值相连。在证据法上，真实也具有独特的价值：一方面，真实是证据法学及证据制度得以存在和发展的价值前提，人们之所以需要证据法学及证据制度，是因为人们相信只有建立在真实基础上的事实认识，才符合善、美的人性价值，赋予了事实以人文意义，如果没有真实，事实也便失去了价值，作为研究和规范主体反映事实的证据法学和证据制度也自然没有存在的必要和价值；另一方面，真实是司法裁判可接受性的前提和基础，司法运用证据的过程在形式上是认定事实，但在内容上是发现真实，即让主观认识符合客观实际，只有当法官发现了真实，认定的事实与客观存在的事实相符或相近时，据此作出的裁判才易为当事人所接受，相反，如果法官发现的“真实”与客观情况相差很大，超出了人们可以承受的空间，则在此基础上作出的裁判，即使司法在程序上很“正当”，也很难为当事人所接受。由此可见，不论是内在还是外在，真实都是证据法上的核心要素，具有独特的价值。

3. 争议论。从证据法学理论研究和司法操作实践中存在分歧和矛盾出发，也可以看出真实是证据法上的核心概念。在证据法理论研究中，对于真实的定位及内涵一直存有争议，表现为以下几对范畴的对应和概括：实质真实与形式真实、客观真实与主观真实、事实真实与法律真实、绝对真实与相对真实。[①] 另一方面，在证据法实践中，对于发现真实这一证据法原则的理解，到底是法律真实还是客观真实？不论诉讼活动中的真实为上述理论与实践中的哪一种表述，无疑作为交集的“真实”是“圆心”，都是争议的焦点，这也可从侧面看出真实在证据法上的地位。

在此，需要说明的是，真实作为证据法上的核心概念，与事实作为证据法上的核心概念并不矛盾，因为真实与事实本乃一母同生，证据法无论理论研究还是具体制度设计和操作，可以说“从头到脚”都是围绕事实与真实展开的，目的在于使事实与真实“合二为一”。真实的理想目标与实现起来的艰巨性和困难性之间存在的巨大张力，正是证据法学理论和制度得以发展的原动力。

（二）真实论是证据法的理论基础

在拙作《论事实》中，笔者已从本体论上论述了事实论是证据法学的理论基础，但是，事实“独木难成舟”，唯有与“真实”结伴而行，其才具有证据法上的人文意义，加之事实与真实本来就是被人为一分为二，[②] 因而真实论也应是证据法的理论基础，这在某种程度上只不过是事实论的同义表达而已。而且，从目前证据法学理论与实践的争议来看，真实的内涵和本质是争议最大的，如果其不具备基础的特质，又为何如此受人关注？而且，尽管“真实”的争论具有多样性和多层次性，但在证据法理论和实践中，影响最大也最为基础的莫过于客观真实与法律真实的分歧。下面结合对两种真实观的分析，进一步说明真实在证据法中的基础地位。

1. 两种真实观

客观真实观。这是以唯物主义认识论作为单一证据法基础的产物，其核心理念和基本立场，在于强调司法人员的认识达到与客观发生的历史事实相符合，诉讼证明的目的在于查明事实真相，裁判必须以符合客观事实的认识为裁判依据，即司法人员在诉讼中根据证据所认定的案件事实必须是符合客观存在的案件事实。其理论基

① 参见宋振武：《诉讼证明理论中的四组相对概念之辩证》，载《法学论坛》第 19 卷第 2 期（2004 年 3 月）；何家弘：《论司法证明的目的和标准——兼论司法证明的基本概念和范畴》，载《法学研究》2001 年第 6 期。

② 高家伟：《事实与真实的语义之辨》，载卞建林主编：《诉讼法学研究》，中国检察出版社 2007 年版，第 33 页。

础是唯物主义认识论以及由此分化而来的可知论、实践检验论和人认识能力至上性和有限性的辩证统一。其标准的表达，如有学者所述，“虽然人们对案件事实的认识要受到主客观条件的限制，人们的认识难以达到与客观事实绝对一致，但不能因此而否定客观事实对人们认识的判定作用。因为不是客观事实不能与人的认识完全符合，而是人的认识不能与客观事实完全相符合。难道因为人的认识不能与客观案件事实完全相符合，而另外有人重新制定一个标准就能使人的认识与案件事实相符吗？……证据事实对案件事实的反映虽然只是相对的符合，但是，这种相对的符合只能是相对地符合于客观的案件事实本身，而不是符合于法律规定或其他由人规定的任何东西。”①

法律真实观。这是在反思客观真实论基础上诞生的一种新学说。其核心理念和基本立场，在于强调法律规范和程序价值在认定事实中的作用，作为裁判依据的事实不是甚或说不可能是社会层面上的历史事实，而是经过法律程序和价值“过滤”过的事实；而且，在诉讼活动中，追求必须以与客观事实相符合的客观真实作为裁判依据也是不现实的，只要司法人员运用证据对案件事实的认定符合相关实体法和程序法的规定，就应当从法律角度上认为是达到了真实的程度。其理论基础是，人类认识能力至上性与有限性、诉讼证明相对性、事实认定盖然性以及程序正义等。其标准的表述，如有学者所述，“‘法律真实’衡量的事实只是法律意义上的事实，并非原始状态下的事实。原始状态下的事实必须按照法律规定的程序和规则进行审查、判断、认定，才能产生法律上的后果，即法律事实是事实因素与法律因素相结合的产物，法律事实一方面必须符合法律规定的形式，受制于法律的评价；另一方面，对法律事实进行认定的过程还应当遵循相应的制度、程序规则。”②

追求真实是实现正义的必然要求，也是法本身所要实现的目标。③ 上述两种真实观可谓旗帜鲜明，各有千秋，且在学界也各有其

① 张继成：《对“法律真实”和“派生性证明”的逻辑反思》，载何家弘主编：《证据学论坛》（第2卷），中国检察出版社2001年版，第418—419页。

② 张中利：《法律真实：民事证据的证明标准》，载《法制日报》2003年5月15日第10版。

③ 何勤华：《法律真实的整体思考》，载《法学论坛》第20卷第6期（2005年11月）。

坚定的支持者和喝彩者。尽管如此，但有一个事实毋庸置疑，客观真实与法律真实的分歧和争论，表面看是在探讨法律问题，实质上早已超越了法律范围，焦点集中在基本哲学概念及其范畴上，更具体一点说，是围绕认识论而展开的。也就是说，客观真实观与法律真实观的关键区别在于是否承认认识尤其是诉讼过程中的认识相对性。客观真实论者虽然在哲学上并不否认相对真理的存在，但具体到诉讼证明标准尤其是刑事证明领域，却坚持认为诉讼案件认识必须与客观事实相一致；而法律真实论者则认为，诉讼中的认识与真理的相对性是一致的，诉讼认识只能通过法律规范还原事实，接近事实，而很难或不可能达致与客观事实的完全一致。

2. 关系评析

客观真实观与法律真实观具有同根性，表根在“真实”，本根在“事实”，分歧发生在认识过程中，即真实到底应在何种程度上反映“事实”？两种真实观既然都标榜辩证唯物主义认识论为其理论基础，为何二者的结论却又截然不同？综观现有对两种真实观的认识，笔者认为，可以从以下几个方面来梳理二者的关系。

（1）理想与现实。理想是对未来事物的想象或希望，与空想、幻想不同的是，理想一般是有根据的、合理的；现实是客观存在的事物，符合客观情况的。在法律上，诉讼证明的目的无疑是在于发现真实。我们通过诉讼活动，希望获得的真实当然是与客观事实相符合的一种真实。在客观真实论者看来，这种理想是可以实现和达到的，具体而言，基础有三：①世界是可知的；②客观发生的事实必然留下这样或那样的痕迹，可以为人所感知；③司法人员认识水平不断提高。应当承认，客观真实论者的如此论述具有相当的合理性和正当性，但却也有明显的缺陷，表现在：①夸大了事实的可知性，按辩证唯物主义认识论，事物是可知的，人对事物的认识具有至上性，但问题是，“思维的至上性是在一系列非常不至上的思维者的人们中实现的；拥有无条件真理权的那种认识是在一系列相对的谬误中实现的；二者都只有通过人类生活的无限延续才能实现……一方面，人的思维的性质必然被看作是绝对的，另一方面，人的思维又是在完全有限的思维着的个人中实现的。这个矛盾只有在无限的前进过程中，在至少是对我们来说是无止境的人类世代更迭中才能得到解决。从这个意义上讲，人的思维是至上的，同时又不是至上的。它的认识能力是有限的，同时又是无限的。按它的本性、使命、可能和历史的终极目标来说，是至上的和无限的；按它的实现和每次的现实来说，又是不至上的和有限的。”① ②忽视了人类认识的多重影响性。人类认识的目标是要与事实一致，但实现目标的过程却受多重因素的影响，可谓困难重重。比如，事实本身留下的“痕迹”是否完整以及能否为人所发现；人观察事物也不可避免要受偏差的影响；语言表达中是否有遗漏、误差或误解；运用推理是否可能产生错误的结论？事实是否可以无限期地追求下去；等等。正是这些几乎无法超越的认识上的“现实”因素，使得客观真实的理想很难达到或者说根本无法完全达到，而只能尽最大可能地接近。这也正是法律真实论产生和得以生存发展的最为肥沃的土壤，法律真实论恰好弥补了客观真实论“过于自信”的“过失”，而尽量与现实贴近。需要说明的是，与现实贴近，并非迷失于“现实”，而仅是退而求其次的选择，本身并不是意味着放弃对客观真实理想的追求和努力。

当然，即使是在法律真实内部，也同样存在着理想与现实的落差。同样是运用法律规范认定分析证据、还原真实，如果证据规则制定得完善一些，法律价值更先进一些，以及可以运用的证据更充分一些，司法主体的认识能力和素质更高一些，法律真实也便可以更接近“理想”的法律真实，而如果相反，那么法律真实则可能是较低层次的。

(2) 对立与契合。对立意味着矛盾和斗争，而契合则意味着存在统一性和协调性。客观真实与法律真实的对立性是显而易见的，否则也就没有了探讨和分析的必要，但二者存在的契合性却也逐渐为人们所认识。这一点，不论是客观真实论者还是法律真实论者一般都无异议，即都承认“法律上的事实是以客观事实为基础的，就本质而言，它是客观事实的模拟，是客观事实在法律上的反映”。② 张志铭研究员在其《证成法律真实标准》一文中认为：“在对案件事实认定的真实性的评价标准上，如果我们提出‘法律真实’的目的不是要用以实现‘客观真实’，而是要取代‘客观真实’，那么‘法律真实’就会像一只迷途或走失的‘羔羊’”，并据此从四个层

① 锁正杰、陈永生：《论法律真实——我国刑事证明标准的反思与重塑》，载《诉讼法学研究》2002年第1期。

② 李玉萍：《论司法裁判的事实根据》，载《法学论坛》2000年第3期。

面对客观真实与法律真实的契合进行了阐述：①法律真实是一种实践形态的客观真实标准；②法律真实是一种规范形态的客观真实标准；③法律真实是一种以合法性评价为先决条件的客观真实标准；④法律真实标准是一种以“追求真实”为主旨、以“不背离真实”为底线的客观真实标准。[①] 由此可见，在客观真实与法律真实之间，尽管目前争论依旧，但也出现了相互靠拢的趋势。

（3）一元与多元。传统客观真实论立足于辩证唯物主义认识论，排斥其他价值因素的影响，认为只有与客观事实相符的真实才是诉讼证明合法性和正当性的基础。其实，客观事实是一种本在，只要加入主观，进入人的认识领域，就很难避免受到“人”的影响，尤其是在现代诉讼制度和证据法则中，发现事实的过程，不仅仅是一个主观反映客观的过程，更是一个复杂的利益冲突和价值选择的过程。在这一过程中，诉讼证明发现真实既要为追求客观真实不懈努力，又要防止过分盲目而一事无成，还要考虑到法律平等、公正、效率、秩序等正当程序价值因素。而在兼顾程序正义基础上的真实，必然会与客观真实有差距甚至在某些情况下相去甚远，因而在诉讼过程中发现真实不得不受多元价值的影响，而不可能完全只考虑人类认识的至上性，不达“客观真实”目标绝不罢休。

由上观之，对于客观真实观与法律真实观的关系，可以简要概括为：客观真实是基础，法律真实是补充，只有在无法查明客观真实的情况下，才以法律真实为补充，两者之间是一种辩证统一、互补双赢的关系。因此，过分强调哪一种观点，或者强调用一种观点代替另一种观点，都是不妥的，也是对诉讼证明所发现的真实的一种误解，必须在具体个案中通过对各种价值的权衡决定个案中真实的属性。当然，不论是客观真实、法律真实，还是上述论及的不可固定、隐含在个案中但带有普遍性的“看不见”的真实，无不是围绕“真实”而展开，正是从这个意义上说，真实是证据法学的理论基础之一。

（三）国内外有关真实的证据法规定评析

真实是证据法制度的核心概念之一，证据法上各种规则的设置无不与“发现真实”相关联。为避免赘述，在此仅择取国内外的相关证据法上关于证明标准、推定、自认三个证据规则的规定，来具

① 张志铭：《证成法律真实标准》，载《人民法院报》2002 年 4 月 12 日。

体阐释证据法上真实的有关问题。

1. 证明标准规则

(1) 国内外有关证明标准的证据法规定。证明标准与“真实”紧密相连，是“指法律规定的运用证据证明待证事实所要达到的程度要求”。[①] 在某种程度上，证明标准直接决定案件事实所要达到的真实程度。而且，由于不同诉讼类型和制度所追求的价值目标不同，甚至同一诉讼制度下涉及的法律价值大小不同，导致证明标准不仅在不同诉讼制度之间存在差异，而且即使是同一诉讼制度，也可能存在不同的层次。这就是说，不同诉讼类型，对案件事实“真实性”的要求是不同的，而且即使是同一诉讼类型，在其内部也可能存在不同的“真实性”层次要求。

在西方国家，由于文化背景、法制传统、法治进路等不同，证明标准规则的设置以及适用存在明显差异。“在英美法系国家，由于存在一般意义上的证据法典，一系列的证据规则在程序上对于证明标准的适用产生直接的影响；相对而言，大陆法系国家由于实行较为完全的自由心证主义，尽管在认定案件事实过程中有相对的证明标准，但是证明标准问题是否直接影响到法官对案件事实的认定，在这些国家显得不那么突出。”[②] 在刑事诉讼中，英美法系国家一般采取“排除一切合理怀疑”证明标准，即刑事司法裁判所认定的事实必须得到全面的证实，完全的确信。比如美国证据法将证明的程度分为九等，其中排除合理怀疑为刑事案件作为有罪裁判所要求的标准，也是诉讼证明中的最高标准，当然，“排除合理怀疑的证明并不排除轻微可能的或者想象的怀疑，而是排除每一个合理的假设，除非这种假设已经有根据。‘排除合理怀疑’的证明是‘达到道德上的确定性’的证明，是符合陪审团的判断和确信的证明。作为理性的人，陪审团成员在根据有关指控犯罪是由被告人实施的证据进行推理时，如此确信以至于不可能作出其他合理的结论。”[③] 而大陆法系国家一般采取自由心证的证明标准，即根据证据排除任何内心

① 卞建林主编：《证据法学》，中国政法大学出版社 2007 年版，第 281 页。

② 毕玉谦主编：《最高人民法院〈关于民事诉讼证据若干问题的规定〉释解与适用》，中国民主法制出版社 2002 年版，第 458 页。

③ Black's Law Dictionary, 5th Edition, West Publishing Co., p. 147. 转引自卞建林主编：《证据法学》，中国政法大学出版社 2007 年版，第 286 页。

疑问的确信，如对证据有疑问时，应当作有利于被告人的解释。[①] 在民事诉讼中，英美法系和大陆法系国家在证明标准上略有差异，前者称之为“盖然性居上或占优势”标准，比如按美国证据法规定，“当一事实主张被陪审团确信为在证据上具有占优势的盖然性，即存在的可能性要大于不存在的可能性时，那么，此项事实主张就被认定为真实。”[②] 后者称之为“特定”高度的盖然性，即“达到依据日常经验可能达至的高度，疑问即告排除，产生近似确然性的可能”。[③] 在行政诉讼中，西方国家证明标准一般因行政行为性质不同而有差别。比如，在美国行政诉讼中，对事实问题的审查标准有三个，即实质性证据的标准、重新审理标准、专横任性滥用自由裁量权标准。[④]

在我国，由于刑事、民事、行政三大诉讼法中均规定，人民法院审理案件，以事实为根据，以法律为准绳，[⑤] 以致有学者认为“以事实为根据”指出了我国的证明标准，即刑事、民事、行政诉讼中必须以客观事实作为唯一的标准。应当说，这种认识是对法律规定的一种误解，因为“‘以事实为根据’只是对法院审理案件的一个要求性原则，而不是一个标准”，[⑥] 也不符合我国诉讼实际，因为三大诉讼制度中的证明标准并不是整齐划一的。比如，在刑事诉讼中，按《刑事诉讼法》的规定，是“事实清楚，证据确实、充分”标准，相当于西方国家“排除合理怀疑”的证明标准。在民事诉讼

---

① ［法］卡斯东·斯特法尼等：《法国刑事诉讼法精义》，罗结珍译，中国政法大学出版社 1998 年版，第 770、773 页。

② Steve. Emanuell,, Howard M. Rossen, Wilton S. Sogg, Civil Procedure , West Publishing Co. 1977, p. 184. 转引自卞建林主编：《证据法学》，中国政法大学出版社 2007 年版，第 289 页。

③ 卞建林主编：《证据法学》，中国政法大学出版社 2007 年版，第 290 页。

④ 马怀德主编：《行政诉讼原理》，法律出版社 2003 年版，第 302—305 页。

⑤ 参见我国《刑事诉讼法》第 6 条、《民事诉讼法》第 7 条、《行政诉讼法》第 4 条。

⑥ 蔡小雪：《行政诉讼证据规则及运用》，人民法院出版社 2006 年版，第 183 页。

中，尽管法律及司法解释没有明确或只有笼统性的概括，[1] 但学者们经过对《民事诉讼法》及最高人民法院《关于民事诉讼证据的若干规定》相关规定的比较分析，认为这些规定“表达了有关证据材料在法官内心确信上所形成的某种高度盖然性的证明标准”。[2] 在行政诉讼中，《行政诉讼法》没有给出立法上的明确规定，在最高人民法院起草《关于行政诉讼证据若干问题的规定》第一稿至送审稿中，都对行政诉讼的证明标准作出了具体规定，[3] 但在最终司法解释中被删除。[4] 尽管如此，行政审判实践并非无标准可言，而是根据行政行为性质及对相对人影响的大小分别运用优势证明标准、清楚而有说服力的证明标准和排除合理怀疑的证明标准。[5]

（2）评析。

从以上规定，可以看出：

其一，真实与事实之间的关系是复合的，而不是单一的。这就是说，真实既可以是建立在对全部客观事实的完全反映之上，即客观真实，也可以是建立在对部分客观事实的反映之上，即相对真实或部分真实，还可以是建立在规范基础之上的真实，即法律真实或规范真实。正是真实与事实之间关系的复合性和复杂性，决定了证据法上证明标准的多样性。

其二，真实是分层次的，而不是整体统一的。在证明标准上，

① 我国《民事诉讼法》规定，对证据“必须查证属实，才能作为认定事实的根据”，人民法院“应当按照法定程序，全面地、客观地审查核实证据”，这是我国民事诉讼立法对证明标准的一般要求。具体参见卞建林主编：《证据法学》，中国政法大学出版社 2007 年版，第 292 页。

② 卞建林主编：《证据法学》，中国政法大学出版社 2007 年版，第 293 页。

③ 参见孔祥俊：《行政诉讼证据规则与法律适用》，人民法院出版社 2005 年版，第 229—241 页。

④ 据参与起草证据规则的人士介绍，删除的理由主要有两个：一是行政诉讼与民事诉讼相比，各级人民法院的审判实践的时间还是较短，行政案件情况非常复杂，很多问题还没有充分暴露出来，很难作出具体规定；二是证明标准实际上还是法官的内心确信问题，无论标准如何规定，也无法包含每个案件的具体情况。参见蔡小雪：《行政诉讼证据规则及运用》，人民法院出版社 2006 年版，第 184 页。

⑤ 甘文：《行政诉讼证据司法解释之评论》，中国法制出版社 2003 年版，第 172 页。

与客观历史事实完全相符合的，是客观真实；而排除合理怀疑、明显而有说服力、优势证明标准等都是以证据作为认定事实的基础，这在某种程度上就决定了这样的事实是一个“有限的”事实，与客观真实相比，是相对真实，即只在各自的认识范围内符合事实的要求。而且，即使是在相对真实范围内，其真实性也不是整齐划一的，同样也是分层次的，比如排除合理怀疑证明标准下认定的事实，相较之优势证明标准、清楚而有说服力证明标准下认定的事实，一般来说会更“真实”，即符合实际客观事实的可能性更大一些。

其三，真实受多种价值的影响，而不是受一种价值的影响。证据法上之所以对证明标准设置多层次、不同类型的标准，一方面固然有人的认识能力有限性的限制，另一方面也是受到各种法律价值影响的结果，这也是为什么在相对真实（法律真实）的范围内还存在不同层次的证明标准的重要原因。比如，受人身自由权的价值影响，对涉及人身自由的案件，证明标准相对较高，适用排除合理怀疑标准，这也是诉讼证明活动所能达到的最高标准，在其他类型的案件中，由于受效率、秩序等价值的影响，一般采取优势和清楚而有说服力的证明标准。同时，由于行政行为是国家公权对公民私权的“侵入”，因而对一般的行政行为，司法审查标准要比一般平等民事主体之间民事纠纷的证明标准要求高。

其四，客观真实尽管无法绝对实现，但却不可放弃对目标的追求。证明标准本身的产生，应当说就是人类理性有限性的结果，即是人们在无法实现“绝对真实”的情况下，一种无奈的选择。但选择了具有相对真实属性的证明标准，并不意味着就可放弃对客观真实目标的追求。这是因为，一方面真实脱离了对事实的追求，本身也就失去了存在的意义，真实的存在本身即意味着对与事实“合二为一”的无限追求；另一方面，证据法的产生源于真实与事实之间的距离，这恰恰是证据法得以发展和完善的动力，通过人类认识能力的提高和证据法体系的完善，使真实逐渐甚或无限逼近事实。如果没有对与事实相符的真实的追求，证据法也将丧失发展的动力，以至证据法本身是否有必要存在也将成为问题。

2. 推定规则

推定是证据法上的重要规则，是在诉讼活动中法官运用已知的事实推测未知事实真相的一种活动。因推定过程充满了推测和法官自由心证的成分，带有不定性或或然性，曾被孟德斯鸠斥责为“当法官推定的时候，判决就武断”。[1] 即便如此，推定却一直“生命之树常青”，纷纷为各国立法所肯定，并在司法实践中发挥着积极作用。

（1）国内外证据法中有关推定规则的规定。尽管学者们对何为推定存在各种各样的观点，[2] 但各国立法的规定却基本上是一致的，即都是规范由已知事实推断未知事实的过程。在西方国家，法国《民法典》第1349条规定：推定为法律或审判员依已经知道的事实推论未知事实所得的结果。美国《统一商法典》第1—20条第31款规定：“‘推定’或‘假设’，是指事实的审理者必须发现该推定事实的存在，除非并且直至提出对该推定的不存在予以认定的证据。[3] 我国台湾地区“民事诉讼法”第28条将推定作为举证责任的一种例外情形，即“法院依已明了之事实，推定应证事实之真伪”。

在我国，最让民众耳熟能详的，莫过于刑事诉讼中的“无罪推定”，[4] 但作为证据法上的推定，规定主要集中在民事和行政诉讼中。例如，《民事诉讼法》第67条规定，经过法定程序公证证明的法律行为、法律事实和文书，除有相反证据足以推翻外，应当作为法院认定事实的根据；最高人民法院《关于适用〈中华人民共和国民事诉讼法〉若干问题的意见》第74条规定，“下列事实，当事人无需举证……（3）根据法律规定或已知事实，能推定出另一事实。”再如，最高人民法院《关于民事诉讼证据的若干规定》中规定“有证据证明持有证据的一方当事人无正当理由拒不提供，如果对方当事人主张该证据的内容不利于证据持有人，可以推定该主张成立”。最高人民法院《关于行政诉讼证据若干问题的规定》第68条第1款第3、5项规定，对于“按照法律规定推定的事实”和“根据日常生活经验法则推定的事实”，法庭可以直接认定。

（2）评析。

从以上规定，可以看出：

---

① ［法］孟德斯鸠：《论法的精神》（下册），商务印书馆1994年版，第299—300页。

② 具体参见卞建林主编：《证据法学》，中国政法大学出版社2007年版，第296页。

③ 叶自强：《论推定法则》，载《诉讼法论丛》（第二卷），法律出版社1998年版，第450页。

④ 《刑事诉讼法》第62条第3项。

其一，真实并非都是证明来的。我们知道，司法奉行证据裁判主义，意思就是说，只有运用证据还原案件事实，并据此作出裁判，这样的裁判才是有事实依据的，在法律上也才是公正的。但推定则是例外。推定意味着裁判事实可以没有直接的证据予以佐证，而只要法官运用个人经验理性，或者通过其他间接的事实辅之以一定的逻辑推理，同样可以得出裁判事实，即没有证据予以直接证明的事实。当然，如果从严格意义上来说，推定也含有某种"证明"的意味，只不过靠的不是"看得见"的证据，而是"看不见"的逻辑证据。

其二，真实是有限的。推定事实是由主体按一定的法则和逻辑推演出来的，其与客观真实的程度还有一定的距离，而且与有证据直接支持的"真实"相比，其离客观真实可能更远，在反映客观真实的程度上，只能达到盖然性标准，而不可能达到排除合理怀疑标准，更不能达致绝对内心确信的程度。"这种盖然性的大小也与案情的复杂程度、法官素质、据以作为基础事实（或称已知事实）的真实可靠程度，以及特定事物之间包含在常态联系内部的必然性与偶然性之间相互依存关系的稳定程度不无关系。"①

其三，真实充满了人类情感。事实本实，本身无情感可言，但真实本真，带有强烈的人的色彩。推定规则的功能，在某种程度上就是用来表达立法者所倡导的社会价值取向的，或促进实施立法者所提出的社会政策。②

其四，推定在发现真实方面是把"双刃剑"。推定的作用和意义重大：首先，推定是接近案件真实的最便捷手段，省却了复杂的证明过程，使诉讼变得更为快捷；其次，可以有效缓解诉讼证明上的困难，因为许多案件事实很难用证据来直接证明，而为了明确当事人的权利义务又必须认定；另外，推定可以有效分配举证责任，灵活运用举证责任倒置、让有条件的一方举证等规则，实现公平和公正。当然，推定的局限一点也不比其价值"小"，一方面表现在通过推定认定的事实具有"或然性"，不仅不可能与客观真实完全符合，

---

① 毕玉谦：《民事证据法及其程序功能》，法律出版社 1997 年版，第 171 页。

② 赵钢、刘海峰：《试论证据法上的推定》，载《法律科学》1998 年第 1 期。

甚至还可能与有证据证明的事实相去甚远；另一方面，推定易带有偏见性，因为推定的过程是主体运用自身经验去推导某一事实，与主体个人的经验、阅历、生活背景、学识甚至好恶有直接的关系。因而，为防止“成也萧何，败也萧何”，证据法必须对推定认定事实的规则予以明确和规范，最大限度地防止和减少推定真实非真实情况的发生。

3. 自认规则

自认规则是一项传统的证据法则，有广义和狭义之分。所谓广义的自认，既包括刑事诉讼领域中的自白规则，也包括民事、行政诉讼中的自认；所谓狭义的自认，一般仅是指民事、行政诉讼中的自认。本文所指的自认，仅指后一种意义上即民事、行政诉讼中的自认。①

（1）国内外证据法有关自认规则的规定。尽管对于自认的属性，目前理论界存有争议，② 但在国外尤其是西方国家已有相对较为完善的立法，占有相当重要的地位。近年来，随着审判方式的改革，我国也在逐渐借鉴与完善自认规则。

在各国证据法中，自认可以分为诉讼上的自认和诉讼外的自认，也可以分为明示自认和默示自认。对于诉讼内外的自认，③ 各国（地区）的规定并不一致。在法国，立法只承认诉讼上的自认具有证明力，即无论法官看待案件事实如何，应把当事人对其不利的自认作为真实来对待；立法并未涉及诉讼外自认的证明力问题。在德国，《民事诉讼法》规定，经过对方当事人自认的事实无须举证；当事人自认只有在法庭上作出才为有效。在我国台湾地区，“民事诉讼法”上的自认仅限于诉讼上的自认，诉讼外的自认不能自动发生效力，

① 如此选择别无他意，仅为本文分析真实的属性方便，特此说明。

② 理论界的主要观点有：（1）证据说；（2）非证据说；（3）特殊证据说；（4）证据规则说。其中“证据规则说”是流行观点。参见陈祥龙、杨永华：《自认若干问题初探》，载《华东政法学院学报》2003 年第 1 期。

③ 诉讼上的自认是指在诉讼过程中，一方当事人对于他方当事人所主张不利于己方的事实予以承认的表示；诉讼外的自认是指在诉讼程序之外，一方当事人对于其他人所主张对其不利的事实予以承认的表示，其中包括在他案中所作出的自认。参见蔡小雪：《行政诉讼证据规则及运用》，人民法院出版社 2006 年版，第 272 页。

但可以作为一种证据由法官据情酌定。① 对于明示和默示自认，② 各国规定也不尽一致。在德国，《民事诉讼法》第 138 条规定："对于某种事实，只有在当既非当事人自己的行为，又非当事人自己所亲自感受的对象时，才准许说'不知道'。"③ 在日本，《民事诉讼法》第 140 条第 2 款规定："对于对方当事人所主张的事实作出不知的陈述时，推定为对该事实有争议。"④

在我国，对自认规则作详细规定的，要算最高人民法院《关于民事诉讼证据的若干规定》。该《规定》第 8 条规定："诉讼过程中，一方当事人对另一方当事人陈述的案件事实明确表示承认的，另一方当事人无须举证。但涉及身份关系的案件除外。""对一方当事人陈述的事实，另一方当事人既未表示承认也未否认，经审判人员充分说明并询问后，其仍不明确表示肯定或者否定的，视为对该项事实的承认。""当事人委托代理人参加诉讼的，代理人的承认视为当事人的承认。但未经特别授权的代理人对事实的承认直接导致承认对方诉讼请求的除外；当事人在场但对其代理人的承认不作否认表示的，视为当事人的承认。""当事人在法庭辩论终结前撤回承认并经对方当事人同意，或者有充分证据证明其承认行为是在受胁迫或者重大误解情况下作出且与事实不符的，不能免除对方当事人的举证责任。"在最高人民法院《关于行政诉讼证据若干问题的规定》中，也有类似的规定。

（2）评析。

从以上规定，可以看出：

其一，真实是可以合意的。从本质上说，事实是客观、唯一、恒久不变的，真实是与事实相符合，那么真实也应当是客观的、绝

① 参见刘善春、毕玉谦、郑旭主编：《诉讼证据规则研究》，中国法制出版社 2000 年版，第 422—423 页。

② 明示的自认是指当事人以书面或者口头上作为的形式明确表示认可的承认；默示的自认又称拟制的自认，是指对一方当事人主张的不利于自己的事实，另一方当事人既未表示承认，也未表示否认。参见蔡小雪：《行政诉讼证据规则及运用》，人民法院出版社 2006 年版，第 274 页。

③ 参见李国光主编：《最高人民法院〈关于民事诉讼证据的若干规定〉的理解与适用》，中国法制出版社 2002 年版，第 122 页。

④ 参见白绿铉编译：《日本新民事诉讼法》，中国法制出版社 2000 年版，第 310 页。

对的，但自认规则通过当事人之间的承认和合作来认定事实，说明案件中的事实客观性具有相对性，这也决定了在此基础上发现的真实是相对的。在某种情况下，为某种需要，当事人之间完全可以合意出一种与事实不符甚或完全相反的“真实”。

其二，真实体现了人的主体性。自认规则强调当事人的自主地位，通过对自身的处分权来认定事实“真相”，即只要当事人自己自愿，事实“真相”是无须客观的证据来证明的。这就是说，在诉讼发现真实的过程中，人的主体性地位得以凸显，不仅在证据证明事实中需要人的主体性认识，而且在自认规则下只要自认即可认定真实。如此，不仅当事人之间的纠纷解决要尊重当事人的意志，而且关于案件事实的认定也要尊重当事人的意志。

其三，诉讼中的真实是法律真实，但也有例外。自认规则发现的真实，完全是由证据规则“规范”出来的，本身并不足以说明这种真实与客观事实完全相符，具有法律真实的属性。这也说明，诉讼中的证明标准尤其是民事诉讼中的证明标准是以法律真实为标准的，但这并不绝对，也有例外，比如最高人民法院《关于民事诉讼证据的若干规定》第 8 条第 1 款明确将涉及身份关系的证明排除在自认范围之外。之所以如此，是因为身份案件比较特殊，必须采取绝对的客观真实主义，如果允许以自认的事实作为法院裁判的依据，尽管也能达到法律真实的要求，但不符合身份的客观真实要求。[①]

其四，法院在发现真实中的作用是有限的，也是受限制的。自认规则的设计，表明法院裁判虽以追求真实为理想，但也不是无限制的，对于当事人自认的事实，不管其真实性如何，只要没有明显证据可以推翻或其他法定情形出现，法院都应排除对自认事实真实性的怀疑。由此可见，自认规则所适用的制度环境是实行诉讼上的当事人主义，只要是当事人自认的事实，即排除法院的“职权探查”，而在我国，尽管近年来诉讼模式正由职权主义向当事人主义靠拢，但由于受传统“追求客观真实”理念的影响，法院对事实客观真实的追求实际上仍被自然化，具有某种图腾的意义，[②] 而这是不利于自认制度生根、开花、结果的。

---

① 参见李国光主编：《最高人民法院〈关于民事诉讼证据的若干规定〉的理解与适用》，中国法制出版社 2002 年版，第 120—121 页。

② 张卫平：《自认制度及理论的基本构成》，载《清华法律评论》2000 年第 3 期。

刑事诉讼严格证明与自由证明适用范围之探讨

罗海敏*

诉讼的过程，就是运用证据从已知向未知进行探求的证明过程。为了保证证明结果的可靠性和证明过程的正当性，有必要对诉讼证明的方法和程序予以严格规制。但是，基于诉讼成本、司法资源有限性乃至控辩平等对抗等因素的考虑，是否所有的诉讼证明活动都必须遵循非常严格的方法与程序呢？起源于德国的严格证明与自由证明理论即以上述问题为讨论的核心，其所蕴涵的基本理念反映了多个国家和地区刑事证明制度发展的基本趋势。本文试图以严格证明与自由证明的适用范围为视角，阐述、分析其基本理论与适用原则，同时结合我国的实际情况提出相应的建构设想，以期为进一步完善我国刑事诉讼证明制度提供理论参考。

一、严格证明与自由证明之概念阐析

严格证明与自由证明的理论于20世纪20年代产生于德国，其后传至日本、我国台湾地区等地，逐渐成为刑事诉讼证明理论的重要组成部分。

所谓严格证明，是指根据法律规定的方式和程序对具有证据资格的证据进行证据调查，以形成法官内心确信的一种诉讼证明方式。就严格证明的具体要求而言，大致包括以下两方面：一方面，严格证明所依据的证据必须是具备证据资格的证据。虽然基于不同的诉讼模式及法律传统，但是各个国家或地区在严格证明中对证据资格予以规制的具体方式和内容并不完全相同，各自的侧重点乃至发展

---

* 作者系北京师范大学刑事法律科学研究院博士后研究人员，中国政法大学诉讼法学研究院讲师。

趋向也呈现某些差异。但即便如此，通过对证据资格的限制，对法官自由评价证据证明力的适用前提予以必要规范，是多个国家及地区的共通做法；另一方面，要求必须经过合法的证据调查程序。在严格证明中，具备证据资格只是允许证据进入法庭调查的先决条件，具有准入资格的证据必须经过合法的证据调查程序才最终有可能成为裁判的依据。就现代刑事审判程序而言，严格规制有关被告人犯罪事实及其他重要事项的庭审证据调查程序，是具有普遍意义的做法，其目的不仅在于规范、约束控辩双方的法庭举证、质证活动，使证据得以最合理、最有效的方式接受调查和评判，同时也是为了对法官形成心证的过程予以必要限制，从而使刑事审判程序的功能得以更有效的发挥。自由证明是与严格证明相对应的概念，是指对证据资格或证据调查程序要求较低的一种相对自由的证明方式。

对于严格证明与自由证明的概念界定，还有必要明确以下几点：

首先，严格证明与自由证明是与法庭审判活动紧密相连的概念。“由于刑事诉讼法有关作为严格证明要件的证据能力和证据调查程序的规定明显是以对立当事人参与的公开审判程序为前提的，因此可以说严格证明是指在公判程序中实施的证明方法。”[①]

其次，严格证明与自由证明之间的划分并不是固定不变的。随着诉讼法律制度的不断变革，各个国家或地区在处理犯罪控制与人权保障、诉讼公正与诉讼效率等关系方面秉持了不同的理念，由此也引起了对两种证明方式适用事项的不同界定。在诉讼构造转向当事人主义化的国家或地区，“有关过去以来仅需以自由证明即可之事实，亦需适用严格证明程序之论调不断地被提出”。[②]而在有些英美法系国家，基于犯罪控制的需要，则逐步放宽了某些证据资格规则的限制范围。

最后，自由证明并不是无须受到任何证据资格限制或证据调查程序要求的证明方式。在日本以及我国台湾地区，通说认为自由证明中不受证据资格限制的情形主要在传闻证据规则方面；在自由证

① ［日］出田孝一：《自由证明与严格证明——从裁判的立场看》，载三井诚等主编：《新刑事程序Ⅰ》，悠悠社 2002 年版。

② 黄朝义：《严格证明与自由证明》，载黄东熊等：《刑事证据法则之新发展：黄东熊教授七秩祝寿论文集》，学林文化事业有限公司 2003 年版，第 99 页。

明的证据调查程序方面，一般也要求通过在法庭上提出证据，并给予当事人争辩的机会，而不能由法官私下形成心证。因此，所谓自由证明，在程度上并非为完全的自由，只能认为属于免除严格证明要件之全部或一部分而已。[①]

从严格证明与自由证明的区分来看，既体现了对刑事诉讼证明方式进行严格限制的程序规制意识，同时也体现了对不同待证事实采用不同证明方式的诉讼分流理念。虽然这种理论划分方式起源并主要存在于大陆法系国家和地区，“但是，作为一种事实现象，此种区分却具有普遍的意义，只不过，在各国诉讼中的具体表现形式或规范程度不尽相同罢了”。[②] 可以说，从所依据证据之资格及庭审证据调查程序两方面严格规制刑事诉讼中重要事项的证明方式，从而对法官自由心证的适用前提予以必要的约束，是各国及地区在构建刑事诉讼证明制度上的共同趋向。

二、严格证明与自由证明适用范围之域外考察

在有关严格证明与自由证明的探讨中，对两者适用范围的具体划分，也就是对哪些事项需要严格证明而哪些事项仅需自由证明的界定，是其中的关键问题之一。因为对刑事诉讼中的某一待证事实而言，采用严格证明抑或自由证明的证明方式，直接决定了它可以依据的证据范围以及可以适用的证据调查程序；对证明方式的要求越严格，可供利用的证据范围就越狭窄，其适用的证据调查程序也越严苛，相对来说付出的诉讼成本也越高昂，因此，对严格证明事项的界定直接关系到诉讼资源的分配与效率问题。另一方面，较之拥有强大追诉力量的控诉方而言，处于被追诉者地位的被告人在刑事诉讼程序中的对抗力量相对弱小，因此，对控诉方需要承担证明责任[③]的案件事实证明方式的规定，事实上也关系到控辩双方在刑事诉讼程序中的力量对比问题。从宏观的角度看，控诉方需要严格证

---

① 参见黄朝义：《严格证明与自由证明》，载黄东熊等：《刑事证据法则之新发展：黄东熊教授七秩祝寿论文集》，学林文化事业有限公司 2003 年版，第 83 页；［日］松尾浩也：《日本刑事诉讼法》（下卷），张凌译，中国人民公安大学出版社 2005 年版，第 13 页。

② 吴宏耀、魏晓娜：《诉讼证明原理》，法律出版社 2002 年版，第 56 页。

③ 在理论界，对于证明责任的概念有诸多争论，本文采用广义的证明责任概念，既包括举证责任也包括说服责任。

明的案件事实范围越大，证明被告人有罪的难度就越大，从而对被告人就越有利；反之，则对被告人越不利。当然，在被告人需要承担证明责任的例外情形下，结果刚好相反。由此可见，对严格证明和自由证明事项的具体界定意义重大，不仅关系诉讼资源的合理分配问题，更关乎刑事诉讼中的控辩平衡问题。

（一）两大法系严格证明与自由证明适用范围的理论与实践

既然严格证明和自由证明是一组相对应的概念，除去刑事诉讼中的免证事由外，自由证明的事项，通常就是不需要进行严格证明的事项。因此，有关严格证明事项的界定实际上也关乎自由证明事项的划分。在严格证明与自由证明适用范围的界定上，两大法系既有一致的地方，也有相互差异的方面。

1. 大陆法系

在德国，迪恩茨提出严格证明与自由证明理论时，将有关实体法上事实的证明归于严格证明，将有关诉讼法上重要事实的证明归于自由证明，有关诉讼法上特殊事实的证明归于释明。[①] 贝林教授对迪恩茨的观点进行了修正，认为有关实体法上的重要事实应当严格证明，实体法上的次要事实及诉讼法上的重要事实应当自由证明，而有关诉讼法上特殊事实的证明可采取释明的方式。[②] 当时，德国仅承认判决违背法令的案件可以作为第三审上诉的理由，因而将严格证明的适用范围限于事实审即一审和二审程序中。[③] 其后，较普遍的观点认为，刑事诉讼中“攸关认定犯罪行为之经过、行为人之责任及刑罚之高度等问题的重要事项”，需要采用严格证明的方式。[④]

由于日本承认不当量刑及事实误认都可以作为上诉第三审的理由，因此没有接受德国早期有关严格证明只适用于事实审的观点。关于具体的严格证明事项，日本学者小野清一郎主张，只有犯罪构

---

① Vgl., Ditzen, a. a. O. S. 13 ff., S. 44, S. 52 f. 转引自黄东熊：《刑事诉讼法研究》，黄东熊自版1999年版，第291页。

② Vgl., Beling, a. a. O. S. 313 ff. 转引自黄东熊：《刑事诉讼法研究》，黄东熊自版1999年版，第291页。

③ 黄朝义：《严格证明与自由证明》，载黄东熊等：《刑事证据法则之新发展：黄东熊教授七秩祝寿论文集》，学林文化事业有限公司2003年版，第77页注5。

④ ［德］克劳思·罗科信：《刑事诉讼法》，吴丽琪译，法律出版社2003年版，第208页。

成要件事实才适用严格证明，这与德国法将量刑事实也包括在严格证明适用范围之内的观点相比更为狭窄。[①] 关于该问题，日本学界与实务界进行了广泛的论争，至日本“二战”后进行刑事诉讼制度改革时尤为激烈。在“二战”之后，日本对刑事诉讼制度进行了当事人化改造，引入了美国有关传闻证据资格限制等证据规则和交叉询问等证据调查程序规定，严格证明所倡导的对证据资格及证据调查程序进行限制的理论受到了普遍重视，对严格证明事项的范围界定也更趋扩大。在日本，有关严格证明事项的观点中较为一致的部分是，严格证明适用于犯罪构成要件事实、犯罪阻却事由以及所有决定刑罚权存在与否及范围大小的事实。[②] 其中，“犯罪构成要件事实”是以刑法中特定罪名的犯罪构成要件为指向的案件事实，也包括作为其修正形式的未遂和共犯；“犯罪阻却事由”包含违法阻却事由和责任阻却事由等方面；而其他决定刑罚权存在与否及范围的事实包括构成违法责任基础的事实、妨碍犯罪成立的事由、处罚条件事实，刑罚加重减免事由、数罪并罚要件等。概括而言，就是以犯罪构成事实为核心的实体法事实属于严格证明事项。[③] 而对于其他量刑事实及诉讼法上的事实，传统上认为属于自由证明的事项；不过，近年来理论界关于将其中部分事实纳入严格证明范围的观点也在不断增多。

在我国台湾地区，对严格证明事项的界定也有多种观点，其中认为严格证明事项以犯罪构成要件事实为主的观点是最为狭义的观点；而将量刑事实部分也加入严格证明事项进行探讨的观点，则属

---

① 参见［日］小野清一郎：《犯罪构成要件理论》，王泰译，中国人民公安大学出版社 2004 年版，第 253 页以下。

② ［日］田宫裕：《刑事诉讼法》（新版），有斐阁 1996 年版，第 288 页；［日］田口守一：《刑事诉讼法》，刘迪等译，法律出版社 2000 年版，第 221 页；［日］铃木茂嗣：《刑事证据法的若干问题》，载［日］西原春夫主编：《日本刑事法的形成与特色》，李海东等译，中国法律出版社、日本国成文堂出版社 1997 年版，第 165 页。

③ ［日］出田孝一：《自由证明与严格证明——从裁判的立场看》，载三井诚等主编：《新刑事程序 I》，悠悠社 2002 年版；［日］田宫裕：《刑事诉讼法》（初版），有斐阁 1993 年版，第 284 页；［日］松尾浩也：《日本刑事诉讼法》（下卷），张凌译，中国人民大学出版社 2005 年版，第 13 页。

于最广义的见解。[①] 随着台湾地区刑事诉讼构造的当事人主义改造趋势，有关严格证明事项与自由证明事项划分的争论逐渐增多。对于犯罪构成要件事实属于严格证明事项，已无分歧："严格证明之对象事实，亦即'刑事诉讼法'第154条第2项所言之'事实'，系指构成犯罪之事实。而该犯罪事实之核心内容者，即为公诉或自诉（起诉）之犯罪事实。犯罪事实为该当于犯罪之特别构成要件之事实，且具有违法性与责任之要件。因此，其全部之要件皆为严格证明之对象。未遂、共犯等所谓的构成要件修正形式之要件事实，由于系属构成要件之事实，严格的证明亦属必要。共谋共同正犯之共谋（一旦承认共谋概念），亦为构成犯罪事实之一部分，理应依严格的证明以为确认。"[②] 而关于构成违法性阻却事由或责任阻却事由的具体事实、量刑事实以及某些诉讼事实，是否须经严格证明，尚存在争议。其中有关量刑事实是否应严格证明的争论分歧最大。从多数观点来看，一般将严格证明事项界定为包括罪责问题及直接界定刑罚权范围的事实。也就是说，即使是与犯罪构成无关的量刑事实或者诉讼法上的事实，只要其与界定刑罚权范围有关，就应该采用严格证明的方式。例如，有学者认为，"没收、追征的要件事实倘认为其属诉讼程序上之事实，以自由的证明即可，唯若将没收、追征之要件事实归为刑罚上从刑处分之前提事实，依法仍应解释为需要严格的证明"。[③] 从发展趋势来看，随着台湾地区"刑事诉讼制度"的不断修正，严格证明的适用范围日趋扩大，越来越多的学者开始认为，不仅犯罪构成要件事实，即使有关违法性或有责性的事实、有关处罚条件的事实以及法律上有关刑罚加重或减免事由等事实都应当进行严格证明，甚至作为推认（主要）犯罪事实存在与否的间接

---

① 黄朝义：《严格证明与自由证明》，载黄东熊等：《刑事证据法则之新发展：黄东熊教授七秩祝寿论文集》，学林文化事业有限公司2003年版，第81页。

② 黄朝义：《严格证明与自由证明》，载黄东熊等：《刑事证据法则之新发展：黄东熊教授七秩祝寿论文集》，学林文化事业有限公司2003年版，第78页。

③ 黄东熊：《证据法纲要》，中央警官学校出版社1980年版，第22页。

事实也都被纳入严格证明的事项范围。[①]

综上，大陆法系在严格证明事项的界定上较为一致的观点是，犯罪构成要件事实以及决定刑罚权范围大小的事实需要采用严格证明的方式，而对于量刑事实与诉讼法上的事实采用何种证明方式，则存在不同主张。

2. 英美法系

在英美法系，定罪程序与量刑程序通常是相互分离的两个诉讼程序。从证明方式的角度而言，由于定罪程序涉及被告人是否犯有被指控罪行的重要问题，有关其证明方式的要求相对严格；而在有关量刑问题的证明方式上，要求相对宽松。一般来说，有关证据资格或证据调查程序的要求主要适用于定罪程序，而在量刑程序中，"证据规则没有审判时那么严格，被排除的信息资料（传闻或歧视的证据）可能因为量刑而被采纳"。[②]

当然，在英美法系，也并不是所有定罪程序中涉及的事项都需要遵循严格证明的要求，有些英美法系国家也对定罪程序中证据规则的规制范围作了限定，将证据事实、诉讼法上的事实等与犯罪事实构成无关的事项，排除在证据规则严格规制的范围内。例如，美国《联邦证据规则》第 1101 条即对证据规则的适用性进行了限制，规定除有关特权方面的规则适用于所有诉讼、案件和程序的任何阶段外，其他证据规则不适用于对事实的初步询问、在大陪审团前进行的程序以及某些综合诉讼程序。

（二）对两大法系严格证明与自由证明适用范围划分原则的总结

从世界范围来看，虽然不同国家和地区在严格证明与自由证明事项的划分上互有差异，但其中也不乏一致或接近的理念和原则，可将其概括为以下几个方面：

其一，证明方式与该事项对案件终局处理的重要性相对等的原则。不同的诉讼证明事项，对案件终局处理的意义有所不同。在对

① 黄朝义：《严格证明与自由证明》，载黄东熊等：《刑事证据法则之新发展：黄东熊教授七秩祝寿论文集》，学林文化事业有限公司 2003 年版，第 98 页。

② ［美］爱伦·豪切斯泰勒·斯黛丽、南希·弗兰克：《美国刑事法院诉讼程序》，陈卫东、徐美君译，中国人民公安大学出版社 2002 年版，第 572 页。

严格证明与自由证明事项进行划分时，首先需要遵循的原则就是要将该事项的证明方式与其对案件终局处理的重要性相对等。也就是说，对案件终局处理的重要性越大，就越应该采用严格的证明方式；反之，如果对案件终局处理的意义甚微，则要求自由证明的方式即可。例如，在刑事诉讼的待证事实中，犯罪构成要件事实等重要的实体法事实直接决定案件的终局处理结果，关涉犯罪行为是否存在、被告人是否构成犯罪、被告人是否需要承担刑事责任等核心问题，因此，采用严格证明的方式证明犯罪构成要件事实等重要的实体法事实是各国、各地区的一致做法；而在一般犯罪案件中，与犯罪事实无关的被告人的身份、职业等事实，因为并不直接影响案件中是否认定犯罪的终局处理结果，所以通常只需采取自由证明的方式。

其二，证明方式与证明责任负担机制相适应的原则。证明责任是证明主体为了使自己的诉讼主张得到法院裁判的确认，所承担的提供和运用证据支持自己的主张以避免对己方不利的诉讼后果的责任。[①] 在刑事诉讼中，无罪推定原则为证明责任设定了基本的分配机制，以国家强制力为后盾的追诉机构需要承担证明被告人有罪的责任；如果追诉机构不能证明被告人有罪，即追诉机构不能推翻无罪推定时，被告人就应当被判决无罪。控诉方不仅需要承担证明被告人有罪的责任，而且必须在履行证明责任的过程中遵循严格的程序规制，这是法治国家的必然要求，也是刑事诉讼“程序法定原则”的应有之义。不过，在追诉机构承担绝大多数证明责任的同时，被告人也需要对以程序性事项为主的某些事实承担一定程度的证明责任，例如不在犯罪现场的事实、出于正当防卫的事实、出于紧急避险的事实、患有精神疾病而不承担刑事责任的事实、应当回避的事实、应当移送管辖的事实等。刑事诉讼中的证明责任负担机制体现了控辩平等对抗的基本理念，也体现了不同国家和地区诉讼证明制度中的基本价值取向与利益衡量标准，因此，也是架构严格证明制度具体适用范围的重要依据。一般而言，对于追诉方承担证明责任的事项，应要求严格证明的方式；而对被告方承担证明责任的事项，则可降低证明方式的严格程度。例如，程序法事实多数都是由被告方承担证明责任的，因此可以采用自由证明的方式；但对于某些需

① 卞建林主编：《证据法学》，中国政法大学出版社 2002 年版，第 238 页。

要由追诉方承担证明责任的程序法事实，就需要考虑科以严格证明的要求。

其三，证明方式与问题解决的急迫程度相适应的原则。诉讼程序是一个前后相继、环环相扣的过程。在刑事诉讼过程中，某些程序性问题的解决与否，直接决定着后面程序能否继续进行，例如是否存在管辖错误、是否需要回避等问题。为了保证集中审理、诉讼及时等目标的实现，这些程序性问题的解决就不能耗费过多的诉讼时间，而需要采用相对便捷、快速的证明方式。因此，刑事诉讼中的证明方式也需要与其所要解决问题的急迫程度相适应，对于那些影响后续程序及时进行因而需要快速处理的事项，可以采用相对自由的证明方式；而那些并不影响程序继续进行的事项，则有条件采取相对严格的证明方式。

其四，有利于被告人的原则。刑事被告人在强大的国家追诉力量面前，始终处于劣势地位。加强被告人的权益保障不仅是无罪推定原则的必然要求，也是实现控辩平等对抗、保证案件实体公正与程序公正的需要。基于此，多数国家和地区在证明事项划分上施行有利于被告人的原则。例如，在日本，有学者提出，虽然涉及自白任意性的事实是诉讼法上的事实，但多数是与犯罪事实有密切关系的事实；在这种情况下，必须充分保障被告人的争辩权利，如果要求严格证明就会禁止有利于被告人的传闻证据。相反，警察侦查报告书（传闻证据）不能只记载此类证据，还必须有询问证人本人的证言。同样，经过调查的量刑证据也是如此。这种证明与其说是严格证明，不如说是谨慎的自由证明。总之，从实质上考虑保障被告人的防御权是重要的。[①] 在我国台湾地区，也有学者认为，“（严格证明与自由证明）最终之判断仍需在原被告对等之诉讼模式下，以当事人（尤其是被告）防御权保障为优先考量，而为证明程度之分类……换言之，面对具有双重评价性质之事实，与其抽象地将其列为量刑事实或诉讼上事实，倒不如以该事实是否与犯罪事实认定有关为判断根据，确保保障被告防御权，使其得以依据法定之证据调

---

① 参见［日］田口守一：《刑事诉讼法》，刘迪等译，法律出版社 2000 年版，第 221 页。

查程序获得落实。”[①] 就我国而言，被告人权益保障也是我国刑事诉讼直接目的的重要方面，因此，在我国划分严格证明与自由证明事项时，也有必要强调有利于被告人原则。

其五，有利于诉讼经济的原则。如前所述，诉讼效率是刑事诉讼程序价值的重要组成部分。在犯罪数量不断增加、司法资源相对有限的现实情况下，如何在保证公正的前提下以最经济、最有效的方式完成刑事诉讼过程，是不同国家和地区刑事诉讼制度面临的共同问题。就严格证明与自由证明而言，实现诉讼效率提高的目的本身就是其产生的重要缘由。对所有待证事项要求严格证明的方式势必造成诉讼资源的巨大浪费，也最终可能影响重要事项的及时处理。因此，在确定不同事项的证明方式时，也有必要贯彻诉讼经济的原则：对于那些不影响案件实体处理的事项，可适当采用经济、快捷的证明方式，以节省司法资源，从而保证那些事关案件实体处理的重要事项得以采用严格、慎重的证明方式。

（三）严格证明事项与自由证明事项的转化

严格证明的事项与自由证明的事项并不是泾渭分明的划分关系，事实上，两者的适用范围不仅存在“此消彼长”的密切关系，在某些情形下也有互相转化的可能。一方面，“对于仅须经自由证明之事项，法院亦得慎重其事而以严格证明程序来证明”。[②] 从历史发展的角度来看，随着诉讼构造的转变，不少原本只需自由证明的事项逐渐被要求采用严格证明的方式。另一方面，在特定条件下，特定事项的证明方式也可能从严格证明向自由证明方向进行转化，或者从自由证明向严格证明方向进行转化。

具体而言，从严格证明事项向自由证明事项进行转化的情形主要包括以下两种：

第一，普通审判程序转变为简易审判程序的情形。基于诉讼效率的考虑，各国、各地区往往对某些简单、轻微的刑事案件适用相对简化、便捷的审判程序。与普通审判程序相比，简易审判程序对

---

① 黄朝义：《严格证明与自由证明》，载黄东熊等：《刑事证据法则之新发展：黄东熊教授七秩祝寿论文集》，学林文化事业有限公司 2003 年版，第 85 页。

② 林钰雄：《严格证明与刑事证据》，学林文化事业有限公司 2002 年版，第 21 页。

案件事实证明方法和证明程序的要求相对简单、宽松，因此，许多学者认为简易审判程序只需要遵循自由证明的要求，并进而认为“体现严格证明向自由证明转化最为广泛的实践是战后简易程序以及审前处理程序的兴起”。[①] 例如，1994 年 12 月 1 日生效的德国《抗制犯罪法》重新在刑事诉讼法中规定了简易程序，在该简易程序中证据调查程序被简化许多，如对证人、鉴定人、共同被告人的讯问可以通过朗读以前的讯问笔录或朗读含有相关内容的证件文书来代替，并且庭审中朗读官方书面说明材料的范围也得到了扩大。[②] 在日本，根据《刑事诉讼法》第 320 条第 2 款的规定，对已经作出适用简易公审程序裁定的案件的证据，不适用有关排除传闻证据的规定，除非检察官、被告人或辩护人对作为证据已经表明异议；第 307 条之二规定，对已经作出适用简易公审程序裁定的案件，可以在公审期日以认为适当的方法进行证据的调查，而不适用于有关检察官开头陈述、证据调查申请顺序、书证调查方法等方面的规定。在美国，在被告人作有罪答辩的基础上达成辩诉交易，是其刑事司法制度的重要组成部分。在达成辩诉交易的案件中，被告人为了获得检察官对其降低指控等级、减少指控罪名或者建议从轻判刑而必须在“罪状认否程序”中作有罪答辩；一旦被告人作有罪答辩并经法官审查认可后，即意味着被告人放弃了正式审判及相关的各项权利，而直接进入案件量刑程序。因此，相对于一般案件的严格证明要求，辩诉交易的案件简化了正式庭审程序，取消了有关庭审阶段证据资格

① 吴宏耀、魏晓娜：《诉讼证明原理》，法律出版社 2002 年版，第 65 页。

② ［德］克劳思·罗科信：《刑事诉讼法》，吴丽琪译，法律出版社 2003 年版，第 569 页。

和证据调查程序方面的限制性要求。①

第二，当事人同意的情形。在刑事诉讼中，平衡控辩双方的力量对抗、强化被追诉人的权利保障，是对犯罪事实等重要事项的证明方式予以严格规制的重要原因。不过，基于对当事人自由意志的尊重以及诉讼经济等方面的考虑，刑事诉讼中的合意思想不断发展，不少国家尤其是采用当事人主义诉讼模式的英美法系国家，对双方当事人同意情况下放宽证据资格或证据调查程序的限制问题也作出了规定。例如，日本《刑事诉讼法》第326条规定："对于检察官和被告人依据同意作为证据的书面材料或者供述，在经过考虑该书面材料写成时的情况或者作出供述时的情况后，以认为适当时为限，可以将其作为证据。"第327条规定："在经过检察官和被告人或者辩护人的同意后，将文书的内容或者可以预料到的若在公审期日到场时将作出的供述的内容记载于书面而提出时，法院即使不调查该文书或者作出供述的人，也可以将该书面材料作为证据。"在澳大利亚，其1995年《证据法》第190条规定了"证据法则的放弃"的相关内容。依据该条规定，在当事人同意的情况下，法院可以作出指令，免除适用有关证人出庭作证、交叉询问、提出书证、提出其他证据等程序规定，或免除适用传闻法则、意见证据规则、自认规则、可信性规则、品格证据规则等证据规则；不过，被告人所作的上述同意必须基于律师的建议或者法院确认被告人理解同意的后果，而且法院在作出上述指令时必须考虑该证据在诉讼程序中的重要性、

① 不过，就简易审判程序证明方式的定位问题，也有学者提出了与上述观点不一致的看法。例如，在日本，不少学者认为简易审判程序的证明方式应当处于严格证明与自由证明之间的位置，也就是说简易审判程序的证明方式虽比严格证明宽松，但应比自由证明更严格。在此基础上，有学者提出了适用于简易审判程序的界乎严格证明与自由证明之间的证明方式概念，如平野隆一提出了"恰当的证明"的概念，松尾浩也提出了"严格证明的缓和"的概念。与此类似，有学者提出，在当事人对证据有异议的场合，自由证明与严格证明两种程序是并存的。另外，也有日本学者认为，与其将简易审判程序中的证明方式定位于严格证明与自由证明之间，毋宁将其界定为严格证明更为合理，因为《刑事诉讼法》第320条第2款以及第307条之二的规定事实上并没有免除简易审判程序在证据资格和证据调查程序方面的严格要求。参见［日］千叶裕：《自由证明》，载《法学教室》第2期7号，第78页；［日］出田孝一：《自由证明与严格证明——从裁判的立场看》，载三井诚等主编：《新刑事程序Ⅰ》，悠悠社2002年版。

诉因或抗辩的性质、诉讼标的的性质、证据的证明价值以及法院决定延期审理、就该证据作出其他命令或指令的权力等因素。

事实上，上述简易审判程序的适用也是当事人合意的一种情形。在简易审判程序的适用过程中，被告人多项诉讼权利被限制甚至被剥夺，基于保障被告人的合法权益的需要，各国一般赋予被告人在简易审判程序适用上的选择权，只有在被告人同意的情况下才能采用简易程序对其进行定罪或判刑。

除了从严格证明向自由证明方向转化的情形外，也存在从自由证明向严格证明方向转化的可能，其中最主要的就是简易审判程序转化为普通程序的情形。对于某些原本计划采用简易审判程序的案件，如果出现不适宜继续采用简易审判程序的特定情况，就需要改为采用普通程序进行审判，其证明方式也需要相应地由自由证明转化为严格证明。不少国家的刑事诉讼法律对简易审判程序向普通程序的转化作出了规定。例如，德国《刑事诉讼法典》第 419 条规定："（一）如果案件适宜在该简易程序中审理的，刑事法官、陪审法庭要依照提出的申请。在简易程序中，不允许判处剥夺自由一年以上的刑罚或者科处矫正及保安处分。准许剥夺驾驶权。（二）在审判中至宣布判决之前，也可以拒绝以简易程序判决。对拒绝裁定不得要求撤销。（三）以简易程序判决的申请被拒绝时，如果被诉人有足够的犯罪行为嫌疑的，法院裁定开始审判程序；不启动审判程序和以简易程序判决的申请被拒绝时，可以免予交新的起诉书。"日本《刑事诉讼法》第 463 条也规定："经提出简易命令的请求后，如果认为该案件不能作出简易命令或者作出简易命令不适当时，应当依照通常的规定进行审判；检察官没有进行第 461 条之二规定的程序，或者违反前条第 2 款而提出简易命令的请求时，与前款同。法院在依照前二款的规定按照通常规定进行审判时，应当立即将该项意旨通知检察官。"①

---

① 日本《刑事诉讼法》第 461 条之二规定："检察官在请求简易命令时，应当预先向被疑人说明使其理解简易程序的必要事项，并在告知可以按照通常的规定接受审判的意旨后，对适用简易程序是否有异议予以确认。被疑人对适用简易程序没有异议时，应当以书面明确该项意旨。"第 462 条规定："简易命令的请求，应当在提起公诉的同时，以书面提出。前款的书面，应当附具前条第 2 款的书面材料。"

三、在我国划分严格证明与自由证明事项的构想

我国没有确立严格证明与自由证明制度，学界有关此的研究也不多见。但是，就我国刑事诉讼现实而言，不论是严格证明与自由证明相区分的理论，抑或严格证明概念本身，对于我国刑事诉讼制度的改革与完善都有非常积极的借鉴意义。对严格证明与自由证明理论的研究不仅有利于丰富、发展我国的刑事诉讼理论，更重要的是，对严格证明、自由证明的研究能为我国修改、完善刑事诉讼立法及解决司法实务中的诸多问题提供理论支持。从近代以来，我国的刑事诉讼制度和证据制度长期深受大陆法系传统的影响。实行职权主义诉讼模式，偏重于查明案件事实真相，一直是我国刑事诉讼制度的重要特征之一。从我国刑事证明过程的现实来看，一方面存在着过分关注追求案件实体真实的倾向，另一方面又欠缺对诉讼证明方式的明确规范与合理限制，这不仅导致诉讼实践中公权力被滥用、被告人权益遭漠视等诸多有损程序公正的问题产生，事实上也不利于实体公正目标的顺利实现。可以说，在我国刑事诉讼证明中，划分严格证明和自由证明的事项范围，确立从证据资格和庭审证据调查程序两方面予以严格规制的刑事诉讼证明方式，是我国进一步完善刑事诉讼证据制度、解决司法实践中突出问题的现实选择。

基于上述认识，笔者认为，可以借鉴其他国家和地区划分严格证明与自由证明适用范围的有益经验，对我国刑事诉讼中各待证事项的证明方式做以下划分：

首先，犯罪构成要件事实应当采用严格证明的方式。犯罪构成要件，是指刑法所规定的，决定某一行为的社会危害性及其程度而为该行为构成犯罪所必须具备的一切主观要件和客观要件的有机整体；而犯罪构成要件事实，即是体现犯罪构成主、客观要件的所有事实。从涵盖内容来说，犯罪构成要件事实不仅限于刑法分则上规定的各种犯罪的特别构成要件事实，还包括犯罪的形式（是否既遂、是否存在共犯关系）及犯罪的个数（有无继续、接续、吸收、结合、牵连，想象竞合及集合之情形；系数罪并罚或单纯数罪）等事实。[①] 之所以将犯罪构成要件事实归入严格证明的事项，是与其对案件终局处理的重要性密切相关的，也是同公诉方承担犯罪事实证明责任

① 参见陈朴生：《刑事证据法》，三民书局 1979 年版，第 152 页。

相适应的。“然认定犯罪事实所凭之证据所以较其他事实为严格者，该犯罪事实之认定，系据以为确定具体的刑罚权之基础。故其所凭之证据，须具有严格的证明之效能。”① 从其他国家及地区来看，对犯罪构成要件事实采用严格证明的方式进行证明是普遍的要求。

其次，由被告人承担证明责任的事项原则上应采用自由证明的方式。在无损于公正审判的前提下，基于举证便利和诉讼效率的考虑，被告方也需要对刑事案件中的某些事实主张或情节承担一定程度的证明责任。具体而言，被告方需要承担证明责任的情形包括：（1）被告方提出了正当防卫、紧急避险、意外事件、不可抗力、精神不正常等积极抗辩事由；（2）被告方主张其行为曾取得同意、由于受胁迫、基于义愤等刑罚减免事由；（3）被告方就应当回避、逾期上诉存在法定理由等程序性事实提出主张；（4）被告人就自己独知的事实提出主张；（5）在持有型犯罪、严格责任犯罪等法律规定实行“罪错推定”的案件中，公诉方已经将案件事实证明到足以作出有罪推定的程度，等等。鉴于被告人在刑事诉讼中的弱势地位，如果要求被告人在本方承担证明责任的事项上也遵循类似于公诉方的严格证明要求，即会加剧被告方的证明负担，从而有损被告人权益的保障，妨碍司法公正，在很多情况下也会因被告方举证能力有限而导致诉讼程序的中断或拖延。因此，对被告人承担证明责任的事项原则上允许自由证明的方式，是较为妥当的做法。对此，日本以及我国台湾地区的理论界也持类似的观点：“如系对于犯事实予以否定而由被告所提出之反证，实不必限于有证据能力且在公判庭上经过适法有效之证据调查之证据，而可使用无证据能力或证据调查不受严格限制之证据，即亦可采自由证明，与诉讼程序有关之证明不分轩轾。”②

再次，多数量刑事实可采用自由证明的方式，部分量刑事实需进行严格证明。量刑事实，亦称情状，是指与判处被告人刑罚相关的各种事实情况，包括被告人的个人情况、被告人犯罪后的表现、犯罪行为的社会危害性，以及对被告人应当或可以加重、从重、从轻、减轻或者免除处罚的各种情形。由于多数量刑事实与案件是否

① 陈朴生：《刑事证据法》，三民书局1979年版，第183页。

② 蔡墩铭、朱石炎编著：《刑事诉讼法》，五南图书出版公司1991年版，第87页。

认定犯罪的终局结果影响不大，鉴于诉讼效率及被告人权益保障的考虑，可以对其采用自由证明的方式；但对于量刑事实中某些涉及犯罪构成以及刑法加重等方面的事实，则须采用严格证明的方式；而且，即使是采用自由证明方式的量刑事实，也需要给予被告人辩解、反驳的机会。从日本、我国台湾地区乃至英美法系的相关判例及理论来看，对量刑事实的证明方式问题也采取了类似见解。在日本，传统观点认为量刑事实采用自由证明的方式即可，其理由主要如下：（1）刑事诉讼中最重要的问题是刑罚权存在与否的问题，量刑属于次要的问题；（2）量刑事实缺少一般的类型性，不适合严格的证明；（3）如果对量刑事实也采用严格证明的方式，由于量刑资料相当有限，结果实际上可能对被告人不利。[①] 判例也认为，“不论是否具有应执行犹豫之情状，都必须根据适法之证据而为判断。只是，属于情状事项之判断，与关于犯罪构成事实之判断并不相同，未必需要只采用经由遵照刑事诉讼法所规定之一定法定方式的证据调查所得之证据”。[②] “二战”后，由于日本刑事诉讼构造和诉讼理念的变迁，学界在量刑事实证明方式的问题上提出了不同的意见，也有观点认为量刑事实应当采取严格证明的方式予以证明。[③] 在自由证明说和严格证明说之外，也有学者提出了折衷说的观点，认为不

---

① ［日］松岗正章：《量刑手续法序说》，1975年版，第159页。转引自吴景芳：《量刑与余罪》，载黄东熊等：《刑事证据法则之新发展：黄东熊教授七秩祝寿论文集》，学林文化事业有限公司2003年版，第512页。

② 最判昭和24（1949）年2月22日刑集第3卷第2号第221页。

③ 其中最有力的反对者是松岗正章，他反对量刑事实采用自由证明方式的理由主要包括：（1）犯罪事实的认定固然重要，量刑也同样重要。刑事诉讼的中心问题，除包括刑罚权存在与否外，还应当包括刑罚权的内容及范围问题。（2）量刑事实虽然不像犯罪构成要件事实那样具有类型性，但仍然属于法律上的重要事实。因为量刑事实缺少一般的类型性，进而主张其不适用严格证明的观点，完全是站在裁判机关立场的观点；如果从当事人特别是被告人的观点进行考虑的话，对证明量刑事实证据的证据能力及证据调查程序仍应有严格的限制。（3）许多情状事实，是与犯罪事实关系密切的间接事实，本来就应当进行严格证明；而且要求对其进行严格证明，也是出于防止量刑事实误认的需要。参见［日］松岗正章：《量刑手续法序说》，1975年版，第159页。转引自吴景芳：《量刑与余罪》，载黄东熊等：《刑事证据法则之新发展：黄东熊教授七秩祝寿论文集》，学林文化事业有限公司2003年版，第513页。

能简单地将所有量刑事实纳入严格证明或者自由证明的范围。[①] 在日本，折衷说的观点受到了较多的肯定，即使主张自由证明说的学者，也主张不论是否依据证据调查程序进行量刑事实的调查，都应给予当事人充分辩解的机会。在我国台湾地区，多数观点认为量刑事实采用自由证明的方式即可，理由大致包括：（1）如果量刑事实也要采取严格证明的方式，那么严格证明和自由证明的区别就不存在

① 日本学者平野隆一是最早提出折衷说观点学者之一，他从简易程序的证明方式出发，提出了“适当的证明”的概念。他认为，在简易诉讼程序里，不存在限制证据能力的大部分规定，证据调查程序也可以依适当的方式进行；但当事人间存在疑义时，限制证据能力的规定复活，并且在法庭的证据调查程序中，应当给当事人提供检讨证据以及争执证据证明力的机会，法院只有依据上述程序才能形成心证，这样的证明称为“适当的证明”。他认为，量刑程序也需要采取与此类似的证明方法，应当在法庭上给予被告人就证据能力提出积极异议的辩解机会。在平野隆一之后，松尾浩也和田宫裕等学者也提出了折衷性的观点。其中，松尾浩也认为：“量刑之资料，需要复杂地加以考虑。量刑乃是针对多数的复合因子之整体，所为之裁量的判断。量刑情状中，属于犯罪事实本体之部分，自应采取严格之证明。但是其他情状，则需要取得各式各样丰富之资料，为综合之判断，此与单纯之事实认定，大不相同。因此可以不受传闻证据排斥法则之限制。不过，此时，仍有当事人充分斟酌之必要，故原则上仍应严格践行证据调查之程序。”田宫裕综合了平野隆一和松尾浩也的观点，对量刑事实的证明方式提出了自己的看法，他认为，量刑之际应考虑：（1）犯人之年龄、性格、经历、环境；（2）犯罪之动机、方法、结果、影响；（3）犯罪后犯罪人之态度（参照日本《刑事诉讼法》第248条、日本刑法改正草案第48条第2项）。其中（2）部分，亦即犯罪的动机、方法、结果、影响，乃属于犯罪事实的属性或是间接事实，自然应当采取严格证明。至于（1）和（3）部分，所涉及的问题相当复杂微妙，而且本身也未必具有确定的意味，如果也采用严格证明，对于证据资料加以限制，其结果可能是限制被告所提出的资料，反而导致对被告不利的后果，因此这一部分实无必要采取严格证明。但当被告提出积极的异议时，则不应采用无证据能力的证据来认定事实，并应在公判庭中给予被告充分辩解的机会，也就是说，应当允许所谓“适当的证明”。参见［日］平野隆一：《刑事诉讼法》，有斐阁1958年版，第180页以下；［日］松尾浩也：《刑事诉讼法》（下）（补正版），弘文堂1988年版，第14页；吴景芳：《量刑与余罪》，载黄东熊等：《刑事证据法则之新发展：黄东熊教授七秩祝寿论文集》，学林文化事业有限公司2003年版，第514—515页。

了。[1]（2）某些量刑事实本身含义不是很明确，如果要求采取严格证明的方式，对于证据的证据能力以及证据调查程序均严格限制，恐怕会导致许多对被告有利的情状事由无法采用，其结果反而有违采取严格证明以保障被告权益的初衷。[2] 不过，在日本折衷说观点的影响之下，台湾地区学者也逐渐认为，在对量刑事实进行证明的过程中应当重视被告人的权益，当被告人提出异议时，则不可采用无证据能力的证据予以认定，并且应当在公开的法庭上给予被告人充分辩解的机会。[3] 而在英美法系，在被告人被定罪后，法院即启动有关量刑的听审程序，由检察官、被告人、被害人在公开的法庭上就量刑问题进行辩论。在量刑程序中，证据规则的适用较为宽松。例如，在定罪程序中，前科证据一般只能作为弹劾证据使用而不能直接作为证明被告人有罪或无罪的根据；但在量刑程序中，前科证据是决定被告人应当判处何种刑罚的重要证据。此外，传闻证据一般在定罪阶段不具可采性，而在量刑阶段则可以采用。不过，如果量刑程序是专门就是否应该加重被告人刑罚而进行的话，仍然适用证据规则，即禁止适用非法取得的证据作为加重被告人罪行的依据。[4]

最后，诉讼法上的事实通常应采用自由证明的方式，但在某些由控诉方承担证明责任的情形下例外。所谓诉讼法上的事实，也被称为诉讼要件，是指与被告人定罪、处刑等实体要件无关的，能够影响整个诉讼程序或某些特定诉讼步骤的事实[5]，例如有关法院管辖的事实、有关回避的事实、有关采取强制措施的事实、有无告诉人告诉的事实、有关案件期限的事实等。这些诉讼法上的事实一般仅产生诉讼法上的效果，而同案件终局处理并无直接关系，如果都要求采用严格证明的方式，将导致诸多不合理的现象出现，也是不可

---

① 黄朝义：《严格证明与自由证明》，载黄东熊等：《刑事证据法则之新发展：黄东熊教授七秩祝寿论文集》，学林文化事业有限公司 2003 年版，第 81 页。

② 吴景芳：《量刑与余罪》，载黄东熊等：《刑事证据法则之新发展：黄东熊教授七秩祝寿论文集》，学林文化事业有限公司 2003 年版，第 517 页。

③ 吴景芳：《量刑与余罪》，载黄东熊等：《刑事证据法则之新发展：黄东熊教授七秩祝寿论文集》，学林文化事业有限公司 2003 年版，第 517 页。

④ U. S. Schipani，315 F. Supp. 253（E. D. N. Y. 1970）.

⑤ 参见［德］克劳思·罗科信：《刑事诉讼法》，吴丽琪译，法律出版社 2003 年版，第 187 页。

能办到的。况且，这些事实争议能否及时解决，多数直接关系到其后的诉讼程序能否顺利进行的问题，如果一律要求采用严格证明的方式，很可能导致诉讼拖延或中断。此外，诉讼法上的事实一般都由被告提出，如果过度要求证明方式的严格性，反而可能加重被告方提出证据的负担。因此，有必要对诉讼法上事实采用相对简化、自由的证明方式。从其他国家、地区的证明理论和实务做法来看，多数也赞成对诉讼法上的事实只要求自由证明的方式。例如，在日本，通说认为，诉讼法上的事实只需要进行自由证明。诉讼法上的事实具体包括：（1）是否具备诉讼条件的事实。如亲告罪有无合法的控告、受诉法院对案件有无管辖权等。（2）作为取得证据能力的条件的事实。如口供是否出于本人的自由意志（自白的任意性），传闻证据是否符合传闻法则的例外条件，证据同待证事实之间有无关联性等。[①] 日本《刑事诉讼法》第 328 条的规定也体现了上述观点，该条规定："即使是依照第 321 条至 324 条的规定不得作为证据的书面材料或者供述，为争辩被告人、证人或其他人在公审准备或者公审期日所作出的供述的证明力，也可以作为证据。" 在我国台湾地区，普遍观点也认为："就适用范围而言，程序争点之证明，仅须适用自由证明之程序即为已足，例如，法官有无回避事由，告诉人何时知悉犯人，证人有无特定之业务关系，证人是否已达具结年龄等，此外，被告提出刑求抗辩时，由于系争事项乃询问官员有无使用不正当方法之程序争点，因此，仅须自由证明即可。"[②]

① 孙长永主编：《刑事诉讼证据与程序》，中国检察出版社 2003 年版，第 383 页。

② 林钰雄：《严格证明与刑事证据》，学林文化事业有限公司 2002 年版，第 21 页。

论操纵证券市场行为民事赔偿诉讼中的证明

乔　欣*

操纵证券市场行为（以下简称操纵行为）是通过利用人为的方式来影响证券市场的供求关系，或者在信息传播过程中人为造成所传播的信息失真等手段来影响甚至控制市场价格以从中牟利的行为。操纵行为是各国法律所禁止的行为，也是应当承担民事赔偿责任的行为。而在操纵行为民事赔偿诉讼中最核心的问题之一就是诉讼中的证明。

一、操纵行为的界定及其形态

虽然我国《证券法》第77条用列举的方式规定了四大类操纵证券市场的行为①，但并没有对操纵行为作出概括性法律的界定。然而界定操纵行为的法律边界不但有利于相关理论的探讨，对于确定此类诉讼中的法律关系进而厘清诉讼中证明的相关问题无疑都具有基础性的重要意义。

关于操纵行为的界定，学者们进行了建设性的研究和探讨。有观点认为，操纵行为是指“少数人以获取利益或减少损失为目的，利用其资金、信息等优势或者滥用职权，影响证券市场价格，制造证券市场假象，诱导或者致使普通投资者在不了解事实真相的情况

---

* 中国政法大学民商经济法学院民诉研究所教授，法学博士。

① （1）单独或者通过合谋，集中资金优势、持股优势或利用信息优势联合或者连续买卖，操纵证券交易价格或者证券交易量；（2）与他人串通，以事先约定的时间、价格和方式相互进行证券交易，影响证券交易价格或者证券交易量；（3）在自己实际控制的账户之间进行证券交易，影响证券交易价格或者证券交易量；（4）以其他手段操纵证券市场。

下作出证券投资决定，扰乱证券市场秩序”；① 也有观点认为，操纵行为是指“以获取利益或减少损失为目的，制造证券市场假象、诈骗他人作出错误投资决定，或选用资金、信息和工作便利等优势，操纵证券市场”。② 还有观点认为，操纵行为是指“一个人或某一组织，利用其资金、信息等优势或滥用职权影响证券交易价格，诱使他人买卖证券，扰乱证券市场秩序的行为”。③

上述对操纵行为概念的界定虽然从不同的角度揭示了操纵行为的内在性质，但是，均将操纵行为限定为“以获取不正当的利益为目的”，这是值得探讨的。一个不争的结论是违法性是操纵行为本身的天然属性，如果以“获取不正当利益为目的或者结果”作为界定操纵证券市场的必要条件，难以对操纵行为全面提起民事赔偿诉讼，也难以遏制操纵证券市场这样违法行为。笔者认为应将“操纵行为”界定为：当事人利用其在资金、信息等方面的优越地位，影响证券交易的价格和数量，进而制造证券市场的假象，控制证券市场的交易，扰乱证券市场正常秩序的行为。

基于上述“操纵行为”的定义，可以归纳出具体的操纵行为的形态，包括：

1. 以影响证券市场行情为目的，创造虚假的成交记录和虚假的交易繁荣，以自己为交易对象，进行不转移所有权的自买自卖的“洗售”交易行为即冲洗买卖。④

2. 为了影响证券市场行情，而与他人串通，以事先约定的时间、价格和方式相互进行证券交易或者相互买卖并不持有的证券，影响证券交易价格或者证券交易量的相对委托行为，即合谋、通谋买卖。

3. 引诱他人买进或卖出某种证券，与他人连续进行两个或两个以上的交易，制造交易繁荣的假象，以抬高或压低所交易证券价格

① 宋一欣、牟敦国：《证券民事赔偿实务手册》，百家出版社 2002 年版，第 23 页。

② 张晨颖：《股市中操纵市场行为及防范的法律对策》，载《法学》2000 年第 5 期，第 48 页。

③ 沈厚福：《证券交易市场操纵行为的法律分析》，载《民商法论丛》（第 7 卷），法律出版社 1997 年版，第 79 页。

④ 典型的实际操作手法是由同一个投资者分别在两家证券营业部开户，并同时委托该两家证券营业部按一定的价格在自己持有的两个账户间进行买卖，以撮合成交。目的在于制造交易记录，但其所拥有的证券种类及数量并未增减。

的连续交易操纵行为。

4. 意图影响证券价格、制造市场假象，恶意散布足以影响市场行情的流言和不实材料，以诱使其他投资者作出错误证券投资判断为目的的散布谣言的行为。

证券市场上的违法行为除操纵行为外，还有虚假陈述行为、内幕交易行为等欺诈行为，准确界定操纵行为与这些行为的区别对于确定诉讼当事人和案由是十分必要的。

虚假陈述是信息披露义务人对证券发行、交易及其相关活动的事实、性质、前景、法律等事项作出不实、严重误导或含有重大遗漏的任何形式的陈述或者误导，致使投资者在不了解事实真相的情况下作出投资决定的行为。其与操纵行为的区别主要体现在：首先，虚假陈述是特定主体的行为，即依信息披露制度承担信息披露义务的机构和个人。而操纵证券市场的主体范围较广，不限于承担信息披露义务的机构和个人；其次，虚假陈述的主体不必参加证券交易，而操纵市场主体必须参加证券交易才能达到操纵目的。内幕交易则是指因工作、职业或身份关系而知悉有关证券发行企业未公开但可以影响证券价格的重要信息的当事人以利用该信息，直接或间接买卖有关证券，从而获利或避免经济损失的行为。其与操纵行为的区别主要体现在：首先，内幕交易的主体为知情人员，如发行人、证券公司或控股公司的高级管理人员，大股东，监管人员，中介机构等有关人员，而操纵行为的主体则不限于上述人员；其次，内幕交易主体在实施证券交易行为时以获知内幕消息为前提条件，而操纵行为人则不以知晓内幕消息为前提条件，只需利用其资金或持股或信息优势便可进行操纵活动；最后，内幕交易是利用不为大众所知的内幕性交易获利或减少损失的行为，行为本身并不对证券价格或证券交易量造成影响，而操纵行为则直接造成了证券价格或证券交易量的变动。

二、操纵行为民事赔偿诉讼证明责任的主体

证明责任是指当事人对自己提出的事实主张有责任提供证据予以证明，当作为裁判基础的法律要件事实在诉讼中处于真伪不明状

态时，负有证明义务的当事人应承担败诉的风险。[①] 证明责任的主体是当事人。《民事诉讼法》第64条规定的当事人对自己提出的主张，有责任提供证据明确了谁主张谁举证的规则，为操纵行为民事赔偿诉讼中证明责任主体的确定提供了基础法律依据。

(一) 原告范围

原告即有权提起诉讼并有权请求民事赔偿救济的主体。审判实践中，操纵行为民事赔偿诉讼的原告多是受操纵行为的侵害而受到损失的投资者（散户），无论立法还是司法，无论理论还是实践都有一个基本的社会共识，即支持任何由于操纵行为而受到损失的人有权获得民事赔偿救济。但是，维持诉求相互冲突的当事人在利益上的平衡既是国家民事责任立法的必然追求，也是司法审判必然考虑的基本内容。因此，获得民事赔偿救济的主体范围应当是有特定限定的，不能使操纵市场的行为人承担超过其应负担的民事责任。在确定操纵证券市场民事诉讼的证明责任时，必须首先对适格原告的范围加以确定。

如何在立法上明确确定操纵证券市场民事诉讼原告的范围是立法者的首要任务，证券市场发达国家和地区的立法对何人有权请求操纵行为人给予赔偿作出了明确规定。根据美国1934年《证券交易法》，任何因受操纵行为所影响的价格买卖该证券而受损失的人都有权提起诉讼，即任何人故意参与违反本法规定的活动或交易，其应对因受该行为所影响的价格买卖该证券的人负赔偿责任，受损失的人可以向有管辖权的法院以普通法或衡平法提起诉讼，要求赔偿所主张的由于该行为导致的损失。在日本，有权请求赔偿的原告应为因操纵市场而受到损失的进行证券交易或进行委托的人。[②] 我国台湾地区的立法规定，违反股价操纵行为条款之规定者，对于善意买入或卖出有价证券之人所受之损害，应当负赔偿之责任，有权提起赔偿请求的人为“因操纵行为善意买入或卖出有价证券之人，且行为人以操纵行为实施期间买进或卖出者为限”。[③]

我国立法借鉴证券市场发达国家和地区的立法成果和司法实务

---

① 参见常怡主编：《民事诉讼法学》，中国政法大学出版社2008年版，第215页。

② 参见日本《证券交易法》第159条和第160条的规定。

③ 参见我国台湾地区“证券交易法”第155条第2项的规定。

在《证券法》第77条第2款中规定："操纵行为给投资者造成损失的，行为人应当依法承担赔偿责任。"该规定并没有从正面享有对操纵行为人提起民事赔偿诉讼的主体资格作出具体性规定，但已经为因操纵行为而遭受损失的散户投资者请求民事赔偿救济提供了切实的、可行的法律依据。我们可以从现行《证券法》的规定推导出操纵证券市场损害赔偿诉讼的原告应符合两项基本条件：

从客观行为上讲，主张损害赔偿请求权的原告应是价格被操纵的证券交易的交易一方。在操纵行为民事赔偿案件中，原告必须是受被告的操纵行为的影响，且实际交易过该被操纵的证券投资者。我们从立法的简明规定出发对原告资格作出这样的条件设定，目的不是阻碍诉讼的提起，而是防止滥诉的发生，在保护投资者的同时，必须防止那些带有投机性的、追求或然利益的诉讼。

从主观意志上讲，主张损害赔偿请求权的原告交易证券的行为须出于善意。即因操纵行为而提起损害赔偿的原告在进行该证券交易时，对操纵行为是不知情的，包括既不明知，也不因重大过失而不知的证券实际交易者。也就是说，在此类案件中，买进或卖出股票的投资者对操纵股票价格的行为并不知情。不过，也有的学者认为，操纵行为具有严重的社会危害性，此种危害性不因原告是否知悉而减少。我们的目标不是要求人们在知道有操纵行为的情况下不进行交易，而是要求人们不能从事操纵行为，所以从这个角度来说原告是否善意对操纵者承担民事责任并不产生影响。[①]

（二）被告范围

操纵证券市场民事赔偿之诉的被告即民事责任的承担者，是实施了操纵行为的法人、其他组织或自然人。由于可能实施操纵行为的人一般具备资金优势、信息优势、持股优势、专业知识或者特定身份条件，所以，操纵市场的责任主体一般集中在上市公司、证券公司、机构投资者、证券交易所、证券登记结算机构、证券专业服务机构、新闻传播媒介以及上述机构的人员和其他人员。他们是否是操纵证券市场民事诉讼的适格被告取决于主客观要件。"操纵证券交易价格"和"影响证券交易价格或证券交易量"[②]的界定清楚地

① 参见王利明：《证券市场民事赔偿责任与中小投资者来利益保护研究》，载《上证联和研究计划》2001卷，第139页。

② 参见我国《证券法》第77条。

表明我国法律规定操纵行为以行为人主观上存在操纵市场的故意为要件。美国立法则明确规定，任何人故意参与违反法律规定的活动或交易的，应对以受该行为所影响的价格买卖该证券的人负责。[①] 日本立法则规定“事先与他人同谋”、“单独或与他人共谋”、“故意作……的表示”。[②] 可见美、日立法也把主观故意作为确认适格被告的要件。从客观上讲，赔偿之诉的被告实施了操纵证券市场的行为，造成了某只或某一相互关联的股票价格发生违背市场价值规律的大幅波动，并因此使投资者在交易该股票中遭受了损失。

三、操纵行为民事赔偿诉讼证明对象的范围

（一）对“故意”的证明与推定

操纵行为的表现形态有三种，即“操纵证券交易价格”、“影响证券交易价格”、“影响证券交易量”。如前所述，证券市场发达国家或地区的证券立法普遍认为，在涉及操纵行为的民事赔偿案件诉讼中，针对操纵这一违法行为所采取的是过错原则，即要求证明操纵者（被告）具有进行操纵的主观故意，才对受其操纵行为损害的相对方即投资者（原告）承担赔偿责任。虽然多数国家和地区的立法和主流学术观点都认为操纵者具有进行操纵的主观故意是其承担赔偿责任的必要条件，但在判定主观上是否存在故意的司法标准上并不完全一致。美国证券法及司法实践所采取的标准认为：不仅要求有抬高和压低证券交易价格的故意，而且，还要求具有“诱使他人从事证券交易的故意”。日本证券法及司法实践所采取的标准认为：判定操纵行为不但要具有“事先与他人同谋”、“单独或与他人共谋”，还要具有引诱他人进行证券交易的目的。换言之，即使从形式上看具备操纵市场的外在表现，但若不具备引诱市场中某有价证券的买卖的目的，在性质上也不属于操纵行为。

在涉及操纵行为的诉讼过程中，法官通常会根据证明责任分配的一般原则要求原告就权利发生要件事实承担证明责任，这样，操纵行为中的投资人要向操纵行为人主张损害赔偿请求权，就应当证明操纵行为人存在主观上的故意。然而，无论是在证据的收集、分析与运用，还是在相关知识与技能的了解与使用上，以及资金实力、

① 参见美国1934年《证券交易法》第9条（e）款。

② 参见日本《证券交易法》第159条。

人力资源等方面投资人都处于绝对的劣势，其在证明操纵人主观过错时较之一般侵权行为存在更大的障碍。同时，证券交易对象的无形性、价格的多变性、投机性等天然属性的存在，更使得证券交易过程相对于其他商品交易过程更加复杂，特别是在集中竞价的证券交易中，交易双方并不知悉，绝大多数的交易是通过电子交易系统来传递证券信息和完成交易的，要做到信息传递和交易达成过程的绝对透明和公开，并了解交易的每一环节几乎是不可能的。因此，如果要求投资人严格承担证明责任，将导致其利益被操纵人受到侵害时获得法律救济的机会大大降低，从而使得法律保护正当交易，让操纵人承担民事责任的立法本意难以实现。笔者认为在操纵证券市场民事赔偿案件中，应当采用过错推定原则，即在投资人证明了操纵人客观上实施了某些操纵行为的情形下，即可推定操纵人主观上具有操纵市场的故意，除非操纵人证明其主观上不具有操纵市场的故意。换言之，实施了某些操纵行为的人不能以受投资人不能证明其主观上具有操纵证券市场的故意而获得免责。

（二）操纵与损害之间因果关系的证明

操纵行为造成投资人经济损失归属于民事侵权损害赔偿。民事侵权损害赔偿的因果关系，是指侵权行为与损害之间的关联性。[①] 实际上，我们可以从两个方面讨论操纵行为与损害后果之间的因果关系。

首先是交易方面的因果关系，即操纵行为人通过资金运用、信息披露制造了市场假象，投资者基于此种市场假象的信赖作出了投资决定。实践中，投资者只要能够证明操纵行为已经影响了证券价格或使证券交易量发生异常变化即完成了基本的证明责任。

其次是损失方面的因果关系，即损害的后果是由于操纵行为引起的。由于在证券市场中引起投资者损失的因素非常多，既有特殊性原因，也有普遍性原因，要证明损失的因果关系对民事诉讼技能和经验都缺乏的广大投资者来说是一件几乎难以完成的任务。美国法院在实践中所采取的方法值得我们借鉴。其一，在诱使他人进行交易的情况下，即被告的欺诈行为是导致原告进行交易的主要原因时，一般就不要求原告将“损失的因果关系”视为个别的要件加以

① 参见刘士国：《现代侵权损害赔偿研究》，法律出版社 1998 年版，第 64 页。

证明，只要证明该交易已经造成其实际损失即可。其二，在非诱使他人的情况下，如果被告的行为仅是影响原告进行交易或原告依赖的诸多因素时，则原告所能请求的损失应仅为不实陈述所代表的价值而已。换言之，在此种情况下，法院就会确定原告负有证明“损失的因果关系的责任”。

由于证券市场规模庞大、交易频繁、风险高度不确定、信息处于迅速的流动中，与其他交易相比证券交易形态处于高度虚拟状态。政治、经济、法律、军事、突发事件、时间段等大大小小的直接或间接的事件都在影响证券交易的价格与交易量，要判定操纵行为与众多投资者之间的利益关系，特别是投资者因合理的商业风险所遭受的损失与操纵者侵害投资者权利之间的利益关系极其困难。在确定操纵者承担损失赔偿时，首先要确定投资者的损失与操纵行为之间是否存在因果关系，只有存在因果关系的，才能纳入赔偿范围，所以要把投资者正常的经营损失排除在赔偿范围之外。这里要特别指出的是当投资者凭借一般投资者的常识，就应该能够作出相应的判断，并能作出相应的交易行为从而达到避免损失、减少损失或防止损失扩大的效果，但在操纵行为已经趋于明显之势时，还是放任个人的行为而导致不必要的损失的，这种产生的损失或扩大了的损失与操纵者侵害投资者权利之间也不具备因果关系，不在应赔偿的范围之列。

如上所述，操纵行为与投资者损失间的因果关系是判断操纵者承担损失赔偿的前提。实际上，投资者根据我国现行的法律规定和侵权行为法的一般理论，往往难以证明操纵者的行为与投资者的损失之间有因果关系。笔者认为，可以采用倒置原则来判断操纵市场民事责任的因果关系，由被告承担不存在因果关系的证明责任。即针对原告提出的因被告实施操纵行为导致其遭受损失的问题，应先由被告就此提出证据，以证明自己未实施操纵市场的行为，或者原告所遭受的损失系其自己投资失误或者遭遇商业风险所引发的，与操作者的行为没有因果关系。如果被告能证明无因果关系，便可以免予承担损害赔偿责任；如果被告不能证明没有因果关系，则推定有因果关系。

● 诉讼专论

论刑事和解的两种模式

胡常龙[*]

近年来，刑事和解问题引起刑事法学理论界的高度关注，学者们围绕着刑事和解的基本内涵、理论依据、利益基础、制度冲突以及发展前景等为题发表一系列学术文章。司法实务部门也非常重视刑事和解制度的价值和作用，北京、浙江、安徽、上海以及湖南的省级司法机构纷纷制定关于刑事和解问题的规范性文件，明确对于符合一定条件的刑事案件可以适用刑事和解。① 司法实践的迫切需要客观上要求我们的法学理论工作者密切关注刑事和解、深入研究刑事和解。但目前关于刑事和解的理论研究还远远不够，并且大多局限于刑事和解的基本内涵、价值基础、程序设计等内容，对于刑事和解的文化基础、刑事和解的实践模式以及利弊分析等问题则缺乏系统研究。特别是对于刑事和解的两种模式——纠纷解决模式和量刑情节模式的理论界限和实务运作则缺乏理论关注和理论研究，而

---

* 中国社会科学院法学研究所博士后，山东大学法学院副教授，法学博士。

① 目前已有五个省级政法机关发布了关于刑事和解的规范性文件。例如，2003 年北京市市政法委员会发布了《关于北京市政法机关办理轻伤害案件工作研讨会纪要》；2004 年 7 月浙江省高级法院、浙江省检察院和浙江省公安厅联合发布了《关于当前办理轻伤害案件适用法律若干问题的意见》；2005 年安徽省公安厅会同省法院和省检察院共同出台了有关《办理故意伤害案（轻伤）若干问题的意见》；2005 年上海市高级法院、上海市检察院、上海市公安局和市司法局联合下发了《关于轻伤害案件委托人民调解的若干意见》；2006 年 11 月湖南省检察院颁布了《湖南省检察院关于检察机关适用刑事和解办理刑事案件的规定》。

两种不同的刑事和解模式在司法实践的运用以及对传统刑法理论和刑事诉讼理论的影响和作用乃至发展前景等都存在较大的差别，深入研究刑事和解的两种模式无疑有助于进一步从理论上理解刑事和解制度，为我们在司法实践中更好地运用刑事和解制度并最大限度地发挥刑事和解制度的价值和功能产生积极影响。

一、刑事和解及其两种模式的理论界定

关于刑事和解的理论内涵存在一定的差异，例如有人认为“刑事和解是一种以协商合作形式恢复原有秩序的案件解决方式，它是指在刑事诉讼中，加害人以认罪、赔偿、道歉等形式与被害人达成和解后，国家专门机关对加害人不追究刑事责任、免除处罚或者从轻处罚的一种制度”。[①] 有人认为，“刑事和解是犯罪人通过道歉、赔偿、社区服务、生活帮助等使被害人因犯罪所造成的物质损失、精神损失得到补偿，使被害人因受犯罪影响的生活恢复常态，同时亦是犯罪人通过积极的、负责任的行为重新融入社会，并赢得被害人及其家庭成员和社区成员的谅解”。[②] 第二种刑事和解与恢复性司法相似，实际上是恢复性司法的一种基本形式。从我国目前司法部门颁布的关于刑事和解的规范性文件来看，对于刑事和解的理论界定于第一种刑事和解的理论界定趋同。例如 2006 年 11 月，湖南省检察院颁布的《湖南省检察院关于检察机关适用刑事和解办理刑事案件的规定》关于刑事和解的基本内涵是这样界定的：“犯罪嫌疑人、被告人以具结悔过、赔礼道歉、赔偿损失等方式得到被害人的谅解，被害人要求或者同意司法机关对犯罪嫌疑人、被告人依法从宽处理而达成的协议。”陈瑞华教授将司法实践中刑事和解程序的特征归纳总结为以下几点：加害人自愿认罪、赔礼道歉并向被害方作出经济补偿；被害方对加害方的经济赔偿数额表示满意，对其犯罪行为给予谅解，并向公安机关、检察机关或者法院明确提出放弃追究加害人刑事责任的要求；通过参与主持调解和认真审查，公检法机关确认加害人的行为不具有较大的社会危害性，并且加害人通过真诚悔过显示其再次犯罪的可能性不大，具有“重新做人”，顺利回

---

① 陈光中、葛琳：《刑事和解初探》，载《中国法学》2007 年第 1 期。

② 张辉华、王媛：《从恢复性司法看刑事和解在中国的引入和应用》，载 www. chinacourt. org，2004 年 11 月 2 日。

归社会的可能性，因此作出对其中止刑事诉讼或者减轻刑事责任的决定。① 这一界定比较准确地反映了当前司法实务部门进行的刑事和解制度的基本特点。

从我国的刑事和解的司法实践情况来看，我国当前的刑事和解是指刑事案件的被害人和加害人在调解人的主持下，加害人通过真诚悔罪、赔礼道歉和积极赔偿等方式取得被害人的谅解，被害人表示谅解并向司法机关提出不予追究加害人刑事责任或者要求司法机关从轻、减轻处罚被告人，而司法机关经过审查后表示接受被害人要求的一种纠纷解决机制。从理论上进一步细化，刑事和解可以解剖为以下几个方面内容：第一，刑事和解的主体是被害人、加害人，同时还必须有一个中立的调解人。缺乏调解人的“刑事和解”就是我们通常所说的“私了”。第二，刑事和解的基本内容是加害人认罪、赔礼道歉并赔偿损失，以此换取被害人的谅解和宽恕，并要求司法机关不予追究加害人刑事责任或者从轻、减轻处罚。实质上使被害人与加害人之间达成的一种合意。司法实践中，加害人获取谅解的最重要方法是巨额赔偿被害人的经济损失和精神损害，而这仅仅通过刑事附带民事诉讼是根本不可能实现的。第三，刑事和解协议必须取得司法机关的审查认可。这是刑事和解发生法律效力和作用的基本途径。没有司法机关的最终认可，刑事和解协议没有任何意义。第四，司法机关认可后，刑事和解的法律效力是司法机关不再追究加害人的刑事责任或者从轻、减轻处罚加害人及被告人。

根据不同的标准，刑事和解可以作出不同的模式划分，例如陈瑞华教授根据刑事和解的主体和主持人的不同，将我国的刑事和解分为加害人—被害人自行和解模式、司法调解模式和人民调解委员会调解模式三种模式。也有人根据刑事和解对于处理结果的影响等标准，将刑事和解模式划分为社区调停模式、转处模式、替代模式和司法模式。② 根据诉讼阶段的不同，刑事和解可以分为侦查阶段的刑事和解、审查起诉阶段的刑事和解和审判阶段的刑事和解；根据刑事和解中加害人取得谅解的手段方式的不同则可以分为金钱赔偿型的刑事和解、赔礼道歉型的刑事和解和混合型的刑事和解；根据

① 陈瑞华：《刑事和解的私力合作模式——刑事和解在中国的兴起》，载《中国法学》2007 年第 1 期。

② 吴明星：《刑事和解制度研究》，山东大学硕士论文，2006 年 9 月。

和解主持人的不同，刑事和解可以划分为司法机关主持的刑事和解、人民调解委员会主持的刑事和解以及其他机构主持的刑事和解等。而从刑事和解协议对于纠纷①解决结局的影响上划分，我国的刑事和解可以划分为纠纷终结型刑事和解和量刑情节型刑事和解。所谓的纠纷终结型刑事和解是指加害人主动认罪、赔礼道歉并积极赔偿被害人损失，被害人表示谅解并申请司法机关不予追究加害人刑事责任，而司法机关予以接受从而终结刑事诉讼的刑事和解模式。而量刑情节型刑事和解则是指加害人和被害人达成的刑事和解协议并不具有终结刑事诉讼的功能，而只是为司法机关量刑提供参考，通常作为法院从轻、减轻处罚被告人的一个重要考量情节，也就是说，刑事和解协议仅仅对法院量刑发生作用，是一个重要的从轻、减轻处罚情节。从理论上分析，两种刑事和解模式的和解主体、和解内容和和解程序都没有什么显著差异，但两种刑事和解模式同时也存在较大差异。首先，两种模式的法律效力不同，这也是区分两种和解模式的基本依据所在。纠纷终结型刑事和解具有终结刑事诉讼，司法机关不再追究加害人刑事责任的法律功能。而量刑情节型刑事和解不能阻止司法机关对被告人刑事责任的追究，司法机关也不会因为被告人和被害人之间的刑事和解而终止诉讼，这种刑事和解的诉讼意义仅仅在于司法机关在裁量刑罚时，应当将刑事和解作为一个重要的量刑情节加以考量，从轻或者减轻对被告人的处罚。其次，两者适用的案件类型不同。纠纷终结型刑事和解通常是用于较轻的刑事案件，在我国当前的刑事法律框架下，纠纷终结型刑事和解的作用范围仅仅在轻伤害案件以及其他可以使用自诉程序审理的案件，如果对于三年以上的刑事案件要使用纠纷终结型刑事和解，只能等待立法的突破，否则只能是违法。而量刑情节型刑事和解则可以适用于严重的刑事犯罪，甚至可以适用于死刑案件。量刑情节型的刑事和解实际上是诸多量刑情节的有机统一。在我们的刑事司法实践

---

① 英美法系国家的诉讼模式设计的一个基本理念是将刑事诉讼视为国家和被告人之间的一场纠纷，当事人的意思自治对于纠纷的解决具有重要影响。而我国则长期将刑事诉讼视为国家代表社会和被害人对于犯罪人的单方面纠罪行为，而不是国家与被告人之间的所谓的“纠纷”或者“争端”，被告人没有诉讼主体地位，也没有对于诉讼结局的处分权，对于诉讼结局和诉讼进程起决定作用的只能是追诉机关和裁判机关。被害人则长期被排除在刑事诉讼主体之外，诉讼地位与证人无异。

中，被告人真诚悔罪、积极赔偿被害人的损失以及被害人表示谅解都是重要的酌定量刑情节，对于刑罚的最终裁量发挥着不同程度的影响。而量刑情节型刑事和解只不过是这些酌定情节有机地结合在一起，共同发挥作用罢了。再次，两者适用的程序明显不同。纠纷终结型刑事和解可以适用于任何一个诉讼阶段，甚至可以适用于诉讼前阶段。例如在侦查机关启动侦查程序之前，加害人和被害人就可以进行刑事和解。而量刑情节型刑事和解一般多适用于审判程序中，当然也不排除在审判前阶段的刑事和解。最后，两种模式的刑事和解对于传统刑法理论的冲击不同。量刑情节型刑事和解仍然应在传统的刑事诉讼程序运行中发挥作用，仍要遵循刑法基本原则和基本程序。而纠纷终结型刑事和解由于被害人与加害人对于纠纷处理结局发挥决定性影响，因此，传统的刑法理论和刑法原则显然没有作用的市场，至多只能对当事人的决定起到一定的参考和指导作用。

二、刑事和解两种模式理论与我国刑事司法实践

虽然刑事和解是当前理论界和实务界普遍关注的热点问题，有学者称之为“刑事诉讼的私利合作模式”、“刑事纠纷的第三领域”，对于刑事和解制度的作用和价值给予极高的评价和期望，认为刑事和解的出现和勃兴提高诉讼效率、解决疑难案件、达成社会和谐等方面具有无可取代的独特功能。[①] 但刑事和解对于我国的司法实践而言并不是什么新事物，无论是纠纷终结型刑事和解还是量刑情节型刑事和解在以往的司法实践中都广泛存在。例如对于轻伤害案件，公安机关和法院往往通过耐心细致的思想工作和法制教育，促使被告人和被害人双方达成谅解，被告人表示认罪悔过，并积极足额地赔偿被害人的经济损失，被害人表示谅解，不再追求被告人的刑事责任，从而达到解决纠纷的目的。这实际上就是一种纠纷终结型刑事和解。另外，法院在审理刑事案件的过程中，被告人和被害人的刑事和解对于量刑发挥着重要作用，被告人真诚悔罪，积极赔偿被害人的经济损失，被害人表示宽恕是法院裁量刑罚时的重要因素，被告人往往都会因为刑事和解获得较轻的刑罚。即使对于论罪当杀

① 陈瑞华：《刑事和解的私力合作模式——刑事和解在中国的兴起》，载《中国法学》2007 年第 1 期。

的死刑案件，双方的刑事和解可以成为法院不判处被告人死刑立即执行的重要理由。这种刑事和解就是笔者所讲的量刑情节型刑事和解，也是在我们多年的刑事审判实践中长期存在的刑事和解，只不过没有从理论上很好地加以总结和规范而已。笔者 1995 年办理山东临沂伏某某故意杀人一案中，一审中级法院以故意杀人罪判处被告人伏某某死刑剥夺政治权利终身。二审期间被告人家属在法院的协调下，主动赔偿被害人家属人民币 8 万元，被害人家属表示谅解，主动要求二审法院从轻处理被告人，二审法院依法改判被告人伏某某死刑缓期二年执行，剥夺政治权利终身。[①] 实际上就是一种量刑情节型刑事和解。又如 2005 年 6 月北京发生的北京大学公共卫生学院学生安然故意杀人案，最后双方家长达成刑事和解，被告人安然家人赔偿被害人家人 40 万元，法院作为重要理由依法判处被告人死刑缓期二年执行，剥夺政治权利终身。[②] 青岛中级法院 2007 年 3 月审理的驾驶“马自达 6”汽车的被告人赵萍以危险方法危害公共安全罪，被告人赵萍酒后驾车，不顾车前有人而逆向行驶，造成两死一伤的严重后果。但由于被告人案发后与被告人达成刑事和解，被告人赔偿被害人家属和被害人共计 108 万元，取得被害人方的谅解，法院依法从轻判处被告人赵萍有期徒刑 11 年，剥夺政治权利 2 年。[③] 可见，从新中国成立以来的刑事司法实践来看，无论是量刑情节型刑事和解还是纠纷终结型刑事和解，都不同程度的存在着，只不过没有引起理论界和实务界足够的重视。

近年来，随着刑事犯罪的大幅攀升和司法资源投入不足之间的矛盾日益突出，案件积压的问题越来越严重，如何迅速有效处理大量的刑事案件、化解社会矛盾、解决社会纠纷成为各级司法机关面

---

① 被害人通常是指遭受犯罪行为直接侵害的自然人，但在司法实践中，人们对于被害人和被害人的近亲属的区分并不十分明显，被害人的近亲属的意见往往成为法院量刑的重要考量意见，特别是对于一些容易引起被害人方上访的重大刑事案件，例如被害人情绪激动、群众反响强烈的故意杀人案件。所以，笔者认为，对于被害人已经死亡的或者丧失行为能力的案件，被告人与被害人近亲属的和解也应当理解为我们所讲的“刑事和解”。

② 参见李欣悦：《北大医学部男生砍死同班情敌被判处死缓》，载《新京报》2006 年 3 月 22 日。

③ 参见刘冠南：《“马六案”女司机提出上诉》，载《半岛都市报》2007 年 4 月 4 日。

临的突出司法难题。而刑事和解在处理轻微刑事案件方面快速、经济、高效的特点受到各级司法机关的广泛关注。于是，很多司法机关开始探索通过刑事和解方式来处理大量轻微刑事案件，从而达到繁简分流、合理配置司法资源、提高诉讼效率的目的。从我国目前的司法实践情形看，司法机关正在大力推行的刑事和解实际上是一种纠纷终结型刑事和解制度，这种刑事和解使用的对象主要是轻伤害案件。北京、浙江、安徽、上海的政法机关的规范性文件中也明确规定适用的对象是轻伤害案件。而我们国家的刑事诉讼法规定的轻伤害案件通常属于告诉才处理的案件，可以适用简易程序，并且《刑事诉讼法》第172条还规定："人民法院对自诉案件，可以调解；自诉人在宣告判决前，可以同自诉人自行和解或者撤回自诉。"只不过没有规定刑事和解的程序以及是否必须取得法院的认可。所以，司法机关目前推行的所谓刑事和解制度的改革与其说是一项改革，倒不如说是刑事诉讼法关于自诉案件解决机制规定的具体化。

而量刑情节型刑事和解则是我国长期审判实践中一直存在也为司法机关所认可的一类刑事和解。只不过在刑事审判实践中，我们通常将这种刑事和解理解为几个酌定的量刑情节：被告人积极赔偿被害人损失、赔礼道歉，说明被告人有悔罪表现；被害人接受赔礼道歉和经济赔偿，表示谅解，而被告人的悔罪表现和被害人的谅解通常是法院裁量刑罚的重要考量因素。所以，在我国现行的刑事立法框架下，量刑情节型刑事和解实际上被告人真诚悔罪、积极赔偿被害人的损失、被害人表示谅解等几个酌定量刑有机结合在一起，对于法院定罪量刑发挥合力作用。而这种刑事和解同样可以化解矛盾，在保障被害人方获得足够经济赔偿的基础上，还可以有效避免被害人不断上访缠讼，被告人则可以因此而获得较轻刑罚裁量结果。可以说，双方都因为自己的让步而获得了双方都满意的诉讼结果。与纠纷终结型刑事和解一样，这种模式的刑事和解也有效地节省了司法资源的不合理投入，节省了大量的司法资源，保障了司法资源的合理配置。

所以，无论是纠纷终结型刑事和解还是量刑情节型刑事和解在我国以往的刑事诉讼法和司法实践中都不同程度的存在着，刑事和解在我国并不是什么新生事物，只不过其作用和价值近年来才开始受到理论界和实务界的广泛关注和高度重视而已。当然，刑事和解制度受到关注的原因是多方面的。（1）司法资源投入的优先性决定了合理配置司法资源，积极探索多元化纠纷解决机制的客观需要；刑事和解恰恰具有迅速解决轻微刑事案件、快速审结严重刑事案件、节省司法资源、提高诉效率的独特作用。（2）有效化解社会矛盾，维护社会秩序的客观需要。（3）加强被害人权利保障的刑事诉讼发展趋势的需要；无论是纠纷终结型刑事和解还是量刑情节型刑事和解，一个共同的特征是凸显了被害人在纠纷解决中的主导地位，尊重被害人的意见和诉求，被害人由过去的“被遗忘的人”一跃成为诉讼结局的主导者，体现的是对被害人人权的高度重视。（4）轻刑化、非刑罚化刑事政策也成为刑事和解备受重视的一个重要原因。纠纷终结型刑事和解通过非诉讼化形式快速解决刑事案件，被告人也不会因此被打伤罪犯的“烙印”，量刑情节型刑事和解则可以使被告人获得轻刑的裁判结果，实际上反映了轻型化和非刑罚化的现代刑罚发展取向的基本要求。另外，纠纷终结型刑事和解还具有化解短期自由刑的弊端的独特功能。可见，两种模式的刑事和解的理论聚焦是实践凸显绝不是偶然的，而是刑事司法实践案件积压问题严重、司法资源投入不足、刑事案件解决机制僵化单一、被害人权益重视不够等诸多司法难题积压之下的一个必然结果，而这两种刑事和解也恰恰满足司法实践解决上述问题的客观需要，能够最大限度地满足解决上述问题的司法要求，从而受到司法实务部门的普遍青睐和理论界的高度关注。

三、两种模式与传统刑事法学理论的冲突与融合

刑事和解制度的出台在引起广泛关注的同时，对传统的刑事法学理论也形成了冲击。但学界在研究刑事和解对于传统刑事法学理论的冲击问题上，更多地将侧重点放在了纠纷终结型刑事和解上，例如陈瑞华教授认为：“作为一种由嫌疑人、被告人与被害人主导的协商合作模式，刑事和解制度不仅使那种建立在对抗性司法基础上的司法正义哲学难以完全适应，而且还使得那种以无罪推定为前提的传统诉讼理论出现例外。在这一司法模式中，司法机关对双方和解协议的接受以及对有罪必罚原则的放弃，显示出他们并不寻求实体的正义和程序的正义；司法机关以加害方的认罪悔过开始刑事和解进程，不再受制于证明责任、证明标准问题，对于证据的可采性和合法性不再予以关注；无罪推定原则不再适用；沉默权规则和非法证据排除规则失去了意义，律师辩护制度没有存在的空间。因此，

整个对抗性司法大厦的根基也不复存在。”这显然指的是纠纷终结型刑事和解。[①] 而量刑情节型刑事和解对于传统刑法理论和刑事诉讼理论的影响显然与纠纷终结型刑事和解存在明显差别，量刑情节型刑事和解仍需在传统刑事法学的理论框架下发挥作用，而这也正是笔者将刑事和解划分为纠纷终结型刑事和解和量刑情节型刑事和解的目的所在，两种刑事和解模式的划分为我们准确科学地研究刑事和解制度对于传统刑事法学理论的影响提供了理论手段。

（一）两种刑事和解模式与罪刑法定原则、罪刑相适应原则

作为现代刑事法学的基石，罪刑法定原则已经从过去的绝对的罪刑法定原则转变为相对的罪刑法定原则，刑法在明确罪名和刑罚的基础上，同时也允许法官乃至检察官根据被告人的人身危险性因素和案件的具体情况酌情决定是否追究被告人的刑事责任和最终使用的刑罚，即检察官和法官对于基石已经构成犯罪的被告人也享有根据公共利益或者公共政策的需要决定是否追究刑事责任，同时法官对于量刑享有一定的自由裁量权，绝对的罪刑法定原则只能束缚法官和检察官的手脚和思维，结果只能是以表面的公正来掩盖个案的实质不公。而作为刑罚另一重要原则的罪刑相适应原则也经历了一个有绝对到相对的发展过程，现代刑法中罪刑相适应原则除了重点考虑犯罪与刑罚的对应以外，还必须考量犯罪人的人身危险性，即要求贯彻刑罚个别化原则，只有如此，才更有利于实现刑罚“的惩罚和预防”相结合的目的要求。刑事和解的广受关注和推崇实际上在对罪刑法定原则、罪刑相适应原则形成冲击的同时，也是两大原则有绝对走向相对的一个重要表现之一。但要准确地把握和科学地评价刑事和解对于刑罚两大原则的理论冲击，两种刑事和解模式的划分具有重要意义。

从理论上分析，两种刑事和解模式对于罪刑法定原则和罪刑相适应原则的理论影响明显不同。纠纷终结型刑事和解适用的范围主要是轻伤害案件、初犯、偶犯、未成年人犯罪等轻微刑事案件，被告人和被害人之间的刑事和解经过司法机关的肯认就可以达到解决纠纷的效果，国家或者自诉人就不再启动诉讼程序，实际上是一种“诉讼外纠纷解决机制”，既然该种刑事和解游离于诉讼之外，专门

---

① 陈瑞华：《刑事和解的私力合作模式——刑事和解在中国的兴起》，载《中国法学》2007 年第 1 期。

适用于诉讼过程或者已经进入国家追诉领域的罪刑法定原则、罪刑相适应原则自然也就失去作用的“场域”，或者严格意义的罪刑法定原则、罪刑相适应原则并不适用于纠纷终结型刑事和解的过程中，纠纷终结型刑事和解也不必遵循罪刑法定原则、罪刑相适应原则。只要双方当事人就纠纷达成合议就可以达到纠纷解决的目的。但是，需要明确的是，纠纷终结型刑事和解不必遵循罪刑法定原则、罪刑相适应原则，并不意味着罪刑法定原则、罪刑相适应原则对于刑事和解的达成毫无意义，实际上被告人和被害人刑事和解协议的达成往往也要考量通过诉讼解决的利害得失，罪刑法定原则、罪刑相适应原则对于他们权衡利弊得失具有一定的参考价值。这或许是罪刑法定原则、罪刑相适应原则对于纠纷终结型刑事和解的最大作用。而量刑情节型刑事和解则不然。实践中量刑情节型刑事和解一般适用于严重的刑事案件，被告人和被害人的刑事和解不具有终结纠纷的效力，国家仍然要通过严格的刑事诉讼程序追究被告人的刑事责任，双方的刑事和解仅仅对于法院最终裁量被告人刑法发挥作用，或者说，刑事和解是一个重要的量刑情节。对于量刑情节型刑事和解，由于仍然要在刑事诉讼程序中发挥作用，并且作用的场域主要集中在量刑环节上，所以，罪刑法定原则、罪刑相适应原则仍然应当得到严格遵循，刑事和解的达成并不足以对上述两原则产生冲击，甚至可以说，量刑情节型刑事和解作用的发挥正是罪刑法定原则和罪刑相适应原则发挥作用的重要表现，因为量刑情节型刑事和解实际上是被告人有悔罪表现、积极赔偿、被害人表示谅解等酌定量刑情节的有机结合，仍然是量刑过程中的酌定情节，只不过相对于其中任何一个量刑情节，其作用和影响应当更大一些而已。

（二）两种刑事和解模式与刑事诉讼程序

两种刑事和解模式对于刑事诉讼程序的影响也存在明显不同。纠纷终结型刑事和解并不进入诉讼领域，而是一种诉讼外纠纷解决办法，当然不必严格遵循刑事诉讼过程中必须遵守的刑事诉讼原则和刑事证明要求，无罪推定原则、法律监督原则、辩护原则以及证明体标准、证明责任等都失去了作用的“场域”，这些原则和要求对于当事人通过刑事和解解决纠纷不具有强制力。同样需要明确的是，这些原则和要求对于当事人双方达成和解协议仍然具有一定的参考价值。例如对于一起双方正在协商的轻伤害案件，如果被害人掌握的证据较少，达不到证明标准的要求，起诉后胜诉的可能性较小，这时被害人寻求通过和解解决纠纷的主动性和积极性会明显增强。刑事诉讼法规定的证明标准这时对于被害人权衡诉讼得失发挥了重要的参考作用。而对于量刑情节型刑事和解，自然必须通过严格规范的刑事诉讼程序确定对被告人的定罪量刑，当然必须遵守刑事诉讼基本原则和刑事诉讼法的具体规定，也必须严格遵守刑事证明的要求和规则，被告人依法享有辩护权等一系列诉讼权利也没有受到任何影响。可以说，量刑情节型刑事和解对于刑事诉讼理论和刑事证明要求没有任何理论冲击，只不过在量刑环节上法院增加了对刑事和解协议自愿性、真实性的审查这一内容而已，而这项内容的审查对于程序的运行不会产生实质性影响。可见，量刑情节型刑事和解对刑事诉讼程序不会产生任何实质性影响，仍须遵循刑事诉讼程序的基本要求发挥作用。

四、纠纷终结型刑事和解模式的实践问题

两种刑事和解模式的划分为我们合理评价刑事和解制度对于刑事法律理论提供了理论工具，也为理性分析当前我国刑事和解制度的缺陷和不足，科学规范和完善刑事和解制度提供了重要手段。从我国目前刑事和解制度的改革探索中可以看出，司法实践中正在大力推行的刑事和解主要是一种纠纷终结型刑事和解，适用的案件范围主要为轻伤害案件①，并且以检察机关为主，适用的诉讼阶段既包括审判前阶段，也包括诉讼阶段。刑事和解的推行为迅速及时审结一些轻微刑事案件，节省司法资源，提高诉讼效率，保障国家将有限的司法资源更多地集中于重大、疑难、复杂的刑事案件，保障这些案件的公正裁判进行了有益的探索，并且取得了一定的成效。但是由于刑事和解制度改革推出的时间短，经验有限，加之各地各自为政，缺乏统一明确的规定，所以，目前关于纠纷终结型刑事和解制度的改革也存在许多问题，突出表现在以下几个方面：

（一）适用的案件范围不一

大多数地方将刑事和解的范围局限于轻伤害案件，但也有一些地方将使用的案件范围扩大到轻伤害案件以外的轻微刑事案件。例如山东烟台市检察院推出的“平和司法”模式，就将未成年人犯罪、

---

① 转引自陈瑞华：《刑事诉讼的私立合作模式——刑事和解在中国的兴起》，载《中国法学》2007 年第 1 期。

过失犯罪和轻伤害犯罪等可能判处三年以下有期徒刑、拘役、管制、单处罚金的轻微刑事案件。

（二）主持人不一

有的地方规定由检察机关作为刑事和解的主持人，而有的地方则委托人民调解委员会作为主持人。例如北京各区检察机关进行的刑事和解实践中有的是当事人自己和解，检察机关起到一个牵头作用，有的则由检察人员主持刑事和解，北京平谷区检察院则针对家庭邻里之间的轻微刑事案件专门采取“家庭侵权案件主控组”的模式。家庭侵权案件主控组（以下简称“主控组”）成立于2004年，设在平谷区检察院公诉处内，专门办理平谷区内发生的家庭成员之间和邻里之间的刑事纠纷案件。“主控组”由三名30至40岁、经验丰富的女检察官组成，依据《家庭侵权案件主控组办案规则》，注重充分发挥社区主动性、加强与刑侦部门协调、注重法律宣传工作，以维护家庭和谐为出发点，灵活运用“说情、说理、说法”的工作方法，充分尊重案件当事人在法律范围内的刑事处分权，进行刑事和解的调处工作。[①] 而上海对于所有的轻伤害案件则委托人民调解委员会进行调解。

（三）刑事和解的程序不一

例如北京从对七区检察院调查的情况来看，和解程序基本上依托主诉检察官办案责任制，具体步骤是：（1）主诉检察官阅卷了解案件是否符合和解的范围、条件及双方当事人和解意向；（2）对于有和解可能性的案件，由主诉向处长汇报，得到批准后再进行调解，也有的院主诉检察官可直接决定是否进行调解；（3）具体和解过程中检察机关如何发挥作用，做法主要有二：一是对于和解的整个过程，检察机关不介入，由双方自行协商，只需将最后的和解协议提供给检察机关就可以了；二是对于和解的具体内容，如赔偿条件、数额等，检察机关基本不参与，但要起到提供签约、履约场所和见证的作用。无论哪种做法，检察机关均不会在最后的协议书上签字；（4）审批程序根据各院对和解后处理方式不同基本分成两种：一种是采取退处结案的，适用主管检察长负责制，由主管检察长进行最

① 见“和谐社会语境下的刑事和解”研讨会——刑事和解的理论基础，载法律教育网 www.wz136.com，2007年6月24日。

后审批；另一种是采取相对不诉结案的，履行上检委会程序。[1]而上海通过人民调解委员会调解的程序显然不同于北京检察机关采取的程序。而江苏南通市崇川区人民检察院的刑事和解采取的是“检调对接”模式，就是检察机关和社会矛盾纠纷调处中心，之间的工作对接，主要体现在程序上的对接，即在案件的审查起诉阶段，检察机关告知轻微的刑事案件被害人和犯罪嫌疑人双方可就民事部分达成和解，并根据当事人的申请将案件的民事赔偿问题移交“调处中心”，由专职调解员主持调处，检察官参与引导监督。

（四）法律后果不一

达成刑事和解应当如何处理各地也存在一定差别。例如江苏南通崇川区人民检察院主持达成刑事和解后实行实体上对接，即检察机关则以调处中心出具的书面建议为依据，视案中受损关系修复状况、被害人的谅解程度、被告人通过赔偿所体现的悔罪态度，作为刑事部分实体司法处理的酌定考量因素，选择适用：1. 商定公安机关撤销案件；2. 作出不起诉决定；3. 向法庭提出从轻、减轻处理的量刑建议。而北京各区检察机关的做法也存在一定的差别，例如海淀区检察院、东城区检察院、西城区检察院几乎所有案件都退回公安机关撤销案件，而朝阳区检察院所有案件均作出相对不起诉，无须公安机关撤案，昌平区检察院也基本上作相对不起诉。[2] 可见，对于轻微刑事案件达成刑事和解后的处理模式上各地也存在较大差别。

（五）和解方式单一

当前进行的刑事和解一个基本的特征就是围绕着加害人的赔偿数额进行，加害人赔偿数额的多少成为能否达成刑事和解的关键，所以巨额的经济赔偿换取被害人的宽恕成为当前刑事和解的基本方式。

另外，在刑事和解的参与人、刑事和解的时限、刑事和解适用的阶段以及被害人和被告人在和解过程中的权利等问题都存在一定的差别。这些问题的存在必然引起刑事和解改革的混乱和无序，而且也影响到刑事和解作用和功能的充分发挥。

---

① 见“和谐社会语境下的刑事和解”研讨会——刑事和解的理论基础，载法律教育网 www. wz136. com，2007 年 6 月 24 日。

② 见“和谐社会语境下的刑事和解”研讨会——刑事和解的理论基础，载法律教育网 www. wz136. com，2007 年 6 月 24 日。

五、两种刑事和解模式的理性化建构

从两种刑事和解模式的理论分析，当前改革中的刑事和解大多都应当归类于纠纷终结型刑事和解，但其中也有量刑情节型刑事和解的身影，例如一些地方的文件都规定在审判阶段达成刑事和解，可以从轻、减轻或者免予处罚，刑事和解协议的达成实际上成为法院裁量刑罚的重要理由，成为一个重要的酌定量刑情节，实际上是量刑情节型刑事和解模式，遗憾的是该种刑事和解并没有在改革中凸显出来，或者并没有引起司法实务部门的足够重视，只是作为纠纷终结型刑事和解改革过程中的辅助物加以表述而已。但不可否认的是，无论是纠纷终结型刑事和解还是量刑情节型刑事和解都具有提高诉讼效率、节省司法资源、化解社会矛盾、维护社会和谐、保障司法资源合理配置、保障国家将有限的司法资源集中于重大疑难复杂案件上等独特的制度功能，都在我国司法实践中发挥着不可替代的作用。同样也不可否认的是，我国目前刑事和解事件过程存在的大量的问题已经影响到刑事和解制度功能和作用的充分发挥，从立法上规范和完善实践中的刑事和解制度已经成为司法实践的迫切需要。笔者认为，要从立法上规范刑事和解制度，应当重点做好以下几方面工作：

（一）扩大刑事和解的适用范围，明确规定无论是轻罪案件还是重罪案件都适用刑事和解

纠纷终结型刑事和解由于在分流轻罪案件、化解社会矛盾、维护被害人权利、实现社会和谐方面的独特优势应当大力推广。除了轻伤害案件、告诉才处理的案件以外，对于可能判处三年以下有期徒刑、管制、拘役和单处罚金的案件都可以适用纠纷终结型刑事和解。[①] 立法上肯认量刑情节型刑事和解的作用和价值，明确规定量刑情节型刑事和解可以适用于除纠纷终结型刑事和解以外的其他重罪案件。

---

① 我国当前正在进行的刑事和解针对的案件主要为轻伤害案件、其他被害人有证据证明的轻微刑事案件、告诉才处理的案件，实际上局限于刑事诉讼法规定的可以和解的两种自诉案件范围内。所以与其说是一项改革举措，不如说刑事诉讼法规定的自诉案件和解制度的司法化，其作用和功能的发挥都受到立法规定的严格限制。

（二）规范和完善当前正在进行的纠纷终结型刑事和解程序

1. 立法应当明确规定纠纷终结型刑事和解可以适用于立案前阶段、侦查阶段、审查起诉阶段和审判阶段，明确规定人民调解委员会、检察机关和人民法院都可以作为刑事和解的主持人。从理论上分析，刑事和解的主体只能是被害人和加害人，和解的达成关键取决于双方的合意，主持人的作用只能是在双方之间穿针引线，沟通意见，至多可以从法律的角度为双方提供咨询意见，分析利弊，为双方达成和解协议提供有益的帮助。所以，主持人应当有能力从法律的角度为双方分析利害得失，提供法律意见，同时主持人又应当具有一定的中立性。不同的阶段确定不同的主持人有助于节省司法资源、提高诉讼效率，也为当事人达成和解协议提供方便。人民调解委员会作为专事调解民间纠纷的社会机构，在调解民间纠纷乃至轻微刑事案件方面有着独特的优势，且对于双方而言相对超脱和中立。检察机关除了提起公诉的诉讼职能以外，还承担维护司法公正、合理确定是否起诉等客观公正的义务，由检察机关作为刑事和解的主持人也能保证刑事和解目的和功能的实现。居于我国刑事诉讼启动程序上的公安机关作为我国的侦查机关，追诉的倾向和色彩极为浓厚，且公安机关承担着大多数刑事案件的侦查工作，普遍存在警力不足、刑事案件侦破任务重等司法难题，所以公安机关如果作为刑事和解主持人可能给当事人特别是已经采取强制措施加害人形成中立性不足的感觉，加之公安机关极为繁重的刑事侦查任务，根本无力承担刑事和解的主持任务。另由于公安机关的侦查处于整个刑事诉讼的起始阶段，一旦发现案件符合刑事和解的条件，完全可以及时迅速地将案件交由人民调解委员会进行调解，这样既可以化解加害人可能产生的对于公安机关中立性不足的质疑，又可以解决公安机关因警力不足无暇顾及可能造成的刑事和解作用和功能得不到充分发挥的实践难题，保障刑事和解协议的即时达成和纠纷的及时终结。

2. 明确刑事和解当事人的权利。例如可以明确规定双方有委托代理人权、陈述权、意志自由权、接受权，保障和解协议是在双方自愿、合法合理的基础上达成的。

3. 通过立法或者司法解释方式明确规定人民调解委员会、检察院、法院进行刑事和解的具体程序。例如规定受到刑事案件后征求双方是否同意刑事和解的时限、地点、参加人、主持人以及刑事和解双方的权利等程序性内容。

4. 明确刑事和解达成后的法律后果。例如明确规定立案前和侦查阶段达成刑事和解应当经过法院确认，侦查机关撤销案件结案；审查起诉阶段达成和解协议检察机关可以不起诉，或者退回公安机关作撤销案件处理；审判阶段达成和解协议法院可以终止审理。对于双方达不成刑事和解协议或者达成后一方反悔的，应当按照正当法律程序进行追诉，在刑事和解过程中被告人作出的有罪陈述及不利证据不得在其后的刑事诉讼中作为不利于加害人的证据使用。

（三）明确规定刑事和解既可以适用于轻微刑事案件，也可以适用于严重刑事案件

对于严重刑事案件，加害人和被害人之间的刑事和解不具有终结诉讼的效力，但可以作为重要的量刑情节加以考量，立法可以将这种刑事和解明确为法定量刑情节，只要被害人与加害人达成刑事和解协议，就“应当从轻或者减轻处罚”。对于量刑情节型刑事和解，在适用程序上与纠纷终结型刑事和解没有根本性区别，可以比照纠纷终结型刑事和解程序进行，两者的区别主要在于量刑情节型刑事和解的最终效力仅仅及于量刑，对定罪和刑事诉讼的正常进行不发生实质性影响。

从实践的视角来看，无论是纠纷终结型刑事和解还是量刑情节型刑事和解在我国的司法实践中都广泛存在着，都发挥着重要的诉讼功能和作用。两种刑事和解模式的理论区分为我们更好地理解和认识刑事和解制度与传统刑事法学理论的关系，为我们理性分析和把握刑事和解改革中的问题以及探索规范和完善刑事和解制度提供了有益的帮助。相信随着刑事和解理论的日益成熟，实践经验的日益丰富，两种模式的刑事和解都将在我国的司法实践乃至和谐社会建设过程中发挥越来越大的作用。

试论民事执行和解的司法审查机制

雷运龙*

作为民事执行的一种特殊方式，民事执行和解是否需要接受执行机关的司法审查；如果需要司法审查，审查什么，审查的边界何在，审查的效力如何等，均是重要的理论和实务问题。本文试对这些问题一一加以探讨，以求教于大方。

一、民事执行和解司法审查之必要

对执行和解进行司法审查，实质上是"当事人意思自治须以法秩序为前提"的原理决定的。关于意思自治与法秩序的关系，德国法学家弗卢梅的私法自治论可以说是现代学说的代表性见解。他从法律行为的角度论述了私法自治与法秩序的关系。他认为，现实中的具体法律行为，不只是私法自治所规定的行为，它是由私法自治与法秩序共同规定的行为，是两者相结合而成的一种法律行为。同时，他还论述了私法自治与自己规定的关系。他指出，每个独立的人都有自己规定的权利，这是一项自然的权利，在法秩序形成以前就已经存在。也就是说，自己规定是不以法秩序的存在为前提的。只不过在法秩序形成后，自己规定就成为法秩序应予实现的价值了。私法自治是根据个人的意思自己形成法律关系的原理，它是自己规定的一部分，实际上是自己规定在法秩序形成后的一种表现。因此，在研讨私法自治的概念时，必须要看到作为其存在前提的法秩序。私法自治形成的形式、内容受到这种法秩序的限定。私法自治与法秩序是法律行为效力根据不可分的要素。[①] "法律关系的妥当根据只是基于自己规定与法秩序的承认。就像私法自治只在法秩序确定的

---

* 北京市高级人民法院执行庭副庭长、北京大学企业与公司法研究中心研究员。

① 参见李军：《私法自治的基本内涵》，载《河北法学》2005 年第 1 期。

组织中起作用那样，私法自治行为受到法秩序的多方面的规定与制约。私法自治只有得到法秩序承认，才能像法规那样具有妥当性。”[①] 对执行和解协议进行司法审查，就是要审查当事人的意思自治是否符合法秩序的要求，进而确认其是否具有合法性和妥当性。对此，法国《民事诉讼法典》第129条规定：“执行和解只有在记入法庭笔录之后方能生效”；第130条规定：“和解协议的内容，即使是部分和解，以笔录为见证确认，笔录由法官及各方当事人签字”。《俄罗斯联邦执行程序法》第23条也规定，在法院对债权人与债务人之间的和解协议进行确认之后，执行程序终结。可见，在法国和俄罗斯，执行和解必须经执行法官审查确认方为有效。

有美国学者出于对公共利益保护不周的担忧，对和解制度提出了质疑。美国的欧文·费斯教授提出，和解将剥夺法院作出解释的机会：对包含在诸如宪法和法律等权威性文本中的价值进行详细说明并赋予强制力，解释这些价值并使现实与其相一致。[②] 美国上诉法院法官哈利·爱德华兹甚至认为，和解等替代性纠纷解决机制的某种潜在危险就是仅仅寻求理解与和好的纠纷当事人可能会无视我们立法者所作出的选择，结果可能会忽略体现在法治中的公共价值。[③] 换言之，和解有可能轻视甚或牺牲不特定的他人权利，而仅仅保护双方当事人的“和睦”或小团体的“和谐”；不加控制的和解可能将正义与非正义的议题替换成了和谐与冲突的议题，这种替换对法治、社会发展、当事人的利益都会产生深刻的影响。正因如此，需要对执行和解进行司法审查，审查当事人自治的和解协议是否与宪法、法律所包含的价值以及体现在法治中的公共价值相违背，避免执行和解脱离法治的轨道，从而维护法治的精神和社会公共利益。

当然，这种司法审查的启动应当是当事人主义的。因为，双方当事人在执行中达成和解协议后，有两种选择：一是权利人从执行机关撤回执行申请，终结执行程序；二是双方当事人将和解协议提

---

① ［日］山下末人：《法律行为论的现代展开》，日本法律文化社会版，第59—60页。

② 转引自参见［美］斯蒂芬·B. 格尔德堡、弗兰克E·A. 桑德、南茜·H. 罗杰斯、塞拉·伦道夫·科尔：《纠纷解决——谈判、调解和其他机制》，蔡彦敏、曾宇译，中国政法大学出版社2004年版，第161页。

③ 转引自前引［美］斯蒂芬·B. 格尔德堡等：《纠纷解决——谈判、调解和其他机制》，第161—162页。

交执行机关，请求审查、确认并予以协助、保障。如果当事人选择达成和解后退出执行程序，由于其和解的事实和内容未经司法审查、确认，和解协议未获得公法上的效力，这种和解事实上只是一种执行外和解，即私法上的和解。法秩序对这种和解的检验，可由相关当事人或者利害关系人另行发动诉讼等方式来进行。因此，这种和解不属于本文研究的范围。而如果当事人选择和解后将和解协议提交执行机关审查、确认，执行机关则负有依法审查该和解协议是否符合法秩序的职责。这就是执行和解司法审查的由来。执行和解协议通过司法审查获得法秩序的确认，即获得了公法上的效力。可见，达成和解协议后是否提交执行机关审查确认，以获取公法上的效力，属于当事人意思自治的范围。换言之，在执行和解的司法审查机制的启动上，执行机关是被动和消极的。这符合司法的基本属性。正因如此，执行和解的司法审查不能由执行员负责，而应由执行法官负责。

二、民事执行和解司法审查之内容

执行法官在执行和解的司法审查中所扮演的角色、承担的职能，与通常的法官并无二致，即扮演居中审查者和裁决者的角色，其职能具有中立性、消极性、被动性等基本特征。从内容上看，法官须审查执行和解协议的真实性和合法性。①

（一）审查执行和解协议的真实性

对执行和解协议真实性的审查，法官须从几个方面进行：一是是否存在执行和解的事实；二是执行和解协议上的签章是否为各方当事人所承认；三是是否有见证人。在执行员调解下达成和解协议的，执行员可以在协议上签字予以见证。这种审查属于形式主义审查。

---

① 参见江伟主编：《民事诉讼法专论》，中国人民大学出版社 2005 年版，第 516 页。该书作者认为，应确立执行法官对执行和解协议的实质审查权，对执行和解主体是否适格、和解协议是否是当事人真实意思的表示、和解协议内容是否合法进行实质审查，并以此为据，确认执行和解协议的强制执行效力。

另，参见陈锋：《对执行和解应加强指导》，载《人民法院报》2004 年 5 月 27 日。该文认为，法院有必要对执行和解的正当性、合法性，特别是和解协议的真实性和合法性进行审查，并应当以这种审查为中心，在执行和解中建立司法审查机制。

（二）审查执行和解协议的合法性

审查执行和解协议的合法性，应当根据法律关于法律行为的一般构成要件进行。包括：

1. 主体是否适格。主要审查：双方当事人是否具有相应的行为能力；放弃权利的一方当事人是否对该财产享有所有权或者独立处分权；由代理人签订协议的，代理手续是否齐备，等等。由第三人为和解协议提供担保的，还要审查该第三人是否具备相应的行为能力。

2. 意思表示是否真实。实质上，就是要审查执行和解是否符合自愿原则。执行和解中的自愿原则，是指执行和解应当出于双方当事人的自由意愿，执行和解协议是其真实意思表示一致的结果。在欺诈、胁迫、乘人之危或重大误解等情况下作出的意思表示，非为当事人自愿、真实的意思表示，由此达成的执行和解协议得撤销或变更，或者无效。如果因为执行员超越执行调解的行为边界，以种种方法和手段强制或者变相强制当事人作出意思表示，达成和解协议的，在当事人申请法官审查的情况下，法官查明后应当撤销执行和解协议；执行员也应因此受到相应的处分或者留下不良记录。

3. 是否违反法律的强制性规定。这里所说的法律，并非指现行法律，而是指应然意义上的执行和解法律制度。根据本文笔者的研究，为综合衡量个体利益与公共利益、妥善处理个别公正与一般公正的关系，应然意义上的执行和解法律制度应当对意思自治进行一定的限制，除了一般性地规定执行和解协议不得损害国家[①]、集体[②]、第三人利益[③]以及不得违背社会公共利益之外，还应规定以下强制性内容：其一，执行和解协议约定的履行期限不得超过六个月；超过六个月的，可由权利人撤回执行申请，退出执行程序，而在执行程序之外履行该协议，履行过程中发生争议的，可另行起诉或者依照约定申请仲裁。在此情况下，执行和解转换成了执行外和解。

---

① 当事人达成的和解可能维护了所有当事人的利益，但却可能逃避、规避了国家税费。

② 当事人的代表或者代理人同意的执行和解，可能损害其所代表或代理的当事人的利益。

③ 本案双方当事人恶意串通达成和解协议，将全部财产用于抵债，可能损害其他案件当事人（其他债权人）的利益。

这在外国立法上有先例可循，如《日本民事执行法》第39条规定，由于记载了承诺偿还延期为宗旨的文件的提出而进行的强制执行的停止，限于四周的时间。由于记载了承诺偿还延期为宗旨的文件的提出而进行的强制执行的停止，限于二次，并且，总期限不得超过6个月。《德国民事诉讼法》第806b条也规定，通常情况下，执行和解协议的履行期限应当在六个月之内。其二，达成执行和解协议后不履行，而后又达成新的和解协议的，法官不予确认；当事人可以撤回执行申请，在执行程序外履行该和解协议。换言之，对同一案件，执行机关只确认一次执行和解。以上两条规定主要是针对当事人出于各种动机，订立履行期限过长的和解协议，或者多次和解多次反悔的弊端制定的，主要目的在于减少执行机关对执行案件的管理成本。其三，当事人在财产进入评估、拍卖程序后方达成和解协议的，须约定评估、拍卖费用的负担，并就此提供合法、有效的担保，否则，不予确认执行和解成立。换言之，当事人最好在执行机关委托评估、拍卖之前达成和解协议。这也是为了鼓励当事人尽早达成和解，以免造成执行成本和社会成本的浪费。对这些强制性规定，法官在审查执行和解协议时应当主动予以审查。对违反强制性规定的和解协议，可要求当事人进行修正；拒不修正的，法官应当裁决和解协议无效。

4. 是否违背社会公共利益。中国大陆法律中所称之"社会公共利益"[①]，在英美法系国家称"公共政策"（public policy），主要指被立法机关或法院视为与整个国家和社会根本有关的原则和标准，该

① 社会法学家庞德在其利益理论中把社会利益概括为四种形式：（1）一般保障的社会利益，具体包括和平与秩序的要求、一般安全、一般的健康状态、占有物的保障和买卖的保障；（2）关于保障家庭、宗教、政治和经济各种社会制度的社会利益；（3）其他在一般道德、使用和保存社会资源以及在社会、政治、经济和文化等方面的一般进步的利益；（4）个人获得在政治、社会和经济各方面的机会以及合理的最低限度的生活。

我国也有学者认为，社会公共利益是公众对社会文明状态的一种愿望和需要，它包括：（1）公共秩序的和平与安全；（2）经济秩序的健康、安全及效率化；（3）社会资源与机会的合理保存与利用；（4）社会弱者利益（如市场竞争中的消费者和劳动者利益等）；（5）公共道德的维护；（6）人类朝文明方向发展的条件（如公共教育、卫生事业的发展）等。参见张文显主编：《法理学》，法律出版社2004年版，第217页。

原则要求将一般公共利益（general public interests）与社会福祉（good of community）纳入考虑的范围，从而可以使法院有理由拒绝承认当事人某些交易或其他行为的法律效力。在德国、日本等大陆法系国家，与“公共利益”相当的概念是“公共秩序”，也称为“公序良俗”。有学者认为，诚实信用原则表明了道德标准和伦理要求对法律关系的渗透；公共利益原则则反映了法律对社会经济效益和调整后果的注意，是对经济法中“责权利效相统一”的标准化，是对社会本位的具体化。[①] 由于社会公共利益比较抽象，不易界定，又缺乏天然具有利益驱动的代表主体，因此往往处于无人关注的状态，对其进行保护具有天然的困难。在现代社会，社会公共利益保护一般有两种途径：一是公益诉讼，二是国家作为社会的当然代表主动纠举违背社会公共利益的行为。在公益诉讼制度尚付阙如的中国大陆，由相关国家机关主动纠举违背社会公共利益的行为，或者主动审查有关行为是否违背社会公共利益，是十分必要的。对执行和解协议，法官也应当主动审查其是否违背社会公共利益。对违背社会公共利益者，可要求当事人修正；拒不修正的，裁决和解协议无效。进而言之，按经济法的理念和精神，在执行和解中，法官应当协调个体利益与国家利益、社会公共利益的冲突，实现三者均衡状态下的最大化。

三、民事执行和解司法审查之边界

法官对执行和解协议进行审查的行为边界，在于其审查必须是“依法”进行的，不得在法律之外对当事人意思自治设置限制；而且，对需要法官自由裁量的内容，也必须有严格的条件和程序，不得滥用，比如对社会公共利益条款的适用即应谨慎。具体说来，法官对执行和解进行审查须遵循以下原则：

（一）尊重当事人的意思自治

意思自治原则与其限制之间的界限，由法律划定。因此，对执行和解协议的审查，一方面要确定其意思表示是否出于自愿，意思自治原则是否得到真正遵循，这是法官需要主动进行审查的；另一方面法官在审查时，也不能在法律的限制之外，任意限制当事人的

---

① 参见邓峰：《论经济合同——权力、市场与政府商事行为》，中国人民大学博士学位论文，2001 年，第 123 页。

意思自治。因此，法律规定的强制性规范就是法官对执行和解协议审查的行为界限；只要和解协议不违反法律的强制性规定、不违背社会公共利益，具体如何约定协议内容属于当事人意思自治范围，法官不得干预。实践中，有些法官要求执行和解协议必须设定担保，否则不予确认[①]；有些法官则对义务人履行和解协议的能力进行实质审查，认定不具有履行能力的，不予确认执行和解协议[②]；有些人认为，即使当事人达成执行和解，法院亦得依职权继续采取财产保全措施[③]，等等。这些都超越了法官在执行和解审查中的行为界限，是对当事人意思自治的不尊重。当然，对当事人意思自治范围内的事项不得干预和侵犯，不等于执行员和法官不能对当事人进行适当的释明、提醒、指导。事实上，执行员可以也应当动员、鼓励、指导当事人为执行和解协议设定担保，但如果当事人双方仍然合意不设定的，执行员和法官不得强行干预；对义务人的履行能力，执行员

① 参见《东营市利津法院把握四环节积极促进执行和解工作》，载山东新闻网 http：//www. sdnews. com. cn，2006年10月27日15：06：46发布。该文报道，山东省东营市利津法院要求，在双方当事人自愿达成和解协议，被执行人近期履行义务确有困难，而未来确有可供执行的收益的前提下，要求被执行人提供相应的担保财产或担保人，以保证和解协议的履行。

② 参见前引陈锋：《对执行和解应加强指导》。该文认为，要审查和解协议是否切实可行，协议确定的履行期间是否符合债务人的经济状况和履行能力，是否存在债务人恶意和解拖延执行等。对一些有迹象表明债务人缺乏履行意愿或履行能力的和解协议，予以限制适用。

另请参见翟峰：《关于尽快完善地方法院执行和解制度的建议》，http：//blog. daqi. com/zhaifeng/ 2006年2月26日9：12：39发布。这位四川省人大代表认为，法院在执行过程中要对和解协议的内容依法审查，不仅审查其合法性，更主要的是要通过债务人举证、强制债务人申报财产及法院依职权调查等多种方式，查清债务人的资产、履行能力、企业诚信等情况，摸清债务人和解的真实意图与履行和解协议的实际能力，以提高其和解协议的实际履行率。笔者认为，其动机可嘉，但如果在双方当事人坚持达成和解的情况下，法官仍然以其认定义务人不具有履行意愿或者能力为由不予确认执行和解协议，则未免过于干预当事人意思自治，不足为立法及司法实践所采信。

③ 参见前引翟峰：《关于尽快完善地方法院执行和解制度的建议》。该文认为，在当事人自行和解的同时，法院不应间断加强对被执行财产的保全措施，并应注意保障当事人的知情权，从而有效地避免债务人利用和解机会逃避执行。

和法官亦可提醒权利人三思而后行[①]，但权利人仍然坚持达成和解的，亦不得强行干预；在达成和解的同时，双方约定由执行机关继续进行财产保全的，执行机关应继续保全，适当的时候执行机关亦可征询权利人的意见是否继续采取保全措施，如权利人明示不需保全的，法院不得依职权续行保全措施。

（二）不得滥用社会公共利益条款

由于具有高度抽象性，社会公共利益条款容易被滥用。一些法官利用该条款对当事人意思自治范围内的事项进行限制，任意裁决执行和解协议因违背社会公共利益而无效。对此，需设置严格的条件和程序予以规范和监督。譬如，对以援引社会公共利益条款裁决和解协议无效的，应当准许当事人向上一级法院申请复议。

四、民事执行和解司法审查之效力

执行和解协议经司法审查确认其合法性，实质上是当事人的意志经国家检验后获得了国家的认可，与国家意志进行了结合。执行和解协议在经司法审查确认之前，仅具有私法上的效力，即仅能约束双方当事人及担保人，不能约束执行机关；经司法审查确认其合法性后，执行和解协议方才产生公法（程序法）上的效力，能够约束执行机关。从这里亦可看出，执行和解乃是一种“公私法融合”的法律行为，可同时具有实体法和程序法上的效力。

在实体法上，执行和解有两项效力：其一，消灭实体法律关系。

① 参见前引陈锋：《对执行和解应加强指导》。该文也认为，对审查中发现的影响当事人履行能力的情况，如债务人申报的财产状况、负债状况，要向当事人进行释明，以保证当事人能在充分知晓对方财产状况和履行能力的基础上，正确判断和解协议履行的可能性。

执行和解协议履行完毕[①]或者被强制执行[②]后，执行名义确认之法律关系即归于消灭，且是不可逆转的消灭；在执行和解协议被部分履行的情形下，已经履行的部分为有效之履行，消灭执行名义所确认实体法律关系之相应部分。其二，确认申请执行时效之中断。在法理和法律规定上，义务人同意履行义务，具有中断时效之效力。[③] 执行和解协议之达成，意味着义务人同意履行义务，亦应具有中断执行时效（即申请执行期限）之效力。对此，最高人民法院于2008年11月3日发布的《关于适用〈中华人民共和国民事诉讼法〉执行程序若干问题的解释》第28条已作了明确规定："申请执行时效因申请执行、当事人双方达成和解协议、当事人一方提出履行要求或者同意履行义务而中断。从中断时起，申请执行时效期间重新计算。"执行和解对申请执行期限之中断，当自执行和解协议成立时起算；而法官对执行和解协议的审查、确认，是对执行和解协议成立、生效之事实及其合法性的确认，实则确认了申请执行时效中断之事实和时点。因此，执行和解的司法审查也具有确认申请执行时效中断事实和时点之效力。

而在程序法上，执行和解协议经司法审查确认其合法性后，具有如下效力：

---

① 包括有执行力之执行和解和无执行力之执行和解。

以执行和解协议是否具有强制执行效力（简称"执行力"）为标准，笔者将执行和解无执行力的民事执行和解与有执行力的民事执行和解。无执行力的执行和解，是指当事人双方在执行程序中达成和解协议，但未约定若不履行该协议可接受执行法院强制执行该协议，或者明确约定若不履行该协议则恢复原执行名义的强制执行，提请执行法院审查认可后即中止执行程序的制度；待一方当事人不履行该和解协议时，另一方当事人则只能申请恢复执行原执行名义。有执行力的执行和解，则是指当事人双方在执行程序中达成和解协议，明确约定若不履行该协议，即可接受执行法院强制执行该协议，提请执行法院审查，执行法院即裁定该协议具有强制执行效力，并中止执行程序的制度；待一方当事人不履行和解协议时，另一方当事人则可申请执行法院径行强制执行该协议。现行法上，只承认无执行力的执行和解，尚不允许有执行力的执行和解存在。

② 仅指有执行力之执行和解。

③ 《民法通则》第140条规定，诉讼时效因提起诉讼、当事人一方提出要求或者同意履行义务而中断。从中断时起，诉讼时效期间重新计算。

（一）中止或终结执行程序

中止型执行和解[1]协议经审查确认合法的，具有中止执行程序的效力；终结型执行和解协议经审查确认合法的，具有终结执行程序的效力。从根本上讲，执行和解之所以具有中止或者终结执行程序的效力，一方面是由意思自治原则决定的，即当事人特别是权利人有权主张执行程序是否继续、是否结束以及何时结束；另一方面是由于执行和解乃“公私法融合”行为，故当事人关于执行程序的意思表示经审查确认合法后，即具有公法上的效力，即中止或终结执行程序。对此，实践界表示赞同。[2] 最高人民法院主持起草的《民事强制执行法草案》（第四稿）也已规定，达成和解协议的，执行机关可以中止执行；和解协议在约定的履行期限内履行完毕，或者当事人达成和解协议后撤回执行申请的，执行机构应当终结执行。[3]

我国台湾地区则认为，执行程序中成立和解者，系诉讼外和解，具有民法上和解契约之效力，而非诉讼法上之和解。原有之执行名义，亦不因执行程序中之和解而失其效力，如债务人不依和解条件履行时，债权人仍得依据原执行名义声请续为执行，债务人则得主

---

① 根据执行和解在程序法上的不同效力，笔者将执行和解分为中止型执行和解和终结型执行和解。中止型执行和解，是指执行和解协议成立、生效并提请执行法院审查认可后，仅具有中止执行程序的效力，只有待执行和解协议履行完毕才能终结执行程序。中止型执行和解协议一般约定，协议成立并生效后一定时间内履行完毕约定的义务，执行名义所确认之法律关系即行消灭。而终结型执行和解，指的是执行和解协议一旦成立、生效并提请执行法院审查认可，即具有终结执行程序的效力。终结型执行和解协议一般约定，协议成立、生效之日，执行名义所确认之法律关系即行消灭。一般而言，执行和解仅具有中止执行的效力。中止型执行和解协议往往约定分期履行或者延期履行。终结型执行和解则一般仅指确认性履行、即时性履行或者免除全部债务的情形。其中，确认性履行是指当事人双方在执行和解协议中确认债权债务抵消等；即时性履行是指双方当事人约定，执行和解协议生效之时即履行完毕。

② 参见前引陈锋：《对执行和解应加强指导》。

③ 参见黄松有主编：《强制执行法起草与论证》（第2册），中国人民公安大学出版社2004年版，第286页。

张该项和解为消灭或妨碍债权人请求之事由，提起债务人异议之诉。[①] 简言之，执行和解协议不具有阻却（中止或者终结）执行程序的效力，需另行诉讼（异议之诉）取得生效判决，以排除执行名义之执行力，方能阻却执行程序，并撤销已为之执行处分。[②] 德国民事诉讼法、日本民事执行法也有类似的规定。这是由于这些国家和地区将执行契约[③]定性为纯粹私法行为，不具有公法上效力的缘故。[④] 而按照笔者的基本观点，执行和解应属“公私法融合”的法律行为，执行和解协议在具有私法（实体法）上效力的同时，也具有公法（程序法）上效力，即可直接中止或者终结执行程序。

在这里，有个实务上的问题需要作简要讨论，即执行和解的结案问题：当事人达成执行和解协议并提请执行法院审查认可后是否就可以结案？执行和解协议达成后，如果是终结型执行和解，则审查认可后可即时结案。而中止型执行和解的结案问题就要复杂一些：如果当事人正在依约履行，则执行机关可能无须作出任何行为（和解协议约定需由执行机关协助、配合的除外），执行程序实际上处于中止（停止）状态，在案件管理上可以作结案处理；将来自动履行完毕之后，在管理上亦无须作任何改变；如果不作结案处理，则将来自动履行完毕之后，当事人也不主动将此一情况告知执行法院，则案件实际已结，但在执行机关却一直作为未结案在管理。因此，似乎应以当事人达成和解协议并经执行法院审查认可即予结案处理。

---

① 参见杨与龄：《强制执行法论（最新修正）》，中国政法大学出版社2002年版，第657页。

台湾地区“最高法院”四十七年度台抗字第一九六号判例：“债权人纵已与债务人与强制执行中为和解，亦非不得继续为强制执行，如其和解为消灭或妨碍债权人请求之事由，债务人亦只能依强制执行法第十四条之规定提起异议之诉，要不得谓其和解有阻止确定判决执行之效力。”引自陈自强：《民法上和解之效力》，载《政大法学评论》（总第61期），三民书局1999年版。

② 参见前引杨与龄：《强制执行法论（最新修正）》，第186页。

③ 在我国台湾学界，有执行契约一说，即“于强制执行实务中，强制执行债权人与债务人之间，为顾及各种实际情况之需要，多有以合意方法，就现在或将来之特定强制执行，约定其强制执行之时间、条件、方法、范围等内容，使当事人受其拘束为目的之契约”。参见陈荣宗：《强制执行法》，三民书局2000年版，第15页。

④ 参见黄金龙：《不履行执行中的和解协议的救济程序》，载黄松有主编：《强制执行指导与参考》（总第14辑），法律出版社2006年版，第126页。

如果将来履行完毕了，则无须在案件管理上作任何更动；如果不履行或不完全履行，则可依申请执行人的申请，重新立案执行，或者恢复执行原生效法律文书，或者径行强制执行该和解协议。

在执行和解结案的问题上，还存在权利人、义务人与执行机关之间的博弈：如果非得履行完毕才能结案，[1] 则执行机关对做执行调解工作缺乏驱动力，甚至还会因和解协议约定的履行期限过长而不愿当事人达成和解协议。反之，如果达成和解协议并经审查认可即可结案的话，则执行法官促进当事人执行和解的积极性就会相对较高。

（二）确认执行和解协议之执行力

笔者认为，在当事人双方明确约定和解协议未得履行时即由执行机关直接执行该和解协议的，经法官审查认可，该执行和解协议即具有执行力。对此，民事诉讼法学界表示赞成，如江伟教授主编的《民事诉讼法专论》即认为，对审查确认合法有效的执行和解协议，应当确认其具有强制执行效力。[2] 实践界则呼声更高。有人大代表呼吁依法赋予执行和解协议以强制执行效力；但是执行和解的执行力是独立于执行名义的执行力的，是由法官裁决另行赋予的。[3] 执行人员更是强烈呼吁赋予执行和解协议以强制执行效力。他们认为，执行和解协议是原法律文书确定之债基础上的新的债的关系，从法律性质上讲属于民事合同的一种，自然具有民法上的法律效力。而且，执行和解协议是在法院的强制执行程序中达成的，其生效后对各方当事人的约束力应当比普通民事合同更强，各方当事人更应该按照约定履行协议的内容。为避免和解协议成为一纸空文，建议应在立法上赋予执行和解协议强制执行效力，以切实提高执行和解协议的法律效力。[4]

在国外立法例上，也有先例。比如，秘鲁民事诉讼法典第 693 条

---

① 现行法规定，当事人之间达成执行和解协议并已履行完毕的，人民法院方可作执行结案处理。参见《最高人民法院关于人民法院执行工作若干问题的规定（试行）》第 87 条和第 108 条第（4）项之规定。

② 参见前引江伟主编：《民事诉讼法专论》，第 516 页。

③ 参见前引翟峰：《关于尽快完善地方法院执行和解制度的建议》。

④ 参见陈建川：《关于完善执行和解制度的探讨》，载中国法院网，2005 年 9 月 26 日 19：07：07 发布。

规定，依法定程序被拒付的汇票、本票，由于资金不足、账户封闭或拒付而依有关法律被银行退票的支票，预先证据中得到承认的私文件的经认证的副本，包含当事人明示或默示的预先证据的经认证副本，包含当事人司法外和解的私文件，未获付款的租金凭证、只要承租人仍在使用该租赁财产，公证书经认证的副本，可以作为执行根据提起执行程序。西班牙《民事诉讼法典》第1429条规定，任何为了执行审判而在法官面前宣誓承认的私人文件，汇票、期票、支票符合《汇票支票法》规定者，甚至商品交易正本凭证都构成可以执行的文书；第1452条规定，即使有关义务源于口头判决、和解、调解或直接或间接地通过，公开宣布或不作为、不采取行动、不提出异议、不参加庭审或程序而以任何其他外部法律形式的行为而产生的协议，本规定照样有效。

对中国《民事强制执行法草案》（第四稿）规定有执行力的执行和解协议，德国学者大加赞赏，认为："该'中国草案'也符合了欧洲执行法的新动向，在这些法律中债权人和债务人自身也可以在强制执行中达到利益平衡。中国的解决办法——这种特殊的和解协议及它也被当做相应的执行名义看待——显然是一个好办法，它也可成为德国的典范。"①

然而，理论界和实务界也有人反对执行和解协议可以具有执行力。如民法学者王利明教授认为，和解协议达成以后，尽管已经生效，但一旦发生争议后，也不能直接成为执行的依据，债权人应当就和解协议向法院提起诉讼，请求确认和解协议的效力。② 也有诉讼法学者认为，执行和解协议只能通过当事人履行而实现，不能通过国家公权力强制而实现。③ 在民国时期的中国以及1949年后的台湾

---

① 参见前引［德］博克哈特·海斯：《关于执行法的对话》，载黄松有主编：《强制执行法起草与论证》（第2册），中国人民公安大学出版社2004年版，第18页。

② 参见王利明：《关于和解协议的效力》，载《判解研究》2001年第2期。

③ 参见谭秋桂、陈浩：《民事执行和解若干问题分析》，载黄松有主编：《强制执行指导与参考》（总第14辑），法律出版社2006年版，第130页。

地区，执行和解也不具有执行力。[①] 分析起来，他们反对执行和解协议具有执行力的理由主要有三：一是担心执行和解协议替代了执行名义，违背执行名义的既判力和权威性、严肃性；[②] 二是和解协议中双方当事人可以约定变更权利义务主体，如果和解协议可直接执行，就会剥夺和解协议中被设定了义务的其他主体的诉权；[③] 三是执行和解与诉讼和解的最主要区别在于执行和解没有且没有依附于一个可以保障当事人合法权益及维持社会私法秩序的程序。[④] 分析起来，如果正确认识既判力的内涵，以及正确区分法律关系与法律关系实现方案，则其第一个理由之难以成立，是显而易见的。对此，笔者曾有专门论述，[⑤] 此处不赘。至于其第二个理由，也是不值一驳的。双方当事人以外的第三人加入到执行和解协议之中并承诺承担相应义务主要有两种情况：一种情况是第三人承诺代为义务人履行义务；另一种情况是第三人为执行和解协议提供担保。在第三人代为履行的情形下，债权人债务人并未发生变更，该种执行和解协议也不能被赋予执行力，因此谈不上对和解协议直接强制执行而损害第三人诉权的问题。而在第三人作为担保人加入执行和解协议的情形下，乃第三人自愿向执行机关承诺对执行和解协议的履行承担相应的义务或责任；如果义务人不履行义务，则第三人愿意以其财产接受执行机关的强制执行。这种意思表示一经提请执行机关审查确认，即同时体现了国家意志，具有公法上的效力，可直接具有执行力。换言之，第三人作为担保人加入执行和解协议，意味着其作出放弃所谓“诉权”及直接接受执行机关强制执行的意思表示，属于其意思自治的范围。因此，对执行和解协议及其所附担保协议确认执行力

① 中华民国最高法院二十七年度抗字第五四九号判例：“在民事执行处成立之和解为诉讼外和解，仅能发生民法上之效力，并无执行力。”引自前引陈自强：《民法上和解之效力》。

② 参见程政举：《民事执行和解问题研究》，载《河南省政法管理干部学院学报》2005 年第 2 期。

③ 参见吴俊明：《对执行和解时设立担保的法律思考》，载《中国法院网》2003 年 4 月 17 日 16：41：06 发布。

④ 参见黄艳芳：《民事执行和解制度的现状及完善》，载《湖南农机》2007 年第 1 期。

⑤ 参见雷运龙：《民事执行和解制度的经济法考察与重构》，中国人民大学博士学位论文，2008 年，第 59—63 页。

是符合法理的。关于这一法理精神，在其他法律中也有体现，可资参照。譬如，《公证法》第37条第1款规定："对经公证的以给付为内容并载明债务人愿意接受强制执行承诺的债权文书，债务人不履行或者履行不适当的，债权人可以依法向有管辖权的人民法院申请执行。"[①] 对其第三个理由中提出了所谓缺乏"保障当事人合法权益及维持社会私法秩序的程序"，通过建立执行和解司法审查机制自可解决。

概括起来，关于执行和解协议是否具有执行力的问题，笔者持如下基本观点：其一，执行和解协议在当事人明确约定具有执行力且经法官审查认可后，可以具有执行力。其二，执行和解协议的执行力并非独立于执行名义的执行力，而是执行名义执行力的派生。其三，只有封闭型执行和解[②]协议具有执行力。从法理上讲，封闭型执行和解由于其约定的权利义务关系并未超出执行名义的范围，故可发生执行力的派生；开放型执行和解则因其约定之法律关系超出了执行名义的范围，故不能发生执行力之派生。因此，有执行力的执行和解一般仅限于封闭型的执行和解。其四，有执行力的执行和解并不是执行名义。根据前文分析，有执行力的执行和解协议，只是根据当事人的明确约定和法官的审查认定，执行名义的执行力固定地派生于其上的一个具体实施方案而已。有执行力的执行和解协

① 有意思的是，有些人认为执行和解中的担保即使经司法审查确认也不得具有执行力，但如果将执行和解协议及其担保协议进行公证即可具有执行效力。他们还因此建议执行法院在审查执行和解协议时，可事先告知当事人在签订担保协议时应同时进行公证以赋予担保协议强制执行的效力，或者在执行和解协议中约定该担保的效力及于原执行依据。这样，申请人申请恢复执行时，人民法院即可直接裁定执行担保人的财产。司法审查的效力连公证审查的效力都不如了！真是轻重不分而且画蛇添足！参见祁卫东、肖文明：《刍议执行和解制度的完善》，载中国法院网2005年7月26日16：35：33发布。

② 以执行和解协议所约定的权利义务关系是否超出执行名义所确认法律关系的范围为标准，笔者将民事执行和解分为封闭型民事执行和解与开放型民事执行和解。所谓封闭型执行和解，指的是执行和解协议所约定的权利义务关系未超出执行名义所确认法律关系的范围（包括主体、内容、客体等各方面），往往只是约定债务数额的减免、履行期限的宽延、履行方式的简化，等等。而所谓开放型执行和解，指的是执行和解协议所约定的权利义务关系超出原法律关系的范围，可能约定增加或变更被执行主体、变更执行标的，等等。对这两种执行和解，现行法均许可。

议的成立和存在，并不否定原执行名义的效力。

（三）确认执行和解中担保协议之执行力

在执行和解中成立之担保协议，一方面属于执行和解协议的从合同，如果执行和解协议无效，该担保协议也无效；但是执行和解协议被解除，并不意味着该担保协议当然被解除，担保人仍需在一定范围内承担责任。另一方面，当该担保协议与执行和解协议一并提交法官审查确认后，担保人对债权人作出的担保之意思表示，就转换成担保人对执行机关作出的担保之意思表示；执行和解中之担保转换成现行法上之“执行担保”，[①] 即在义务人不履行和解协议时，担保人须承担担保责任；担保人不自动履行担保义务的，可由执行机关径行予以强制执行之担保；只是执行和解中担保之担保责任范围仅限于执行和解协议约定之义务，而非执行名义确定之义务。[②] 因此，经司法审查确认之执行和解担保协议具有执行力，且是由执行名义之执行力派生的执行力。从根本上讲，执行和解担保协议之所以被派生执行力，也是担保人意思自治且经司法确认的结果。应当认为，担保人自愿在执行和解中提供担保，其意思表示的真意

① 有人认为，执行和解中的担保是义务人或第三人为了保证和解协议的履行而向权利人提供的，而非为保证执行名义的执行向人民法院提供的，其私法属性明显，因此不同于现行法上的“执行担保”，不具有执行力。参见前引江伟主编：《民事诉讼法专论》，第516页；前引吴俊明：《对执行和解时设立担保的法律思考》；袁树华：《此案是恢复执行还是另行起诉》，载《法制日报》2002年9月21日。

笔者认为，当当事人和第三人将执行和解协议及其所附担保协议或条款一并提交执行机关审查时，即可视为义务人或第三人自愿向执行机关提供了担保。对此认识，实践情况是完全支持的。实践中，绝大多数申请执行人之所以同意和解让步，主要是基于有担保人的担保，增加了履行能力，法院届时能较好地执行；执行担保人也反映，其是在法院的主持下参与进来，是向执行法院提供的担保，并具体就被执行人按和解协议的履行向法院提供的担保，并非与申请执行人签订了一个担保协议。参见童兆洪主编：《民事执行调查与分析》，人民法院出版社2005年版，第414页；李景友、谷长东：《对有担保内容执行和解案件的执行》，载《人民法院报》2001年7月16日。

② 参见王利明：《和解协议形成独立的合同关系》，载《人民法院报》2002年1月4日、2002年1月11日。该文认为，执行和解中的担保人的责任只能限于其在和解协议中承诺的担保范围，权利人不能请求保证人在原判决确认的义务范围内承担责任。

是：愿意为执行和解协议所约定的义务提供担保，在义务人不履行执行和解协议时，自愿以担保财产或者担保人的财产接受执行机关强制执行，在执行和解协议约定的义务范围内承担担保责任。当事人的这种意思表示经司法审查确认后即可具有强制执行力。因此，无论封闭型执行和解还是开放型执行和解，也无论有执行力的执行和解还是无执行力的执行和解，其所附担保均为具有执行力之担保，在义务人不履行和解协议时，执行机关得依该担保协议直接执行担保财产或者担保人的财产。

需要注意的是，执行和解中的担保不同于一般的民事担保。表现在：其一，执行和解中的担保既是当事人意思自治，又有执行机关的管理和协助。如执行机关可以依和解协议的约定对担保物进行查封，此时，担保物的公示方式是司法查封而非一般的担保登记。其二，该担保责任的承担，可得由执行机关直接强制变现担保物或者强制执行担保人的财产，不需要经过诉讼等确认程序。因此，可以说，执行和解中的担保制度是典型的“公私法融合”的法律制度，是当事人意志与国家意志直接结合的制度。执行和解中的担保行为，是兼具实体法和程序法效力的法律行为。

论行政复议与行政诉讼的一体化重构

蒋伟龙*

行政争议解决机制的多元化应当与系统化同步进行。我们一方面要不断地发现和创设不同的争议解决机制，以适应行政争议类型日益多元化的现实需要；但另一方面，也应当注意不同行政争议解决机制之间的协调，在范围方面分流，在程序、功能方面互补，以发挥不同的行政争议解决机制的整体效应。按照这种思路，下文探讨行政复议与行政诉讼之间一体化关系的构建。

一、行政复议与行政诉讼的异同

（一）相同之处

行政复议与行政诉讼都是现代社会监督行政机关，解决行政争议，给相对方行政法上救济的两条基本途径，前者是在行政系统内部解决，后者是通过司法系统解决，二者相同之处表现在：

1. 产生的基础相似。两者产生的基础都是行政争议的存在，都是对行政机关的行政行为的事后监督，所依据的实体法律规范都是行政法律规范。

2. 追求的目标相似。两者都是保护行政相对方的合法权益，维护行政机关依法行使职权，解决行政争议为目标。

3. 处理对象相似。两者都是解决行政相对方不服行政机关的具体行政行为而引起的行政争议为处理对象，为相对方的合法权益免受侵害提供保障的法律制度。

4. 都是一种三方关系。即不服具体行政行为的行政相对方和行政主体各为一方，作为裁判者的行政复议机关或法院为第三方。

---

* 长沙大学法律系副教授、系主任。本文系教育部人文社会科学重点研究基地重点项目“行政行为与行政诉讼关系研究”的阶段性成果。

5. 都是依申请的被动行为。两者都因行政相对方的请求而引起，均适用不告不理的原则。

6. 符合居间裁决要求的共同原则。如都实行行政行为不停止执行、被申请人或被告不得自己调查取证等原则。

7. 两者都以合法性审查为原则。对具体行政的合法性和合理性审查是行政复议的两大基本原则，同时，审查具体行政行为的合法性构成行政诉讼与其他诉讼不同的特有原则。

8. 两者都独立行使裁决权。行政复议机关在履行政复议职权过程中，须处于一种相对超然地位，不受他人和其他组织的干涉；行政诉讼法明确规定了人民法院依法对行政案件独立行使审判权，不受行政机关，社会团体和个人的干涉。

9. 两者受案范围相似。凡是行政诉讼的受案范围的具体行政行为几乎都可提起行政复议，行政复议范围比行政诉讼范围要宽。

10. 两者裁决的种类相似。行政复议与行政诉讼都是在有权机关依法对原具体行政行为审查后，都可作出维护、撤销、变更、履行等裁决种类。

11. 两者执行手段相似。行政复议机关对不履行行政复议决定的被申请人按不同处理方式有强制执行权。同样，人民法院对不履行法院裁判的行政诉讼当事人依不同处理方式也有强制执行权。

最后，行政复议与行政诉讼都有一些共同的原则，如以事实为依据，以法律为准绳的原则；当事人在适用法律上平等的原则；申请行政复议或提起行政诉讼不停止具体行政行为执行的原则；使用本民族语言文字进行诉讼的原则等。

（二）不同之处

尽管行政复议和行政诉讼有如此多的相近点，但二者仍然是不同的两种制度，二者有着明显的区别。二者不同处表现在：

1. 行为性质不同。行政复议是行政机关的一种特殊的行政救济行为，属行政系统内部的一种自我纠错的具体行政行为，属于“自律”的范畴；行政诉讼是由行政系统之外的人民法院对行政权的一种司法救济行为，属于行使司法权的审判活动的司法行为，属于“他律”的范畴。

2. 受理机关不同。行政复议的受理机关是作出具体行政行为的行政机关所属的人民政府或其上一级主管部门等（简称行政复议机关）；而行政诉讼的受理机关是人民法院。

3. 委托代理人不同。《行政复议法》第10条第5款规定："申请人、第三人可以委托代理人代参加行政复议，而没有明确被申请人能否委托代理人代为参加行政复议。"《行政诉讼法》第29条规定："当事人、法定代理人，可以委托一至二人代为诉讼。"行政复议法的规定很显然不利于被申请人权利的保护。

4. 受案范围不同。人民法院所受理的行政案件，是行政相对方认为行政机关违法的具体行政行为侵犯其合法权益的案件。行政复议作为行政系统内部层级监督的一种形式，其受案范围要宽，既受理行政违法的案件，也受理行政不当的案件，一些行政诉讼不受理的事项如对部分抽象行为也可以提起行政复议。

5. 审理程序不同。人民法院审理行政案件以公开开庭审理为原则，实行两审终审制。行政复议以书面复议审查为原则，基本上实行一级复议制。因此，行政复议程序具有简便、及时、高效的特点。

6. 是否适用调解的不同。《行政诉讼法》规定，人民法院审理行政案件不适用调解，但赔偿诉讼可以适用调解，而《行政复议法》对此没有规定。

7. 所处阶段不同。就行政复议与行政诉讼的先后顺序而言，行政复议在前，行政诉讼在后，行政复议处于行政阶段（诉前阶段），行政诉讼处于司法阶段。

8. 处理权限不同。行政复议不仅可以撤销而且还可以变更原处理决定，而在行政诉讼中人民法院只享有撤销和有限的司法变更权；另外，人民法院有权对行政争议案件作出有终局法律效力的判决，而复议决定一般情况下不具终局效力。

9. 审理内容不同。行政复议机关审理行政复议案件时对具体行政行为的合法性和适当性进行审查；人民法院审理行政诉讼案件时，原则上只审查被诉具体行政行为的合法性。

10. 审理依据不同。行政复议案件审理的程序性依据是《行政复议法》，其实体性依据现行法律对此无明确规定，依原《行政复议条例》第41条规定：其实体性依据是法律、法规、规章、自治条例、单行条例及上级行政机关依法发布的具有普遍约束力的决定、命令；行政诉讼案件审理的程序性依据是《行政诉讼法》，其实体性依据是法律、法规，自治条例及单行条例，同时参照规章。

11. 对规章处理不同。复议机关复议行政案件时，发现具体行政行为所依据的规章及其他规范性文件与法律、法规或其他规章和其他规范性文件相抵触时，有权在其职权范围内改变或报请有权机关处理。而人民法院审理行政案件时，发现其所参照的规章间互相冲突的，只能报送最高人民法院，由最高人民法院送请国务院裁决。

12. 申诉时效和审理期限不同。申请人申请行政复议的时效为60日，复议机关办理行政复议案件的期间也是60日；行政诉讼中原告的诉讼时效依不同情形有不同规定，人民法院审理第一审行政案件的期限为90日，在特殊情形下可适当延长。

13. 审理结果略有不同。因为行政复议比行政诉讼审查力度大，故复议决定有全部变更权，而诉讼只有有限变更权。

14. 所作出决定的法律效力不同。行政复议所作出的决定，一般不具有最终的法律效力，行政复议申请人、第三人不服，可以在法定期限内向人民法院提起行政诉讼，而行政诉讼的终审判决则具有最终的法律效力，当事人必须履行，不能再提起行政复议。

15. 关于涉外规定的不同。《行政诉讼法》规定了涉外行政诉讼问题，规定了适用我国行政诉讼法原则、救济权利同等原则、对等原则、适用有关国际条约原则和委托中国律师代为诉讼等原则。相比之下，行政复议法没有这么多的限制。

可见，行政复议与行政诉讼在不同的方面发挥作用，作为对行政相对方合法权益在行政法领域中的两种最主要的权利救济渠道，只有将两者有效地结合，取长补短，才能充分发挥其应有价值，更有效地解决我国行政争议问题。

二、行政复议与行政诉讼的衔接

由于行政复议案件的本质所决定，世界上大多数国家把行政复议与行政诉讼配合使用，使之成为两个各自相互独立又互相衔接的制度。美国实行复议前置原则，即行政复议是行政诉讼的必经程序；法国实行当事人选择原则，即当事人遇到行政争议时，有权自由选择复议还是诉讼的救济途径；德国实行与行政诉讼程序相衔接模式。复议前置强调是行政效率，当事人选择则赋予当事人自由选择权，体现了行政法上的人本思想。我国现行法律规定以当事人选择为原则，以法律规定为例外，但不管采用何种形式，都应该以司法最终解决为原则。

（一）国外行政复议与行政诉讼程序衔接的基本模式

笔者认为，主要有如下模式：

1. 复议前置型的美国模式

复议前置是指行政相对方对行政机关的行政行为不服，必须先提起行政复议，只有对行政复议决定不服的，才能提起行政诉讼，此时行政复议不是终局裁决。美国采取的“穷尽行政救济原则”（即复议前置原则），如美国联邦行政程序法第702节规定：“受到行政行为不法侵害的人或不利影响的人……有权对该行为请求司法审查。”该法第704节规定：“法律规定可以审查的行政行为，以及没有其他适当的法院救济的最后确定的行政行为应当受到司法审查。”但是，当事人在寻求救济时，首先必须利用行政内部存在的、最近的和简捷的救济手段，然后才能请求法院救济。[①] 采取复议前置模式的主要目的是尽量将行政争议解决在行政程序之中，[②] 以提高行政机关的积极性，利于行政机关自我纠错和便于申请人，同时也利于节约司法资源。

当然，复议前置原则也有例外。尽管美国法律还没有一个概括性的规定，说明在哪些具体情况下不适用复议前置原则，但法院却可以利用其所享有的司法自由裁量权来决定该原则的适用与否。[③] 采用此种模式的还有韩国以及我国台湾地区等。

2. 自由选择型的法国模式

行政相对方可以在行政复议与行政诉讼之间自由选择作为权利救济手段，且在选择了行政复议后仍可提起行政诉讼。但是，选择了行政诉讼的，一般不能再选择行政复议。法国在大革命之后建立了独立的行政法院制度。但在大多案件判决之前，遵循复议前置原则。1889年12月13日，最高行政法院在卡多案件判决中认为，当事人不服行政决定，可以直接提起行政诉讼，无须先经过行政救济程序。自此以后，行政救济不再是行政诉讼的前置条件，从而确立了行政复议与行政诉讼的自由选择模式。[④] 当然，法国自由选择型也有例外，当事人提起行政诉讼之前须先经行政救济。如1987年《行政诉讼改革法》第13条规定，政府在咨询最高行政法院意见后，可

---

① 王名扬：《美国行政法（下）》，中国法制出版社1995年版，第651页。

② 张正钊、韩大元：《比较行政法》，中国人民大学出版社1998年版，第757页。

③ 章志远：《我国行政复议与行政诉讼程序衔接之再思考》，载《现代法学》2005年第4期。

④ 王名扬：《法国行政法》，中国政法大学出版社1980年版，第358页。

以制定条例规定对于行政合同和行政主体的损害赔偿之诉，在提起任何诉讼之前，必须先经过行政救济或者和解。[1]

除法国之外，日本、意大利等国也都有类似的规定。如日本1962年颁行的《行政案件诉讼法》第8条第1款的规定："取消处分的诉讼，即使该处分依据法令规定可做审查请求时，也不妨立即提起。"

3. 与行政诉讼程序相衔接的德国模式

德国《行政法院法》第68条规定："提起撤销诉讼之前，须于先行程序审查行政行为的合法性及目的性。但法律有特别规定或有下列情形者，不需要该审查：（1）行政行为是由联邦最高行政机关或一个州的最高行政机关在作出的，除非法律规定对此必须审查；（2）纠正性质的决定或复议决定首次包含了一个负担。申请行政机关为行政行为而遭拒绝的，所提起的义务之诉准用第一款的规定。"由此可知，德国的行政案件只有极少数在行政诉讼之前须经行政复议。此模式将是否复议前置与相应的诉讼程序衔接起来，这种做法为大陆法系其他国家和地区所沿袭，如奥地利、瑞士和我国台湾地区等。

（二）域外行政复议与行政诉讼程序衔接对我国之启示

从形式上看，关于行政复议与行政诉讼程序衔接模式问题，不同国家因其具体文化背景不同而存在不同的运行模式。但实质上，各种不同模式都建立在如下几个共同的理念上。

1. 有效维护相对方合法权益理念

从以上各模式中可看出，不管复议前置的美国模式，还是自由选择的法国模式和特殊的德国模式，其立法宗旨无不都是控制行政权力和维护行政相对方的合法权益，同时保障行政权有效的执行。例如：美国虽然实行穷尽行政救济原则，但在特殊情况下，经过慎重的利益衡量之后，法院如果认为当事人由于这个原则受到的损害远远超过政府由于适用这个原则得到的利益的，就不会适用这一原则；[2] 美国不适用该原则的情形，主要有纯粹法律上争议事项、涉及宪法问题、行政机关不适当的迟延、行政决定可能对相对人造成不

---

① 王名扬：《法国行政法》，中国政法大学出版社1988年版，第539页。

② 章志远：《我国行政复议与行政诉讼程序衔接之再思考》，载《现代法学》2005年第7期。

可弥补的损害、问题涉及刑事处罚、行政机关无管辖权。[1] 原因在于，穷尽行政救济原则的适用是以行政救济的有效性为前提的，也就是这一救济能够满足当事人的正当要求，救济的程度和损害的程度相当，如果行政机关不能提供适当的救济，而且履行这种救济程序对当事人并没有好处，或者该救济程序只是一种表面形式时，法院就不要求穷尽行政救济。

在德国，通过拒绝申请之诉和怠为处分之诉中是否需要行政复议前置制度有不同的制度设计，也可以看出其内在的含义，拒绝申请之诉适用复议前置制度，有助于当事人的合法权益在行政救济程序中获得及时的救济，因为复议机关可以迅速撤销该拒绝性决定，甚至还可以亲自作出那个被申请的行政行为，怠为处分之诉不适用复议前置制度，因为复议程序难以及时且有效地维护当事人的合法权益，只有行政法院才能够命令原行政机关作出被申请的行政行为。我国行政复议法规定“为了防止和纠正违法的或者不当的具体行政行为，保护公民、法人和其他组织的合法权益，保障和监督行政机关依法行使职权，根据宪法，制定本法”。

2. 充分发挥行政权与司法权各自优势理念

行政救济与司法救济是近代以来行政争议解决的两条基本救济途径。各自都存在合理性和优势：行政复议强调便捷、着重效率；行政诉讼强调公信，着重公正。在行政救济区域，维持这种良性竞争局面，有利于行政争议当事人。在日本，就具有专门技术性质的处分所提起的撤销之诉，一般需适用复议前置主义的规定，也体现了行政与司法互补功能。在英国，英国国会也曾经将非法入境者的处理权力授予内务大臣而不是将权力授予法院。由此可知，虽然各国有关行政复议与行政诉讼程序衔接关系的制度设计有所不同，但是在充分发挥行政与司法系统各自的优势、通过二者之间的良性竞争达到公民权利全面、及时而有效的救济方面却是一致的。

3. 司法最终理念

司法最终理念就是指行政复议当事人对行政复议不服的，可以在法定期限内就该复议决定向法院提起行政诉讼，法院所作出的终审决定才是终局决定，也就是说尽管行政复议机关有复议决定权，但始终没有终局决定权，司法最终理念是法治精神的内在要求。《世

① 姜明安：《外国行政法教程》，法律出版社1993年版，第300—301页。

界人权宣言》第8条规定："任何人当宪法或法律所赋予他的基本权利遭受侵害时，有权由合格的国家法庭对这种侵害行为作有效的补救。"① 这个规定就是对公民就一切法律纠纷诉诸司法机关寻求解决的权利的认可，也是对任何适用宪法和法律而引起的争议原则上只能由法院作最终裁决的宣示。世界各国目前的法治标准中，都将司法最终作为基本要素，即法院对行政争议拥有最终裁决权。只不过值得注意的是，在英国和澳大利亚，当事人只有对裁判所裁决中的法律问题向法院提起诉讼，而对事实问题不能提起诉讼。在美国，一切行政行为都可以接受司法审查，无须法律明示规定，不能审查的行为只是例外，这种例外出现在两种情况：①法律规定不能进行司法审查；②问题本身的性质不宜由法院决定。在当代，例外的情况越来越少，行政行为原则上都属于能够审查的行为，这个原则称为可以审查的假立（Presumption of Reviewability）②。在法国，"行政法院自成一个体系，对行政诉讼案件有最后的决定权力"。③ 日本宪法也有相关规定，行政机关不得施行作为终审的审判。

在大陆地区，《行政诉讼法》第3条规定，人民法院依法对行政案件独立行使审判权，不受行政机关、社会团体和个人的干涉。这个规定将审判机关、行政机关、社会组织和个人之间的关系作了界定，这个规定的含义是一切行政行为均应有机会受到司法审查以及司法裁决应当得到有效执行，司法权威理应受到行政机关的尊重。这一规定能够更好地体现行政争议解决机制中的司法最终性，保证由司法机关对于行政机关的行政管理行为进行最终的裁决，也符合当今行政法治发展的世界潮流，有助于更有效、可靠地保护公民的合法权益。④

由于各国行政法忠实贯彻了司法最终原则，因此无论采取的是复议前置主义还是自由选择主义，其结果都不会影响到公民权利的有效救济和对行政权的有力制约。从这个意义上说，司法最终原则无疑为各国行政复议与行政诉讼程序衔接关系的设置提供了完整的

---

① 《Universal Declaration of Human Rights》Article 8 Everyone has the right to an effective remedy by the competent national tribunals for acts violating the fundamental rights granted him by the constitution or by law.

② 王名扬：《美国行政法（下）》，中国法制出版社1995年版，第604页。

③ 王名扬：《法国行政法》，中国政法大学出版社1998年版，第549页。

④ 莫于川：《中国人民大学学报》2005年2月第4期。

制度保障。

（三）我国行政复议与行政诉讼程序衔接的不足及立法建议

1. 现有法定类型

依我国《行政复议法》和《行政诉讼法》及相关单行法律法规的规定，我国行政复议与行政诉讼程序衔接关系以当事人自由选择型为一般原则，以复议前置型为例外。我国现行《行政诉讼法》第37条规定："对属于人民法院受案范围的行政案件，公民、法人或者其他组织可以先向上一级行政机关或者法律、法规规定的行政机关申请复议，对复议不服的，再向人民法院提起诉讼；也可以直接向人民法院提起诉讼。"法律、法规规定应当先向行政机关申请复议，对复议不服再向法院提起诉讼的，依照法律、法规的规定。规定复议先行也有其弊端，如必须经复议再进入诉讼就人为地延长了救济时间，不利于对当事人权益的及时保护；行政复议作为一种行政内部监督机制，难免使当事人产生不公正的疑虑；强制以复议为先行程序实际上侵犯了公民权利行使之自主性。在行政复议行政诉讼的关系中，复议前置和复议选择两种原则各有利弊。实行复议选择原则能够充分体现尊重行政相对人的意愿这一精神。而实行复议前置的优点则在于：第一，行政机关上下级之间有监督关系，因此，一旦下级行政机关与管理相对人发生了纠纷，由上级行政机关先行处理，不仅可以及时了解本系统或本地区的工作情况，而且可以及时发现和纠正错误，强化行政机关的内部监督机制。第二，行政案件专业性强，涉及面广，处理解决这些案件需要专门的行政管理知识，确立复议前置原则，便于查明事实、分清是非，使行政争议得以及时解决。第三，行政争议数量大，复杂程度不一，确立行政机关先行处理原则，可以使大量的行政争议案件解决于行政复议程序之中，这一方面可以减少不必要的负担和损失；另一方面，通过行政机关的处理，可以减轻人民法院的压力，使法院可以集中精力处理经过复议解决不了的行政案件。当然，复议前置原则也有一定的不足之处，主要是：采取复议前置原则，在客观上是对公民诉讼权利的一种限制；而且由于复议机关和原处理机关往往不在同一地方，因而会给管理相对人带来不便。我国现行的绝大多数法律、法规都是依据此原则。

另外，除了复议前置型这个例外，根据我国现行其他单行法律、法规的规定，还存在着选择终局型、复议终局型和径行起诉型三种情形：

（1）选择终局型，即由公民、法人和其他组织自由选择行政复议或行政诉讼，但选择了行政复议后即不得再提起诉讼。如《公民出入境管理法》第15条规定，受公安机关拘留处罚的公民对处罚不服的，可以向上一级公安机关提出申诉，由上级公安机关作出终局裁决，也可以直接向法院起诉。这表明，相对方可以自由选择复议或诉讼作为争议解决途径，但一旦选定复议就丧失通过诉讼解决争议的权利。《外国人入境出境管理法》第29条以及《行政复议法》第14条均有相似规定。

（2）复议终局型，即以行政复议决定为终局决定，公民、法人和其他组织只能申请复议，不能提起行政诉讼，且行政复议决定产生最终的法律效力。此型排除了司法最终解决原则，当事人也无权选择复议或诉讼的自由。如《集会游行示威法实施条例》第14条规定，集会、游行、示威的负责人对公安机关不许可的决定不服的，可以向同级人民政府申请复议……人民政府作出的复议决定，公安机关和集会、游行、示威的负责人必须执行；《行政复议法》第30条第2款所规定的省级政府确权的复议决定等。

（3）径行起诉型，是指相对方对行政机关所作出的行政行为不服，直接通过提起行政诉讼的方式寻求救济。如《水污染防治法》第54条规定，当事人对行政处罚决定不服的，可以向人民法院起诉；期满不起诉又不履行的，由作出处罚决定的机关申请人民法院强制执行；《专利法》第55条规定，专利人对国务院专利行政部门关于实施强制许可的决定不服的，可以在法定期限内向人民法院起诉；除此之外，《商标法》第50条、《草原法》第21条、《著作权法》第55条、《药品管理法》第55条、《土地管理法》第16条等少数行政法律、法规有相似规定。

由上可知，我国现行立法关于行政复议与行政诉讼衔接关系上同国外衔接模式相比，更为多样化，令人眼花缭乱，不利于法制的统一。

2. 不足之处

（1）理念上的不足。国外发达国家在建立行政复议制度之初，都树立了维护相对方合法权益、司法最终及发挥行政与司法互补功能等规律性理念。我国由于行政复议与行政诉讼制度起步较晚，无论在学理上还是具体立法技术上都存在不足之处。

其一，维护行政相对方合法权益的理念不明晰。我国现行行政复议法立法目的，只是笼统地说防止和纠正违法的或者不当的具体行政行为，保护公民、法人和其他组织的合法权益，保障和监督行政机关依法行使职权。多重目的，令人们无法识别当各目的间发生冲突时，究竟哪个目的优先？目的不明导致具体程序制度设置的混乱。例如：在处理行政复议与行政诉讼程序衔接的关系上，虽以当事人自由选择救济为原则，但例外情形令人无法识别，极大地冲击着自由选择型这一正当性原则，加之救济程序上的不衔接，最终导致保护当事人合法权益的目的无法实现。

其二，行政权与司法权在行政救济程序衔接上不协调。行政权与司法权运行协调一致，取长补短，共同维护相对方的合法权益是行政复议与行政诉讼制度的共同使命。如果设计不当，行政权与司法权间就会出现相互侵蚀，进而导致整个行政救济体系的紊乱。[①] 行政复议终局型的存在表明司法权被行政权所侵蚀，当事人径行起诉的规定表明行政权被司法权所侵蚀。

(2) 我国现行制度设计上的不足及立法建议。1990 年 12 月国务院发布的《行政复议条例》是为了配合《行政诉讼法》的实施，因此，二者在立法上基本保持了一致。显然 1999 年的《行政复议法》完善了我国行政复议制度，但在制度设计上与《行政诉讼法》有许多不衔接的方面。接着，2000 年最高人民法院发布的《最高人民法院关于执行〈中华人民共和国行政诉讼法〉若干问题的解释》，大大完善了我国的行政诉讼制度，但另一方面，使行政诉讼与行政复议制度间脱节的现象更加明显。主要表现在以下几方面：

第一，行政复议审理范围与行政诉讼审理范围的脱节。综观《行政复议法》第 6 条至第 8 条的规定，可以看出，行政机关所有外部具体行政行为都可纳入到行政复议范围内；而反观《行政诉讼法》第 11 条、第 12 条，凡是有关人身权、财产权的具体行政行为都属于行政诉讼受案范围，除人身权、财产权外，有关劳动权、受教育权、政治权等其他权利的具体行政行为必须有法律、法规的明确规定人民法院才可受理。总之，行政复议审理范围比行政诉讼审理范围宽泛得多，具体来说，有下列几处超出了行政诉讼的审理范围：

① 章志远：《我国行政复议与行政诉讼程序衔接之再思考》，载《现代法学》2005 年 7 月。

一是行政相对方申请行政机关履行保护受教育权的法定职责，行政机关没有依法履行的，可依法申请复议；而受教育权问题是否是行政诉讼审理范围事项，现行行政诉讼法未明确规定，但学界普遍认为只要"不属于行政诉讼受案范围的事项，对于其他行政争议，只要未在排除事项之列，原则上均允许相对人提起行政诉讼"。[①] 二是有关劳动、政治等权利的具体行政行为，相对方也可依法申请行政复议，但一般不能提起行政诉讼，除非有关单行法律、法规有明确规定。三是对于规章以下的抽象行政行为，相对方在申请对具体行政行为复议时可以一并申请对其审查，而行政诉讼审理的范围只限于具体行政行为；四是对于国家行为，《行政复议法》未明确排除，意味着可对之提起复议，而《行政诉讼法》则明确规定不能提起行政诉讼。

依当前国际上普遍规则，做好行政复议与行政诉讼的衔接是我国行政法治建设所必需的重要的内容。

首先，要求扩大行政诉讼的审理范围使之与行政复议审理范围一致。就目前我国实定法规定来看，将以上只能复议不能诉讼的行政行为修改为只要能行政复议的行政行为都可行政诉讼（除国家行为外），这样二者的救济口径统一起来，符合行为救济的宗旨和司法权与行政权关系运行的法理基础。这不仅必要，而且可行：其一，依据 WTO 规则，成员方政府的部分抽象行政行为，如法规、规章，具有普遍的约束力的决立、命令等，都应纳入司法审查范围。[②]《中华人民共和国加入 WTO 议定书》第 2 条（D）款第 1 项规定："中国应设立或指定并维持审查庭，联络点和程序，以便迅速审查所有与《1994 年关税与贸易总协定》第 10 条第 1 款、GATS 第 6 条和《TRIPS 协定》相关规定所指的法律、法规、普遍适用的司法决定和行政决定的实施有关的所有行政行为……"我国目前的《行政复议法》和《行政诉讼法》二者没有把其纳入审理范围，因此，修改有关现行法并使二者审查范围有机衔接，将是我国切实履行 WTO 义务的必然要求。其二，1999 年 10 月 1 日起施行的《行政复议法》第 7 条规定了对部分抽象行政行为可一并提出复议审查，多年来对部分

① 马怀德主编：《行政诉讼原理》，法律出版社 2003 年版，第 181 页。

② 傅思明：《"入世"对我国司法审查理论与实践的突破》，载《法制日报》2001 年 10 月 28 日。

抽象行政行为的复议审查，为抽象行政行为的司法审查提供了较丰富的实践经验。扩大行政诉讼受案范围，尤其是将抽象行政行为纳入其中，更能保护相对方的合法权益，督促行政机关依法行政。其三，域外司法审查制度为我们提供了有益的经验。例如美国司法审查范围非常广泛，包括：法律规定可以审查的行政行为以及没有其他适当的法律救济的最后确定的行政行为应受司法审查。《联邦行政程序法》第704条规定，法院不仅审查法律规定的可审查的行政行为，而且审查在法院没有其他充分救济的行政机关的最终行为。其中，排除司法审查范围较小，包括：①法律明文排除的事项；②默示的排除；③法律赋予行政机关自由裁量权的行为。在法国，确立行政审判范围时，不是用成文法的立法形式，而是由权限争议法庭根据判例来裁决某案件是否属于行政案件，从而确立是由行政法院还是普通法院管辖。

其次，要求对被现行《行政复议法》和《行政诉讼法》审查范围排除之外的行政处分、人事处理决定、调解行为等都纳入二法的审查范围。为此，我们应尽快修订《行政复议法》、《行政诉讼法》、《公务员法》将其纳入其中，并做好二者的整合衔接工作，切实保护国家公务员的合法权益。

第二，当事人资格认定上的脱节。首先，行政复议申请人资格和行政诉讼原告资格在认定方面的不一致。根据《行政复议法》第2条、第6条的规定，一般情况下复议申请人应当是与所申请的原具体行政行为间存在法律上的利益关系的相对方（除特定情况外），所谓法律上的利益关系是指具体行政行为必定对申请人的法律上权利义务产生实际影响。而行政诉讼原告资格依《行行政诉讼法》第12条及相关司法解释来看，有权向人民法院提起行政诉讼的原告是与所诉具体行政行有法律上利害关系的相关方（除特定情况外）。这种差异导致相关方对同一个具体行政行为按照行政诉讼规则可诉，而依行政复议规则不能申请复议。要保持行政诉讼的协调，行政复议制度必须吸收行政诉讼制度中的这些合理规定，否则会使一些已经受理的行政复议条件无法顺利审理。

在我国，要成为行政诉讼的原告须符合下列条件，一是原告必须是公民、法人或其他组织。公民是指具有中华人民共和国国籍的自然人。公民参加诉讼，必须具有权利能力和行为能力。法人是指依法成立的具有民事权利能力，依法独立享有民事权利承担民事义务的组织。其他组织是指不具有法人资格的机关、事业单位和社会团体。二是被诉的具体行政行为与起诉人的合法权益存在利害关系。并认为其合法权益是受到被诉具体行政行为侵犯，以自己的名义提起诉讼。一般情况下，提起诉讼的公民、法人或其他组织不能是认为他人的合法权益受到侵害，或不是以自己的名义提起诉讼。在美国，原告资格的界定标准唯一，即“事实上的损害”标准，“除非国会不保护某种利益的意图是十分明显的，否则只要个人合法利益受到事实上的损害，他就有原告资格。”① 在美国的联邦法院和州法院中，涉及确定当事人起诉资格的问题时，实际上大部分只适用单一事实上的损害标准；② 在英国，设定是否具有原告资格就看当事人是否具有足够的利益。法院通常是与个案的结合起来，由法官对原告资格进行审查，这是因为虽然在大多数情况下，普通的个人可以到法院起诉，只要正在进行的案件中有“足够利益”，法院就会受理他的起诉，但是，对于如何验证是否有“足够利益”，则没有明确的规定，这个问题必须由法院根据个案来解决。③ 在德国，起诉人是否具有原告资格取决于其是否具有公权利，如果其所受的损害仅仅是反射利害，则不能提起行政诉讼。所谓“公权利”，是指人民基于法律行为或以保障其个人利益为目的而制定之强行性法规，得援引该法规向国家或为某种请求或为某种行为之法律上地位。反射利益是指个人因公法法规而获得之事实上利益，该个人不能单独对行政机关所请求之谓。④

由域外原告资格标准可知，我国行政诉讼原告资格的规定标准太窄，不利于保护公民、法人和其他组织的合法权益。为此，建议整合《行政复议法》和《行政诉讼法》，以事实损害为标准，把行政复议申请人和原告资格标准统一起来。

其次，行政复议被申请人与行政诉讼被告资格认定也不一致。被申请人与申请人是相对应的概念，是指作出申请人不服的具体行政行为，申请人认为侵犯其合法权益而向复议机关提出申诉，由复

---

① Kennth Cul P. Davis, *The Liberalized Law of Standing*, V0137 U. C. L. Rev. 450.

② 马怀德主编：《行政诉讼原理》，法律出版社 2003 年版，第 211 页。

③ ［英］丹宁勋爵：《法律的训诫》，杨百揆译，法律出版社 2000 年版，第 125 页。

④ 马怀德主编：《行政诉讼原理》，法律出版社 2003 年版，第 214 页。

议机关通知参加行政复议的行政机关或者被授权组织。因行政管理的复杂性，作出具体行政行为的机关或组织较为复杂，确定被申请人的标准通常为：必须是运用行政权力，作出有争议的具体行政行为的行政组织。行政诉讼被告，是指被原告起诉指控侵犯其合法权益，由人民法院通知应诉的行政机关或者法律法规授权的组织。行政诉讼的被告始终为行政机关或者法律法规授权的组织，成为行政诉讼被告的法定条件主要是：一是须具有行政职权的组织；二是实施了具体行政行为；三是由法院通知其应诉。

由于我国目前缺乏统一的行政组织法，加上行政行为主体多元，导致在针对行政行为的监督时，对行政行为主体监督的不统一。行使行政职权的主体包括行政机关和被授权组织等。依《行政复议法》第6条所有情形的行政复议案件都是行政机关作为被申请人；2007年实施的《行政复议实施条例》也未明确被授权组织等单独为被申请人，法律、法规授权组织的有关具体行政行为未提及；而依《最高人民法院关于执行〈中华人民共和国行政诉讼法〉若干问题的解释》第1条款定："公民，法人和其他组织对具有国家行政职权的机关和组织及其工作人员的行政行为不服，依法提起诉讼的，属于人民法院行政诉讼的受案范围。"可见这一规定，对被授权组织的具体行政行为也是司法审查范围之内。由此可得出，我国行政复议被申请人的标准是作出具体行政行为的行政机关；行政诉讼被告确认规则定位为行政主体规则，而现有的行政主体理论使得我国行政诉讼被告的的确存在许多弊端。例如，在目前我国法制不完备的情况下，非授权主体常有行使行政职权的情形，造成了难以确定被告的情况，为此带来公民诉讼不便。

域外各国，行政诉讼的被告原则上都是作出行政行为的机关，行政行为人被视为行政机关的代表。在美国和瑞士，行政诉讼的被告可以是联邦或联邦行政机构；德国行政诉讼被告为作出具体行政行为的行政机关和不作为的行政机关或行政机关所属的联邦、州或机构。

正因我国行政主体理论的缺陷以及行政组织法的缺失极大地影响到了我国行政复议制度被申请人和行政诉讼被告的确立及其统一。建议借鉴域外经验，扩大行政主体范围，并对《行政复议法》和《行政诉讼法》作相应整合，使行政复议被申请人和行政诉讼被告统一起来。

第三，复议终局与司法最终的脱节。在行政复议与行政诉讼的关系上，行政复议仅是前置程序，行政诉讼才是最终的裁决。所谓复议终局，即法律规定某行政复议是最终发生法律效力的决定，其实质是国家最高权力机关通过法律授予行政机关最终裁决权。一般情况下行政复议都表现为非终局复议，只有在法定情况下，行政复议才可表现为终局复议。但在我国，司法权对行政权的有限监督决定了行政机关在处理行政争议方面享有一定的终局裁决权。我国现有复议终局的法定情况有：《公民出境入境管理法》第 15 条和《外国人入境出境管理法》第 29 条都规定，当事人不服公安机关对违反出入境管理的行为作出的行政处罚决定，可以依法申诉行政复议，或者依法向人民法院提起诉讼；《行政复议法》第 14 条规定："对国务院部门或者省、自治区、直辖市人民政府的具体行政行为不服的，向作出该具体行政行为的国务院部门或者省、自治区直辖市人民政府申请行政复议。对复议决定不服的，可以向人民法院提起诉讼，也可以向国务院申请行政复议，国务院作出的复议决定为最终裁决。"该法第 30 条第 2 款规定："根据国务院或者省、自治区、直辖市人民政府对行政区划的勘定、调查或者征用土地的决定，省、自治区、直辖市人民政府确认土地、矿藏、水流、森林、山岭、荒原、荒地、滩涂、海域等自然资源的所有权，使用权的复议决定为最终裁决。"

依《行政诉讼法》的规定，最终裁决不可以进行司法审查：然而，从法理上讲，行政复议不能排除司法审查，理由有三：一是行政复议本质上讲，同其他行政行为一样，是行政权的具体运用，有违"任何人不得做自己案件的法官"这一公正法则。二是行政复议着重强调效率，公正次之。所以复议监督不是一种完全的公正监督。三是司法审查是社会实现公平公正的最后屏障，如果这一屏障未能运用，不能说行政救济是一种充分的救济。所谓司法最终，是指行政复议机关的复议决定不是最终发生法律效力的决定，复议当事人对该决定不服，可以在法定期限内向人民法院提起行政诉讼，人民法院作出的终审决定才是终局决定。司法最终存在的理由有：一是体现了国家权力制约原则。不受制约的权力，必将导致腐败，这是一条万古不变的真理。国家司法权监督国家行政权，将有利于行政权的合法行使，大大促进了行政复议机关依法公正审理行政复议案件。二是消除了人们对行政复议产生的合理怀疑，由于行政复议机关也是行政机关，而且是上下级行政机关，因此，我们对行政复议的决定自然会产生一种合理的怀疑，易给人“官官相护”之感，进而影响社会公正的实现。总之，原则上讲，凡当事人对行政复议决定不服的，都有权向法院提起诉讼。西方主要国家都严格遵循司法最终解决原则。如在美国行政法中，一切行政行为都可以接受司法审查，不能审查的行政行为只是例外。在当代，例外的情况越来越少。我国立法者主要基于行政效率考虑，保障行政机关有效地行使其职权，而且还可以减轻司法的压力，暂时赋予行政机关特定的终局裁决权。但直到如今，我国行政法治建设事业飞速发展，彻底取消终局行政权时机已成熟；况且，我国在加入 WTO 时就有法定的义务，《TRIPS 协议》第 41 条第 4 款规定：“诉讼当事人应有机会要求司法当局对行政终局决定进行审查。”当下，《专利法》和《商标法》业已修改，建议其他相关法律和条款，例如《行政复议法》、《集会游行示威法》等，立即作出相应修改，完全取消行政复议终局的情形，彻底贯彻落实司法最终原则，确立以自由选择为原则、复议前置为例外的复议与诉讼衔接关系模式。

第四，二者审查原则、依据的脱节。行政复议作为行政权的内部监督的一种形式，上级行政机关可以改变和撤销下级行政机关的行政行为，因此，行政复议的审查原则是合法性审查原则和合理性审理原则；在对具体行政行为的合法性审查方面，《行政复议法》与《行政诉讼法》都规定了对具体行政行为的合法性审查。但是，两者对合法性中的“法”的认识与理解不一致。在我国，具有法律效力的规范性文件除了法律、法规和规章外，还包括不具有法律形式但事实上具有法律效力的行政决定、命令、规定、解释等，而且这些规范性文件数量极大，它们同样成为行政机关作出具体行政行为的重要法律依据，只要具体行政行为适用这些规范性文件正确，复议机关应视该行政行为合法。而《行政诉讼法》仅仅将“适用法律、法规错误”作为判断具体行政行为违法的情形之一。在此问题上认识的不一致将使得在对待相同争议上的复议结果和诉讼结果的不一致，导致混乱。在我国，行政执行的依据不仅包括法律、法规、规章，而且还包括不具法律形式的上级行政机关的决定等，这些规范性文件都可作为行政复议审查行政行为的依据。而法院对行政行为的审查体现了司法权对行政权的制约，而这种制约是：以合法性审查为限度的。因此，合法性审查是行政诉讼特有原则。《行政诉讼法》

第 5 条规定，人民法院审理行政案件，对具体行政行为是否合法进行审查。所谓合法性审查，具体来讲包含两层含义：第一层含义是指法院对行政主体的行为有司法审查权，法院在公民、法人或其他组织依法对行政主体提起的诉讼中有权对行政行为进行审查；第二层含义是指法院对行政行为的审查不是一种全面的审查，而是有限度的审查，审查的界限即合法性，审查被诉的具体行政行为是否严格按照法律规定的范围、方式、内容、程序以及权限进行。[①]

法院原则上不审查具体行政行为的合理性问题。因为行政主体为有效地实行行政管理，经过法律的授权，它可以在一定范围内享有行政裁量权，行政主体在法定授权范围内，对其管辖的事项，可以对手段、幅度、数量等进行选择。法院对具体行政行为的合理性不进行审查，现行法律规定只有一种例外，即《行政诉讼法》第 54 条第 4 款规定的“行政处罚显失公正的，可以判决变更”。《行政诉讼法》规定人民法院审理行政案件，以法律、行政法规、地方性法规为依据，参照部门规章及地方政府规章，规章以外的其他规范性文件不能作为审理行政案件的法律依据。

为此建议，在对行政行为审查的原则上，统一两制度的审查原则，即以审查行政行为的合法性为主要原则，以审查行政行为合理性为例外。在审查上以法律、法规为依据，参照规章。

三、制定统一的《行政争议裁决程序法》

现代国家，行政复议与行政诉讼作为对当事人合法权益提供行政法上救济的两种基本途径，应相互补充，扬长避短，共同服务于行政相对方，这也是行政法治的基本要求；然而，从我国行政复议制度和行政诉讼制度实施以来的情况看，二者都没有达到预期的效果。[②] 导致的原因是多方面的，既有制度外的宏观原因，也有制度本身的原因。单从制度本身来看，主要是行政复议制度与行政诉讼制度二者诸多地方存在冲突。从前面的分析来看，在我国亟待建立一部统一的《行政争议裁决程序法》，它不仅十分必要，而且切实

① 马怀德主编：《行政诉讼法学》，北京大学出版社 2004 年版，第 30—31 页。

② 参阅方军：《我国行政复议制度的实施现状与问题》，载周汉华主编：《行政复议司法化、理论、实践与改革》，北京大学出版社 2005 年版。

可行。

(一) 必要性

制定该法的必要性表现在:

1. 当事人不愿单独申请行政复议或行政诉讼的情况大有人在。

首先，从目前行政复议制度设计来看，行政复议机关仍属行政系统内部机构，且从属于不同的层级政府管理。行政机关上下级之间不可避免地存在着千丝万缕的联系，相关政府对复议机关有行政领导权。这极易使申请人产生合理的怀疑——自己做自己案件的法官，行政复议决定有失公正，因为缺乏一个中立的裁判者，导致行政复议决定的法律效力大打折扣；同时，行政复议案件的办理质量也有一定问题；由于多种因素的影响，案件的处理结果大多是维持原具体行政行为；已处理的案件中，其中大部分还要重新依法走司法程序。其次，相对方在遇到行政诉讼问题时，往往又有一个现实的心理障碍，行政机关从“摇篮到坟墓”都在看管着我们，万一诉讼中行政机关败诉，以后与政府有关的日常活动可能遭到不利影响；况且，我们历来存在“官本位”思想，行政机关及其工作人员就是不认输。正因为种种制度和观念上的原因，所以从全局来看，行政复议和行政诉讼制度从实施的时间里，受理复议和诉讼案件数量极为有限，让人不可想象。①

2. 鉴于两制度设计的局限性，我们不能期望于对某一不可行的特别法典进行细枝末节的修改就可以完全达到健全我国行政救济制度的目的。

只有从指导思想、基本原则到具体制度进行全方位地重新构架，才能从根本上消除行政复议制度和行政诉讼制度存在的问题。正如霍贝尔所言：“只要制度化和一体化是社会的基本要求，法律的灵活性和不断的进行修改就会仍然一如既往。法是一个动态的发展过程，在这个过程中，解决问题的方法很少是永远不变的。”② 从前面论述中可知，我国现行行政复议制度的局限性主要有：一是行政复议审查程序模糊，不利于复议机关实际操作，不利于保护行政相对方的

---

① 据中国法制信息网 2008 年 6 月 19 日统计，2007 年全国各级行政复议机关共收到行政复议申请 86288 件；2007 年全国共发生行政起诉案件 49698 件。

② [美] E. A. 霍贝尔：《初民的法律——法的动态比较研究》，周勇译，中国社会科学出版社 1993 年版，第 314 页。

合法权益，也有失法律的威信。如《行政复议法》第 22 条规定，行政复议原则上采取书面审查的办法，但是申请人提出要求或者行政复议机关负责法制工作的机构认为有必要时，可以向有关组织和人员调查情况，听取申请人、被申请人和第三人的意见。二是两制度审查的法律依据不同，将会导致同一案件经过不同程序产生不同的法律后果。三是复议终局的存在导致司法救济不力。复议终局限制了行政诉讼的范围，使得司法救济的途径不能有效地发挥作用，在现实中行政复议结果往往不利于行政相对方，很容易导致行政相对方的上访、求助于媒体等非正常法律途径来维护权益，对于政府权威造成一定的负面影响。四是行政复议制度剥夺了行政机关（被申请人）的司法救济权利。被申请人对复议后果不服，没有任何司法救济途径，只能接受复议决定。行政诉讼法历经十多年的司法实践，最高人民法院虽然不断完善，但因合法上的先天不足，存在不少致命问题。比如受案范围过窄及行政诉讼不适用调解等。所以，笔者认为，从行政救济功能和行政权与司法权的关系出发，借鉴域外先进经验，结合我国国情，将行政复议制度和行政诉讼制度有机整合，构建一部统一的《行政争议裁决程序法》，并重塑我国行政审判制度是非常必要的，它对加强我国行政法制监督，加快实现法治政府具有重大意义：一是可以从制度设计上解决由于行政复议和行政诉讼不一致的问题而引起的尴尬。例如二者在受案范围，当事人审查标准，审查范围、审查依据等方面的冲突。二是有利于提高效率。不管是申请复议还是提起诉讼，对行政相对方来说，都想尽快获得公正的补救。如果依现行行政救济制度设计来看，相当一部分行政争议属复议前置型，或即使复议选择型，其复议后大都还要去诉讼。一件行政争议从行政机关到法院，环节多、时间长，不仅导致当事人的诉累，不愿去公正机关，而且导致整个社会争议解决机制的低效率。新的审理制度实行二审终审制：一审属综合审，主要由行政官员组成的事实审和由行政法官组成的法律审；二审主要由行政法官组成的合议庭进行法律审（属上诉审）。这样，减少了原来单独走行政程序的复议之路，显然有利于提高争议解决的效率，并可将行政机关内部监督和司法机关外部监督有利地结合起来，扬长避短。三是利于节约国家财政。把现行的行政复议机构和行政审判庭进行有效整合，成立专门的行政争议裁判院，这样机构数量、人员数量都大量减少，大大节省了国家财政。四是更能够处理好行政机关与法院的关系。

（二）可行性

制定该法的可行性表现在：

1. 目的一致性

既然当初我国建立行政复议制度的目的是为了配合行政诉讼法的实施，那么当复议和诉讼制度本身遭遇挫折时，二者应携起手来重新审视各自的不足，全心全意为行政相对方服务，实现法治的目的，更何况从前面的分析中可看出，复议和诉讼二者相同的多，差异较少，合而不同，制定统一制度切实可行。总之，二者的共同性主要是解决行政争议上的共同性和法律监督上的共同性两项，这是解决问题的重要点和关键点，尽管二者在受理机关、申请理由、审理范围、审理依据、审理结果、审理程序及裁决效力等方面存在差异，但只是问题的次要方面。

2. 域外经验

域外大陆法系国家，均设立专门的行政法院来行使行政审判职能。

法国的行政法院虽属行政机关系统，但具有很强的独创性，能保证行政审判独立，这为各国所承认。法国行政法院除普通行政法院外，还有专门的行政法院，其组织体系包括最高行政法院，上诉行政法院、地方行政法庭、行政争议庭和权限争议法庭。最高行政法院的院长由政府总理兼任，但他从不参加最高行政法院的活动，一些程序性事项则由司法部长代理；另设副院长一人，在其内部设六个小组。最高行政法院有初审管辖权、上诉管辖权和复核管辖权三种；上诉行政法院只有上诉案件管辖权，管辖除由最高行政法院审理之外的案件，其设立目的是减轻最高行政法院的诉讼负担；地方行政法院和行政争议庭是属地方行政机构，行政争议如果没有法律规定由其他法院受理时，原则上由其受理；权限争议法院的主要职权是解决行政法院与普通法院有关行政争议案件的管辖权问题（因普通法院也可以审理有限的行政争议案件）以及二者对同一案件判决的冲突问题。法国是以行政法院受理行政诉讼为原则而以普通司法机关受理行政诉讼为补充的体制。有效的法国行政争议裁决程序启迪我们：来自行政权内部的一套有效制约机制同样也可制约行政权。德国、意大利、芬兰等国的行政法院属司法系统，但又同普通的司法机关明显不同，德国行政法院系统分为三级：初等行政法院、高等行政法院和联邦行政法院。

属英美法系国家的英国行政争议裁决组织是以普通法院为主，辅之以行政裁判所。发端于都铎王朝时代、完善于20世纪60年代的行政裁判所，其性质是一种特殊的司法机关。其主要功能在于：一是减轻普通法院的负担；二是对行政决定中的事实问题和法律问题进行更为全面的审查；[①] 三是为行政相对方提供更为专业、便捷的救济。因此，其设立数目林立，种类繁多。由于各裁判所性质不同，其人员构成也不尽相同，一个裁判所一般由一名具有法律资格的法官任主席以及两名各所属行政争议领域的成员组成，另外还聘有若干相关办事员。每一个行政裁判所的管辖权特定，因此其范围非常窄。行政相对方对裁判所的裁决不服，在法律规定的情形下，可分别向其他裁判所提起申诉、向部长上诉或向法院提起申诉。英国的行政裁判所制度启示我们：面对纷繁复杂的行政争议，为了及时、有效地保护行政相对方的合法权益，国家应设立一套专门统一的法定行政争议救济渠道——那就是大量的一般行政争议案件由普通法院受理，少量涉及专业性、技术性很强的行政争议案件由该领域的行政专家进行事实审和具有较高法律素质的法官进行法律审，行政专家和法官二者在行政争议裁决中取长补短，互相彰显法治的公正。

3. 法治国的内在要求

对法治的追求不仅是人类的共同理想，当然也是中华民族的共同心愿，几千年的中国史可以说是一部追求法治文明的奋斗史。2004年在这一法治文明的春天里，终于用文字的形式确认了法治的理想状态——建立社会主义法治国家。依法治国在法治的初步阶段主要是依法行政，而依法行政的关键问题是对政府拥有的行政权的合法和合理规范。对行政争议的及时、有效裁决是法治的主要标志，同时也是法治国的内在要求。

（三）中国应设立行政争议裁决院

设立行政争议裁决院的目的在于能及时、有效地解决行政争议和处理好司法权与行政权的关系，早日实现法治政府目标，促进构建和谐社会。借鉴法国的行政法院制度和英国的行政裁判所制度，

① Hazel Genn, *Tribunal Review of Administrativa Decision*, Making in Administrative Law & Government Action, Edited by Genevra Richardson & Hazel Genn, Orfoerd, Clarender Press, 253 (1994).

结合我国法制文化传统，构建中国特色的行政争议裁决院很有必要且具有可行性。行政争议裁决院的性质定位于特殊的行政机关，它由立法机关的明确授权而成立，管辖那些具有行政专业性、技术性较强的法定的专门行政争议案件，一般行政争议案件交由相应普通法院管辖。

论行政诉讼程序与行政程序之间的关系

刘东刚[*]

在民事法律和刑事法律领域，实体法和程序法的划分是非常明确的，民法和刑法属于实体法，民事诉讼法和刑事诉讼法属于程序法。在学术研究中，人们也是根据这种分类来进行学科分类的，即民法学和民事诉讼法学，刑法学和刑事诉讼法学。然而，在行政法律领域中，实体法和程序法往往交织在一起，行政法学既研究实体法，也研究程序法。更为复杂的是，行政法中的程序法不仅仅是行政诉讼法，还包括行政程序法。本文试图从行政程序和行政诉讼程序的关系入手，探讨程序在行政法中的两种不同表现，分析两种程序的结构要素以及在实现程序正义方面的不同作用，以期总结出处理行政程序和行政诉讼程序关系的某些规律。

一、两种程序的差异

行政程序是行政主体作出行政行为的方式、步骤、顺序、时限等的总称，是对行政权所进行的规范和限制。行政诉讼程序是法院在行政诉讼当事人的参与下，对行政诉讼被告的行政行为进行合法性审查，并作出裁判的司法程序，是对司法权所进行的规范和限制。行政程序突出表现在它的行政性，而行政诉讼程序突出表现在它的司法性。在传统分权理论中，行政和司法是分立的，分别执行国家的行政职能和司法职能。下面具体分析行政程序和行政诉讼程序的差异。

（一）要实现的主要目的不同

有人认为，行政程序立法的价值取向主要是控制行政权，兼顾

* 中国政法大学行政诉讼法学研究方向博士研究生、华北科技学院法律系讲师。本文系教育部人文社会科学重点研究基地重点项目“行政行为与行政诉讼关系研究”的阶段性成果。

行政效率。[①] 也有观点认为，行政程序立法院要保障人民权利，同时也要提高行政效率，两者不可偏废。“在行政职能日益扩大的现代国家，行政行为日渐复杂，行政机关该如何践行行政程序，最有效制约行政权的力量，方得以保障人民权利不被行政权侵害的方式，乃制定一部统一的行政程序法，将正义与公平理念落实于具体的行政程序法，并且在保障人民权利的同时也能提高行政效率。”[②] 1999 年我国台湾地区通过的“行政程序法”，其立法目的在于使行政行为遵循公正、公开与民主之程序，确保依法行政之原则，以保障人民权益，提高行政效能，增进人民对行政之信赖。还有观点认为，简化和提高行政效率应当成为行政程序立法的主要目的。比如，早在 1925 年就制定过《行政程序法》的奥地利，简化和提高行政效率成为人们最关注的核心问题。[③]

我们认为，行政程序的主要目的应当是效率，同时兼顾权利保障。理由如下：

第一，行政活动以效率为主要目标。从权力分立理论来看，立法权、行政权和司法权的设立是有不同目的的，立法的主要目的平等，即制定出平等对待每个公民的法律、合理分配民相关的权利和义务。司法的主要目的是公正即通过中立的裁判官，以事实为根据，以法律为准绳，公正地处理人们之间的纠纷，公平地适用法律裁决案件。行政的主要目的是效率，即通过行政部门积极、主动地履行职责，及时有效地执行法律，保障公民权利，提供优质高效的公共服务。因此，行政程序是要为效率服务的，及时有效地为行政相对人服务，应当成为服务型政府的主要任务。

第二，从国外行政程序法的发展来看，也有一种注重行政程序效率的趋势。比如，人们一般认为，美国的行政程序立法非常注重权利保障，规定了近乎司法程序的审判型听证程序，但近年来却出

---

① 章剑生：《行政程序法基本理论》，法律出版社 2003 年版，第 9—10 页。

② 朱瓯：《两岸行政程序法制之比较研究》，中国人民大学出版社 2008 年版，第 3 页。

③ 国家行政学院法学部：《中国—欧盟法律和司法合作项目成果——中欧行政程序法研讨会论文集》，第 39 页。

现了一些新问题:① 一是行政法官过于独立，与行政效率、决定的一致性以及行政机构的政策控制不相容。在美国的行政程序制度中，行政法官独具特色，为保证听证的公正而设置，行政法官的任命由联邦人事管理署负责。任命程序与政治无关，且要求任命最有资格的人，行政法官不受所在行政机关的影响，地位相对独立，只有在功绩制保护委员会举行正式听证后，才能被解职。但由于行政法官的花费多，行政机构对行政法官的选任没有发言权，以及行政法官的独立性，使得行政机构无法对其工作效率进行控制，因而越来越多的行政机构不愿意使用行政法官。目前，行政法官制度的改革已引起人们的关注。二是由于非正式裁决过于灵活与随意，几乎没有规定程序要求，1981 年的州行政程序示范法发展出多种程序，供行政机关选择，在确保不损害相对人程序权利的情况下，提高办事效率。

在德国，为加速东西德统一后的现代化进程，使德国的经济适应全球化的需要，德国通过立法，规定了简易快捷的计划（确定）和许可证程序。德国政府还特别任命了一个名叫斯立策特的专家委员会，研究立法计划，该委员会提出了一套综合计划，以使《免受有毒物品分割法》、《水法》、《建筑法》和《行政程序法》以及规范行政法院的规章简易化快捷化。并提出了大量法律草案，其中有的成为了法律，如 1996 年《许可证程序便捷法》和《有毒物品许可证简捷程序法》。斯立策特专家委员会的最终报告的标题是:《通过灵活的许可证程序促进投资》。报告认为，现在的调子不再是“再多的法律保护，更多的参与和更多环境保护”，而代之以“以快捷、灵活、简易来保护投资”。②

行政诉讼程序作为司法程序的一种，其目的主要是公正办案，保障权利，即法官要以中立、公正的态度，以事实为根据，以法律为准绳，处理行政案件，为行政相对人提供权利救济。理由如下:

第一，从行政诉讼程序的性质来看，其本身就具有权利救济的

---

① 薛刚凌:《行政程序法国际研讨会综述》，第 119—120 页。[美] 白维贤、金立法:《美国行政程序法的历史，实话和当前主要问题》，载《东亚行政法研究会第三届年会暨行政程序法国际研讨会论文集》1998 年 11 月上海，第 57—64 页。

② [德] 乌里奇·柏蒂斯:《德国行政程序法》，载《东亚行政法研究会第三届年会暨行政程序法国际研讨会论文集》，第 89—94 页。

实质。在行政权异常庞大的中国，行政诉讼的救济性显得较为突出。在行政诉讼法的立法过程中，人们对行政诉讼法的立法目的主要有两种倾向性意见：第一种意见认为，行政诉讼法的立法目的主要是监督行政机关依法行政，保护行政管理相对人的合法权益免受行政机关违法行为的侵犯，为受到行政违法行政行为的侵犯相对人提供法律救济；第二种意见认为，行政诉讼法的立法目的主要是解决行政争议，维护行政管理，保护行政机关依法和有效行政。最后，立法者主要采用了第一种意见，但也吸收了第二种意见中的合理成分。法律条文对立法目的的表达是：保证人民法院正确，及时审理行政案件，保护公民、法人和其他组织的合法权益，维护和监督行政机关依法行使行政职权。①《行政诉讼法》的规定，突出了行政诉讼程序的救济性质，是与行政诉讼的目的相一致的。

第二，从权力分立和制衡的角度来看，行政诉讼是司法机关监督行政机关的一种法律方式，目的是为了让行政机关公正地行使权力，而不是违法、滥用行政权力。其实质是司法权对行政权的监督。一般认为，行政诉讼是整个行政法制监督制度的一部分，行政法制监督包括权力机关的监督、检察机关的监督、人民法院的监督、行政监察和审计监督，以及社会舆论监督。行政诉讼的主要内容是解决行政争议，而解决行政争议是通过对具体行政行为的合法性审查进行的，人民法院通过合法性审查，从而实现了对行政机关依法行政实施监督。行政诉讼与其他监督相比较，具有事后性、经常性、普遍性，其监督的程序严格、公正，能直接发生法律效力，对行政权起到的是最终、权威的制约作用。另外，司法权相对于行政权而言，具有被动性、中立性、形式性、稳定性、终极性、非服从性、交涉性、公平优先性。②

第三，公正是司法程序的最本质含义。在西方，法官和公正、正义是同义的。法院和法官应该是公正的象征。人们发生争议，产生纠纷，诉诸法院，即在于相信法院、法官能公正地解决他们的争议，公正地处理他们的纠纷。人们如果对法院法官的公正失去信心，一切司法和诉讼活动就失去了基础。行政诉讼由于是以国家行政机关为一方当事人的诉讼，法院和法官的公正对于作为另一方当事人

① 姜明安：《行政诉讼法学》，北京大学出版社 2001 年版，第 26、27 页。

② 孙笑侠：《程序的法理》，商务印书馆 2005 年版，第 124—129 页。

的公民、法人和其他组织来说就显得更为重要。[①] 所以，为了保证法院和法官公正地处理行政案件，我国行政诉讼法确立人民法院独立行使审判权原则、公开审判原则、回避原则、辩论原则、检察监督原则等，并一律通过组成合议庭的方式来审理行政案件。

总之，行政程序和行政诉讼程序的目的存在较大的差异。行政程序主要目的是为了保证行政职能合法有效地实现，效率是第一位目标。行政诉讼程序则主要是为了防止行政权的滥用和行政违法行为对行政相对人造成侵害，公正是其首要目标。

（二）具体的内部结构不同

一般认为，程序的构成要素主要有四个：方式、步骤、时间和顺序。笔者认为，人们在表述程序要素的时候，忽略了一个重要的构成要素：程序主体。主体是程序活的要素和人的要素，其他要素都围绕主体要素来进行。比如，没有行政主体，哪来行政决定的作出？没有原告，哪来起诉程序？没有法官，哪来审判和裁决？没有原告和被告的对立，哪来辩护程序？所以，主体要素是程序的主要要素，缺少主体的程序结构是不完善的。就行政程序和行政诉讼程序的结构而言，其之所以会有很大的差别，主要是因为两种程序的主体结构不同而造成的。以下先分析两者的主体结构差别，然后再比较方式、步骤、时间和顺序等其他结构差别。

第一，程序主体的结构不同。行政程序的主体结构要区别不同的情形。在行政立法、行政执法程序中，只涉及两方主体，程序由行政机关和相对人两造构成，行政机关处于管理者地位，相对人处于被管理者的地位，行政机关在调查收集证据、听取相对人意见基础上制定行政法规、规章和作出行政决定。行政机关在此，既是调查者，也是决定者。当然，在行政立法程序中，相对人不特定，而在行政执法程序中，相对人往往是特定的。在行政司法程序中，对于行政裁决和由上一级机关充当复议机关的行政复议，程序的构造与诉讼程序相同，涉及三方主体，行政机关居中对民事争议和行政争议作出裁决。由原行为机关充当复议机关的，程序构造与行政立法和行政执法程序相同。[②] 以上行政程序的主体结构是宏观性的，具

---

① 姜明安：《行政诉讼法学》，北京大学出版社2001年版，第55页。

② 王万华：《行政程序法研究》，中国法制出版社2000年版，第12、13页。

体到实际发生的行政程序中，主体的结构会更加复杂一些。以我国台湾地区的“行政程序法”为例，行政程序的主体构成就有行政主体、行政程序当事人、行政程序代理人和辅佐人等。其中行政主体还包括国家、公法人（公法社团、公法上营造物、公法财团）、行政机关等。[①]

行政诉讼程序的主体结构是比较明确的三方构造：原告、被告和法院。在行政诉讼中，行政相对人为控告方，处于原告的地位，行政机关为辩方，处于被告的地位，由法院居中对行政行为合法性作出裁决。在行政程序中，行政主体占主导地位，决定行政程序的运行，与此不同，在行政诉讼程序中，占主导地位的主体是人民法院。原告和被告发生行政争议后，法院对行政争议是否受理，受理之后是否裁决，作出何种裁决，主动权和决定权都在法院。在整个行政诉讼过程中，原被告均须服从法院，受法院指挥。另外，行政诉讼中还存在诉讼代理人、第三人、诉讼参与人等。

第二，程序的具体方式不同。首先，程序的启动方式不同。行政程序的启动方式有行政机关依职权启动和依相对人申请启动两大类型，比如行政处罚和行政强制执行，一般是行政机关主动启动的，而行政许可、行政给付等行政行为则是依相对人申请而启动的。行政诉讼程序的启动则只有原告起诉一种方式，诉讼是不告不理的，法院不能主动地去干预行政机关和行政相对人之间的行政争议，只有行政相对人认为自己的合法权益受到行政机关侵害，要求法院对行政行为进行审查和裁判时，法院才能启动行政诉讼程序。其次，程序结束的方式也不同。行政程序以行政机关制定行政法规或规章，或针对特定的行政相对人作出行政处理决定而结束，往往对行政相对人的权利义务产生直接影响。行政诉讼程序的结果就是法院对行政行为的合法性作出判决。行政行为合法的，作出维持判决；行政行为违法的，一般予以撤销或确认违法；行政机关不作为理由成立，判决其履行职责，理由不成立的，判决驳回原告的诉讼请求；行政处罚显失公正的，判决变更行政处罚等。最后，程序进行的方式也不同。行政程序的进行主要是行政机关进行调查或审查，有时会举行听证。行政诉讼程序则严格按照审判活动的规则进行，进行法庭

---

① 李惠宗：《行政程序法要义》，五南图书出版股份有限公司 2004 年版，第 74—80 页。

调查，法庭辩论、合议、宣判，一审结束，当事人不服，还应当进行二审，二审终审。总体来说，行政诉讼程序是一种司法程序，相对于行政程序而言，程序更加严格，方式的选择要更少些。

第三，程序的步骤不同。行政程序的环节要视具体情况而定。行政立法程序方面，根据《立法法》、《行政法规制定程序条例》和《规章制定程序条例》的规定，主要包括立项、起草、审查、决定与公布、备案和解释等几个重要环节。行政执法程序方面，要区分依申请的行政执法行为和依职权的行政执法行为，依申请的行政执法程序一般包括申请、审查、决定三个主要环节；而依职权的行政执法程序一般包括调查、听取意见、作出决定三个主要环节。行政司法程序则主要包括申请、受理、审查、裁决四个主要环节。

与行政程序环节的多样化相反，行政诉讼程序是相当稳定的，其环节非常固定，一般包括起诉，受理、审理（开庭、调查、辩论、评议）和判决等几个阶段，一审判决结束后，当事人如果没有上诉，则为生效判决，如果当事人上诉，则进入二审，二审判决为终审判决，诉讼程序终结。笔者认为，行政程序和行政诉讼程序在环节上存在差异的原因是：（1）行政活动的内容广泛，行政诉讼的内容则比较单一，内容广泛必然带来形式多样、程序复杂；活动内容的单一则导致程序相对稳定。（2）行政程序在我国尚无法律统一规范；而行政诉讼程序则由《行政诉讼法》统一规定。（3）行政程序发展历史比行政诉讼程序的历史要短，此行政诉讼程序要成熟。

第四，程序的时限不同。行政程序的时限因行政行为的性质不同而不同，比如行政立法从立项、起草到公布可能需要几年甚至十几年的时间，涉及行政相对人重大权益事项的立法，一般都要慎重行事，广泛征求意见，力求完善。有些行政行为的时限则由法律作出了明文规定，比较容易把握。比如我国《行政许可法》规定，除可以当场作出行政许可决定的外，行政机关应当自受理行政许可申请之日起 20 日内作出行政许可决定。20 日内不能作出决定的，经本行政机关负责人批准，可以延长 10 日，并应当将延长期限的理由告知申请人。但是，法律、法规另有规定的，依照其规定。《行政处罚法》规定，执法人员当场收缴的罚款，应当自收缴罚款之日起 2 日内，交至行政机关，在水上当场收缴罚款的，应当自抵岸之日起 2 日内交至行政机关；行政机关应当在 2 日内将罚款缴付指定的银行。笔者认为，行政程序的时限具有以下特点：一是时限跨度较大，多则十几年，少则几小时；二是灵活机动，除特殊情况外，一般都留给行政机关一定的自由裁量权，以决定行政行为的时限；三是缺乏统一性、一致性，我国由于没有统一的行政程序法，对时限没有统一的法律规定，所以导致行政程序的时限规定很分散、不一致。

行政诉讼程序的时限由《行政诉讼法》明确规定，所以比较稳定，统一性很强，时间跨度也不是很大，法院和法官对时限的自由裁量权不是很大。行政诉讼法对起诉期限、审理期限、上诉期限都有明确规定，因此，行政诉讼程序的期限可预见性强，人们完全可以依照法律规定按部就班地把程序进行下去。

第五，程序进行的顺序不同。行政程序与行政诉讼程序在具体环节的先后次序上存在以下不同：(1) 行政程序一般是调查程序在先，而行政诉讼程序是起诉程序在先。(2) 行政程序中，主持听证或调查的行政人员在决定时，一般需要得到上级或主管机关的认可，才具有最终决定的效力；而法院法官审理案件，无须事先得到院长或上级法院的同意，应该独立作出裁判。因此，行政程序往往不是终局的，而行政诉讼程序则是最终的。行政程序结束后，当事人不服，可以启动行政诉讼程序，而行政诉讼程序一旦结束，当事人是不能再启动其他程序的。

（三）程序的功能和作用不同

笔者认为，行政程序和行政诉讼程序都具有一般法律程序的功能和作用。首先，程序是限制恣意的最好手段。程序“通过充分的、平等的发言机会，疏导不满和矛盾，使当事人的初始动机得以变形和中立化，避免采取激烈的手段来压抑对抗倾向”。[①] 其次，“程序正义使当事人有机会向第三方倾诉他个人的故事和对社会的感受。”[②] 程序既可以宣泄当事人的不满，也可以吸收当事人的不满，人们的不满一旦有了排出的机制，其行为选择就不会走向极端，而更趋于理性。另外，程序结构的职业化设计、程序的公开性、程序的全面性以及程序参与者的积极性都会促进人们选择合乎理性。[③] 再次，程序使决定更科学，决定者与当事人的角色分担更明确，归责机制更健全。程序是一种角色分派的体系，人们在程序中的角色分

---

① 季卫东：《程序比较论》，载《比较法研究》1993 年第 1 期，第 19 页。
② 孙笑侠：《程序的法理》，商务印书馆 2005 年版，第 99 页。
③ 季卫东：《程序比较论》，载《比较法研究》1993 年第 1 期，第 9 页。

工很明确，责任分担也合理。程序“可以减轻决定者的责任风险，从而也就减轻了请示汇报，重审纠偏的成本负担”。[①] 最后，程序具有强大的权利保障功能。程序的发展始终是围绕人们的生命、自由和财产等基本权利进行的。程序正义不仅是保护实体权利的工具，“将公正的程序置于中心地位，并不能消除所有的不正义，但是这可以平衡对实体权利的不适当的强调，有助于使那些权利更有保障，并能使更多的人获得他们应得之尊重。”[②]

行政程序和行政诉讼程序具有以上程序的共同功能和作用，但也存在以下差异：

第一，行政程序是一种事先、事中的行政权力防范机制，而行政诉讼程序是一种事后的行政权力监督机制。行政诉讼程序由于受到不告不理原则的限制，只能以原告起诉行政行为为前提，否则不能介入行政争议，司法程序属于事后的权利救济机制，不能干预行政权力的运行过程。“从性质上说，司法审查属于灭火机制，当案件进入司法程序时，火已经烧起来了，损害总是已经发生了，而且司法救济本身会消耗当事人的时间、精力、金钱，也会消耗国家的司法资源，因此说司法是公正的最终堡垒，但不应当成为最常用的权利保护机制。”[③]

第二，行政程序是一种自律，而行政诉讼程序是一种他律。行政程序，包括内部行政程序和外部行政程序，都是规定行政机关与行政相对人的权利义务关系。对于行政机关说，主要规定的是它的程序义务；而对相对人来说，主要规定的是其享有的程序权利。[④] 行政机关在行政程序中，有通知相对人的义务，有听取相对人意见的义务，有公开的义务，作出决定有说明理由并告知相对人救济途径的义务等，这些义务都要求行政机关增强自律，依法办事。

行政诉讼程序是一种外部监督机制，从外部约束行政主体的一种程序机制。行政诉讼体现的是行政审判权和行政权之间的关系。

---

① 季卫东：《程序比较论》，载《比较法研究》1993 年第 1 期，第 19 页。

② ［美］迈克尔 · D. 贝勒斯：《程序正义——向个人的分配》，邓海平译，高等教育出版社 2005 年版，第 287 页。

③ 王万华：《中国行政程序法立法研究》，中国法制出版社 2005 年版，第 5 页。

④ 王万华：《中国行政程序法立法研究》，中国法制出版社 2005 年版，第 11 页。

诉讼机制不是靠行政主体自身努力去达到依法行政的目的，而是在行政机关之外设立了一个监督者，从外部去约束行政机关的行为，对行政机关而言，明显是一种他律。行政诉讼程序的实质是一种从外部控制行政权的制度，“由法院通过对行政行为的审查使国家行政权力与其责任相符并保证其在法律范围内运行”。[①]

第三，行政程序和行政诉讼程序都有利于促进行政实体法的发展，但行政程序对行政实体法的促进作用更直接、更有效。在处理行政程序和行政实体的关系问题上，世界上存在两种不同的行政立法模式：一是纯粹的行政程序法模式，即行政程序法只涉及程序问题，基本不涉及行政实体问题。其典型代表是 1946 年美国《行政程序法》。二是实体和程序兼顾的立法模式，即行政程序法还规定一些行政实体问题，部分发行了行政法法典化的功能，典型代表是 1976 年德国《行政程序法》，我国台湾地区也采用了这种模式。在行政程序法直接规定行政实体问题，明显有得通过行政程序直接实现行政实体规定。另外，行政程序法的出现，也弥补了行政实体法和行政诉讼法的不足。行政程序是对行政权力的事前、事中控制，而诉讼是事后控制，从时间上来看，司法程序也要比行政程序慢一个节拍。

（四）证明程序的不同

行政程序和行政诉讼程序中的证明程序存在以下差异：

第一，在举证方面，两种程序的举证责任分配规则是不同的，总结各国关于行政程序举证责任分配的规定，基本可以得出结论：在行政程序中实行“谁主张，谁举证”的分配规则，行政机关作出不利于相对人的决定时，行政机关承担举证责任；行政机关依相对人的申请，作出对相对人有利的决定时，由相对人承担举证责任。[②]而行政诉讼举证责任分配规则是：行政机关在行政诉讼中对具体行政行为的合法性承担举证责任。原告承担一定的举证责任是例外。[③]

第二，在取证方面，行政程序中的调查程序由行政机关主动进行，调查是行政机关获取相关信息的基本手段，也是正确作出行政决定的前提。行政诉讼中，人民法院有证据调取权，也有证据调查权。人民法院调取证据分为依职权调取和依原告或第三人的申请

① 马怀德主编：《行政诉讼原理》，法律出版社 2003 年版，第 5 页。

② 马怀德主编：《行政诉讼原理》，法律出版社 2003 年版，第 270 页。

③ 参见最高人民法院《关于行政诉讼证据的若干规定》第 4 条、第 5 条。

调取。

第三，在质证方面，行政程序中对证据的质证一般视不同程序而定，非正式程序中质证就不那么严格，只有在正式的听证程序中才会对行政证据进行比较全面的质证。比如，在美国，质证是正式程序裁决中当事人在程序上享有的权利，受到《行政程序法》和宪法正当法律程序条款的保障，通常由行政程序当事人双方律师在行政法官或其他听证官员的主持下进行，没有经过质证的证据，不能作为裁决的根据。① 在行政诉讼程序中，质证则是必须经过的程序。行政诉讼中的质证是指在人民法院的主持下，当事人及其代理人在庭审中围绕证据的真实性、关联性、合法性，针对证据有无证明效力以及证明效力大小进行对质辩论、核实的活动。质证以直接、言辞为原则。没有经过质证的证据，法院一般不能作为定案的依据。

第四，在认证方面，主要涉及两个问题：一是证据是否有证明力以及证明力的大小；二是证明标准问题。在证明力方面，主要应当联系到证据发生的时间、地点、周围情况，再和其他证据进行对照，具体分析，综合比较，才能确定。② 在美国证据法上，行政程序和行政诉讼在传闻证据问题上，存在差异，一般认为，在诉讼程序中，传闻证据被排除在外，而在行政程序中，行政机关往往可以接受传闻证据。原因是什么呢？这是因为美国联邦的证据规则是为陪审制审判而制定的，陪审员没有判断证据的经验，容易过分重视传闻证据的证明力量，特别因为利用传闻证据时，证据的真正陈述人没有到庭和当事人对质，不易判断证据的真实情况，所以在陪审制中禁止接收这种证据。然而对于行政机关而言，这种错误地重视传闻证据的危险不再存在，行政机关具有专门知识，不会为传闻证据所迷惑。为了加速行政裁决的进程，不妨规定一切对案件有实质性联系的证据都可接受，包括传闻证据在内。这样一来，不用花费时间争论证据是否可以接受，而把主要时间用在判断证据是否具有证明力量。③

在证明标准方面，行政程序中的证明标准不同于行政诉讼中的证明标准。以美国为例，正式程序行政裁决的证明标准是具有实质

① 王名扬：《美国行政法》，中国法制出版社 1995 年版，第 479 页。
② 王名扬：《美国行政法》，中国法制出版社 1995 年版，第 484 页。
③ 王名扬：《美国行政法》，中国法制出版社 1995 年版，第 474—475 页。

性的证据支持。什么是实质性的证据呢？根据美国法院的解释，行政裁决正式听证中的实质性的证据就是民事案件中的证据优势标准。[①]

在美国的司法审查中，则区分事实问题和法律问题，分别适用不同的审查标准，因为对法律问题，法官是专家，法院对法律问题审查的范围和决定的权力比较大，可以用法院对法律问题的结论代替行政机关的法律结论。对事实问题，又区分三种不同情形分别适用三个不同标准：（1）对于依正式裁决程序所作决定的事实问题的审查，法院适用实质性证据标准。这与行政程序中正式裁决的证明标准一样。（2）对于行政机关大量的依非正式程序作出的决定，法院适用的是专横、任性、滥用自由裁量权标准。这是运用最广泛的证明标准。（3）重新审理标准。指审查法院以自己对事实问题的裁定代替行政机关的裁定。适用范围主要限于以下三种情况：行政机关的行为属于司法性质的裁判，而行政机关对事实裁定的程序不适当；在非司法性行为的执行程序中，出现行政程序中没有遇到的问题；法律规定的重新审理。如对驱逐外国人出境决定，法院对被驱逐人国籍的认定可以重新审理。涉及宪法中人身自由保障的事实，法院也可以重新进行审理。[②]

二、两种程序的衔接

行政程序是行政机关行使行政权力为行政行为的程序，行政诉讼程序是法院行使司法权力审查行政行为是否合法的程序，前者是行政行为的事前、事中程序，后者是行政行为的事后救济程序，二者之间存在前后衔接关系。对行政程序中的违法行为，包括程序违法及实体行政决定违法，相对人可以诉诸法院，请求法院审查撤销。此时，行政程序要接受行政诉讼程序的审查，法院将通过行政诉讼程序对行政程序及行政程序所产生的实体决定是否合法进行审查，作出判决。[③] 这种衔接关系具体表现是：

---

① 王名扬：《美国行政法》，中国法制出版社1995年版，第487页。

② 王名扬：《美国行政法》，中国法制出版社1995年版，第679—695页。马怀德主编：《行政诉讼原理》，法律出版社2003年版，第302—304页。

③ 王万华：《行政程序法研究》，中国法制出版社2000年版，第13、14页。

（一）程序主体的衔接关系

行政程序主体包括行政主体、行政相对人和其他程序参与人。除行政司法程序可能涉及三方主体外，其他行政程序一般只涉及行政主体和行政相对人两方主体。如果发生行政纠纷，导致行政诉讼，行政程序与行政诉讼程序就会产生衔接关系，具体表现如下：

第一，行政相对人向原告的转换。这里主要涉及行政诉讼原告资格的问题，本文无法展开论述。但应注意两点：一是原告资格具有过滤作用，将不符合法定条件的行政相对人排除在行政诉讼程序之外，并非所有的行政相对人都能成为原告。二是原告资格的标准在世界各国的做法不一致，有的比较宽松，有的比较严格，但总的趋势是放宽行政诉讼的原告资格，让更多的行政相对人享有起诉行政机关的权利。

第二，行政主体向行政诉讼被告的转换。这里涉及被告资格问题。行政行为的作出机关要成为被告，必须符合行使行政职权、以自己的名义作出行政行为、能独立承担行政法律责任等条件，也就是行政机关必须具有行政主体资格。也有学者对此提出质疑，认为行政诉讼被告资格不应该一律按照行政主体资格来确定，程序资格与实体资格应当区分开来进行考虑，在确定行政诉讼被告时，应当便利当事人行政诉权的行使，注重区分实质上的当事人，只要形式上符合诉讼当事人的资格，就应当允许其成为诉讼主体，诉讼主体并不必然具有实体法上的主体资格。要确立“谁行为谁被告”的原则，从而有效达到对相对人进行司法救济的目的。[①]

另外一个问题是主体法律地位的变化。在行政程序中，行政机关占据主导地位，组织和控制行政权力的运行，作出行政决定，直接影响相对人的权利义务。而在行政诉讼程序中，行政机关不再是主导者，诉讼程序由法院占据主导地位，行政机关只是作为被告一方当事人参加诉讼，与原告是平等的诉讼当事人，不再是行政程序中管理者与被管理者之间的关系。行政机关在两种法律程序中的主体身份的转换，实质上是对行政机关的一种监督，有利于行政机关依法行政。

---

① 马怀德主编：《行政诉讼原理》，法律出版社 2003 年版，第 235—240 页。

（二）证明程序的衔接

尽管行政程序和行政诉讼程序中的证明程序存在上述差别，由于行政诉讼程序是对行政程序的审查，两者在证据和证明程序上有着千丝万缕的关系，主要表现在：

第一，证据内容的同一性。从表面上看，行政证据是行政机关在行政程序中依法调查收集的，据以认定事实，作出行政决定的事实材料。行政诉讼证据是在行政诉讼过程中由人民法院调查、收集和审查的事实材料，包括当事人向法院提交的证据和法院调取和调查得来的证据。似乎是两种完全不同的证据，其实不然，行政证据往往与行政诉讼证据是同一种证据，被告行政机关向法院提供的证据往往就是其在行政程序中调查收集的证据材料，证据内容往往也是同样的。由于程序不一样，同样的证据材料只是转换了一下名称而已。当然，一般来说，行政证据的范围要小于行政诉讼证据的范围。因为行政诉讼证据不仅包括许多原来行政程序中产生的证据，还包括法院调查和收集的证据、原告提交的由法院审查的证据等。[①]

第二，证据调查、收集时间前后衔接。根据“先取证，后裁决”的行政规则以及案卷排他性原则，行政证据的调查收集工作应当在行政决定作出之前就已经完成，不能在决定作出之后再去收集证据，行政证据是一种事先的前提性的证据。所以我国《行政诉讼法》规定，在诉讼过程中，被告不得自行向原告和证人收集证据。最高人民法院《关于行政诉讼证据若干问题的规定》第60条规定，被告及其诉讼代理人在作出具体行政行为后或者在诉讼程序中自行收集的证据，不能作为认定被诉具体行政行为合法的依据。

行政诉讼证据的调查收集则是在行政程序之后，是在诉讼过程中由法院和诉讼当事人共同完成的。比较而言，行政诉讼证据主要是审查性证据。所谓审查性，是指对已经使用过的证据进行复查，以查明是否存在不合理或不合法的情况。行政诉讼证据的作用是对行政证据的客观性、合法性和关联性进行事后的证明，是对行政机关使用行政证据情况的复查。[②] 所以，行政证据和行政诉讼证据的调

① 马怀德主编：《行政程序立法研究——〈行政程序法〉修改建议稿及理由说明书》，法律出版社2005年版，第175—176页。

② 马怀德主编：《行政程序立法研究——〈行政程序法〉修改建议稿及理由说明书》，法律出版社2005年版，第176页。

查收集时间具有前后继承性，行政诉讼证据在某种程度上是对行政证据的进一步审查、证明，以确定行政行为的合法性与正当性。

第三，行政证明程序是对行政证据的第一次判断，行政诉讼程序则是对行政证据进行的再次判断。行政证明程序和行政诉讼程序中的质证过程大体一致，都是围绕证据的关联性、合法性和真实性展开，以确定证据是否有证明力以及证明力的大小。行政证明程序中的质证是对证据的第一次判断，其判断正确与否，往往会影响到行政诉讼中对证据的第二次判断。以现场笔录这种证据为例，由于其是行政执法机关在行政程序中对现场发生的执法事实予以记录的证据，其合法性、真实性和关联性主要取决于行政机关的第一次判断。行政执法机关在制作现场笔录时，必须符合以下要求：（1）制作主体只能是行政执法机关；（2）必须在案件事实发生的现场制作；（3）制作的时间是在行政案件发生的过程中，不能事后补上；（4）笔录的内容是行政执法人员对自己耳闻目睹、检验、检查等案件事实的记载，必须全面客观地反映案件的事实；（5）制作程序和形式要符合法律、法规的要求，比如笔录应当由公务人员、当事人或者证人签字或者盖章。如果当事人拒绝签字或盖章，行政机关应当邀请在场的证人在笔录上签字；确实没有在场证人的，行政机关应当注明情况，并且采取拍照、录音、录像等手段保全现场情况。否则，一旦进入行政诉讼，行政机关就很难证明其现场笔录制作的合法性和内容的真实性。①

第四，证明标准的递进性。总体上看，由于行政和司法具有不同的特点，行政证明程序和行政诉讼程序的证明标准是不一样的，对行政程序的要求和证明标准比行政诉讼活动低。所以在证明标准上，由行政程序向行政诉讼程序过渡时，其要求的严格程度是递进的。两种证明程序的递进关系可以从以下几个方面来说明：（1）行政活动广泛复杂，行政诉讼活动比较单一。为了应对纷繁复杂的行政管理情况，应当赋予行政机关较大的自由裁量权，放宽其证明标准，适应多变的社会需求。（2）行政活动主要追求效率，行政诉讼活动主要追求公正。为了实现行政机关高效率地完成行政任务的目标，程序要求应当降低，特别是在发生紧急事态的情况下，不能一

① 马怀德主编：《行政程序立法研究——〈行政程序法〉修改建议稿及理由说明书》，法律出版社 2005 年版，第 179 页。

律坚持高标准的程序要求。司法程序则不同，虽然处理案件也要讲效率，但诉讼活动主要还是实现公正的目标，程序要求和证明标准要求较高也符合司法的本质。（3）行政诉讼活动本身就是对行政活动的一种监督。对监督者的要求当然比对被监督者的要求要高。（4）行政程序相对于行政诉讼程序而言，还很年轻、不成熟。制度建设也是一个渐进的过程，特别是我国，行政程序法治建设刚刚起步，规定严格的程序要求和证明标准，也不太现实。

三、两种程序的互补

姜明安教授认为，现代法治与传统法治的最重要的区别在于：传统法治主要着眼于控制授予政府权力的范围，而现代法治则更注重于规范政府权力的行使。如果说，法治的基本功能是控制政府权力的话，那么，就控权的方式而言，传统法治注重的是组织法控权，现代法治则更注重程序法控权；就控权的手段而言，传统法治强调的是以权力控制权力，现代法治则更强调以权利控制权力；就控权的时机而言，传统法治重视的是事前、事后的控权，现代法治则重视事中控权。[①]

根据上述论断，行政程序代表的是现代法治，而行政诉讼程序则代表的是传统法治，此论断虽然有过于形式化之嫌疑，但至少能说明一点，行政程序和行政诉讼程序对于法治的意义而言，特别是对于控制政府权力的作用，是互相替代、互相补充、相辅相成的。两种程序的替补关系体现在以下几个方面：

（一）行政程序弥补了行政诉讼程序事后审查的不足

现代行政程序的产生有广泛而深刻的历史和现实原因。其中主要的原因就是现代行政权力的不断扩张，而通过行政实体法和司法审查来控制行政权力的滥用显得不足。随着议会权力的萎缩，行政立法和授权的大量出现，行政实体法赋予了行政机关越来越大的自由裁量权，而相应的权力制约机制却没跟上，行政程序成了人们的一个新的选择，行政诉讼程序作为依法行政的最终司法保障，其作用是不言而喻的，但通过司法程序来制约行政权力，有其局限性：第一，被动性。行政诉讼程序坚持不告不理的原则，必须有行政相对人对行政行为不服，向法院起诉后才能启动，法院不能积极主动

① 姜明安主编：《行政程序研究》，北京大学出版社2006年版，第1页。

地去干预行政行为。第二，事后性。事后救济的缺陷是非常明显的，当事人只有在受到损害的情况下才能诉诸法院，其救济本是就滞后了一步，要把已经造成的损害完全予以恢复和赔偿，犹如将破碎的镜子完全复原一样困难。第三，有限性。我国行政诉讼受案范围由于当时历史条件的限制，《行政诉讼法》规定得很狭窄，法院可以受理的行政争议只是许多行政纠纷中的很小一部分。第四，专业知识的局限性。行政诉讼程序是法官监督具有专门知识的行政机关，在能力上是有所欠缺的。所以在国外，特别是英美，大量的行政纠纷是通过行政裁判而解决，英国通过专业的行政裁判所，美国则有独立管制机构和行政法官制度，这些都是非常专业化的纠纷处理机构。第五，程序的严格性。诉讼程序相当严格，而且需要专门法律知识，许多相对人由于缺乏诉讼的知识和成本，不得不放弃司法程序。

行政程序则恰好能弥补行政诉讼程序的不足。首先，行政程序是直接规范行政权力如何公正、理性行使的规则设计，某种程度上是行政机关自己给自己定的行为规则，是"作茧自缚"，是主动进行的自我约束。其次，行政程序是对行政权力的事前、事中控制。再次，行政程序是对行政权力运行全过程的控制。克服了司法审查的有限性，使得权力控制更全面，比如行政行为作出前应当说明理由并进行送达等。最后，行政程序的控制更专业，更灵活。行政程序主要是通过行政机关自身的专业知识来自我约束，避免了法官专业知识不足的缺陷。行政程序种类更多。比如美国行政机关仅制定法规的程序就有五种：非正式程序、例外程序、正式程序、混合程序、协商程序。①

（二）行政诉讼程序是行政程序的最终保障

任何程序的意义都是有限的。季卫东先生早在1993年就提出，"我们应该尽量以一种节制的态度来讨论程序的意义"。② 上面分析了行政诉讼程序的局限性及行政程序的替代作用，这里分析行政程序的局限性及行政诉讼程序的保障作用。行政程序的局限性表现在：第一，自己做自己案件的法官。英国的"自然正义"原则要求任何人不能做自己案件的法官。而行政机关对自己的行为程序进行主导，就有自己做自己案件法官的嫌疑。第二，非终局性。大多数依行政

① 王名扬：《美国行政法》，中国法制出版社1995年版，第358—373页。
② 季卫东：《程序比较论》，载《比较法研究》1993年第1期，第11页。

程序作出的行政决定，如果行政相对人不服，可以复议或提起诉讼，行政程序的结果具有一定的法律效力，但却不是最终的法律效力。第三，随意性。通过正式的听证程序作出的决定，一般能避免随意性，但大量通过非正式程序作出的行政决定，由于缺乏明确统一和程序要求，就往往具有很大的随意性。程序太灵活，也会付出代价的。比如在美国就出现过这样的情况，由于《联邦行政程序法》几乎没有规定程序要求，结果导致非正式裁决程序因行政机构的不同而不同，甚至在同一行政机构中，一个项目与另一个项目的程序也是不同的，人们对非正式裁决程序已经到了无法预见、几乎没有任何限定的地步，人们为行政程序的灵活性付出了很高的代价。①

行政程序有局限的地方，司法程序可以去弥补。首先，超然于行政程序之外的法院和法官，能够以中立的态度，独立办案，公正审判。司法是一种专门的职业化活动。现代法律活动的专门化带来了自主性，即法律规范有别与伦理道德规范、宗教教条和政治原则，法律的运作和执行是专业化的，由受过专业法学教育的律师、法官负责，而不受宗教或政治的权威机关或人士操纵或左右。② 而且司法还是一种公开、透明的活动，司法活动允许诉讼参与人和社会公众全面了解裁判活动的形成过程和形成原因，保证了司法程序的透明性。

其次，行政诉讼程序是对行政行为合法性的最终评判，弥补了行政程序非终局性的不足。行政诉讼程序的最终性来源于司法的权威性。司法程序具有不可逆转性和终结性，司法裁判对于诉讼当事人和其他机关都具有既判力，对于发生法律效力的法院裁判，应当执行，拒不执行的，可以强制执行。行政诉讼程序的终局性确保了行政法律关系的稳定性，有利于行政机关行政相对人之间权利义务关系的实现，有利于社会稳定和行政程序顺利进行。

最后，行政诉讼程序的法定性恰好与行政程序的随意性相对应。法律对法官在行政诉讼活动的行为方式、标准、期限和步骤作出了

---

① 白维贤、金立法：《美国行政程序法的历史、实施和当前主要问题》，载《东亚行政法研究会第三届年会暨行政程序法国际研讨会论文集》1998 年 11 月，第 61 页。

② 马怀德主编：《司法改革与行政诉讼制度的完善——〈行政诉讼法〉修改建议稿及理由说明书》，中国政法大学出版社 2004 年版，第 8 页。

明确的规定。为了防止司法活动的主观随意性，法律还设置了两种控制机制：合议制度和审级制度。合议制度防止了一个法官判案的主观随意性，集中了法官的集体智慧，任意性大大降低；审级制度增加了一道控制法官随意裁判的监督机制，有助于防止冤假错案的发生率。

司法改革

“庭审中心主义”的局限与程序设置观念的变革*

——从民事诉讼程序立法视角的思考

廖中洪**

在我国《民事诉讼法》的修改、完善中，民事诉讼程序制度的立法完善无疑是其中最为重要的内容。对于民事诉讼程序制度的立法完善，从程序功能、目标设定，以及程序构架设置的角度上看，需要研究的不仅仅是《民事诉讼法》现有程序制度本身存在的诸多问题，更重要的恐怕还是指导和设置这些程序制度的立法观念和思想。因为无论是什么样的程序制度，其功能、构架，以及目标设定都无不与设置这种程序的思想和观念存在直接的联系，可以说程序设置的观念和思想不仅从根本上决定了立法者对于程序制度具体内容的规定，也决定了立法者有关程序制度的目标和功能的设定。因而，在我国《民事诉讼法》的修改、完善中，对于指导现行程序设置观念、思想的检讨相对于具体程序制度的检讨，具有更为重要的理论和实践意义。而从《民事诉讼法》有关程序制度的设置应当适应市场经济条件下解决纠纷的实际需要，以及从世界诸多国家民事诉讼程序设置发展趋势的角度上看，现行立法上有关“庭审中心主义”的程序设置理念及其思想，无疑是最值得深入检讨的一种观念和程序设置思想。

---

* 本文系教育部人文社会科学研究规划项目“民事诉讼立法体例及法典编纂比较研究”（06JA820034）阶段性成果。

** 西南政法大学教授、博士生导师。

一、我国民事诉讼法中体现了“庭审中心主义”的特征

所谓“庭审中心主义”，是指一切民事诉讼活动均应以法庭审理为中心，并据以设置相应诉讼程序的观念和思想。由于这种观念和思想把法庭审理作为民事诉讼中解决纠纷的唯一方式，因而以这种观念为指导所构建的诉讼程序体系，不仅在程序制度的具体规定上，就是程序功能的设置，以及程序目标的选择上，都无不是以法庭审理为中心，以及为法庭审理服务的。即从程序设置目的上看，立法上有关诉讼程序制度的一切设置，除了为法庭审理进行充分准备以外，就再也没有其他的目的，同时除了为法庭审理作准备，程序制度本身也不应有其他独立的程序价值与功能。服务于法庭审理不仅是设置程序制度应有的功能，也是立法设置诉讼程序制度唯一的目的。在这种思想的影响下，审判实践以及诉讼学理上形成了纠纷一旦进入诉讼程序，就只能通过法庭审判才能解决的思维定式，换言之，不仅审判成为了诉讼解决纠纷的唯一形式，而且似乎只有审判才能解决纠纷、了结案件。

对于“庭审中心主义”，就立法规定和司法解释而言，是看不到这样的文字表述的。而笔者所谓的“庭审中心主义”，主要是就我国民事诉讼程序立法的观念和诉讼程序制度的特征而言。换言之，如果从我国民事诉讼程序制度的规定，以及有关程序制度功能设置的角度上看，“庭审中心主义”的程序特征却是十分明显的。

（一）就现行《民事诉讼法》有关程序制度的具体规定而言，下述规定都较为充分地体现了这一特征

在有关审查起诉的规定中，我国《民事诉讼法》第 108 条规定：“起诉必须符合下列条件：（一）原告是与本案有直接利害关系的公民、法人和其他组织；（二）有明确的被告；（三）有具体的诉讼请求和事实、理由；（四）属于人民法院的受案范围和受诉人民法院管辖。”这些内容作为立法关于起诉法定条件的规定，也是人民法院审查决定是否受理案件的基本标准。换言之，起诉不符合这些条件者，法院将不予受理。而就这一规定所涉及的审查内容而言，按照通常的理解，包括了对于案件的形式审查和实质审查两个方面。就其中的实质审查而言，学术上不仅普遍认为这种有关实质审查的规定，在立法政策上存在诉权与审判权力配置不当的问题，而且在司法实践中，也一定程度上限制了当事人诉权的行使，不利于当事人诉权

的保护。

笔者认为，现行立法有关审查起诉的这种规定，从当事人诉权保障以及诉权与审判权力配置的角度上看固然存在这些问题，然而这只是问题的一个方面，从诉讼程序设置的角度上看，还具有另一个方面的问题，即十分明显的“庭审中心主义”倾向。换言之，立法上之所以对起诉作十分严格的限制性规定，除了在立法上不大重视当事人诉权行使的保障外，从程序设置的角度上看，显然也具有以庭审为中心，且在诉讼的入口，从诉讼程序规定的角度上排除一切与庭审无关的因素，从而保障开庭审理顺利进行的倾向和指导思想。

在有关诉前答辩的规定中，我国现行《民事诉讼法》第113条规定：“人民法院应当在立案之日起五日内将起诉状副本发送被告，被告在收到之日起十五日内提出答辩状。被告提出答辩状的，人民法院应当在收到之日起五日内将答辩状副本发送原告。被告不提出答辩状的，不影响人民法院审理。”按照这一规定，在我国现行《民事诉讼法》的规定中是没有关于答辩失权规定的，立法上也不认为被告不答辩在法律上应承担相应的失权后果。即从立法的角度上看，答不答辩是被告的一项权利，被告不答辩在法律上不产生任何法律后果。而所谓的“答辩失权”按照通常的理解，是指在民事诉讼中，由于当事人没有正当的实施法律规定的行为，因而依法丧失相应权利的制度。这一制度就目前世界各国的立法规定来看，可以说是普遍作有相应规定的一项制度。而我国立法上之所以不加规定，虽然不排除其他方面的原因，但是与“庭审中心主义”的程序设置思想存在直接的联系，却是毋庸置疑的。因为在一切以庭审为中心的程序设置观念看来，不仅诉讼活动的中心在庭审之中，而且诉讼活动的重心也在庭审中，即民事诉讼除了庭审活动以外，其他一切活动都无关紧要，或者说，被告答不答辩对于纠纷的解决都不重要，因为被告人即使答辩了，不仅案件事实还是要通过庭审来确定，而且对于法律的适用，即纠纷的解决仍然要通过庭审来决定。换言之，法庭审理是解决纠纷的唯一形式与方式。因而在“庭审中心主义”的程序设置指导思想看来，对于答辩失权进行规定似乎没有实际意义，当然也就没有规定的必要了。

在有关强制措施的规定中，现行《民事诉讼法》的有关规定也充分体现了“庭审中心主义”的思想。所谓民事诉讼中的强制措施，就其字表含义而言，显然指的是有关保证诉讼程序正常进行的措施。为此，世界各国有关强制措施及其适用范围的规定，大多涉及民事诉讼的各个方面和不同的程序阶段。然而我国民事诉讼法有关妨害民事诉讼强制措施的规定，无论是其有关种类还是适用范围，可以说绝大多数都是为了保证法庭审理的进行而设立和规定的，与其他国家有关强制措施不仅在空间上包括了每一个诉讼阶段，而且在时间上延伸到了整个诉讼程序活动过程中的立法规定形式，是存在较大差异的。

（二）从我国有关审前程序功能的设置而言，也充分体现了“庭审中心主义”的立法指导思想

所谓审前程序的功能，是指的审前程序在整个诉讼活动中的作用和功效。审前程序作为与法庭审理程序密切相连的一个程序，是诉讼进入法庭审理之前的一个必经程序，因而就世界各国有关民事诉讼程序制度的设置而言，可以说不仅是都作有相应规定的一个程序，而且就各国的相关规定以及有关这一程序功能的设定而言，除了为法庭审理进行准备的功能以外，还有一个十分显著的功能，即解决纠纷。为了实现和强化审前程序解决纠纷的功能，各国在有关审前程序的规定中，不仅规定了与解决纠纷有关的各种程序制度，如证据交换制度、证据发现制度、争点确定制度，而且还设置了具有直接解决纠纷的程序机制及其程序装置，如答辩失权、审前协议、审前会议、和解程序等。这些程序制度及其程序机制的设置与规定，不仅强化了审前程序解决纠纷的功能，也促使大量的纠纷在审前程序中得以解决。而我国现行《民事诉讼法》有关审前程序的设置，除了为法庭审理进行事务性准备，如送达起诉书副本、告诉当事人诉讼权利、确定合议庭组成人员、通知当事人开庭时间等规定以外，就再没有其他内容了。相比之下，在审前程序及其功能的设置上，可以说我国现有的法律规定及其程序设置不仅十分单一，而且其“庭审中心主义”的立法指导思想，也是十分清楚与明显的。

（三）就现行《民事诉讼法》一些程序制度性规定而言，也较为充分地体现了立法上有关“庭审中心主义”的思想

例如，立法有关撤诉问题的规定。撤诉，作为根据当事人的申请或者依据法律规定，对人民法院已经受理的诉予以撤销从而结束已开始的诉讼程序的行为，在本质上是当事人对其诉讼权利的一种

处分。立法上设立这种制度的目的，不仅在于为当事人对于自己诉讼权利的处分从制度上设立完善的保障，而且也在于为受诉法院可以在充分尊重当事人意愿的基础上避免无谓的诉讼，以及合理的使用和一定程度上节约司法资源。因而这一制度的立法目的决定了其相应的法律规定，不仅应充分体现对于当事人处分权利的尊重，即给予当事人不损害他人利益的条件下，充分自由地处分自己的民事权利和民事诉讼权利，而且人民法院也有义务尊重和保障当事人这一诉讼权利的行使。然而，就我国现行的立法规定和有关的司法解释来看，却并非如此。我国《民事诉讼法》第131条规定："宣判前，原告申请撤诉的，是否准许，由人民法院裁定。人民法院裁定不准许撤诉的，原告经传票传唤，无正当理由拒不到庭的，可以缺席判决。"按照这一规定，在我国的民事诉讼中，当事人申请撤诉是有条件的，这个条件就是须经受诉法院的批准。换句话说，非经法院批准当事人不能撤诉。如果当事人硬要撤诉，即拒不到庭参加诉讼，人民法院有权对之进行缺席判决。

对于立法上为什么要对撤诉作这种限制性规定？多数学者认为，立法上之所以作这种限制性规定，是基于保护国家和社会利益的需要。[①] 对此笔者并没有异议，不过笔者认为除了这一个原因以外，从程序制度设置的指导思想上看，"庭审中心主义"的思想也应当是促成立法作出这种规定的重要原因。因为在"庭审中心主义"看来，审判是解决一切争议的中心，在这个中心中，判决是这种解决纠纷方式最为终局性的标志。既然诉讼已经进入了审判程序，判决就是必须以及必然的结果，审理了以后又不判，不仅有失法院的权威性、严肃性，以及逃避国家法律的管理、控制，而且与纠纷的解决必须以法庭审理为中心的思想不相吻合。所以对于这种情况，从"庭审中心主义"的角度出发，不仅应当予以制止，而且应当赋予法官的缺席判决权。

又如，立法关于财产保全的规定。所谓财产保全，是指法院在受理诉讼前或者诉讼过程中，根据利害关系人或者当事人提出的申请，或依职权对当事人的财产或争议的标的物作出的强制性保护措施，以保证将来作出的判决能够得到有效执行的制度。对于这种制

① 参见江伟主编：《民事诉讼法学原理》，中国人民大学出版社1999年版，第631页有关内容。

度，我国《民事诉讼法》第92条至第96条，虽然在财产保全的类型、不同类型财产保全适用的条件、范围、措施、担保、财产保全错误的赔偿等方面都作出了相应规定，以及仅就这些规定而言，似乎已十分详细、完善。但是换一个视角，即比较世界其他国家有关保全制度的规定而言，这种判断似乎又是难以成立的。因为比较大陆法系国家和一些地区，针对请求权性质的不同，即根据是针对金钱的请求还是非金钱的请求，而分别设置假扣押和假处分的保全制度而言，我国现行有关财产保全制度的规定又是有问题的。而这种不依据请求权的性质而有针对性的设置保全方式的立法规定形式，从诉讼法理的角度上看显然是存在严重缺陷的。而为什么我国民事诉讼立法上不考虑借鉴大陆法系这种较为科学的且普遍采用的做法，即根据请求的性质不同而分别设置不同的保全方式，以及又是什么原因导致这一问题的呢？从立法的角度上看，笔者认为，除却立法技术以及其他一些原因外，民事程序设置中的“庭审中心主义”的立法观念，不能不说是其中最为重要的原因。因为就我国现行《民事诉讼法》有关财产保全的相关规定来看，立法上之所以设置这一种制度，其目的十分的明确，即保证法庭审理的结果可以得到有效的执行。换言之，以法庭审理为中心，并保证法庭裁判结果得到执行，是立法上设置这一制度的基本目的。在这种压倒优势立法目的左右下，保全制度的方式、多重价值的保护，以及制度设置的科学性都不再作为立法考虑的问题，也可以在所不问。由此可见，在“庭审中心主义”思想的指导下，相应制度的设立都有一个共同的目的，即要不是为了保证法庭审理的进行，就是为了保证法庭审理结果的执行。除此之外，至于是否还存在其他需要保护以及考虑的问题，在立法上看来都已经不那么重要了。

此外，还有关于诉讼上和解制度的设置问题。所谓诉讼上的和解，是指在民事诉讼过程中，当事人双方或者多方自主协商达成协议，从而共同向法院表示终结诉讼、解决纠纷的方式。这种解决纠纷的方式与法院调解虽然在某些方面也有相同之处，但是无论在性质、方式，还是法律效力上都是不相同的。其主要区别在于，在性质上调解是人民法院解决纠纷的一种形式，而和解却是当事人自主解决纠纷的形式；在方式上调解是在法院的主持下进行的，法官的主持是调解最为显著的特征，而和解中没有法官的主持以及参与，由当事人双方或多方自主进行；在效力上调解协议一经当事人双方签字即产生法律效力，如果一方不自动履行，另一方可以申请法院强制执行，而和解没有法律上的效力，只能由当事人双方自动履行。对于这种在大陆法系各国民事诉讼立法上普遍作有详细规定，且当事人自主协商解决纠纷的方式，目前我国立法仅在《民事诉讼法》第51条中规定："双方当事人可以自行和解"，然而怎样和解、和解的程序、和解协议以及和解的法律效力等基本问题，都没有做任何具体的制度性规定。对于为何我国立法上有关和解的规定如此简陋？学理上有不同的认识，其解释也很多，不过笔者认为，这与"庭审中心主义"的立法观念是存在直接联系的。因为就"庭审中心主义"这种观念而言，其最为核心的思想，以及所强调的根本问题是纠纷解决上的国家控制，即国家在民事纠纷解决上的主导权、控制权，以及怎样通过司法审判这种形式来贯彻国家意志。因而就这种观念的本质而言，它不仅是排他的，即不允许国家意志以外的任何因素介入和影响国家对于民事纠纷的审判，而且也绝不可能容许审判方式以外的其他任何纠纷解决形式的存在。即从本质上看，对于当事人排开法院的条件下自主决定以及自行协商解决纠纷的方式，立法在指导思想与立法观念上是不能接受以及不可容忍的。换言之，由于和解这种通过当事人自主协商解决纠纷的方式，虽然发生在诉讼过程中，但由于没有法官的直接参与，因而不仅在性质上被视为当事人在审判方式以外自主解决纠纷的行为，而且，由于这种协议的产生不受法官意志的左右，因而与"庭审中心主义"强调国家对于解决民事纠纷的主导以及对于解决过程控制的基本精神不相吻合，因而在我国的民事诉讼程序立法上，不可能被作为解决纠纷的一种重要方式，并在立法上详加规定。

二、"庭审中心主义"对我国民事诉讼程序制度设置方面的消极作用

由上可见，在我国民事诉讼程序立法中，"庭审中心主义"的观念及其思想不仅是客观存在的，而且也是主导我国民事诉讼程序立法的一种基本观念及其思想。以这种观念及其思想来指导我国民事诉讼程序制度的设置是有严重问题的，这些问题主要表现在以下几个方面。

（一）不适应市场经济对于解决民事纠纷诉讼机制的内在要求

市场经济是以市场为中心，按照市场规则来分配社会资源，以

及组织社会生产的经济形态。这种经济形态与计划经济的最大区别在于，这种经济形态不仅本质上讲究社会经济生活的平等、自主和意思自制，而且从社会经济基础与作为上层建筑诉讼程序制度关系的角度上看，上层建筑要促进经济基础的发展就必须充分反映经济基础的内在要求，以及有什么样的社会经济制度，客观上必然要求有与之相匹配的解决民事争议的诉讼程序制度；经济体制的类型不同，民事诉讼程序制度的功能、机制、目的，甚至具体程序制度的设置就应当有所不同。

市场经济作为一种以市场为主导，以及自主、自由、平等、诚信为基本特征的经济体制，不仅从社会经济基础的层面，决定了与之配套的民事诉讼程序制度应当以解决纠纷为目的，而且市场经济所内含的平等观念与契约精神，必然要求民事诉讼程序制度的设置以自主、自治、协商、对话为程序设置的基本指导思想，以及否定政府将对于社会的控制作为司法和诉讼程序制度设置的基本目标，进而为司法独立以及法官的居中裁判提供基本的保障。同时，在商品生产、流通、交易、产权转换等较计划经济时代更为复杂的社会经济活动中出现的多种纠纷类型以及冲突形式，客观上不仅对于现行民事诉讼程序机制、程式、方式和形式的设置提出了灵活、多样的要求，而且对于诉讼纠纷的解决也从司法审判程序设置的角度，提出了多视角、分阶段、多方式、多层次解决的要求。

而一切诉讼纠纷都必须进入法庭审理程序，并只能由代表国家意志的司法审判人员来裁判决断的“庭审中心主义”，作为我国计划经济体制条件下确立的有关诉讼程序设置的指导思想，反映的不仅是计划经济的内在要求，以及与现实市场经济的要求不相吻合，而且也必然从国家基本任务的角度限定和设定诉讼活动的功能、机制与目标，甚至具体程序制度的设置，从而使得市场经济体条件下以解决纠纷为基本使命的民事诉讼法，在诉讼程序制度及其程序功能的设置上呈现出异化的特征。换言之，这种主张民事诉讼领域内的每一个诉讼纠纷以及每一个诉讼案件，都无一例外的必须通过法庭审理的形式，以及必须由法官采用判决的方式来解决的程序设置思想与理念，由于把法庭审判作为了解决诉讼纠纷的唯一方式，因而在这种思想指导下建立起的诉讼程序制度体系，不仅难以应对和解决市场经济条件下纷繁复杂的各类纠纷，而且也不适应市场经济对于解决民事纠纷诉讼机制的内在要求。

（二）违背当事人处分原则的基本精神

所谓当事人处分原则，是指在民事诉讼中，当事人有权按照自己的意志支配、决定，以及处理自己的实体权利与诉讼权利的原则。按照通常的理解，这一原则最为核心的内容是当事人享有对自己民事实体权利和民事诉讼权利的决定权和处分权。即对于这些权利是否行使，以及如何行使由当事人自行决定的权利。①

就目前世界各国的有关情况来看，当事人处分原则之所以在立法上被各国奉为最重要的立法原则，以及在理论上被视为一项具有“公理性”的基本准则，按照国外学理上的观点，是因为“民事诉讼从历史上就是处理私人之间纠纷的方式之一，其目的在于实现和确认私人的实体权。此外，从国家处理纠纷的观点来看，公共权利也无法平等地一一介入私人之间在日常生活中发生的矛盾或摩擦，只能消极地等待人们把纠纷诉至法院才能予以解决。更重要的是，从近代法制国家司法权性质来看，司法权不能积极地介入市民生活，如果需要国家介入的话，主要应通过行政权的行使来实行。”② 为此，不仅应当充分尊重当事人的处分权，而且在民事诉讼中对于当事人处分权的尊重还具有其他诉讼类型所不具有的重要的意义。换言之，处分原则之所以在各国民事诉讼立法中能够得到如此高的礼遇，与民事诉讼主要解决的是私权纠纷存在直接关系。私权作为当事人依法享有的权利，通常与国家利益、社会公共利益无关，在法制社会应当得到国家和社会的充分尊重。在理论上我国也有学者认为：“民事诉讼中之所以实行处分原则，其根本原因在于民事权利的可处分性。民事权利属于私权，主要与当事人本人有关，与国家利益和公共利益一般并无关系，因此国家对民事权利原则上持不干预态度，而让权利人自由自主地去处置他的权利。权利人可以行使其权利，也可以不行使甚至放弃他的权利。在发生纠纷时或者权利受到侵害时，权利人可以通过协商方式解决纠纷，也可以选择仲裁或者诉讼。即使选择了诉讼，国家也不要求当事人非得把诉讼进行到底，当事人可以根据案件的具体情况作出选择，可以放弃诉讼请求，

---

① 参见常怡主编：《比较民事诉讼法》，中国政法大学出版社 2002 年版，第 296 页有关内容。

② ［日］谷口安平：《程序的正义与诉讼》，王亚新、刘荣军译，中国政法大学出版社 1996 年版，第 104—105 页。

可以撤回诉讼，可以与对方当事人达成诉讼上的和解。”①

处分原则在民事诉讼中的确立不仅是基于民事诉讼解决纠纷的私权性，也是基于现代司法审判权力的消极性。这一原则本质上不仅要求民事诉讼中应当对当事人的处分权给予充分的尊重，允许当事人对于自己诉讼权利的处分，而且基于司法权的消极性，国家在民事诉讼的程序立法中也不应当设置审判权力可以随意干预当事人处分权行使的制度与机制。然而“庭审中心主义”思想指导下设置的诉讼程序制度，不仅限制当事人撤回自己的诉讼，而且根本不重视没有法官参于下由当事人自主协商解决纠纷的和解方式，这种诉讼程序制度的设置及其指导思想，显然是违背当事人处分原则基本精神的。

（三）不经济且浪费司法审判资源

所谓诉讼经济，简而言之，是指诉讼中，通过较少的人力、物力、财力，以及时间上的投入，获得较大的诉讼效益。

诉讼经济的观念源于西方经济效益主义的理论，其中最为核心的思想是：所有司法活动和全部法律制度都应当以有效地利用司法资源，最大限度地获得实际效果为目的。该理论主张运用经济学特别是微观经济学的观点和方法分析、评论法律制度及其功能，以及按照经济效益的目标改革法律制度，并认为经济效益理论的基本问题是投入和产出。前者指投入的各种资源，如人力、物力、财力、时间、精力等；后者指获得的实际成果或效果。而一种行为或过程要符合经济效益的基本原理，必须符合两个条件：一是投入的资源得到最大限度的节约；二是产出的成果达到最大化。

这种理论在民事诉讼中的运用，有其特定的历史背景条件。即各国民事案件数量的急剧上升，以及司法资源的有限与匮乏。换言之，世界各国之所以把诉讼经济作为民事诉讼立法以及民事司法考虑的一个重要原因，以及在诉讼活动中追求经济效益，很大程度上是因为国家对诉讼活动的资源投入是有限的，不可能跟上诉讼案件的增长，因此，民事诉讼和民事审判不能够不顾及成本问题。对于这一问题，国外有学者指出：“在讨论审判应有的作用时不能无视成本问题。因为无论审判能够怎样完美地实现正义，如果付出的代价

① 江伟主编：《民事诉讼法学原理》，中国人民大学出版社1999年版，第316—317页。

过于昂贵，则人们往往只能放弃通过审判来实现正义的希望。”①

近几十年以来，由于世界各国司法审判资源的有限性与诉讼案件无限增长之间的矛盾日益凸显，诉讼经济已经成为各国民事诉讼程序立法中一个十分关注的问题。而诉讼要经济以及最大限度地减少司法审判资源的浪费，从诉讼程序立法的角度上看，不仅在诉讼程序进行的每一个阶段，都应当赋予当事人享有自主解决纠纷、结束诉讼的权利，而且在有关诉讼程序的规定中，每一个诉讼阶段都应当设置具有独立解决纠纷的机制与装置，且不能以凡是诉讼都必须进入法庭审理阶段，以及每一个案件都必须经法官裁判以后才能结案为程序体系设置的基本指导思想。而“庭审中心主义”对于诉讼纠纷的解决，不仅以法庭审理为中心，以及把法庭审理作为解决诉讼纠纷的唯一方式，即只有通过审判的方式才能解决纠纷、了结诉讼，或者非经法官裁判不能结束诉讼。显然，不仅没有充分发挥不同程序以及同一程序中的不同诉讼阶段在解决纠纷中的作用，而且从诉讼经济的角度上看也浪费司法审判资源。

（四）与现代民事诉讼程序设置的基本理念及其发展趋势不相吻合

在民事诉讼程序设置基本思想的历史发展进程中，“庭审中心主义”作为近代资产阶级反对封建司法专横过程中提出的一种程序设置观念与思想，历史地看是有进步性与民主性的。换言之，这种主张诉讼纠纷必须在法官的主持以及当事人和证人的参与下，经过对于案件事实的调查、质证、认证等审理程序，才可以对于案件所涉当事人之间的权利、义务作出裁判、决断的观念，及其非经法庭审理，任何人不得随意认定案件事实以及裁判、决断案件性质的程序设置思想，相对于封建司法审判的专横，即无视当事人对于法庭审理的参与，以及不经法庭审理就对于当事人之间的权利、义务进行裁判的审判方式而言，无疑是一个历史性的进步。

然而，进入现代社会以后，随着社会的发展和纠纷的大量出现及其由此引发的诉讼爆炸，有限的司法审判资源与急剧高涨诉讼纠纷之间的矛盾日益突出，在程序设置上，单一的仅仅采用法庭审理方式来解决纠纷以及了结案件思想的局限性日益显露，在现实的社

① ［日］棚瀬孝雄：《纠纷的解决与审判制度》，王亚新译，中国政法大学出版社2004年版，第267页。

会条件下，不仅学理上对于“庭审中心主义”的科学性、适时性提出了质疑，引发了各国有关民事诉讼程序设置观念的变化，以及世界大多数国家在解决纠纷诉讼程序设置上的变革，即由单一的仅限于对法庭审理程序解决纠纷功能的关注，向多程序、多视野、多方式以及同一程序中分阶段地解决纠纷和终结案件功能方向发展，而且在民事诉讼程序设置上也调整、规定了大量的不经法庭审理便可终结案件的方式及其程序。例如，法国《新民事诉讼法典》规定的“诉讼不受理”程序①、和解程序②、调解程序③以及“撤销案件”程序④；德国《民事诉讼法》规定的“先期首次期日程序”（口头辩论准备程序）⑤、具有强制性的“和好协商”程序⑥；英国《民事诉讼规则》规定的停止、中止与驳回诉讼程序、不应诉判决程序、诉讼和解程序、简易判决程序⑦；美国《联邦民事诉讼规则》规定的诉答程序、证据开示程序、审前会议程序、替代性纠纷解决程序、不经庭审而对案件的简易判决程序、不应诉判决程序、撤销诉讼程

① “诉讼不受理”程序，指的是当事人通过援引“诉讼不受理”的法定理由，请求法官宣告“诉讼不受理”，从而结束诉讼案件的程序制度。按照《法国新民事诉讼法典》第123条、第125条的规定，不仅当事人可以在诉讼的任何阶段提出“诉讼不受理”的主张，而且法官也可以不经当事人申请，依职权直接决定不受理从而结束诉讼。

② 法国《新民事诉讼法典》规定的和解程序，指的是由当事人自主进行或者由法官提议进行和解以结束诉讼的程序，法国《新民事诉讼法典》第127条至第131条对于当事人的和解权利、法官对于和解的提议、法官对于和解的见证、和解的形式与确认、和解凭据的法律效力等问题都有具体的规定。

③ 法国《新民事诉讼法典》规定的调解程序，指的是在法官本人或者法官指定的经当事人同意的第三人主持下，协商解决纠纷的程序，法国《新民事诉讼法典》第六编（二）用15个条文对于这种程序作出了详尽规定。

④ “撤销案件”程序，指的是诉讼中法官按照法律的规定，在当事人缺乏严谨认真态度的条件下，依职权直接撤销案件的程序。《法国新民事诉讼法典》第381条至第383条对于这一程序及其制度作出了规定。

⑤ “先期首次期日程序”（口头辩论准备程序），是德国民事诉讼法规定的，为法庭审理进行准备，以及结束无争议案件的程序。

⑥ 具有强制性的“和好协商”程序，是德国2001年《民事诉讼法改革法》颁布后，为了促进纠纷的和好解决，按照《劳动法院法》第54条的精神，确定的广泛使用不经争议性判决而解决争议的程序。

⑦ 请参见乔欣、郭纪元：《外国民事诉讼法》，人民法院出版社、中国社会科学出版社2002年版，第25—28页的有关内容。

序等[①]。这些由各国立法上设置的大量的无须法庭审理即可终结案件的程序及其规定，从解决纠纷终结案件的角度上看，不仅表明了当今世界民事诉讼程序制度设置改革发展的趋势，也从主导程序设置的基本思想上，否定了传统的“庭审中心主义”的思想及其观念。

三、“庭审中心主义”与执行难的关系

由上可见，在当今诉讼案件迅猛增长而司法审判资源严重贫乏的现实条件下，仍然把“庭审中心主义”作为程序设置的基本指导思想，从解决纠纷、终结案件的角度上看，显然是有严重问题的。这种问题的严重性从我国司法实践的具体情况来看，相对于其他国家而言还具有更为严重的一面，这就是由此而导致的民事执行问题。

民事执行虽然就性质而言仅仅是民事司法领域内的一个问题，但是由于执行难的严重性，这一问题实际上已经上升成了我国的一个严重社会问题，即在现实的社会生活中这一问题的严重性已经超出了民事司法的范围。而之所以出现这种情况，虽然原因很多，但是我国民事审判上大量采用法院判决的方式来了结案件，从而大大增加了执行案件的数量不能不说是重要的原因之一。换言之，我国现实生活中的执行难与“庭审中心主义”采用判决来了结案件的方式存在直接的关系。而从世界其他国家民事审判的情况来看，不仅类似于我国这样坚持诉讼纠纷必须经过法庭审理才能了结的并不多见，而且在现代英美法系国家中，大量的民事纠纷均不是通过法庭审理方式予以了结的。例如，美国民事诉讼中95%的诉讼案件是在法庭审理之前的庭前程序就解决了，仅有5%的民事案件才是通过法庭审理的方式解决的。[②] 由于真正通过法庭审理了结的纠纷仅有5%，因而不仅可能进入强制执行案件的数量相当少，而且，由于执行案件的数量很少也大大减轻了法院强制执行的负担。

在学术研究上，有不少学者认为国外大多数国家之所以不存在类似于我国的执行难，是因为那些国家的法制环境好，公民的法律意识强，以及社会的诚信度高，对此笔者是没有异议的。但是，笔者始终认为这仅仅是问题的一个方面，除了这些方面以外，世界任

---

① 请参见乔欣、郭纪元：《外国民事诉讼法》，人民法院出版社、中国社会科学出版社2002年版，第62—104页的有关内容。

② 请参见白绿铉：《美国民事诉讼法》，经济出版社1998年版，第78页的有关内容。

何国家执行案件的数量都大大低于我国，不能不说也是其中十分重要的一项原因。因为面对数量庞大的执行案件，无论采用什么方式，以及做何种形式的动员，从解决问题的角度上讲，可以说都是具有极大难度的。由此也进一步说明，无论从立法指导思想还是诉讼程序设置的技术性、科学性角度上看，我国与西方一些国家在解决纠纷、了结案件的观念和程序设置的技术上，是存在重大差别的。为此，从民事诉讼程序设置基本观念及其指导思想上改变“庭审中心主义”，注重采用法庭审理方式解决纠纷、了结案件的同时，向多视角、多方式解决纠纷和了结案件方向发展，充分发挥不同程序以及同一程序的不同诉讼阶段在解决纠纷以及了结案件中的功能和作用，不仅是我国民事诉讼程序设置观念与指导思想上应当进行的变革，也是应对急剧增长的诉讼纠纷及其解决民事执行难的现实需要。

审判委员会运作机制审理化的误区

韩 波*

审判委员会是我国法院具有明显本土特征的机构设置。审判委员会在我国审判实践中发挥着极为重要的作用，另一方面，审判委员会的审判活动与审判独立、审判公开、直接审理、集中审理等司法原则存在紧张冲突，关于审判委员会的存废之争由来已久。2007年《最高人民法院工作报告》中“深化司法体制和工作机制改革，完善社会主义审判制度”部分述及改革了审判委员会工作方式、表决机制、委员任职资格；[①]这种变化就是《人民法院第二个五改革纲要（2004—2008)》（以下简称“二五改革纲要”）中规定的，对审判委员会审理案件的程序和方式进行改革的典型体现。这种改革就是将审判委员会的工作方式由会议制改为审理制的改革。对此具有分水岭意义的改革举措，笔者认为应从审判委员会职权设定的合宪性、审判委员会的预期功能、审判委员会行使审判权的实效性、审判委员会运作机制审理化的实践模式四方面审慎考虑。

一、审判委员会职权设定的合宪性

审判委员会是民主集中制原则在法院机构设置上的集中体现。审判委员会的审判职权由两方面构成：一是启动对本院已生效判决、裁定的审判监督程序的决定权。各级人民法院院长如果发现本院已经发生法律效力的判决和裁定确有错误，须提交审判委员会讨论决定是否启动审判监督程序。二是重大、疑难、复杂案件的讨论决定

---

* 中国政法大学民商经济法学院民事诉讼法研究所副教授。本文系国家社会科学基金重大项目“建设公正、高效、权威的社会主义司法制度研究”（卞建林教授主持，项目批准号：07& ZD032）课题成果。

① 肖扬：《最高人民法院工作报告——2007 年 3 月 13 日在第十届全国人民代表大会第五次会议上》，新华网北京 3 月 21 日电。

权。审判委员会通过会议形式讨论决定案件，不免成为院长、庭长干预审判的平台，与直接审理原则形成紧张冲突，影响合议庭独立行使审判权。为此，“二五改革纲要”提出，要逐步做到审判委员会只讨论合议庭提请院长提交的少数重大、疑难、复杂案件的法律适用问题，案件事实的认定由合议庭负责。

令人意想不到的是，旨在改革审判委员会的“二五改革纲要”居然会令审判委员会的法律地位之争白热化。若依最高人民法院“二五改革纲要”与《审判委员会工作规则》，审判委员会是我国司法中的审判组织，而且是居于独任庭与合议庭之上的一个法院内的“最高审判组织”。然依照法理，审判委员会作为审判组织的法律地位似乎存在很大疑问。审判委员会非审判组织论者，或认为审判委员会的本来面目应为法院内的审判咨询或审判监督机构；[①]或认为审判委员会应当是一个“审判管理组织”，主要履行对审判工作的指导、监督、控制、协调等功能。[②]审判委员会法律地位之争的本质是审判委员会的职权设定中是否包含审判委员会可以行使审判权的内容。就此争议，笔者认为，应当考察设立审判委员会的法律规范。

确定审判委员会的基本法律依据是我国现行《法院组织法》。该法自1979年由全国人大通过以来，保持着非常强的稳定性，虽经1983年、2006年修订，对审判委员会制度未有丝毫触动。根据《法院组织法》第11条，审判委员会的职权有三项，一是总结审判经验；二是讨论重大的或者疑难的案件；三是讨论其他有关审判工作的问题。这三项职权中，尤其值得注意的是审判委员会对重大、疑难案件享有的权力是“讨论权”，而非“讨论、决定权”。从这三项职权设定看，审判委员会是一个法院内对审判工作进行指导的集体议事机构。

然而，最高人民法院在《最高人民法院审判委员会规则》与《人民法院第一个五年改革纲要》中却将审判委员会这一法院内具有审判指导职能的集体议事机构，转变为“讨论、决定”重大、疑难、新颖案件的“最高审判组织”。“决定”二字的增加非同小可，可以

① 黎军：《审判委员会改革的几个基本问题》，载《法治论丛》2006年5月第21卷第3期。

② 岩皓：《审判委员会功能的异化与重构》，载《西南政法大学学报》2005年12月第7卷第6期。

说，这直接导致的是法院组织、职权与诉讼制度的实质性转变。二十余年来，我国各级法院的审判实践俨然表明，审判委员会的的确确在行使着法院内“最高审判组织”的职权。以山东济宁市中级人民法院及其辖区内的七个基层法院1999年至2003年审判委员会工作状况为例。这八个法院，五年内共召集审判委员会627次，其中总结审判经验58次，制定规章制度共105部，讨论案件1390件。[①]（具体数据见“表1 关升英：山东济宁市八个法院审判委员会会议情况调查汇总表”召集次数其中总结审判经验）

表1 关升英：山东济宁市八个法院审判委员会会议情况调查汇总表

	召集次数	其中						
		总结审判经验（次）	制定规章制度（部）	讨论案件				
				民事案件	刑事案件	行政案件	其他案件	小计（件）
1999年	154			165	92	35	37	329
2000年	116	8	10	150	64	31	34	279
2001年	133	10	19	158	81	27	37	303
2002年	111	15	22	89	43	30	36	198
2003年	113	25	54	187	48	18	28	281
合计	627	58	105	749	328	141	172	1390

山东济宁市八个法院审判委员会以讨论案件为审判委员会的主要职能并非个案。某省高级人民法院一位法官对某省高级人民法院的审判委员会的运作情况也进行了较为细致的实证研究。2000年至2004年该法院共召开审判委员会会议1091次，讨论案件4475件，约占全部讨论议题的99.7%。[②]不过，各地法院情况不尽相同，如推行审判长选任制度改革后，南京市法院审判委员会在2002年1月至10月，在已审结的41094件案件中，由审委会研究定案数478件，

① 关升英：《审判委员会工作机制探索与完善》，载《人民司法》2004年第10期。

② 岩皓：《审判委员会功能的异化与重构》，载《西南政法大学学报》2005年12月第7卷第6期。

占1.2%，比上年同期下降0.2个百分点。[①]尽管全国各地法院在审判委员会职权行使状况上存在不均衡现象，审判委员会在行使审判权却是不争的事实。审判委员会的主要职能就是行使审判权在为数不少的法院也是事实。尽管《合议庭规定》中明确了合议庭对审判委员会的决定有经院长提请复议一次的权力，合议庭必须按照审判委员会的决定来制作裁判文书，审判长或者案件承办法官的意见与审判委员会的决定不一致，要由合议庭其他法官制作裁判文书。"决定—服从"是审判委员会与合议庭之间关系的基本面。基于这种关系，审判委员会行使着提交其讨论的案件的审判权。审判委员会在职权设定上，已经由审判指导本位发展为审判权行使中心化。最高人民法院在《最高人民法院审判委员会规则》与《人民法院第一个五年改革纲要》是审判委员审判权行使中心化的直接依据。这两部司法解释对法院的组织与职权以及相应的诉讼制度进行了变更性设定。根据《立法法》第8条，法院的组织、职权以及诉讼制度必须由法律来规定。根据《宪法》第62、67条的规定，规定法院的组织、职权以及诉讼制度的法律只能由全国人民代表大会或者全国人民代表大会常务委员会来制定和修改。从立法权限角度看，最高人民法院通过司法解释的形式变更《法院组织法》对审判委员会的职权设定是违宪之举。

最高人民法院将审判委员会设定为法院内的"最高审判组织"，在"二五改革纲要"颁行之前，这个"最高审判组织"以会议形式不公开地行使审判权。根据《宪法》第125条，人民法院审理案件，除法律规定的特别情况外，一律公开进行。审判委员会不适宜以公开方式来行使手中的审判权。就目前来看，我国尚无法律规定为审判委员会"开戒"。从其行使审判权的方式看，最高人民法院对审判委员会的职权设定也是违宪的。有法院工作的同仁认为，从实际运作的方式上看，与法官坐堂听案不同，审判委员会的核心环节是法官发表各自的裁判意见。这决定了审判委员会讨论案件的会议与合议庭评议的基本性质类似。既然，世界上大多数国家都规定审判人员评议案件时应秘密进行，那么审判委员会会议不公开也是利大于弊。另外，审判委员会的主要职责是讨论案件的法律适用问题，而

① 南京市中级人民法院研究室：《审判长选任后审判组织发挥职能情况的调查报告》，载《法律适用》2003年第3期。

非事实认定问题，审判委员会的工作是比较纯粹的案件评议活动，并没有使合议庭公开的庭审活动的意义受到实质性减损。因此，审判委员会制度并不违背审判公开原则。①笔者认为，事实认定有时比法律适用更为疑难。尽管《最高人民法院审判委员会规则》第8条规定，合议庭和承办人要对案件事实负责，事实认定与法律适用是不可能截然分离的。合议庭提请审判委员会讨论的案件审判委员会讨论的案件很可能是事实认定上存在困难的案件。在提出审判委员会工作方式不违反审判公开原则的法官同仁看来，“司法实践中，承办法官向审委会汇报的案情是已由合议庭确认的事实。即使涉及事实认定问题，审判委员会也不代替合议庭对证据进行审查判断，而只是为合议庭审查判断证据和认定案件事实提供智力上的支持，帮助其在方法和路径上廓清思路”。不无疑问的是，智力上的支持、思路上的廓清针对哪些问题进行呢？不外乎是证据的证据能力、证明力如何判断与举证责任的分配规则如何适用。否则，无法在事实认定上进行有效的智力支持，也不可能廓清合议庭成员的思路。合议庭成员经这几个方面的智力支持之后思路自然清晰，因为审判委员会的会议已经给出了事实认定的方向。因此，将审委会讨论案件的会议的性质类比于合议庭评议很难说是对司法实践的准确描述，有“只见树木，不见森林”之嫌。审判委员会会议讨论结果对一个案件的裁判具有实质性的影响。受到这个决定的实质性影响的人无权参与到这个程序中来，公众和媒体更无从介入。审判委员会实质上在行使着审判权，而其审判权行使方式的确是不公开进行的。这与《宪法》第125条的规定显然是背道而驰的。

二、审判委员会的预期功能

作为我国审判中特有的组织形式，缘起于新民主主义革命时期的审判委员会制度被预期发挥四个方面的功能：

第一，审判监督功能。在我国审判中，审判委员会不仅具有决定是否启动审判监督程序的权力。通过对重大、疑难、新型案件的讨论与决定，审判委员会还发挥对合议庭裁决的审判监督功能。尽管这种审判监督功能并未被“明示”，而且常常被善意地称为给法官

① 储红军、陈靖宇：《审判委员会制度若干问题研究——兼论审判委员会制度的改革与完善》，载《法律适用》2005年第10期。

“把关”。究其根底，审判委员会对个案的这种实质的决定权是为了避免法官在审判案件中出现重大失误并造成不良社会后果。审判委员会在讨论、决定案件时所具有功能与审判监督程序产生的审判监督功能在本质上是相通的，其差异在于审判监督程序产生的审判监督功能是裁判后发挥，而审判委员会对个案的审判监督功能是在裁判前发挥。

第二，风险化解功能。在当代社会，当事人进行诉讼有风险，法官审判也存在一定风险。一般理解，审判的风险是法官个人要承担的不利后果，是“错案”带来的风险。法官是否有“错案”，这是一个经久不衰的命题。不论外国还是中国，都有枉法裁判的法官，枉法裁判的案件就是错案。只是错案数量上有明显差异；只是判断错案的标准更侧重程序标准还是后果标准不同；只是判断错案的标尺是法律还是社会舆论有所不同。长期以来，我国审判实践中，“错案”范围过于宽泛，发回重审、二审或再审改判的案件被作为错案（上级法院认为审错的案件）；遭受社会谴责与舆论攻击的案件，也被称为“错案”。（社会舆论认为审错的案件）尽管对于错案的确定标准渐趋明晰，传统错案观还是对我国审判实践发挥着显著影响，会对法官、法院，乃至法院的领导产生合理或不合理的风险。一个集体议事机构的存在可以化解审判风险。

第三，抗御干扰功能。在我国，法规范层面的法院独立已经实现，行动中的法院独立还尚未实现。合议庭的独立与法官独立的实现更是遥遥无期。在一些各方利益错综复杂的案件中，法院、合议庭、法官可能会面临各种干扰。一个集体表意机构的存在可以抗御外界干扰，使法院能本着法律和事实进行审判。对于审判委员会的这一功能，苏力先生在十年前就曾论及。他认为，“审委会的存在一方面为法官解决疑难案件提供了一种手段，另一方面也为法官躲避外部干扰提供了一种可能性。”①

第四，智力支持功能。审判委员会通过总结审判经验，选定指导性案例，提供与提交讨论案件的相关信息，研讨对提交讨论案件涉及的法律规范的内涵理解与解释方法，审判委员会对疑难、复杂、重大或者新类型的案件的正确审理和裁判具有提供智力支持的功能。

---

① 苏力：《基层法院审判委员会制度的考察及思考》，载《北大法律评论》第1卷。

任何制度的功能预期，都与制度运行的主体状况及社会状况存在密不可分的关联性。在法官素质不尽如人意的情况下，审判委员会制度通过行使审判权对合议庭与独任法官的审判活动实施监督必然存在一定合理性。直到今天，仍有人认为，在中国目前法官素质没有得到根本提高的情况下，审委会对疑难案件的讨论，可以说是有利于提高法官和审委会成员的业务水平，有利于重新构建法官的独立审判人格。[①]笔者认为，近十年来，尤其是统一司法考试实施后，我国司法人才的储备已经达到历史上前所未有的程度。司法人才极度匮乏，因此，要通过制度设置迁就现有审判人员的状况已经有极大改观。随着市场经济改革的深入，优胜劣汰、竞争上岗的职业观念蔚然成风。工人可以下岗，法官为何不可以下岗？目前的实情是优秀法学人才很难进法院，法院内部分审判人员又不能胜任审判工作。要改变这种状况，必须在法院内部形成优胜劣汰、选贤任能的良好氛围。有的法院进行了以竞争上岗、双向选择为内容的机构改革，使法官结构得以优化，审判资源得到合理配置。[②]此类法院内机构改革是大势所趋。否则，整个国家的法学人才的培养与流通机制将陷入滞胀状态。国家将延缓司法职业化水平提高的进程。在此司法职业化水平稳步提升的变革期，仍期待通过审判委员会来迁就法官低素质的“社会现状”难脱抱残守缺之嫌。在法院独立于其他国家机关、社会团体以及新闻媒体的程度较低的情况下，在法官独立准则获得社会及立法者认可度较低的情况下，审判委员会产生的风险化解功能与抗御干扰能力有一定的合理性。不过，应该注意，对于司法独立的实现路径，惯常性的理解应是先法院独立再法官独立。然而，实践证明，这样的路径设想并没有产生预期的独立效果。内生性的法官独立先行，或者内生性的法官独立与外生性的法院独立并行是我们实现司法独立的剩余可选路径。在此剩余的可选路径上，审判委员会的风险化解功能与抗御干扰能力只能作一时的“避风港”。法官要在波涛汹涌的司法海洋上乘风破浪必须走出“避风

---

① 谢平：《对现行审判委员会制度的检视——从司法独立的角度澄清审委会改革中的两个重要问题》，载《成都理工大学学报》（社会科学版）2006 年 9 月第 14 卷第 3 期。

② 南京市中级人民法院研究室：《审判长选任后审判组织发挥职能情况的调查报告》，载《法律适用》2003 年第 3 期。

港”。个人思维有局限，有盲区。无论司法职业化水平有多大，无论司法独立程度有多高，通过审判委员会为法官在疑难案件或者新类型案件中提供智力支持总是必要的。审判委员会存在的问题以及因之而起的争议，究其根本，就是一点，审判委员会所赖以运行的主体状况与社会环境发生巨大变化，而审判委员会的功能调整却没有适时跟进。

三、审判委员会行使审判权的实效性

（一）审判委员会工作负荷与行使审判权的实效性

审判权行使的实效性与审判主体的工作负荷状态具有密切联系。一般而言，低负荷的工作状态，会给审判主体留有充分的时间、充沛的体力和脑力来审慎判断，进而在高层次上实现审判的公平与效率。当然，过低的工作负荷也可能导致审判主体的懈怠；工作状态超过一定负荷的，必然会给审判主体的身心造成压力，个案处理时间和审判主体投入的心力必然大幅减少，甚至减少到无以体现审判公平与效率的程度。

某省高级人民法院法官对某省高级人民法院的审判委员会的实证研究结果显示，2000 年至 2004 年该法院共召开审判委员会会议 1091 次，讨论案件 4475 个，平均每次会议讨论 4.10 个案件，按每次会议 3 小时计算，平均每个案件耗时约 43.9 分钟。这只是所有案件讨论的平均值，实际上，非刑事案件讨论的时间可能只有 30 分钟，甚至更短。在如此短的时间内，委员们要做到明辨是非、正确适用法律，确非易事。换言之，审判委员会并不能保证对每个案件都能作出正确的判断，甚至在某些案件的讨论上流于形式，疲于应付。[1]一般而言，提请审判委员会讨论、决定的案件是按普通程序审理的案件。一个在六个月的时限内难以查明、审清的案件，要在短短三四十分钟内定性，这种决定的审慎性很难不被质疑。如果在这弥足珍贵的三四十分钟里减去合议庭法官汇报案件的时间、审判委员会委员举手表决的时间、记票的时间，审判委员会委员们讨论案件、交流法律观点、进行适当辩论的时间更是紧张。在如此紧张的时间段内，要进行有效的讨论，并在有效讨论基础上作出经得起法

① 岩皓：《审判委员会功能的异化与重构》，载《西南政法大学学报》2005 年 12 月第 7 卷第 6 期。

律考验的决定，必须有两个前提，一个前提是审判委员会的议事程序非常周密而且运转得非常有效率；另一个前提是审判委员会的委员们对案件材料进行了充分的会前研读，并胸有成竹。我们可以暂时假设第一个前提是成立的，第二个前提成立的可能性却要受到提交审判委员会讨论案件的数量和审判委员会委员工作负荷的影响。就上述受调查的某省高级人民法院的审判委员会的情况看，第二个前提成立的可能性极为微小。该法院审判委员会工作紧张程度是超乎寻常的。2000 年至 2004 年该法院共召开审判委员会会议 1091 次，平均每年约召开 218.2 次；讨论议题 4490 个，平均每次会议讨论 4.12 个案件（或事项）。以每天两次会议计算，平均每年要开 109.1 天的会（而每年的工作日只有约 250 天）。[①] 除参加审判委员会会议外，审判委员会委员中大多数还得自己办理案件，还要办理法院内的其他事务，即使在“过劳”状态下也难以对提交审判委员会会议的案件材料进行充分的会前研读并形成有充分根据的观点。就该受调查法院而言，审判委员会行使的审判权不具有实效性，极有可能陷入院长表态、集体表决的怪圈之中。

有的地区的法院实施审判委员会“放权”合议庭的改革，在审判委员会工作负荷减轻与审判委员会讨论案件实效性上均取得显著效果。例如，浙江省金华市 9 个基层法院 2004 年办结刑事案件 5801 件，而各法院总共提交审判委员会讨论的案件 136 件，只占 2.34%。至于民事案件提交审判委员会讨论的就更少了，金华市 9 个基层法院 2004 年共办结民事案件 35447 件，其中提交各院审判委员会讨论的案件共 199 件，只占总数的 0.56%。又如义乌法院 2002 年办结刑事案件 1600 件、2003 年办结刑事案件 1752 件、2004 年办结刑事案件 1833 件，而三年提交审判委员会讨论的案件为 24 件、39 件、27 件，分别占当年刑事案件总数的 1.5%、2.2%、1.5%。[②]

总体上看，2004 年以前的实证调查数据表明，审判委员会的实效性在我国各地区法院之间存在不平衡性。审判委员会讨论案件的数量对审判委员会讨论案件的实效性具有明显影响。要实现审判委

---

① 岩皓：《审判委员会功能的异化与重构》，载《西南政法大学学报》2005 年 12 月第 7 卷第 6 期。

② 高鸿宾：《中国审判委员会制度改向何处——以本土化为视角的思考》，载《法律适用》2006 年第 3 期。

员会作为审判公正保障器的功能，必须严格控制审判委员会决定案件的数量，必须大幅度扩大合议庭独立审判的权力。可以说，中国法官群体正处在一个“性格初步形成期”，是适当引导令其独立自主，还是严加看管令其软弱甚至叛逆，是我国审判体制面临的基本问题。

（二）事实审的缺失与审判委员会行使审判权的实效性

事实认定与法律适用是审判的两个基本环节，正确的事实认定是正确适用法律的基础和前提。审判委员会放弃对事实认定的审查，极大地减损了其“讨论、决定”案件的价值，有可能导致错上加错的恶果。比如，甘肃省酒泉市中级人民法院就是在审判委员会在事实审方面“弃权”正当性进行反思和调整的范例。以往酒泉中院审判委员会讨论案件，都是先听合议庭汇报案情，然后讨论案件的法律适用以及案件处理。在2007年审判纪律作风专项整改活动中发现，一些经过审判委员会讨论决定的案件，被省高院发还或者改判。经过认真分析，认为主要原因是审判委员会委员缺乏对案件的全面了解，缺乏对案件证据的透彻把握，致使对案件事实的认定上出现偏差。针对此情况，中院党组决定，对一些重大、疑难、复杂的案件，在合议庭开庭审理时，审委会委员要旁听，把握案件争论的焦点，了解证据的分析认定，全面把握案情。[①] 法律是合法性判断的依据，而事实判断是合法性判断的基础。法律与事实不存在简单的对应关系。法律只有经过选择和解释才能适用。事实判断是对法律规范进行选择的基础，对法律规范选择的方向和内容具有决定意义。人为割裂事实认定与法律适用的做法，有悖司法裁判的内在规律。

（三）审判委员会专业性与审判委员会行使审判权的实效性

长期以来，审判委员会委员的专业性是否与其行使的权力相称的问题一直困扰着审判委员会制度。我国普通法院体系内，各级法院按照部门法的基本分类分设刑事、民事、行政审判业务庭。大多数法官和业务领导都有自己的专业导向。因为审判委员会的人员构成一般重行政职位，不重专业导向，因此，在社会公众看来，审判

① 刘玉强：《酒泉：重大疑难复杂案审委会委员旁听》，载中国法院网，2007年4月6日。

委员会的讨论往往是“外行断案”。[①]“二五改革纲要”着力强化审判委员会的专业性。最高人民法院审判委员会设刑事专业委员会和民事行政专业委员会；高级人民法院、中级人民法院可以根据需要在审判委员会中设刑事专业委员会和民事行政专业委员会。改革审判委员会的成员结构，确保高水平的资深法官能够进入审判委员会。可以说，在审判委员会内分设专业委员会，还要求将具有较高专业素质的法官吸收到审判委员会中的举措使审判委员会的专业性水准有了大幅度提升，其行政化色彩大大减弱。

不过，我们也应看到，就全国各级法院而言，审判委员会的专业性还远远没有达到与其权力相称的程度，在部分地区的部分法院，还存在外行审判委员会委员断案引起非议的不良事件。[②]可以说，审判委员会专业性仍将长期对审判委员会行使审判权的实效性产生影响。

正是基于审判委员会行使审判权实效性上述三方面的不足与缺陷，在深刻反思审判委员会的工作机制之后，最高人民法院在“二五改革纲要”中明确改革审判委员会审理案件的程序和方式，将审判委员会的活动由会议制改为审理制；改革审判委员会的表决机制；健全审判委员会的办事机构。审判委员会工作机制审理化成为改革趋势。

---

① 如2004年，福建周宁县法院对该县公安局副局长陈长春强暴少女案重罪轻判，一度引起社会关注。后经查明，该县法院由8人组成的审判委员会中，5人明确表示不熟悉刑法。上述审委会秘书告诉《南方周末报》的记者，他参与的审委会会议中，经常有成员因不熟悉某个法律领域而不发表自己的意见，只是在投票时凑个数。赵蕾：《中国法院欲结束“垂帘断案”》，载《南方周末》2007年11月15日。

② 除专业性欠缺外，在现有体制下，“审委会成员”实际上成了某种行政级别与政治规格。按照一般惯例，只有进入审委会的庭室领导才有可能晋升法院副院长。在审委会会议中，行政职位最高的院长通常拥有绝对权威，甚至出现“一言堂”。2007年以来各级法院审委会纷纷设立专职委员，一些拥有多年审判经验的法官进入审委会。不过，该制度的实际运行并不理想。多位法院系统人士反映，由于专职委员比原有职务高半格的行政级别，该位置成为法院安置某些快到退休年龄，却又不愿从实职岗位退下的法院领导的特殊通道。参见赵蕾：《中国法院欲结束“垂帘断案”》，载《南方周末》2007年11月15日。

四、审判委员会运作机制审理化的实践模式

（一）台上听审模式

2003年我国基层法院就开始审判委员会工作机制审理化的改革探索。2003年6月5日，福建省厦门市鼓浪屿区法院在全国率先启动的听审会，决定是否对一起车辆转让纠纷案件进行再审。听审前，法院已将审判委员会委员名单送达案件的双方当事人，以保障当事人申请审判席委员回避的权利。听审会上双方当事人及其代理律师依次向法庭陈述了各自的观点，对争议的焦点进行了激烈的辩论。审判委员会听审制度，使审委会从幕后走到台前。审判委员会的全体委员坐在审判席上亲自参加案件的审理，与当事人“零距离接触”。审判委员会以往阅卷批卷、听汇报的工作形式换成了直接审理，从会议室到审判席，从“背靠背”到“面对面”，围绕案件的焦点进行审理。“听审—讨论—决定”的审委会运作模式，取代了以往合议庭“开庭—评议—裁判”的运作模式。听审案件实行公开陈述、公开辩论、公开断理、公开裁决四公开。通过亲自参加重大、疑难案件的审理，审委会委员增加了对案件的内心确信，对原先庭审中的争议焦点及围绕焦点的证据了然于心。实行审委会听审制，克服了审判委员会在实践中审与判分离的缺陷，充分地保障了当事人的知情权和申请审判委员会委员回避的权利，有利于保障公正裁决。①可是说审判委员会听审制的探索，力图克服审判委员会与公开审理原则、直接审理原则、回避制度的冲突，力图使审判委员会走出“审者不判、判者不审”的诘难。值得注意的是，首例审判委员会听审会没有发生审判委员会与合议庭的关系协调问题。这次听审会解决的是如何行使审判委员会的审判监督程序启动权的问题，并未涉及审判年委员会如何行使对重大、疑难、复杂案件的“讨论、决定权”。因此，首例审判委员会听审会并没有触及审判委员会运作机制审理化的矛盾。

（二）台下裁决模式

自2005年始，审判委员会运作机制审理化改革实践有了实质性的推进。山东省德州市中院的改革探索是典型范例。该院改革审判

---

① 史敏、刘英惠：《厦门鼓浪屿法院开全国先河 审委会幕后走到台前》，载中新网2003年6月6日。

委员会制度的重要措施之一是在旁听席最前排，新增设“审委会委员”席，试行“增设审委会委员席”制度。该制度规定，根据案情的需要和承办案件合议庭的申请，凡需要审委会研究讨论的重大的或者疑难的案件，开庭时都要增设审委会委员席，并将到庭的审委会成员介绍给案件当事人，赋予当事人对到庭审委会成员享有申请回避的权利；在制作裁判文书时，也要在介绍本案诉讼参加人的部分中，将到庭审委会成员的姓名一一列明。[①] 据报道，浙江省湖州市南浔区人民法院、江西省九江市中级人民法院也都在2005年进行了审判委员会旁听庭审的改革。[②]这种改革模式有四个特点，第一，依案件承办人员的申请启动。如果案件承办人员认为案情复杂、疑难，或者属于新类型案件，可以经业务庭请示院长，由院长审批是否启动审判委员会旁听程序。第二，体现审判委员会集体裁决的特性。所见改革实例中，都是全体审判委员会成员出席庭审。第三，旁听的根本目的在于现场裁决。审判委员会旁听庭审是为了避免审判委员会不了解案情而难以对案件事实认定作出准确判断进而影响法律的准确适用；是为了减少案件从合议庭到审判委员会、先汇报后讨论的中间环节，提高效率；是为了体现直接言词原则。不过，从根本上讲，审判委员会旁听案件是为了行使终极的审判权。合议庭将评议意见汇报审判委员会后，审判委员会委员们可以在庭审印象较为清晰的状态下对案件作出表决，或者同意合议庭的意见或者提出审判委员会的裁决意见。第四，追求审判委员会工作的透明化。向当事人介绍出席庭审的审判委员会委员，并在裁判文书中列明出席的审判委员会成员姓名，揭开了审判委员会的神秘面纱，避免了当事人及其律师对审判委员会工作的猜疑。

（三）特殊合议庭模式

最高人民法院“二五改革纲要”第24条规定，审判委员会委员可以自行组成或者与其他法官组成合议庭，审理重大、疑难、复杂或者具有普遍法律适用意义的案件。为贯彻这一规定，部分法院实施了特殊合议庭的审判委员会改革模式。辽宁省东港市法院是这种改革模式的一个典范。东港法院审委会委员将“听审”变“庭审”，这种改革模式的基本特点有四：一是由会议制改为审理制；二是改

① http://www.chinacourt.org/html/article/200503/04/152830.shtml.

② 载中国法院网，2005年6月17日、2005年7月5日。

革审理案件的方式和程序；三是改革表决机制，把不同意见记录在案；四是要求审判委员会转变身份。审判委员会委员每年要组成一定数量的合议庭审理重大、疑难、复杂的案件。审判委员会委员由过去的“听审”变为穿上法袍，走上审判台亲自“庭审”。在这种改革模式下并不要求全体审判委员会委员组成合议庭。①

（四）随机“听审”模式

随着审判委员会改革的推进，改革实践中又出现了随机听审的模式。这里的“听审”是指旁听。为使审委会委员听审制度发挥实效，福建新泰法院研究制定了《审判委员会听审案件管理规定》、《审判委员会委员听审案件实施细则》等规章制度。该院规定审判监督庭和审判委员会办公室具体负责组织审判委员会委员旁听、评议案件庭审，每月组织不得少于2次；市判监督庭、立案庭的排期开庭情况，随机抽取庭审，不得预先通知；各审判委员会委员要认真填写审判监督庭拟定好的评议表格，在旁听中发现的问题要及时记入评议表，为所旁听的庭审作出评价；庭审评价分为优秀、良好、一般、较差四个等级，根据评议表格打分；对庭审情况的评价由审判监督庭登记备案，记入年终考核。庭审评价成绩低于良好两次者，不能参加各项荣誉称号的评选。自制度实行以来，该院审判委员会已听审案件21件，取得了良好效果。②

五、审判委员会运作机制审理化的误区

审判委员会运作机制审理化的探索，力图克服审判委员会与公开审理原则、直接审理原则、回避制度的冲突，力图使审判委员会走出“审者不判、判者不审”的诘难。值得注意的是，首例审判委员会听审会没有发生审判委员会与合议庭的关系协调问题。这次听审会解决的是如何行使审判委员会的审判监督程序启动权的问题，并未涉及审判委员会如何行使对重大、疑难、复杂案件的“讨论、决定权”。因此，首例审判委员会听审会并没有触及审判委员会运作机制审理化的矛盾。

台下裁决模式有四个特点：第一，依案件承办人员的申请启动。

---

① 载中国法院网，2006年3月16日。

② 刘国峰、张瑞浩：《新泰法院实行审委会听审案件制度》，载《今日福建》2007年11月7日。

如果案件承办人员认为案情复杂、疑难，或者属于新类型案件，可以经业务庭请示院长，由院长审批是否启动审判委员会旁听程序。第二，体现审判委员会集体裁决的特性。所见改革实例中，都是全体审判委员会成员出席庭审。第三，旁听的根本目的在于现场裁决。审判委员会旁听庭审是为了避免审判委员会不了解案情而难以对案件事实认定作出准确判断进而影响法律的准确适用；旁听是为了减少案件从合议庭到审判委员会、先汇报后讨论的中间环节，提高效率；旁听是为了体现直接言词原则。不过，从根本上讲，审判委员会旁听案件是为了行使终极的审判权。合议庭将评议意见汇报审判委员会后，审判委员会委员们可以在庭审印象较为清晰的状态下对案件作出表决，或者同意合议庭的意见或者提出审判委员会的裁决意见。第四，追求审判委员会工作的透明化。向当事人介绍出席庭审的审判委员会委员，并在裁判文书中列明出席的审判委员会成员姓名，揭开了审判委员会的神秘面纱，避免了当事人及其律师对审判委员会工作的猜疑。尽管如此，一个法院内在一次庭审中出现两个审判组织，慎重是足显慎重，但其对审判权威的销蚀作用也是显而易见的。

与台下裁决模式相比较，虽都为“旁听庭审”，却有较大不同，随机“听审”模式不依案件承办人员的申请启动，而由审判监督庭和审判委员会办公室组织进行；随机“听审”模式的目的不在于现场裁决，而在于通过庭审评价进行监督。随机“听审”模式，使审判委员会监督的常规化。审判委员会监督的常规化，在当前司法环境下有促进审判程序的规范化、提高审判质量的益处，但是，潜在地对法官独立性会产生销蚀作用。

根据诉讼法的规定，审理制包括开庭审和书面审两种，目前审判委员会的活动既不是开庭审也不是书面审。审委会审理制改革面临着五大技术难题：第一，委员人数较多，组成人员多包括院长、庭长，难以全部参加开庭；第二，委员知识结构较偏；第三，讨论的案件数量过多；第四，审理机制问题；第五，审委会审判职责没有法律加以定位。要使审委会满足审理制的要求，必须首先克服以上技术上的障碍，进行相关的改革。首先通过设置专业分会的方式解决审委会委员知识结构较偏的问题；其次必须排除案件数量的障碍，有学者建议把范围限制在审判监督案件和死刑案件。①

台上听审模式与特殊合议庭模式是审判委员会审理化的两种比较典型的情形，审判委员会自行组成合议庭或者与其他法官组成合议庭，存在技术性的障碍：审判委员会委员自行组成合议庭，是否需要全体审判委员会委员参加，如果不能集体参加，那么作为审判委员会决定正当性的集体表决岂非被无端架空？如果审判委员会委员集体参加自行组成的合议庭，是否会出现超大规模的合议庭？是否会出现组成人员人数为偶数的合议庭？那又如何表决？来自不同业务庭或者法院其他部门的审判委员会委员在开庭时间上如何协调？即使分了专业组仍然存在这个问题。审判委员会与其他法官组成合议庭，存在的问题是，其他法官是否原合议庭法官？如果在原合议庭外另寻其他法官组成合议庭，就属于剥夺原合议庭的审判权，这种对合议庭审判权的剥夺在诉讼法上有何依据。宪法赋予合议庭行使审判权的法律地位，这种剥夺是否再次违宪？如果是与原合议庭成员组成合议庭，是与部分合议庭成员组成合议庭还是与全体合议庭成员组成合议庭？如果与部分合议庭成员组成合议庭，存在剥夺被排除的原合议庭成员的审判权的问题？如果与原合议庭成员全体组成合议庭，仍存在是审判委员会派个别代表参加合议庭还是全部参加的问题与是否会出现四人合议庭或无法协调运作的超大合议庭的问题。

笔者认为，审判委员会工作机制审理化存在四个方面难以化解的诘难：第一，会议制改为审理制是否合宪的问题？将“讨论”改为“讨论、决定”已经违宪，将讨论改为“审理”似乎是更为明显的违宪。第二，审判委员会自行组成合议庭或者与其他法官组成合议庭，存在的问题是审判委员会委员自行组成合议庭，是否需要全体审判委员会委员参加，如果不能集体参加，那么作为审判委员会决定正当性的集体表决岂非被无端架空？如果审判委员会委员集体参加自行组成的合议庭，是否会出现超大规模的合议庭？是否会出现组成人员人数为偶数的合议庭？那又如何表决？来自不同庭、室的法官在开庭时间上如何协调？即使分了专业组仍然存在这个问题。第三，审判委员会与其他法官组成合议庭，存在的问题是，其他法

---

① 雷新勇：《论审判委员会审理制——价值追求与技术局限》，载《人民司法》2007 年第 6 期。

官是否原合议庭法官？如果在原合议庭外另寻其他法官组成合议庭，就属于剥夺原合议庭的审判权，这种对合议庭审判权的剥夺在诉讼法上有何依据。宪法赋予合议庭行使审判权的法律地位，这种剥夺是否再次违宪？如果是与原合议庭成员组成合议庭，是与部分合议庭成员组成合议庭还是与全体合议庭成员组成合议庭？如果与部分合议庭成员组成合议庭，存在剥夺被排除的原合议庭成员的审判权的问题？如果与原合议庭成员全体组成合议庭，仍存在是审判委员会派个别代表参加合议庭还是全部参加，是否会出现四人合议庭与无法协调运作的超大合议庭。第四，既然是审理，审判委员会的审理活动是否公开？如果公开开庭，在何时进行？在合议庭组成后，言词辩论终结后，还是在言词辩论终结前？在言词辩论终结前，合议庭尚未对案件事实及其适用法律的疑难程度有初步把握，因此，没有提交审判委员会讨论的必要。言词辩论终结后，由审判委员会自行组成合议庭或者与其他法官组成合议庭，是否有悖既判力的标准时点的原理。

总而言之，通过工作机制审理化来完善审判委员会制度，既存在合宪性问题，也存在实际运作的障碍。我们对审判委员会的功能预期应该与时俱进。智力支持功能应成为首要的功能预期。在此功能预期的支配下，审判委员会将成为类似法官联席会议的组织。由审判中深感困难的法官向审判委员会秘书提出召开会议的请求，并提供拟参加会议的其他法官名单，审判委员会以会议形式提供智力支持；审判委员会行使的审判权完全可以交由五人以上组成的大合议庭。此种机制转换的枢纽在于要有合议庭由“小”到“大”程序设置（如应当事人申请，即可转换；或双方当事人合意即可转换；或法官可以报请院长批准后即可转化）的审判委员会的职责定位应该明确。在现行宪法框架下，应该将审判委员会定位为法院内集体议事机构。作为过渡阶段，在未来的五年内，审判委员会行使的审判权力应该逐渐限缩。大幅度减少审判委员会讨论案件的数量，将审判委员会讨论的案件范围进一步收缩。逐步实现审判委员会的职能转化，将其转化为专业咨询机构与审判经验交流与总结机构。

● 诉讼实务

“刑事司法领域中女性参与”项目S省调研报告

刘　玫　初殿清　宋桂兰*

2009年4月中旬，中国政法大学刑事诉讼法学研究所“刑事司法领域中女性参与”项目调研组在S省某市下辖的Q市、C市、P市、D市、P县、W区六地的5个法院、5个检察院开展了卓有成效的调研工作（其中，Q市、C市、P市、D市均为县级市），为本项目的进一步研究提供了宝贵的基期数据。S省某市是中国西部经济文化较为繁荣的城市之一，本次调研选择的地区多为其下辖的郊市、区、县，并非该市最为繁华的地区，在一定程度上能够代表中国西部较多地区的基本情况。

一、调研数据统计与分析

本次调研包含问卷调查和座谈两种具体形式，其中，问卷的设计又分为单位人事部门回答的问卷和个人回答的问卷。本报告中的数据统计与分析由“单位数据”和“个人数据”两个部分组成，座谈的内容将分散体现于各部分数据的具体分析讨论之中。

（一）单位数据

1. 单位基本情况

---

* 刘玫，女，中国政法大学教授，刑事诉讼法学研究所所长，法学博士。初殿清，女，北京航空航天大学法学院讲师，法学博士。宋桂兰，女，北京农学院讲师。本报告是福特基金会资助的“刑事司法领域中女性参与”项目研究成果之一。

1.1 单位人员构成

表1 法院工作人员构成

法院所在地	Q市	P县	C市	P市	D市	总计
现职人数	88	56	112	126	135	517
现职女性（所占比例）	23（26.1%）	12（21.4%）	32（28.6%）	29（23.0%）	49（36.3%）	145（28.0%）
非正式员工	0	0	10	6	23	39
女性非正式员工（所占比例）	0（0%）	0（0%）	2（20%）	1（16.7%）	9（39.1%）	12（30.8%）

（注：现职人数 = 正式员工数 + 非正式员工数）

表2 检察院工作人员构成

检察院所在地	Q市	P县	C市	P市	W区	总计
现职人数	59	37	63	66	49	274
现职女性（所占比例）	13（22.0%）	7（18.9%）	19（30.2%）	18（27.3%）	15（30.6%）	72（26.3%）
非正式员工	0	2	3	2	0	7
女性非正式员工（所占比例）	0（0%）	0（0%）	0（0%）	0（0%）	0（0%）	0（0%）

与本次调研合作的5所法院现职人数共517人，其中女性145人，占28.0%。现职工作人员由正式员工与非正式员工两部分组成，女性正式员工133人，占正式员工总数的27.8%；女性非正式员工12人，占非正式员工总数的30.8%。比例大体相当，非正式员工中的女性比例数略高出三个百分点。12位女性非正式员工的工作岗位如下：法警队5人，办公室、立案庭各2人，民庭、派出法庭、执行局各1人。

与本次调研合作的5所检察院现职人数共274人，其中女性72人，占26.3%。现职工作人员同样由正式员工与非正式员工两部分组成，女性工作人员完全为正式员工。

将正式工作人员的性别分布比例加以比较，女性对法院工作的参与程度略高于对检察院工作的参与程度（28.0%:26.3%）。

表 3　法院领导构成

法院所在地	Q 市	P 县	C 市	P 市	D 市	总计
院级领导	7	9	6	5	12	39
女性院级领导（所占比例）	2（28.6%）	1（11.1%）	0（0%）	1（20%）	3（25%）	7（17.9%）
中层领导	18	20	29	17	23	107
女性中层领导（所占比例）	3（16.7%）	3（15%）	10（34.5%）	7（41.2%）	8（34.8%）	31（29.0%）

表 4　检察院领导构成

检察院所在地	Q 市	P 县	C 市	P 市	W 区	总计
院级领导	5	6	7	7	6	31
女性院级领导（所占比例）	0（0%）	0（0%）	2（28.6%）	2（28.6%）	1（16.7%）	5（16.1%）
中层领导	13	13	24	13	16	79
女性中层领导（所占比例）	2（15.4%）	6（46.2%）	3（12.5%）	4（30.8%）	3（18.8%）	18（22.8%）

参加调研的法院中，院级领导共 39 人，其中女性 7 人，占 17.9%；中层领导 107 人，其中女性 31 人，占 29.0%。

参加调研的检察院中，院级领导共 31 人，其中女性 5 人，占 16.1%；中层领导 79 人，其中女性 18 人，占 22.8%。

总体看来，首先，女性在中层领导中所占比例高于在院级领导中所占比例；其次，无论在哪一级别上，女性领导比例与男性领导比例仍有较大差距，低于 3:7 的比例分布；最后，法院女性领导比例略高于检察院女性领导比例，在中层领导层面上尤为明显（但若具体到各个地区，这一情况则不具有绝对性）。

分别考察各机关的具体情况可以发现，院级领导的女性比例与中层领导的女性比例之间没有形成正相关的关系，而是具有不规则性。上级决策层的性别分布尚未对下级决策层的性别分布产生规律性影响。

1.2 单位人员流动

表 5 法院工作人员性别比例变化情况（2002 年至今）

法院所在地	Q 市	P 县	C 市	P 市	D 市
有明显变化					
有一定变化	●			●	●
没有变化		●	●		
备　　注	女性比例有所增加			新进大学生女性增加	女性比例有所增加

表 6 检察院工作人员性别比例变化情况（2002 年至今）

检察院所在地	Q 市	P 县	C 市	P 市	W 区
有明显变化					●
有一定变化	●			●	
没有变化		●	●		
备　　注				女性比例有所增加	女性比例增加

2002 年至今，参加调研的司法机关中，工作人员性别比例出现变化的占 60%，变化趋势多为女性比例增加，其中，W 区检察院的女性比例有明显增加。P 县和 C 市的法院、检察院，工作人员性别比例未出现明显变化。

表 7 法院工作人员离职情况（2002 年至今）

法院所在地	Q 市	P 县	C 市	P 市	D 市	总计
女	2	0	2	3	3	10
备注	调离		1 人辞职,1 人调入检察院	通过司考后辞职	工作调动	
男	3	0	3	1	3	10
备注	调离		2 人调出,1 人判刑	通过司考后辞职	工作调动	

表 8 检察院工作人员离职情况（2002 年至今）

检察院所在地	Q 市	P 县	C 市	P 市	W 区	总计
女	0	1	0	1	2	4
备注		辞职		辞职	1 人退休，1 人调离（照顾夫妻关系）	
检察院所在地	Q 市	P 县	C 市	P 市	W 区	总计
男	2	0	6	3	3	14
备注	调离		1 人辞职，其他调离	交流、提拔	交流、提拔	

2002 年至今，检察院的男性离职情况多于女性，法院系统中这一现象并不明显，男女离职人数基本持平；若仅就女性离职情况加以比较，在绝对数字上，法院中的离职女性人数（10 人）大于检察院中的离职女性人数（4 人），我们认为这与女性工作人员基数相关（法院的女性人数多于检察院，现职女性人数分别为 145 人和 72 人），可以认为法院、检察院中的女性离职比例大体相当。进一步考察发现，法院离职女性中的调离率（60%）大于检察院（25%），检察院离职女性中的辞职率（50%）大于法院（40%）。

综观法院、检察院的情况，工作人员离职原因包括工作调动、辞职、退休、因刑事犯罪被判刑等。女性离职的 14 人中，7 人调离，6 人辞职，1 人退休，比例分别为 50%、42.9%、7.1%；男性离职的 24 人中，21 人调离（其中 6 人调离原因被注明为交流、提拔），2 人辞职，0 人退休，获刑 1 人，比例分别为 87.5%、8.3%、0%、4.2%。在座谈中，我们了解到调离的女性多数去向是市委法制办等党政部门，具体原因是提拔，而非工作压力。相关部门选调女干部时，倾向于从法院、检察院选调，因为司法机关的女性口才好、能力强、政治素质过硬、处事沉着冷静。在一定程度上，可以认为，司法机关为其他党政部门培养了若干女干部。

2. 单位招募人员状况

2.1 招募和职位安排中的性别倾向

表 9　法院招募和职位安排中的性别倾向

法院所在地	Q 市	P 县	C 市	P 市	D 市
招募倾向(同等条件下)	有时侧重男性	无差别	(未填写)	通常侧重男性	无差别
更适合女性的职位或工作	审判、财务	办公室、研究室	都合适	民事审判、调研、党务、立案、书记员	书记员、办公室文秘
不适合女性的职位或工作	调研、信息	派出法庭、执行	没有	派出法庭、执行	执行
未来招募女性的职位倾向	法官、书记员、文秘	无	都可以	书记员、文秘	书记员、一定比例的女法警

表 10　检察院招募和职位安排中的性别倾向

检察院所在地	Q 市	P 县	C 市	P 市	W 区
招募倾向(同等条件下)	有时侧重男性或女性	通常侧重男性,有时侧重女性	通常侧重男性	无差别	无差别
更适合女性的职位或工作	都适合	公诉、监所、政治处	公诉、办公室、政工、研究室、民行、控申	办公室财务	多数适合
不适合女性的职位或工作	没有	反贪	反贪、监所	反贪、反渎职侵权的审讯	(未填写)
未来招募女性的职位倾向	(未填写)	公诉、办公室、政治处、研究室	后勤、文秘	政工、办公室文职	侦监、公诉、控申

(注:表 9 和表 10 中的信息仅为代表单位人事部门填写问卷的相关人员的观点)

在参加调研的机关中,同等条件下的招募倾向以男性为主要权重，具体来讲，30%的机关表示通常侧重男性，20%的机关表示有时侧重男性，50%的机关表示没有差别，10%的机关没有表态。没有任何机关脱离男性因素单纯表示侧重女性，与脱离女性因素单纯表示侧重男性的回答形成对比。

职位安排性别倾向的回答态度并不十分明确，但综合参考未来招募女性的职位倾向，可以在一定程度上推断出各机关对女性中的职位安排倾向：

（1）倾向一：法律明确规定需要女性担任的工作。例如，法警中必须有一定比例的女性；（2）倾向二：后勤等司法机关工作中的边缘业务，而非司法工作的核心业务；（3）倾向三：传统理解中女性的生理或性格特点仍被用作重要的考量指标，认为女性更适合某些暴力、体力无涉的职位。例如，在法院系统中，认为女性不适合担任派出法庭、执行等工作，在谈到审判时，认为女性适合民事审判，但未涉及刑事审判；在检察院系统中，认为女性不适合担任反贪等工作，在座谈中，我们了解到，在反贪、反渎职侵权的审讯中，讯问对象往往级别较高，讯问（尤其是首次讯问）对抗性强、压力大，女性工作人员形象上比较“软”、同情心强，讯问效果不好。

2.2　招考方式与内容

表11　法院招考方式与内容

法院所在地		Q市	P县	C市	P市	D市
招考方式		笔试加面试（各1次）	笔试加面试（各1次）	笔试加面试（各1次）	笔试加面试（各1次）	据职位定
招考内容	笔试	申论、行政能力测试	法律等	（未填写）	省委组织部统一进行	申论、行政能力测试、法律
	面试	据职位定	语言表达等	（未填写）	组织部门统一进行	（未填写）

续表

法院所在地	Q市	P县	C市	P市	D市
是否按性别设置题目	无	无	无	无	无
面试女性时注重的内容	学历、能力	年龄、身高、学历、能力	年龄、身高、学历、能力	年龄、相貌、学历、能力	学历、能力

表12　检察院招考方式与内容

检察院所在地		Q市	P县	C市	P市	W区
招考方式		笔试加面试（各2次）	笔试加面试（各1次）	（未填写）	笔试加面试（各1次）	省检察院决定
招考内容	笔试	时事政治、专业知识	刑法、刑诉、政治理论	（未填写）	业务内容为主	（未填写）
	面试	（未填写）	刑法、刑诉、政治理论	（未填写）	人际关系处理、协调能力、相关业务等	（未填写）
是否按性别设置题目		无	无	（未填写）	无	（未填写）
面试女性时注重的内容		身高、学历、能力	年龄、身高、相貌、学历、婚姻、生育、户籍、能力	年龄、身高、相貌、学历、能力	能力	（未填写）

通过问卷调查发现，多数机关的招考方式为笔试、面试各1次，Q市人民检察院环节相对较多，笔试、面试各2次。结合座谈内容，

我们了解到，招考笔试通常包括申论、行测、法律业务知识等。自2002年以后，申论、行测主要为全省公务员统考。面试主要考察人际关系处理能力、工作协调能力、相关业务能力及语言表达能力等。80%的司法机关表示不会依据性别分别设置题目，其余的20%未作回答。面试女性过程中，用人单位注重的个人条件依出现频次高低分别为：能力、学历、年龄、身高、相貌、婚育、户籍。这些个人条件是否也是面试男性时关注的内容，问卷没有涉及，有待未来调研进一步考察，以便在比较的基础上分析是否存在以性别为分类依据的歧视。

据座谈了解，女性在笔试中往往占优势，分数考得高，许多时候第一名是女性；面试中，女性的特点主要体现为口才较好。招考时，根据笔试分数高低择优入围面试，女性入围人数占优，经过面试之后公布的招录名单中女性不占优势，比例相对较小，某位工作人员表示男女比例大约2∶1。还有人谈到部分职位招工时明确表示只招收男性，如侦查员、法医等，所有职位实际招录结果上，女性人数约占20%—30%。近年来的招录趋势是逐步加大面试成绩在总分数中的比重，招考单位的裁量力度提高了。

2.3　招聘条件或合同中的特殊要求（生育限制、服务年限）

表13　法院招聘条件或合同中的特殊要求

<table>
<tr><th>法院所在地</th><th>Q市</th><th>P县</th><th>C市</th><th>P市</th><th>D市</th></tr>
<tr><td>生育限制</td><td></td><td></td><td rowspan="4">（未填写）</td><td rowspan="4">（未填写）</td><td></td></tr>
<tr><td>服务年限要求</td><td></td><td></td><td></td></tr>
<tr><td>两者兼有</td><td></td><td></td><td></td></tr>
<tr><td>两者兼无</td><td>●</td><td>●</td><td>●</td></tr>
</table>

表14　检察院招聘条件或合同中的特殊要求

<table>
<tr><th>检察院所在地</th><th>Q市</th><th>P县</th><th>C市</th><th>P市</th><th>W区</th></tr>
<tr><td>生育限制</td><td rowspan="4">（未填写）</td><td></td><td rowspan="4">（未填写）</td><td></td><td></td></tr>
<tr><td>服务年限要求</td><td></td><td></td><td></td></tr>
<tr><td>两者兼有</td><td></td><td></td><td></td></tr>
<tr><td>两者兼无</td><td>●</td><td>●</td><td>●</td></tr>
</table>

参加本次调研的司法机关中，60% 明确表示在招聘条件或合同内容中没有设置生育限制或服务年限方面的特殊要求，40% 没有表态。这一比例在法院系统和检察院系统中的分布情况是类似的。通过进一步了解，我们认为，在实践的潜规则中，生育限制隐性地客观存在。座谈中有人提出：招募过程中，怀孕的女性一般不会被单位接受；某些女性工作人员表示：有必要针对招募环节进行一定的性别平等立法，因为女性需要占用 2—3 年时间生养子女，这种生理特点成为招募限制条件，女性就业的确困难。

3. 员工待遇状况

3.1 性别与福利

表 15　法院工作人员性别与福利待遇

法院所在地	Q 市	P 县	C 市	P 市	D 市
是否根据性别而有所差别	无	无	无	无	有（未说明）
女性员工有无特殊福利/照顾	无	无	有（未说明）	有（未说明）	有（未说明）

表 16　检察院工作人员性别与福利待遇

检察院所在地	Q 市	P 县	C 市	P 市	W 区
是否根据性别而有所差别	无	无	无	无	无
女性员工有无特殊福利/照顾	按国家规定	妇女节有补助，并组织外出考察	无	适当安排调研，妇女节组织活动	无

在参加调研的司法机关中，一所法院表示工作人员福利待遇会因性别而异，其他司法机关均表示没有差别。对于女性员工是否享有某些特殊福利照顾，40% 的机关表示没有，50% 的机关表示有(其中 20% 作出了一定说明，主要是妇女节活动与补助，以及一定的调研考察机会)，一所检察院未作正面回答。

3.2　生育期间的待遇

表17　法院女性工作人员生育期间的待遇

法院所在地	Q市	P县	C市	P市	D市
产假时间（月）	1	3	5	6	≤5.5
会否被调整岗位	否	否	否	否	有时会
调至何岗位					适合此时期女性的岗位
会否因调岗降低待遇					否

表18　检察院女性工作人员生育期间的待遇

检察院所在地	Q市	P县	C市	P市	W区
产假时间（月）	（未填写）	6	按政策规定	6	按国家规定
会否被调整岗位	会	否	否	会	否
调至何岗位	（未填写）			相对轻松的岗位	
会否因调岗降低待遇	否			否	

参加调研的司法机关的产假时间从1个月到6个月不等。多数机关表示女性工作人员生育期间不会被调整岗位，30%的机关表示可能调整到相对轻松岗位，同时强调待遇不降。

3.3　帮教制度

表19　法院对新录用女性员工的帮教

法院所在地	Q市	P县	C市	P市	D市
是否安排专人帮教	是	否	（未填写）	是	否
安排专人帮教时有否性别考虑	否			否	

表 20　检察院对新录用女性员工的帮教

检察院所在地	Q 市	P 县	C 市	P 市	W 区
是否安排专人帮教	否	是	是	是	否
安排专人帮教时有否性别考虑		一般男师傅	否	否	

50%的司法机关会对新录用的女性员工进行帮教，其中多数机关安排专人帮教时没有性别考虑，一所检察院表示一般安排男师傅帮教新录用的女性员工。

4. 员工职业发展状况——单位视角

表 21　法院工作人员性别与职场发展

法院所在地		Q 市	P 县	C 市	P 市	D 市
培训机会		男女相同	男女相同	男女相同	男女相同	男女相同
晋升机会	一般晋升	男女相同	男女相同	男女相同	男女相同	男女相同
	中层领导选拔	男女相同	男女相同	男女相同	男女相同	男女相同
	院级领导选拔	男女相同	男女相同	(未填写)	男多于女	男女相同
退休年龄		男 60/女 55	男 60/女 55	(未填写)	按组织部门要求	(未填写)

表 22　检察院工作人员性别与职场发展

检察院所在地		Q 市	P 县	C 市	P 市	W 区
培训机会		男女相同	男女相同	男多于女	男女相同	男女相同
晋升机会	一般晋升	男女相同	女多于男	男女相同	男女相同	男女相同
	中层领导选拔	男女相同	男女相同	男女相同	男女相同	男女相同
	院级领导选拔	男女相同	男女相同	男多于女	男女相同	男女相同
退休年龄		男 60/女 55	男 60/女 55	男 60 女 55	男 60/女 55	男 60/女 55

90%的司法机关认为男女两性的培训机会相同，只有一所检察院认为男性的培训机会多于女性。在晋升机会方面，90%的司法机关认为男女两性的一般晋升机会相同，一所检察院认为女性的一般晋升机会多于男性；所有参加调研的司法机关均认为男女两性被选

拔为中层领导的机会相同；70%的司法机关认为男女两性被选拔为院级领导的机会相同，20%认为男性被选拔为院级领导的机会多于女性，一所法院未作回答。综合来看，司法机关中女性的晋升机会呈金字塔形状，随着晋升级别的提高而不断地减少，遭遇着职场发展中的玻璃天花板（glass ceiling）①。这一数据结果与本次调研中关于女性领导比例的分析是一致的。

多数机关表示退休年龄按相关法律和国家政策执行，即男性60岁、女性55岁退休。据此，女性司法人员的职场发展时期短于男性。

（二）个人数据

1. 基本信息

1.1 答题者结构分布（性别、年龄、婚姻、子女、教育）

参加本次问卷调查的个体多数为女性，为了便于比较，课题组也邀请了部分男性工作人员回答问卷。法院、检察院分别有72位女性工作人员、16位男性工作人员和54位女性工作人员、3位男性工作人员参加了问卷调查，共计145人（其中，女性共126人，占86.9%；男性共19人，占13.1%）。现以年龄、教育、婚姻、子女为具体参量，将答题者结构分布图示如下：

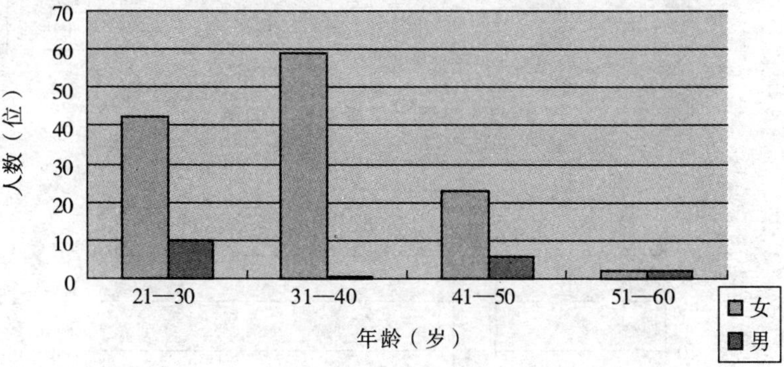

图1　答题者年龄结构图

① 在经济学中，“玻璃天花板”这一术语指机构（或组织）职层中符合晋升条件的个体由于某种形式的歧视（最常见的是性别歧视、种族歧视）而无法晋升到高级职位的状态。它是一种非正式的、看不见的障碍，阻碍着女性或某些少数群体的职位晋升。

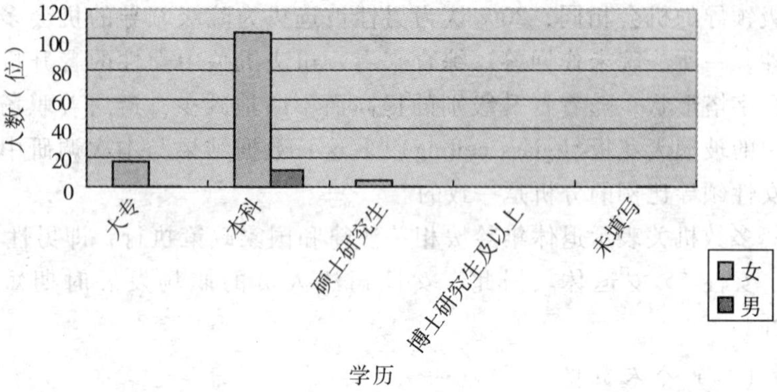

图 2－1 答题者学历结构图

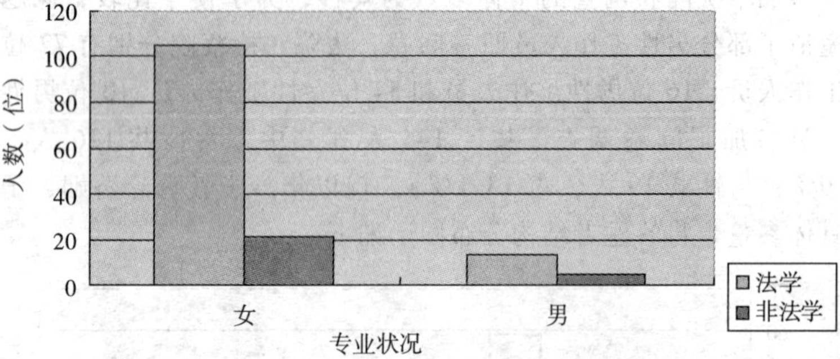

图 2－2 答题者所学专业结构图

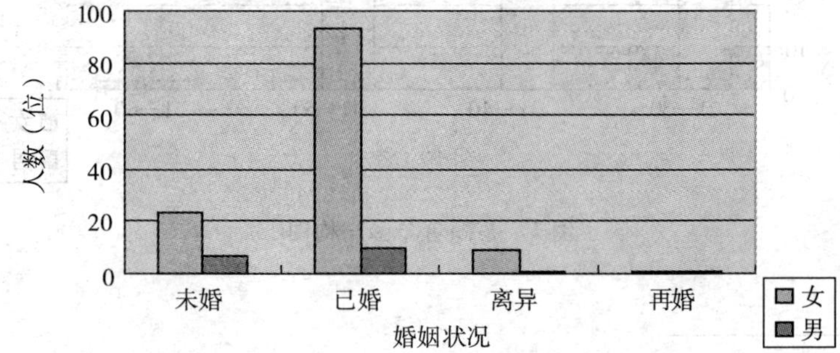

图 3 答题者婚姻状况结构图

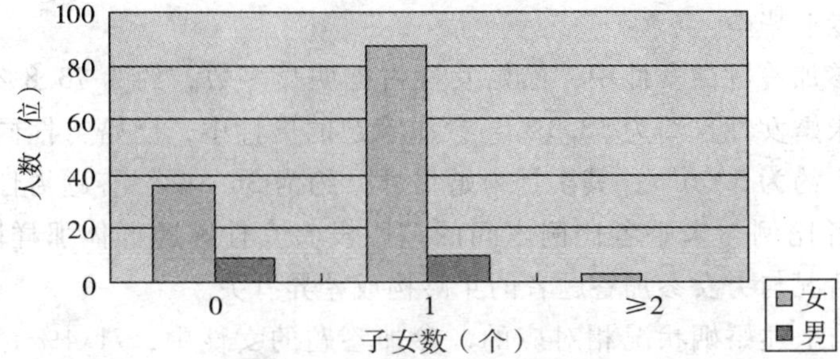

图 4-1　答题者子女结构图 1

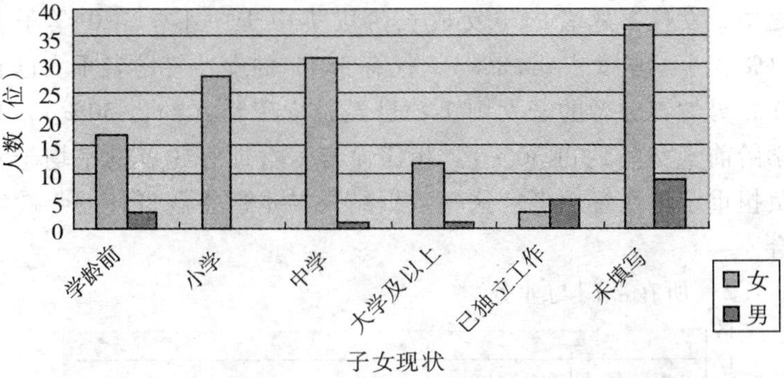

图 4-2　答题者子女结构图 2

参加本次问卷调查的答题女性中，46.8% 为 31—40 岁的中青年女性，其次是 21—30 岁的青年女性，约占 33.3%。41 岁以上的女性相对较少，其中 41—50 岁年龄段的女性占 18.3%，51 岁以上的女性仅占答题女性总数的 1.6%。参加本次问卷调查的答题男性则主要是 21—30 岁的青年男性，约占 52.6%，其次是 41—50 岁的男性，约占 31.6%。与女性答题者年龄结构分布相反，31—40 岁的中青年男性工作人员中仅有一位参加了本次问卷调查。男性与女性主要答题者年龄阶段的不同会导致某些观念性问题的回答不具有绝对意义的可比性。

参加本次调查的司法工作人员多数具有本科学历，女性与男性答题者中本科学历者所占比例分别为 82.5% 和 63.2%，其次是大专学历者，分别在女性和男性答题者中占 13.5% 和 5.3%。高学历背景的答题者较少，其中，具有博士研究生学历的人数为 0，具有硕士研究生学历的女性和男性答题者所占比例分别为 4.0% 和 5.3%。进一步考察具体专业构成，答题者多数为法学专业毕业，女性和男性中的法学专业者所占比例分别为 83.3% 和 73.7%，其他答题者为非法学专业毕业。

参加答题的女性中，已婚女性占据明显多数，约为73.8%，其次是未婚女性，约为18.3%。参加答题的男性中，已婚男性同样占多数，约为52.6%，其次是未婚男性，约为36.8%。答题男性中的已婚者比例与未婚者比例之间的差距没有女性答题群体那样明显，这一情况与男女参加答题者的年龄构成差异有关。

与上述婚姻状况相对应的，参加答题的女性中，71.4%育有子女；参加答题的男性中，这一比例为52.6%。在已育有子女的答题者之中，女性答题者的子女成长阶段集中于中小学（中学子女占34.1%，小学子女占30.8%），仅有3.3%的女性答题者子女已独立工作；男性答题者的子女则多数已经独立工作（约占50%），其次为学龄前子女（约占30%）。相比而言，女性答题者的平均子女抚育负担重于男性答题者。这一数据结果与本次答题群体的年龄结构吻合。

1.2　所在部门与业务

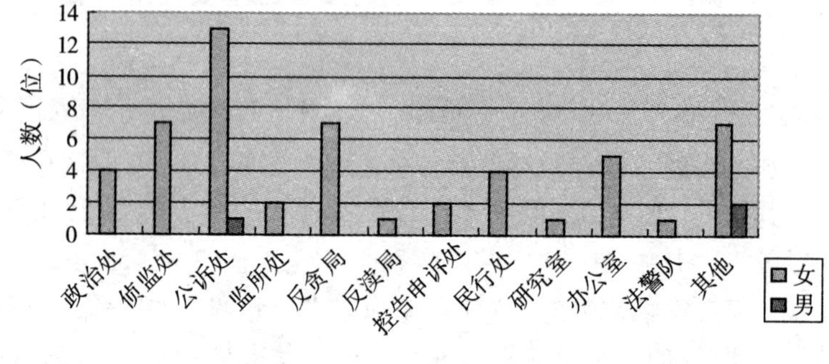

图5－1　检察院答题者所属部门

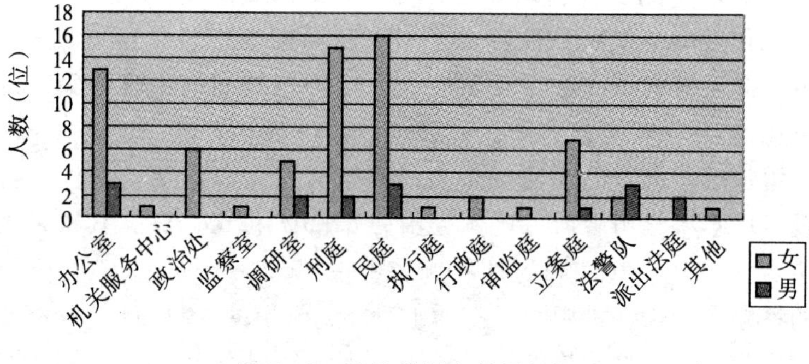

图5－2　法院答题者所属部门

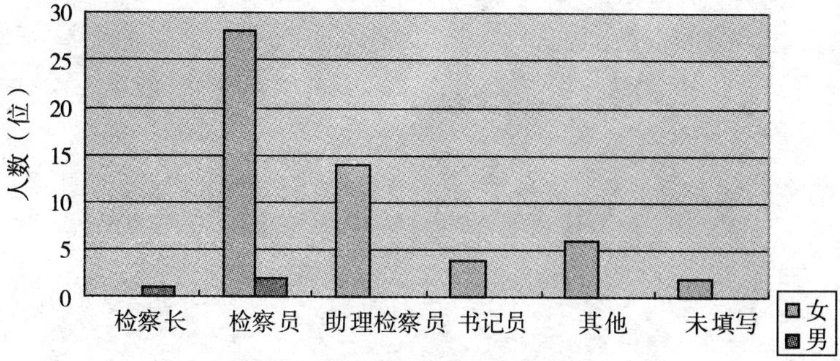

图 6－1　检察院答题者专业职务

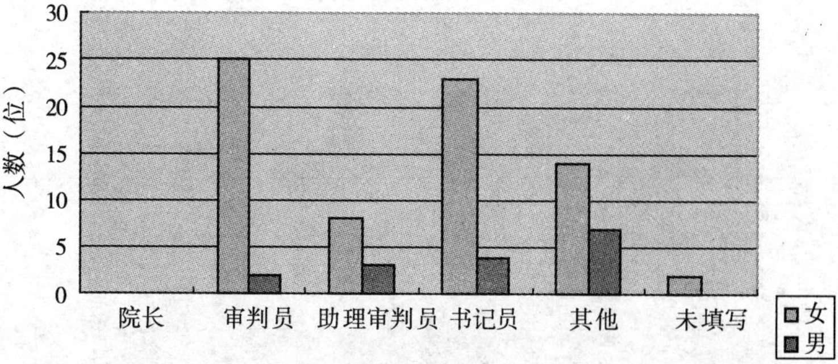

图 6－2　法院答题者专业职务

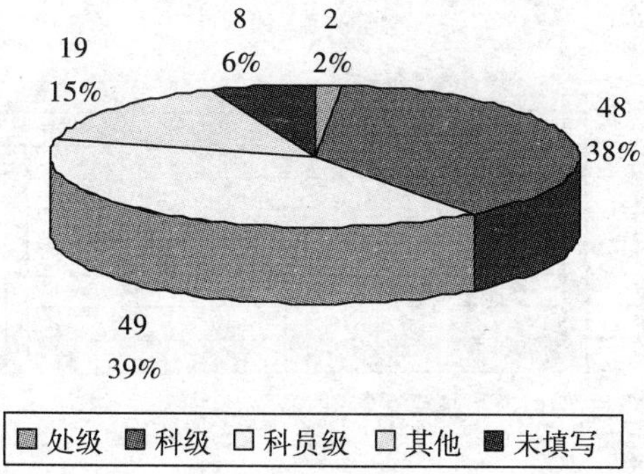

图 6－3　法院、检察院答题女性职务分布

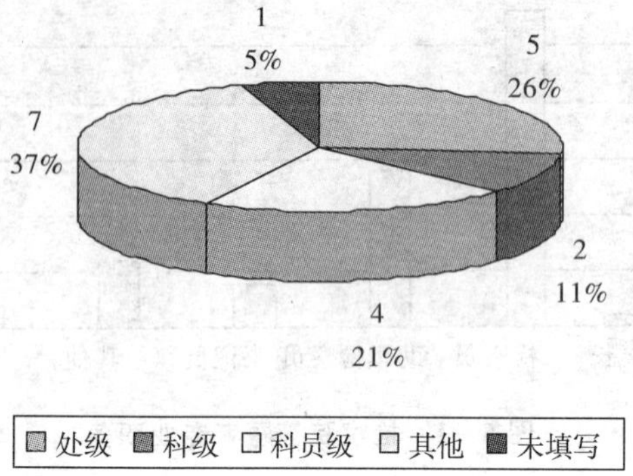

图 6-4 法院、检察院答题男性职务分布

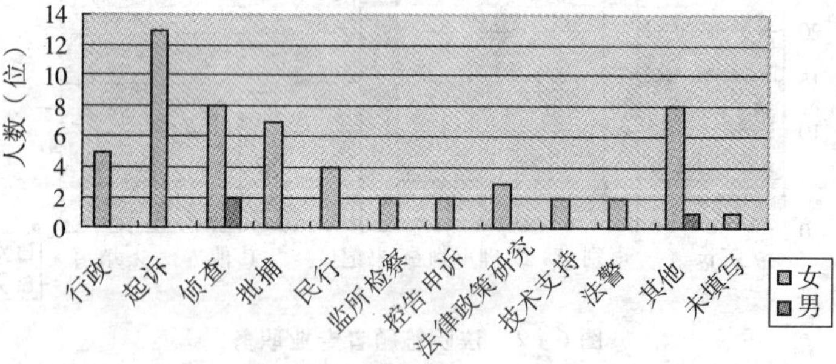

图 7-1 检察院答题者所从事业务

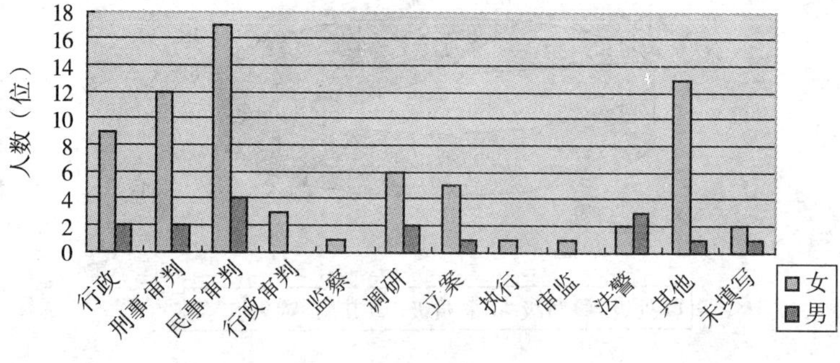

图 7-2 法院答题者所从事业务

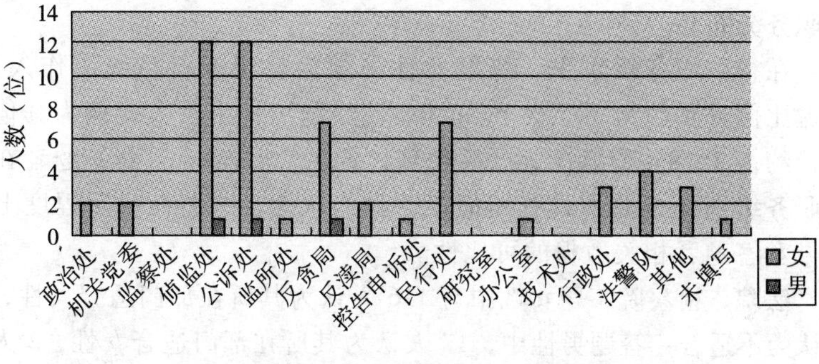

图 8－1　检察院答题者的部门选择倾向

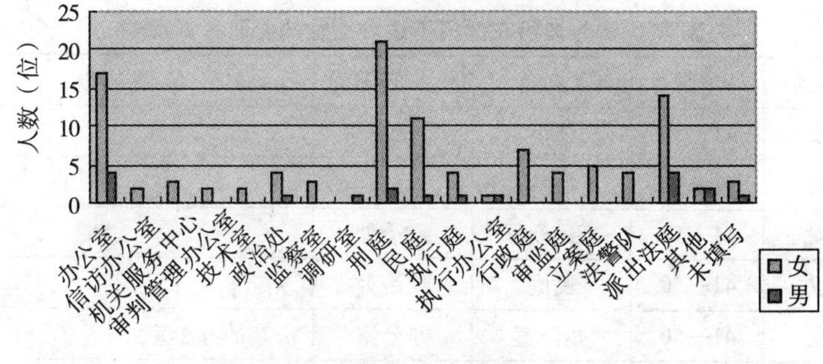

图 8－2　法院答题者的部门选择倾向

参加本次问卷调查的检察院女性多数来自公诉处、侦查处、反贪局以及其他部门，男性来自公诉处和其他部门；法院女性多数来自民庭、刑庭、办公室和立案庭，男性主要来自民庭、办公室、法警队等，刑庭、调研室、派出法庭的男性工作人员也占有一定比例。

在专业职务上，检察院女性答题者中，检察员和助理检察员占多数，分别为 51.9% 和 25.9%，检察院男性答题者共 3 人，包括 1 名检察长和 2 名检察员；法院女性答题者中，审判员和书记员占多数，分别为 34.7% 和 31.9%，法院男性答题者中其他工作人员居多，约占 43.8%，根据答题者部门分布结构分析，这些其他工作人员应当来自法警队等部门。

在从事业务上，检察院女性答题者中，起诉、侦查以及其他业务占主要比例，男性答题者所从事主要为侦查和其他业务；法院女性答题者中，比例占前几位的业务依次为民事审判、其他、刑事审判、行政等，男性答题者中，比例占前几位的业务依次为民事审判、法警、刑事审判、行政等。这些数据结果基本与上述部门分布和专业职务分布相一致。①

在行政职务级别上，答题女性多数为科级或科员级工作人员，所占比例分别约为38.1%和38.9%；答题男性中较大比例为其他人员，约占36.8%，其次为处级干部，约占26.3%。男女答题者在行政职务级别分布上不具有相似性，我们认为，这会在一定程度上影响男女答题者相关数据的可比性。

法院、检察院答题女性中有116人认为其所在部门适合女性，10人认为不适合；答题男性中，17人认为其所在部门适合女性，2人认为不适合。认为所在部门不适合女性的答题者基本情况列表如下：

表23 认为其所在部门不适合女性的答题者情况表

性别	年龄	现所在部门	想去的部门	备　　注
女	41—50	公诉	控申	
女	41—50	反贪	反贪	
女	41—50	民庭	政治处	
女	41—50	民庭	政治处	
女	41—50	办公室	办公室	法院的办公室
女	41—50	政治处	行政庭	
女	31—40	监所	公诉	离异，1个子女
女	31—40	民庭	刑庭等	已婚无子女
女	31—40	民庭	其他	书记员，离异，1个子女，认为目前部门工作太累
女	21—30	民庭	派出法庭	书记员，未婚
男	41—50	反贪	公诉	离异，无子女。因是男性，想去的部门无参考价值
男	41—50	民庭	均可	因是男性，想去的部门无参考价值

观察上表数据，我们发现认为本部门工作不适合女性的答题者多数为41—50岁的中年人，现所在部门多为民庭。此外，在这12人之中，有两位离异女性、一位离异男性。考察参加本次答题的人

① 结合部门分布和专业职务分布的分析结果，我们认为法院女性答题者从事业务比例排位中居于第二位的“其他”，主要是从事书记员及其他工作的女性。

员基本情况：民庭工作人员占法院答题者总数的21.6%，41—50岁的司法工作人员占所有答题者的20%，离异者占所有答题者的6.9%。再考察上表内容：民庭工作人员占认为本部门不适合女性的法院答题者总数的75%，41—50岁的司法工作人员占认为本部门不适合女性的所有答题者的66.7%，离异者占认为本部门不适合女性的所有答题者的25%。三项数据均明显高于本次调查的一般数据，因此，这一数据结果并非仅仅由于答题者样本分布结构所致，而是体现出一定特点，即，认为本部门工作不适合女性的答题者在41—50岁、民庭这两项分类中比较明显，在离异群体中也有一定的体现。

认为本部门工作不适合女性的女性答题者在回答希望在何种部门工作的问题时，趋势各异，主要体现为：（1）希望去业务强度更大或业务更为核心的科室，（2）希望去业务相对轻松或业务比较边缘的科室，（3）对科室没有特别要求，只是表达现在所在部门不适合女性。

2. 就业与应聘

2.1 就业意向

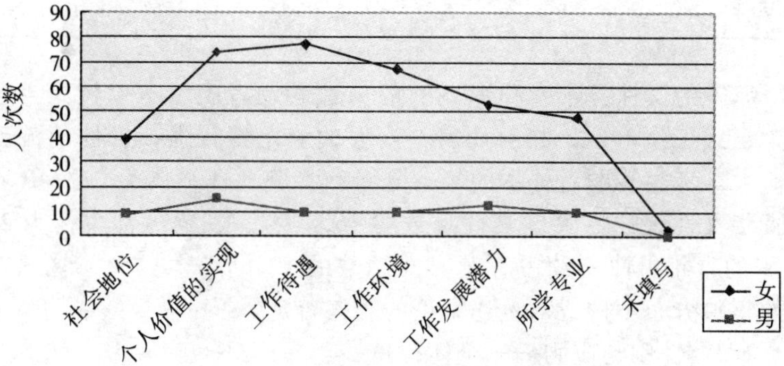

图9-1 答题者的一般择业考虑因素

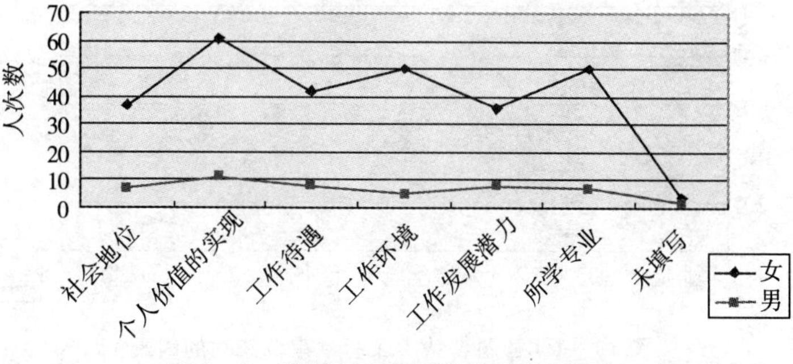

图9-2 答题者应聘本单位的考虑因素

在一般就业意向上，女性答题者考虑较多的因素是工作待遇和个人价值的实现，对所学专业和社会地位则相对考虑较少；男性答题者考虑较多的因素是个人价值的实现和工作发展潜力，社会地位同样不是主要考虑因素。答题者应聘本单位时的主要考虑因素，与其一般就业意向相比，有所变化：女性答题者考虑较多的因素依次是个人价值的实现、所学专业、工作环境等，男性答题者考虑较多的因素依次是个人价值的实现、工作发展潜力、工作待遇等。相比之下，男性答题者的考虑因素变化不大，女性答题者的考虑因素变化较大，主要体现为"所学专业"上升成为其主要考虑因素之一。我们认为，这一现象在一定程度上反映出就业双向选择中女性求职者的被动局面，对于女性而言，跨领域求职更为困难，所学专业成为其必须考虑的重要因素之一。

表 24　本单位是答题者第×个正式工作单位

	第 1 个	第 2 个	第 3 个	第 4 个及以上
女性	78	37	8	3
男性	9	5	5	0

62%的女性答题者和47.4%的男性答题者表示本单位是自己第一个正式工作单位，相对而言，女性的稳定性较强，男性的流动性相对大。考察答题者样本的年龄分布，答题女性主体为31—40岁的中青年女性（约占答题女性总数的46.8%），答题男性主体为21—30岁的青年男性（约占答题男性总数的52.6%）。据此，答题者样本的年龄分布不构成对上述结论的直接否定。

2.2　性别与应聘——个体视角

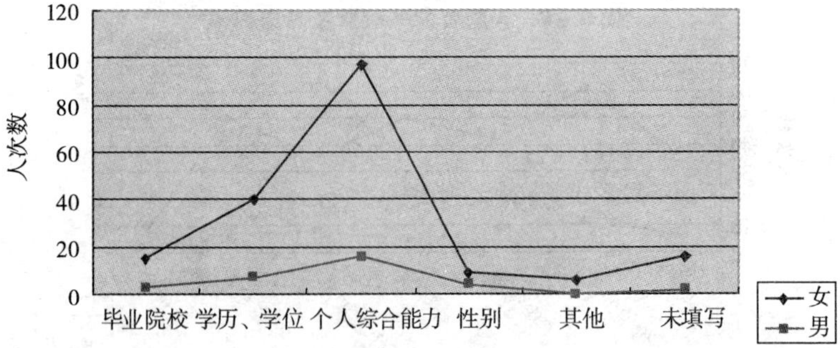

图 10-1　答题者认为应聘本单位成功的因素

女性答题者认为应聘本单位成功的主要因素依次是个人综合能

力、学历学位和毕业院校，男性答题者认为应聘本单位成功的主要因素依次是个人综合能力、学历学位和性别。两者相比，男性答题者认为性别是自己成功应聘的主要因素之一，女性并不认为性别是自己在应聘中胜出的因素。

回答本题时，不作答的人数明显多于一般就业意向和应聘本单位考虑因素两题。具体来讲，随着问题的不断深入，答题者的封闭性也不断增强，不作答人数递增：回答一般就业意向时，仅有 3 位答题者没有作答；回答应聘本单位考虑因素时，不作答人数增至 6 人；回答应聘本单位成功因素时，不作答人数为 18 人。女性不作答人数多于男性。

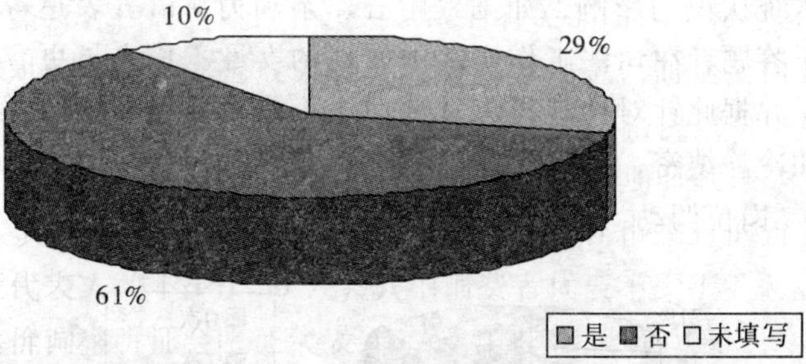

图 10－2－1　女性答题者对性别是否招聘考虑因素的看法

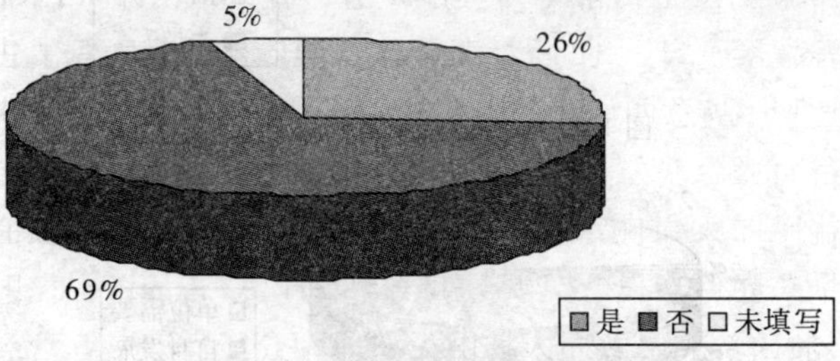

图 10－2－2　男性答题者对性别是否招聘考虑因素的看法

具体到性别与招聘的关系上，26% 的男性答题者和 29% 的女性答题者认为性别是招聘考虑因素，69% 的男性答题者和 61% 的女性答题者认为性别并非招聘考虑因素，还有 5% 的男性答题者和 10% 的女性答题者没有作答。据此，多数答题者认为性别不是招聘考虑因素，男性尤其认为性别不是影响招聘结果的因素。这一数据结果与上题中男性认为性别是自己成功应聘的因素之一的数据结果以及单位问卷中相关题目的数据结果有所矛盾，与座谈内容也不完全一致。在座谈中，我们了解到，性别在一定程度上是招聘考虑因素。

3. 工作与福利

3.1　角色认识与定位

关于从事司法工作的女性应具备哪些专业特质，按照答题者看法的出现频次高低，依次为：专业知识、细致耐心、职业道德、冷静缜密、综合素质、认真负责、敬业爱岗、亲和力、语言表达、抗压能力、气质大方稳重、实践经验丰富、应变能力，等等。其中，前三项出现的频次明显多于其他项。

我们认为，以上看法的形成有的源自于答题者对司法工作人员专业特质的一般认识与定位，比较中性，例如专业知识、职业道德等；有的源自于答题者对女性优点的认识与定位，在一定程度上受到某些传统认识的影响，如细致耐心、亲和力、语言表达等；还有的源自于答题者在司法工作实践中发现的女性工作人员更容易出现的问题，并据此针对性地提出女性司法工作者应当具备怎样的专业特质，如冷静缜密、抗压能力、气质大方稳重等。

3.2　岗位调动

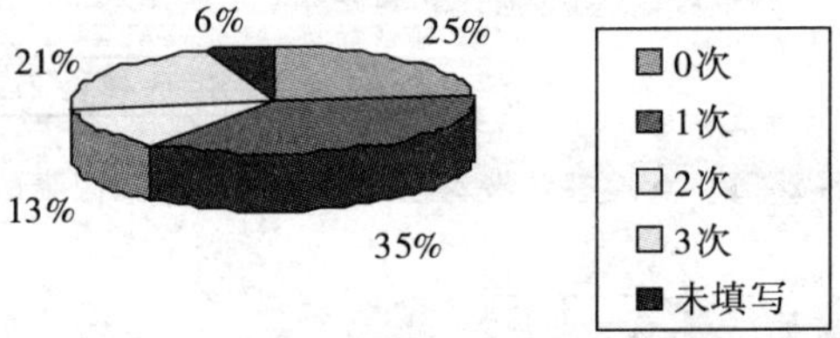

图 11－1－1　女性调整岗位次数

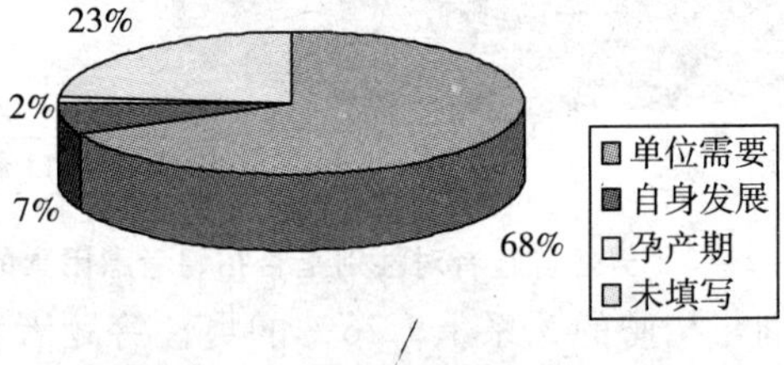

图 11－1－2　女性调整岗位原因

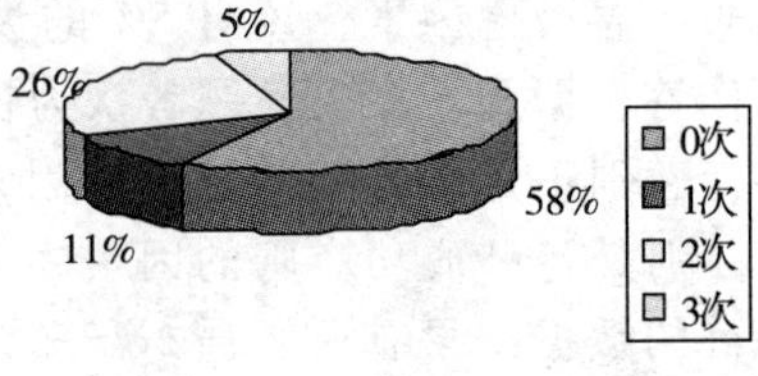

图 11－2－1　男性调整岗位次数

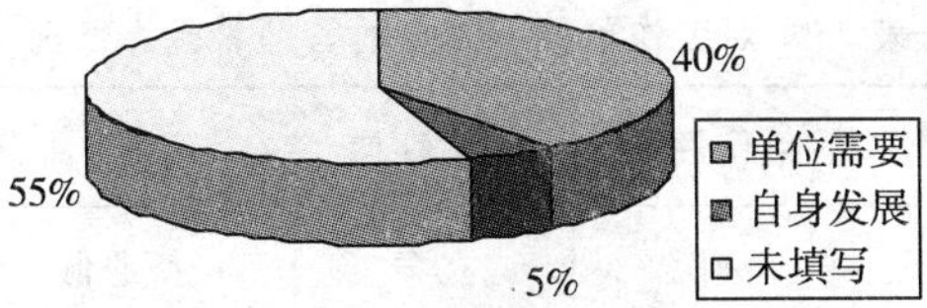

图 11-2-2　男性调整岗位原因

答题女性中被调整岗位 1 次的约占 35%，2 次的约占 13%，3 次的约占 21%，未被调整过岗位的约占 25%，其他 6% 女性答题者没有作答；答题男性中被调整岗位 1 次的约占 11%，2 次的约占 26%，3 次的约占 5%，未被调整过岗位的约占 58%，所有答题男性均已作答。考察女性答题者调岗原因发现，68% 是因为单位工作需要，7% 是因为自身发展需要，只有 2% 是因为孕产期调岗，另有 23% 的女性没有作答；考察男性答题者调岗原因，55% 没有作答，40% 是因为单位需要，5% 是因为自身发展需要。没有作答的男女答题者基本是未被调整过岗位的答题者。

经比较发现，75% 的女性答题者曾被调整岗位，男性答题者的这一比例为 42%。我们认为，导致这种数据结果的客观原因有二：男女答题者样本年龄分布结构的不同，以及女性的孕产期。首先，考察年龄与调岗次数的关系，发现两者之间在一定程度上具有关联性，男性未曾调岗的 11 人中，有 9 人的年龄属于 21—30 岁这一区间。年龄较小的答题者因为进入本单位工作的时间尚短，还没遇到调整岗位的情况。参加本次问卷调查的答题男性则主要是 21—30 岁的青年男性，约占 52.6%，这一年龄区间的答题女性约占答题女性总数的 33.3%，这种样本分布结构在一定程度上影响了本题的比较效果。其次，根据图 11-2-1，女性的孕产期并非女性调岗的主要原因，亦即答题女性被调岗的情况较多，但并非因为孕产期，而主要是由于单位工作需要，这也是男性调岗的主要原因。

3.3　对工作单位的满意程度

在回答问卷的 126 位女性中，106 人表示满意（约占 84.1%），11 人表示不满意或认为一般（约占 8.7%），9 位未作答（约占 7.1%）；在回答问卷的 19 位男性中，16 人表示满意（约占 84.2%），3 人表示不满意（约占 15.8%），均已作答。现将表示不满意的相关个体情况整理如下：

表 25　对工作单位不满意的答题者基本情况

性别	年龄	单位性质	部门性质	不满原因
女	41—50	法院	立案	待遇低、社会环境差
女	41—50	法院	民庭	未填写
女	41—50	法院	民庭	未填写
女	41—50	法院	行政庭	认为令人满意程度一般
女	31—40	法院	民庭	认为令人满意程度一般
女	31—40	法院	办公室	待遇低
女	31—40	法院	民庭	未填写
女	21—30	法院	民庭	待遇低
女	21—30	法院	政治处	工作累、压力大、枯燥无价值
女	21—30	法院	政治处	待遇低、工作累、离家远
女	31—40	检察院	公诉	个人发展空间小、待遇低
男	41—50	法院	民庭	工作量与报酬不成比例
男	41—50	法院	民庭	未填写
男	41—50	法院	立案	未填写

从上表数据中可以发现：（1）表达不满的人数随年龄增大而增加，41—50 岁的年领区间中不满者较多（本次调研的样本年龄分布结构并未对本题的分析结构产生影响，41—50 岁答题者在答题者总人数中不占多数比例）；（2）法院答题者不满人数比例较大，主要体现在民庭，立案庭、行政庭、办公室、政治处中也有所体现，尽管刑庭也有较多工作人员参加了本次调查，但没有答题者表示不满；（3）不满的原因主要体现为两方面：一是待遇低、工作压力大等，二是工作边缘化而产生的失落感。

3.4 发展机会——个体视角

3.4.1 一般探讨

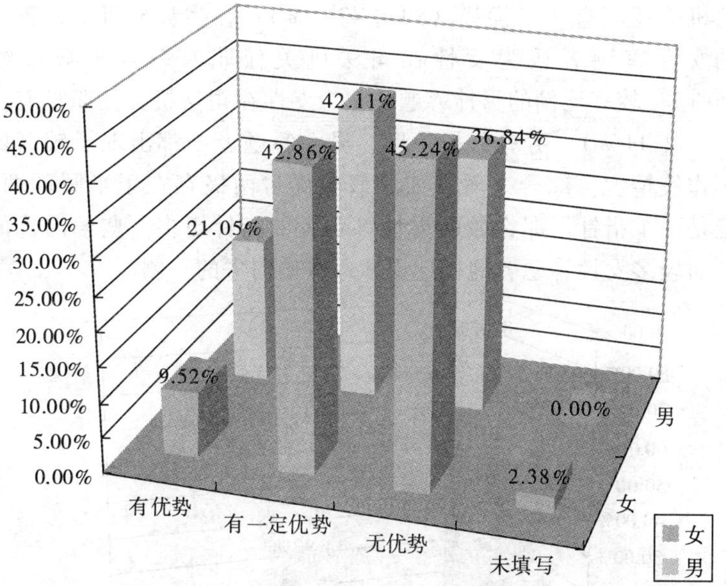

图 12-1 女性在司法机关任职优势分析

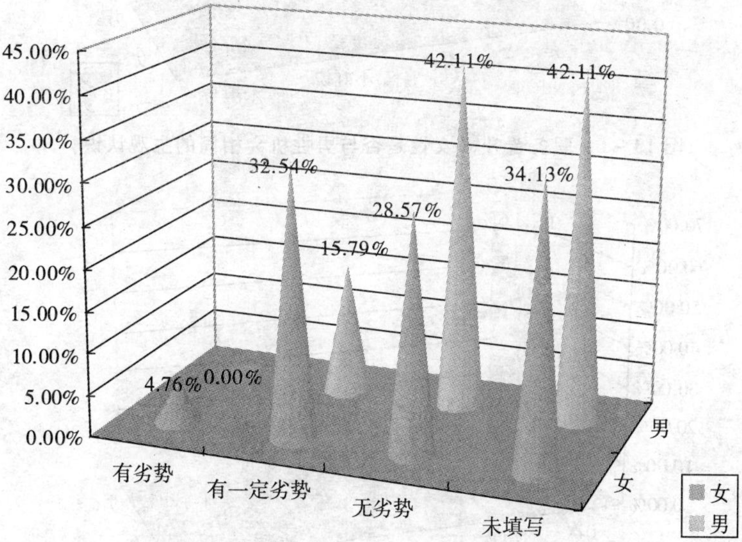

图 12-2 女性在司法机关任职劣势分析

关于女性在司法机关的发展机会，本次调研首先进行了一般意义上的考察，即考察答题者对女性在司法机关任职的优势与劣势的看法。在优势分析中，较高比例的女性答题者认为女性在司法机关任职没有优势（约占45.2%），较高比例的男性答题者认为女性在司法机关任职有一定优势（约占42.1%）；在劣势分析中，较高比例的女性答题者认为女性在司法机关任职有一定劣势（约占32.5%），较高比例的男性答题者认为女性在司法机关任职没有劣势（约占42.11%）。劣势分析一题，男女答题者中都出现了较高比例的不作答情况。综合来看，如果假想优劣两极存在于半圆的两端，半径是一个指针，那么较多男性答题者的指针更多一些偏向优的一侧，而较多女性答题者的指针更多一些偏向劣的一侧。

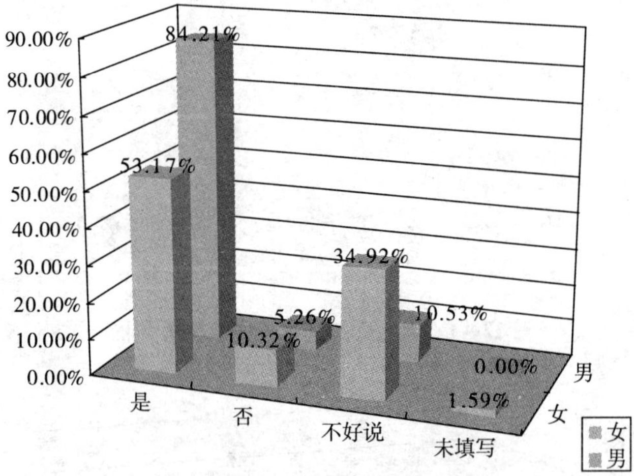

图 13－1　职务晋升（女性是否与男性机会相同的主观认识）

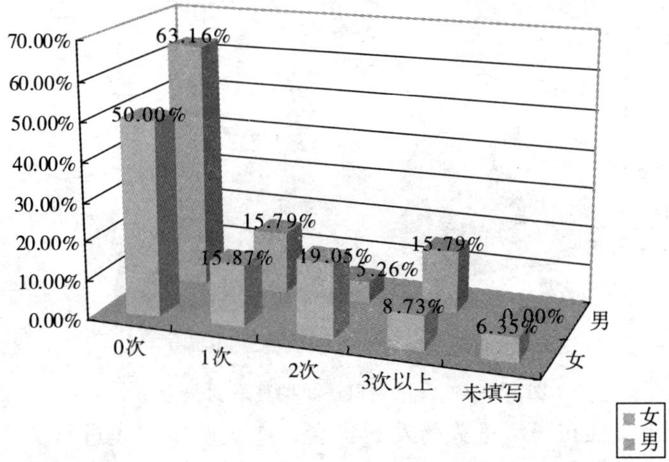

图 13－2　职务晋升（女性是否与男性机会相同的客观情况）

大多数男性答题者（约占84.2%）认为女性与男性的职务晋升机会相同，女性答题者中持此观点的约占53.2%，也形成了多数意见，但与男性作答的情况相比，女性答题者中认为机会不同或不好说的人数比例明显多于男性答题者的这一比例。

当考察职务晋升的客观情况时，我们发现从未获得晋升的人数比例上，男性多于女性；获得1次晋升的人数比例上，男女相当，女性略胜；获得2次晋升的人数比例上，女性明显居多；获得3次以上晋升的人数比例上，则男性明显占优。需要说明的是：（1）本次调查的样本年龄分布对这组数据有所影响，因为一半以上的男性答题者处于21—30岁的年龄区间，已经获得晋升的可能性小，女性答题者处于这一年龄区间的仅占33.3%；（2）再次印证了司法机关中女性的晋升机会呈金字塔结构、遭遇着职场发展玻璃天花板的现状。本组数据与单位问卷中女性领导比例、男女晋升机会两题的分析结果是一致的。

3.4.2　生育与工作

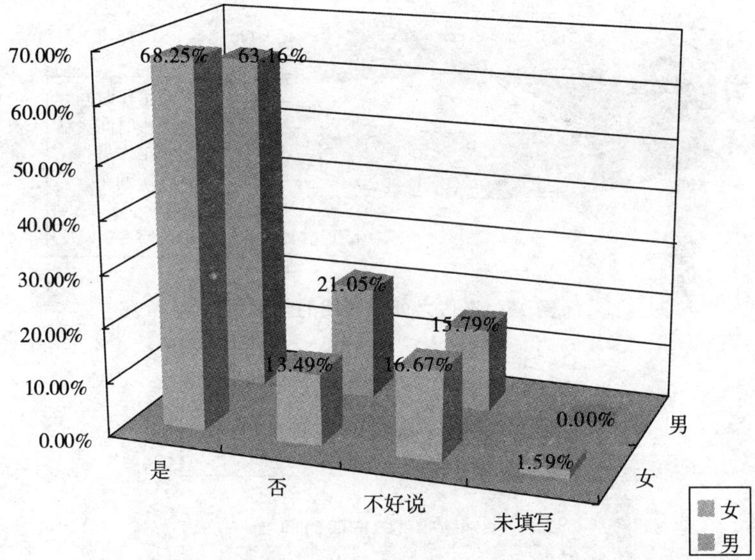

图14　女性在家庭与工作关系中是否面临更多困难（主观认识）

68.3%的答题女性和63.2%的答题男性认为女性在家庭与工作关系中面临更多困难，男女答题者的观点比例分布趋于一致。结合前几题关于男女职务晋升机会的相关分析，不难得到这样的结论：同样的机会面前，女性要付出比男性更多的努力。

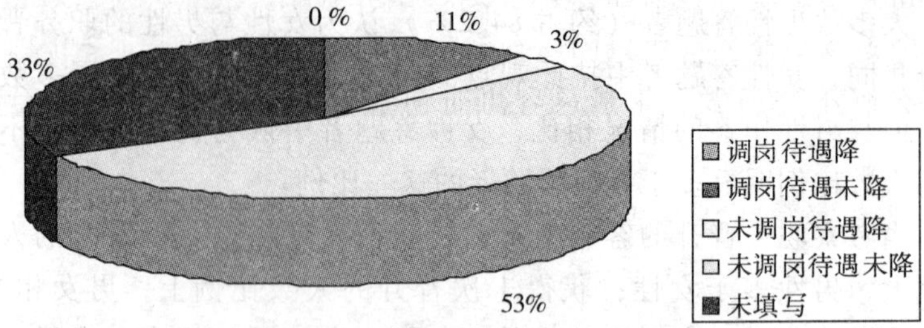

图 15 孕产哺乳期的岗位或待遇变动

53%的女性答题者在怀孕期、产假期和哺乳期既未被调整岗位，也未被降低待遇；调整岗位但待遇没有降低的女性答题者比例为11%；未调整岗位但待遇有所降低的女性答题者比例为3%；没有人既被调整岗位又被降低待遇。33%的女性答题者没有作答。根据答题者个人基本情况的相关数据，28.8%的答题者没有子女，因此，我们认为，上述没有作答的答题者多数是由于这一客观原因没有作答，下面类似问题没有作答的原因与此相同。

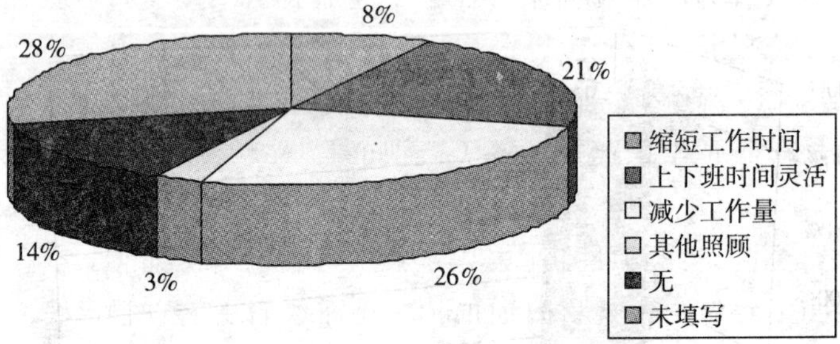

图 16 产假之外孕哺期的特殊照顾

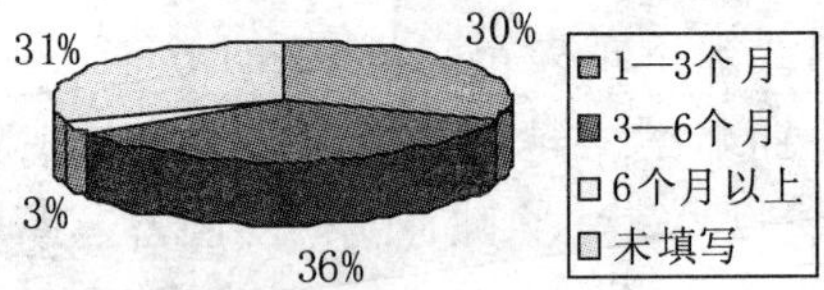

图 17－1 产假时间

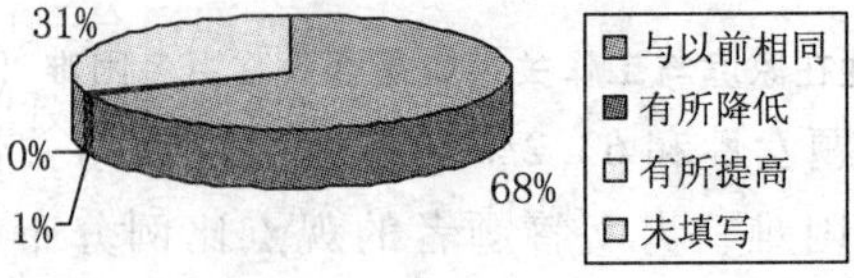

图 17－2 产假待遇

答题女性的产假时间多为3—6个月，也有部分答题者的产假时间为1—3个月，6个月以上的情况相对较少。产假期间待遇通常与以前相同，个别出现过降低的情况。

休假之外的孕哺期照顾主要体现为减少工作量和上下班时间灵活，此外，有时还体现为缩短工作时间和其他照顾。14%的女性答题者表示除产假外没有特殊照顾。

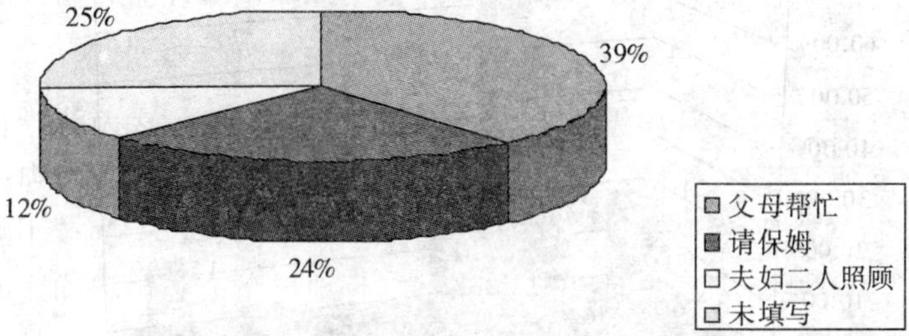

图18 入托前子女照管方式

关于入托前子女照管的方式，多数女性答题者表示请父母帮忙，也有的请保姆，少数答题者采用了夫妇二人照顾的方式。其中，请父母帮忙的方式需要以父母身体健康条件允许为前提，请保姆的方式需要一定的经济收入为其支撑，夫妇二人照顾的方式表面看似成本较低，但对于公职机关的女性工作者而言，其实机会成本较高。

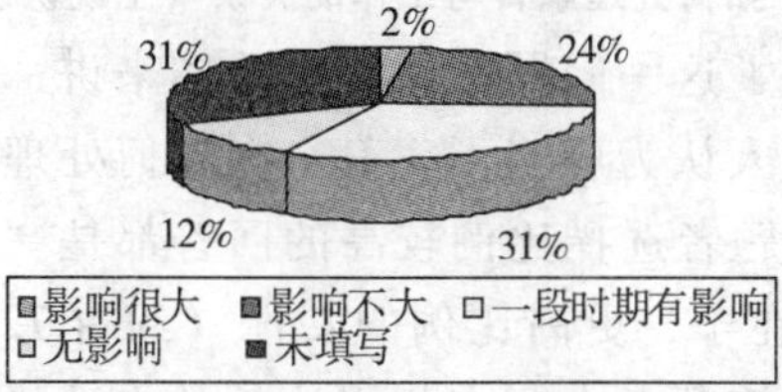

图19-1 孕育对女性工作的影响（主观认识）

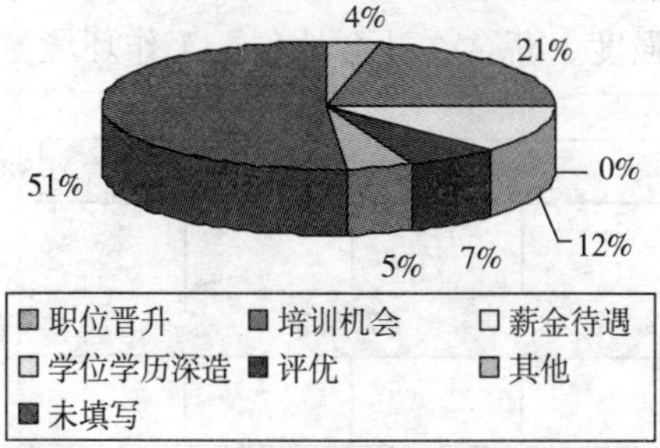

图19-2 孕育对女性工作影响的方面（主观认识）

31%的女性答题者认为孕育会在一段时期内对工作产生影响，24%认为影响不大，12%认为没有影响，2%认为影响很大。就受到影响的方面而言，按照答题者选择的比例高低，依次为：培训机会、学位学历深造、评优、其他方面以及职位晋升。实际上，培训机会、学位学历深造、评优都可能成为职位晋升时的重要评价指标。

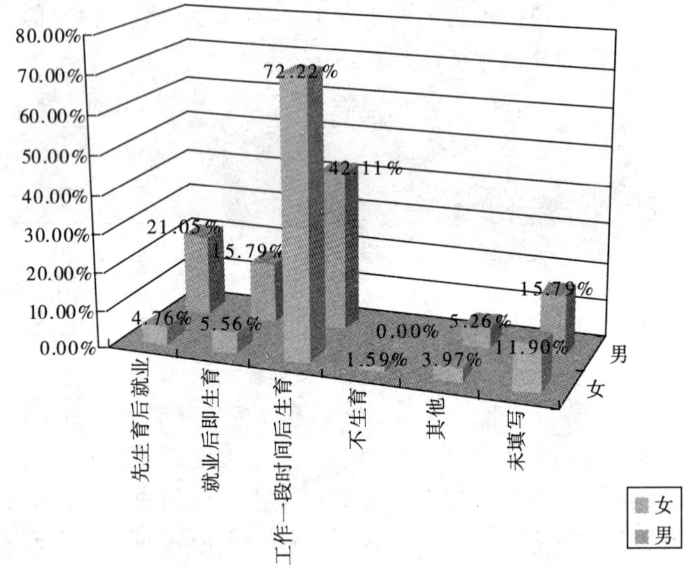

图 19－3　如何处理孕育与工作的关系（主观认识）

男性答题者参与了这一问题的回答，总体来讲，男性普遍认为生育比较重要，没有人认为应当不生育。在如何处理生育与工作关系的问题上，男女答题者选择比例较高的回答都是“工作一段时间后生育”，不同之处在于，更高比例的女性（约占 72.2%）选择了这一处理方式，男性答题者中还有相当比例的人选择先生育后就业或就业后立即生育，女性答题者中选择这两种方式的比例相对较低。

3.5 工作境遇（强度、薪金、社会地位、工作环境）

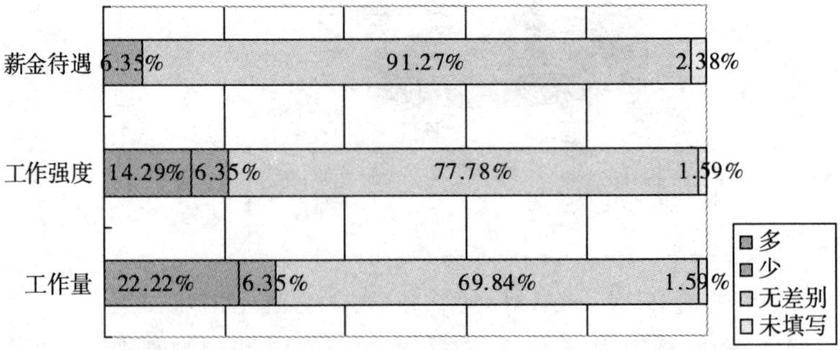

图 20－1　与同部门同职务异性相比情况（女性观点）

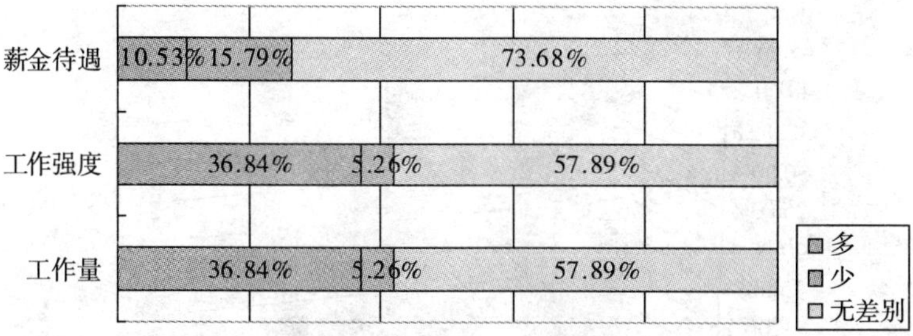

图 20－2 与同部门同职务异性相比情况（男性观点）

在司法机关同部门同职务的男女之间比较薪金待遇、工作强度、工作量等情况，多数答题者认为没有差别，具体考察发现：（1）女性认为没有差别的人数比例更高（在三项指标的调查中均是如此）；（2）无论男性还是女性，认为薪金待遇无差别的人数比例均高于认为工作强度、工作量无差别的人数比例；（3）在认为有差别的答题者群体中，更多的答题者认为异性的薪金待遇更高、工作强度和工作量较低。女性答题者中没有人认为女性比同部门同职务的男性薪金待遇高。

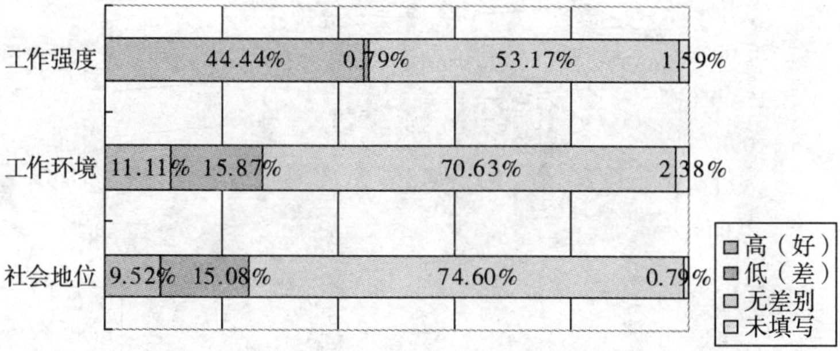

图 21－1 司法机关女性与其他国家机关女性相比（女性观点）

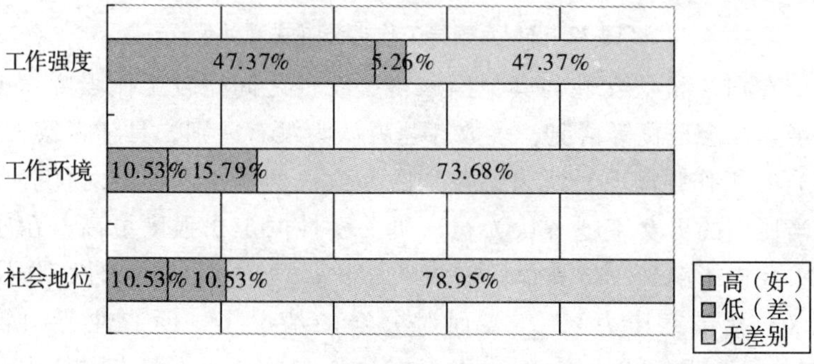

图 21－2 司法机关女性与其他国家机关女性相比（男性观点）

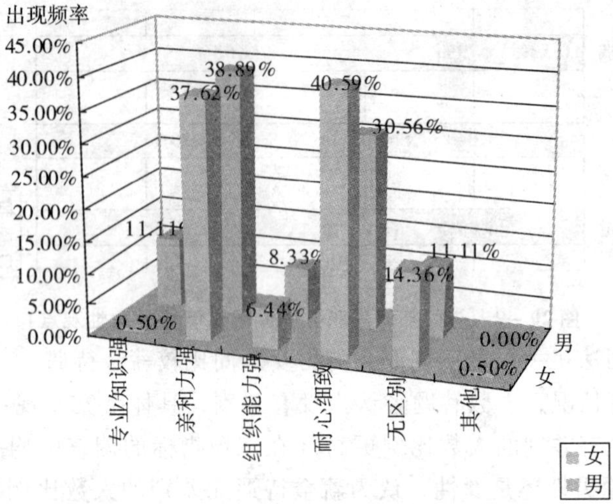

图 22-1　女领导工作优势（主观认识）

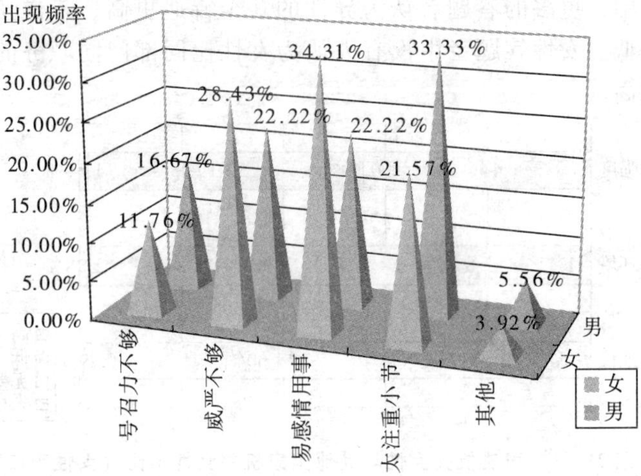

图 22-2　女领导工作劣势（主观认识）

在司法机关女性与其他国家机关女性之间比较工作强度、工作环境、社会地位等情况，多数答题者认为没有差别，具体考察发现：(1) 在工作强度上，认为无差别的人数比例并不占据绝对优势，有相当比例的男女答题者认为司法机关女性的工作强度更高。在座谈中，我们了解到，与其他国家机关相比，司法机关的女性工作压力大（包括错案压力），需要面对公众的情况多，创造性劳动较多（其他机关重复劳动较多）；(2) 在认为有差别的答题者群体中，更多的答题者认为司法机关女性的工作环境和社会地位比其他国家机关女性差一些。

3.6 人际

3.6.1 领导能力

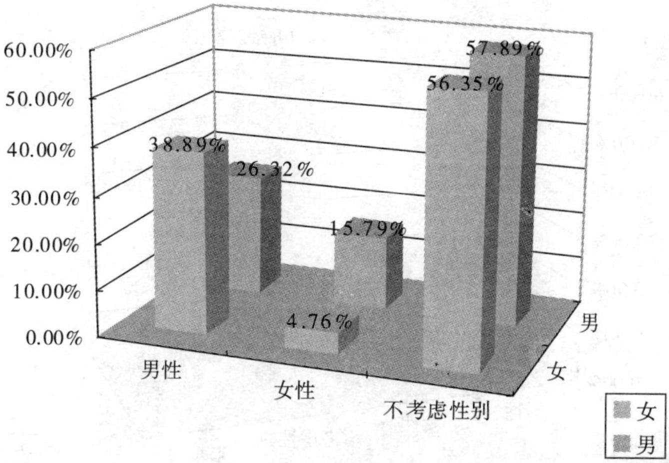

图 23 合作搭档选择意向

多数男女答题者认为女领导的工作优势在于耐心细致以及亲和力强；关于女领导的工作劣势，男女答题者的看法有所差别，多数男性答题者认为女领导的劣势在于太注重小节，多数女性答题者则认为女领导的问题在于容易感情用事以及威严不够，这两个选项在男性答题者那里也占有较大比例，但没有如同其在女性答题者选择中表现得那么突出。

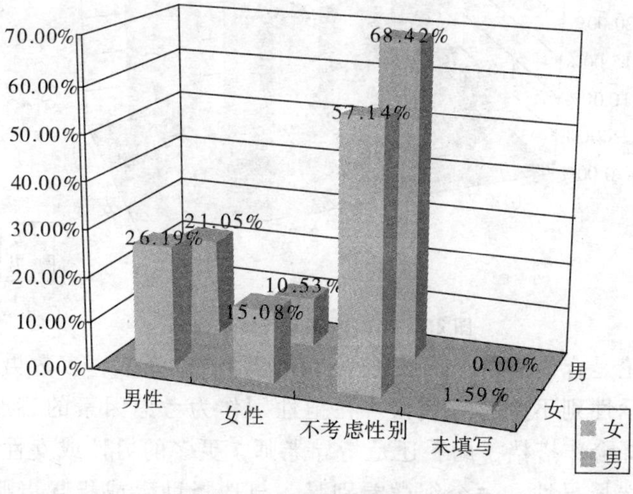

图 24 协助搭档选择意向

3.6.2　合作能力

3.6.3　协助能力

3.6.4　指导能力

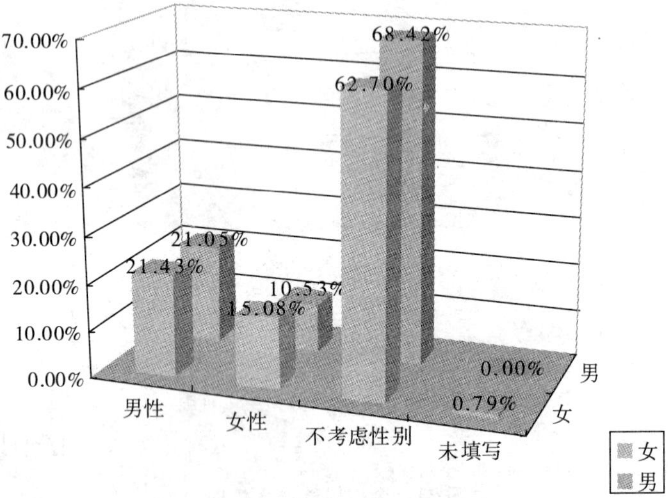

图 25　指导老师选择意向

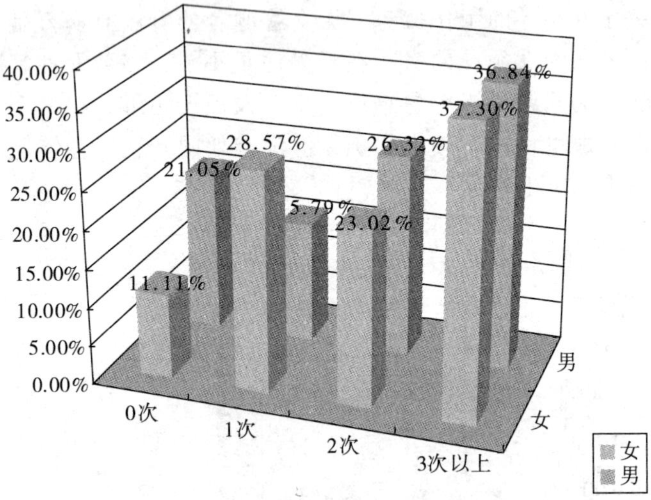

图 26　参加检察系统培训次数

无论是合作搭档、助手还是指导老师的选择上，多数男女答题者都表示性别不是考虑因素。在把性别作为考虑因素的答题者中，无论选择合作搭档、助手还是指导老师，更多的男性或女性答题者倾向于选择男性。一个细微差别是：与选择助手或指导老师相比，在选择合作搭档时，倾向于选择男性的女性答题者比例略高。

3.7　培训机会

男女答题者中参加检察系统培训的情况比较类似，男性和女性中均有较高比例的答题者参加过 2 次或 3 次以上的培训，且比例数大体相当。比例差别较大的是参加过 1 次或没有参加过培训的情况，男性答题者没有参加过培训的比例数高于女性，参加过 1 次培训的比例数低于女性，我们认为，这一情况与本次调查的样本年龄分布结构有关。

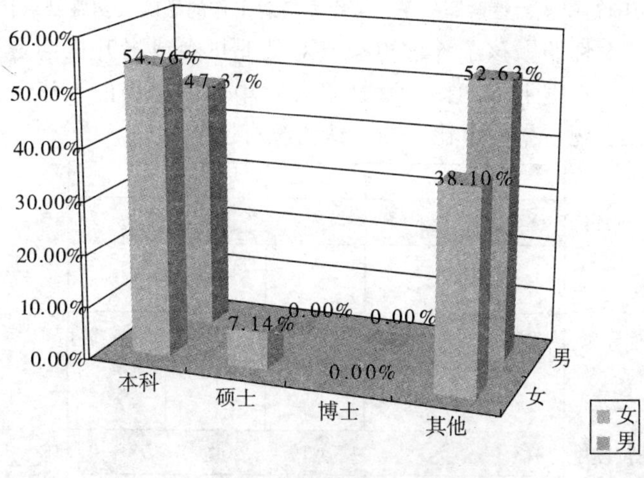

图 27　本单位工作期间的学位深造

在学位深造方面，女性答题者的情况好于男性。约有 54.8% 的答题女性获得了本科学习机会，约 7.1% 的答题女性获得了硕士学习机会。男性的学位深造情况不明朗，获得本科学习机会的答题男性约占 47.4%，其余的人均选择了“其他”。

4. 观念基础

4.1　性别、家庭与工作

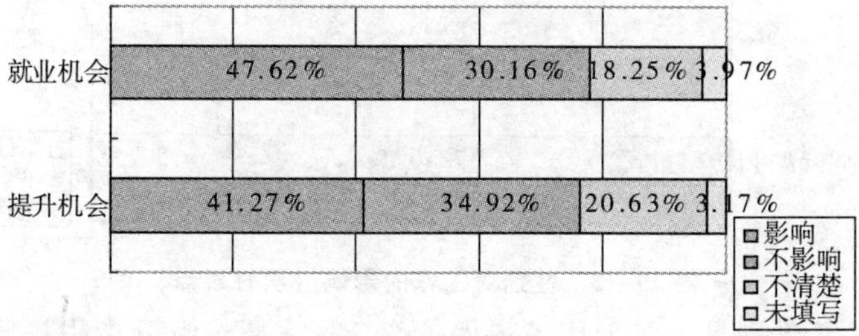

图 28－1　女性照顾孩子、承担家务对工作的影响（女性观点）

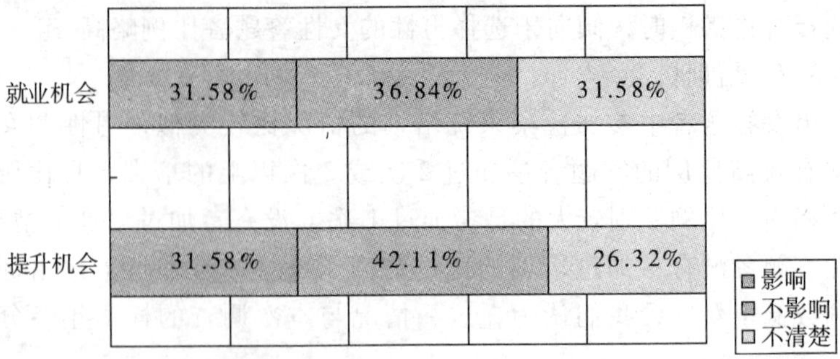

图 28－2 女性照顾孩子、承担家务对工作的影响（男性观点）

关于女性照顾孩子、承担家务对就业机会或提升机会是否有影响的问题，根据上面两图，女性答题者中较大比例的人认为存在影响，男性答题者中较大比例的人认为没有影响。

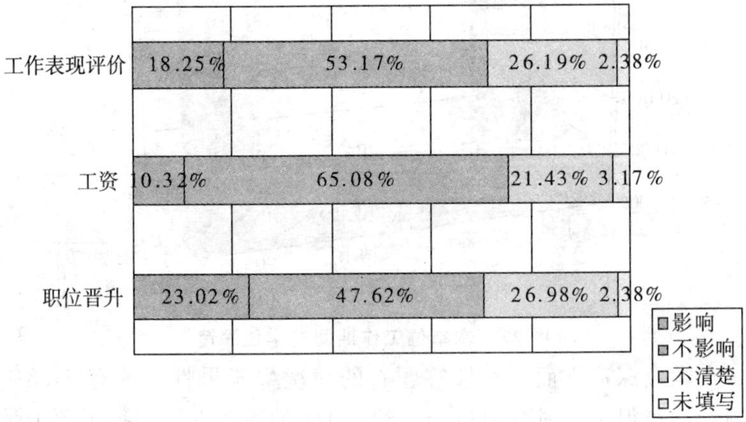

图 29－1 性别对工作的影响（女性观点）

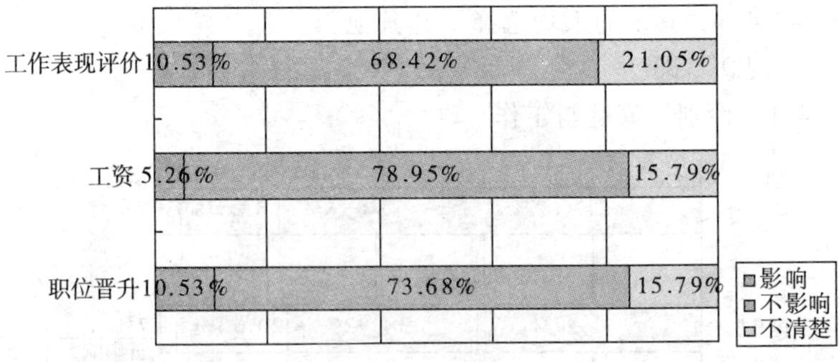

图 29－2 性别对工作的影响（男性观点）

关于性别是否对工作表现评价、工资、职位晋升产生影响的问题，男女答题者的主流态度基本一致，即认为没有影响的回答占据较大比例。

4.2 性别立法

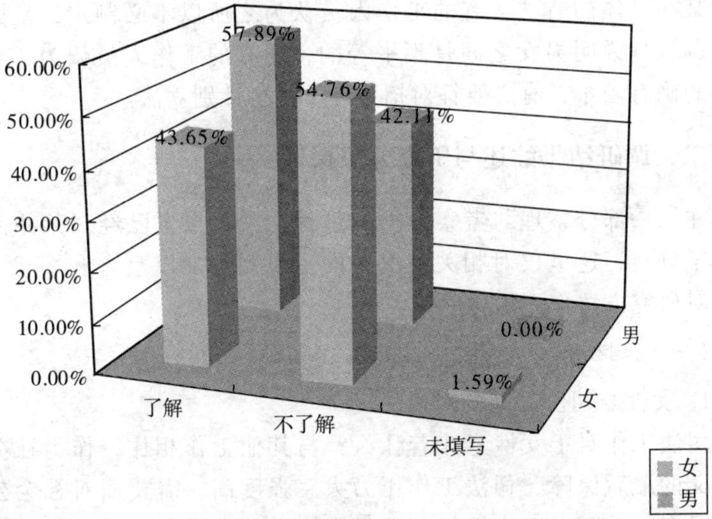

图 30 对国外性别立法的了解情况

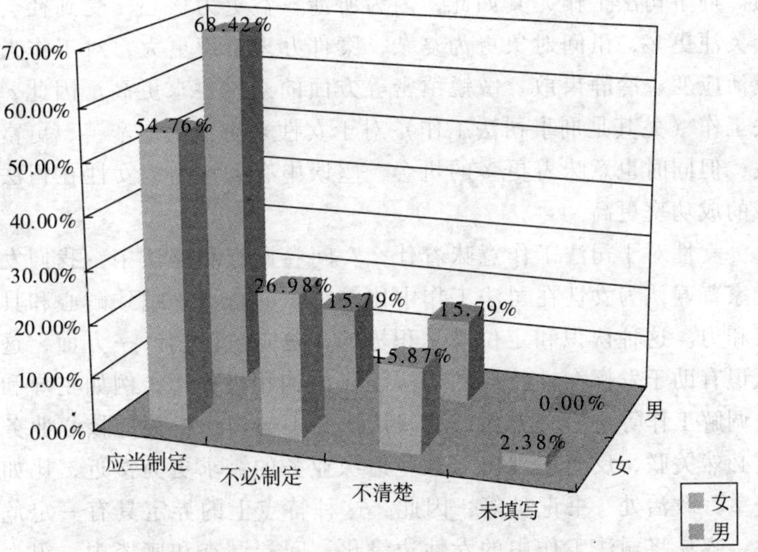

图 31 对我国进行专门性别立法的看法

女性答题者中，更多的人表示不了解国外性别立法；男性答题者中，更多的人表示了解。据此，男性答题者了解国外性别立法的比例数高于女性。对于我国是否应当进行专门的性别立法的问题，认为应当制定的男性答题者比例数高于女性，认为不必制定的女性答题者比例数高于男性。对国外立法的了解情况在一定程度上影响了对我国是否需要进行专门的性别立法的选择。在座谈中，我们了解到某些具体的看法：有的工作人员认为之所以不必制定，是因为越强调就越说明男女之间是不平等的；还有的工作人员认为，女性就业的确有困难，有必要针对招募环节进行性别立法。

二、调研结果综述与研究方法探讨

在第一部分整理与考察数据的过程中，本报告已经对某些问题作出了分析，这里仅对相关情况中的主要内容加以整合和综述，并尝试对研究方法作一探讨。

（一）调研结果综述

1. 女性与司法之间的对话

司法工作对于女性意味着什么？与其他工作相比，作为社会公平正义的最后保障，司法工作压力大、强度高，需要面对社会公众的情况多，并因个案纷繁复杂而需要更强的业务处理能力和综合素质。刑事司法工作尤其如此，因为所涉权益更为核心，受到社会舆论关注更多，讯问对象更为复杂，案件办理难度更大，对工作人员灵活应变、冷静果敢、敏锐缜密等方面的素质要求更高。因此，司法工作（尤其是刑事司法工作）对于女性来讲，更加辛苦、更富挑战，但同时也意味着更多的机会，座谈中有人认为，女性在司法领域的成功率更高。

女性对于司法工作意味着什么？问卷调查和座谈中，我们发现大家普遍认为女性在司法工作中比较突出的特点是细致耐心和具有亲和力。这种认识和定位既是积极的，也是危险的。一方面，这一认识有助于发挥女性特质在司法工作中的积极作用，例如主导和推进调解工作等；另一方面，这些认识并不与司法机关的核心业务产生必然关联，反而表现出与某些边缘业务的需求更为接近，比如办公室、政治处、书记员等，因此，这种特点上的界定具有一定危险性，容易将司法工作中的女性边缘化。问卷调查和座谈中，很少有人对女性的综合能力加以肯定，相反，有观点间接表示女性在整体能力上弱于男性。

2. 女性在司法领域的职业机会

应当如何理解女性在司法领域的职业机会？总体来讲，女性在司法领域的职业机会至少包括就业机会、培训机会和晋升机会。

在问卷调查和座谈中，我们了解到：（1）就业机会：女性在司法领域的就业机会低于男性。尽管女性在笔试甚至面试中都有较好的表现，但司法职场对女性综合能力的怀疑以及对女性家庭负担的担忧使得女性应聘者较难通过招聘者裁量这一关。尽管各司法单位的编制人数上没有明确的性别比例要求，但招聘实践中的潜规则往往对性别比例加以限定，一般女性工作人员占编制总数的20%—30%。

（2）培训机会：女性在司法领域的培训机会大体与男性相同。尽管21%的女性答题者认为孕育会对培训机会产生影响，但问卷中有关获得培训次数的客观数据显示，女性与男性的培训机会大体相当。单位问卷中的相关数据也基本能够印证培训机会方面没有把性别作为考虑因素。应当明确的是，就职场发展而言，培训机会仅仅是一个间接的评价指标，它并不直接决定结果。

（3）晋升机会：女性在司法领域的晋升机会随职务级别升高而递减。本次调研的主客观多项数据表明：司法机关中女性的晋升机会呈金字塔形，随着职务级别的提高而不断减少。与其他就业领域类似，司法女性也遭遇着职场发展中的玻璃天花板。另外，我们认为上文谈到的司法领域对女性特点的界定也会对司法女性的晋升产生影响。据职业专家分析：作为女性优点的细腻和决策慎重在另一方面也会成为她们上升的“瓶颈”，成为她们缺乏全面、强劲、果断、迅速、深刻决策能力的偏见，成为女性不得不面对的“天花板”。[①]

3. 性别、家庭与工作

调研发现，多数参加者否认或至少不承认性别差异影响个体在司法工作中的境况和机会，但基本不否认甚至坦率承认家庭负担（子女、家务）对个体在司法工作中的境况和机会有较大影响。后者是可以正视的，前者则涉嫌歧视而被回避。易言之，司法领域中男性与女性的发展机会不同并非因为女性是女性，而是因为女性需要育儿持家。从司法单位的角度来讲，为男性和女性提供的机会是一样的，遗憾的是女性由于客观情况而无法把握这些机会。实际上，一定文化背景下，家庭负担的潜台词依旧是性别。生理特征决定了孕产行为的主体只能是女性，而产后的养育以及其他一般性的家务

① 蔡定剑主编：《中国就业歧视现状及反歧视对策》，中国社会科学出版社2007年版，第60页。

琐事也因历史、传统和文化而与女性产生更大关联。于是，家庭负担之影响多数情况下转化为职场发展机会及话语权的性别差异。形式平等与实质平等之间的沟壑再次被看见，在女性无法“去家庭化”（至少孕产无法与女性分离）的背景下，某些积极平权措施（positive action）也许是必要的，这意味着要为女性因育儿持家而错失的机会提供弥补。

然而，排除育儿持家的生理与传统因素，司法职场为女性提供的机会是否的确与男性相同？

4. 女性在司法工作领域遭遇的边缘化

上面问题的回答也许是否定的，至少是模糊的。根据本次调研的相关数据，我们认为女性在司法机关中正在经历着被边缘化的过程，主要体现于司法单位的职位安排倾向。问卷考察了各司法单位未来招募女性的职位倾向，其中有两点内容比较突出：一是倾向于招募法律明确规定需要女性担任的工作（如女法警），这些工作往往并非司法工作的核心业务；二是倾向于招募后勤、文秘、政工等边缘业务，同样不是司法工作的核心内容。“刑事司法女性参与”主要指涉的是女性对刑事司法核心业务的参与程度，因为这才是女性视角影响刑事司法公正性的途径，是研究刑事司法性别平等问题的价值所在。当前这种招募女性的职位倾向是令人担忧的。

5. 立法和政策的重要性

调查发现，对于法律或政策明确要求女性参与的职位（如女法警），司法机关通常招募态度明确，其他职位则相对模糊。当前的立法与政策明确要求女性参与的司法职位往往是基于对刑事案件女性当事人生理情况的照顾，而非从女性视角影响刑事司法公正的角度切入。

立法与政策的立场对女性有效参与刑事司法核心业务具有重要推进作用，这不仅客观体现在司法机关实际招募职员时对既有法律、政策的重视程度和遵循力度上，也在某些座谈人员的意见交流中有所反映，有人认为女性就业的确困难，有必要针对招募环节进行性别立法，还有人表示就业问题上的确有性别平等立法的必要，但这一立法能否成行，还取决于相关问题何时才会成为立法机关的关注重点。

（二）研究方法探讨

1. 答题群体选择与样本分布结构

答题者样本分布结构将对某些问题的分析结论产生影响，因此，答题群体的平均分布对获得相对准确的数据而言非常重要。其中，比较重要的影响因素包括年龄、部门、职务等。

2. 以男性为参照样本的重要意义

本次问卷的男性答题者人数偏少，在一定程度上成为数据分析过程中的掣肘。在刑事司法女性参与的研究中，以男性为参照样本具有重要意义。历史和传统的原因导致当前刑事司法领域的主流观念仍是以男性经验和男性视角为基础建构的，男女答题者对相同问题的回答比较（趋同或趋异）有助于分析当前刑事司法领域女性的知识体系是否长久以来受男性强势文化的影响而不具有独立性，抑或已经具备或正在形成属于自己的女性视角。

3. 导入一对一访谈形式之必要

一个值得注意的现象是女性对某些题目不作答的情况多于男性，因而女性答题者完成试卷的完整程度略差于男性答题者，也许女性对某些问题较为敏感、顾虑较多，或者多数女性的性情较男性而言相对封闭。

另一个值得注意的现象是公职人员的答题模式化问题。公职人员的清一色不仅见端于制服着装上，也见端于观点表达上。也许是长期以来的职业培训模式和职场环境所致，无论主观题还是客观题的作答，答题者的回答都具有较强的相似性，个性化和人情化的内容不明显。

为了软化这些现象给数据采集带来的潜在阻碍，未来调研中可以考虑适当增加一对一单独访谈的形式。

4. 未来研究的方向

本期调研仅仅是对某些基本信息的考察，主要价值是为本项目的进一步研究提供基期数据，尚未深入到女性视角与刑事司法公正之间关系的领域。正如前文所述，刑事司法女性参与的研究重点在于了解女性视角影响刑事司法公正的实践现状及发展方向，这将成为我们后续研究的核心内容。

“刑事和解与程序分流”调研报告

赵 骞 陈吉莉 王颂勃*

2009年8月下旬，中国政法大学诉讼法学研究院顾永忠教授率四名博士、硕士研究生专程到河南省洛阳市、陕西省咸阳市两地，围绕教育部人文社会科学重点研究基地2008年度重大项目“刑事和解与程序分流”课题所涉及的有关问题进行了调研。鉴于该课题主要涉及基层检察院和法院，调研活动在洛阳市的三个基层检察院和咸阳市的四个基层法院展开。调研的目的是通过实地调查研究，了解司法实务中基层检察院、法院的办案工作量、适用刑事和解处理案件及在刑事诉讼活动中程序分流的基本情况以及存在的问题，听取基层检察官、法官对刑事和解和程序分流的意见、建议，以期为下一步的司法改革和立法完善提供理论参考和实证依据。

此次调研主要采取收集数据信息，召开座谈会的方式进行。由于调研前做了充分的准备，拟定了详细的调研提纲并发到被调研单位，各单位按照事先的安排提供了大量的统计资料和信息。同时在座谈中，检察官和法官们对目前司法实践中刑事和解及程序分流的实行情况及存在的问题作了客观介绍和深入分析，对有的问题还展开了热烈的讨论，在此基础上还提出了今后对刑事和解和程序分流进行改革、完善的建议。可以说，此次调研达到了预期目的。以下分五个部分就此次调研活动的收获及我们的思考加以报告。

---

* 中国政法大学刑事诉讼法专业硕士研究生，本调研报告是在顾永忠教授指导下完成的。

一、近年来被调研检察院、法院办理案件的数量及检察、审判人员工作量的变化情况

（一）基层检察院办理案件数量及其分类、起诉检察人员数量、人均办案数量的情况

1. 洛阳市甲区属该市市内辖区，面积 90 平方公里，常住人口 43 万，流动人口 20 万，工业在全市各区排名第二，商业排名第三。

表 1－1 为 2003—2009 年甲区检察院起诉案件的数量、起诉部门的人数及人均办案数量的情况：

表 1－1

年份	刑事案件起诉件数				起诉部门人数	人均办理案件数
	总数	简易程序案件数	普通程序简化审案件数	普通程序案件数		
2003 年	360	111	124	125	6	60.0
2004 年	344	107	59	178	6	57.3
2005 年	475	167	110	198	6	79.2
2006 年	598	233	90	275	6	99.7
2007 年	503	108	77	318	5	100.6
2008 年	567	162	49	356	5	113.4
2009 年 1 月—8 月	288	67	19	202	7	41.4

从表 1－1 可以看出，该区起诉案件总量逐年递增，最低一年是 344 件，最高一年是 598 件，增加了 42.5%；历年来简易程序案件平均比例为 30.5%，普通程序简化审案件平均比例 16.8%，普通程序案件平均比例 52.7%。而起诉部门人数基本稳定在 5—7 人之间，故人均办案数量以年为单位最低是 57.3 件，最高是 113.4 件，增加了 97.9%，“案多人少”的矛盾表现突出。

2. 洛阳市乙区也属市内辖区，面积 56 平方公里，人口 34 万，商业在全市各区排名第一，工业为第五。

表 1－2 为 2000—2009 年乙区人民检察院起诉案件的数量、起诉部门的人数及人均办案数量的情况：

表 1－2

年份	刑事案件起诉件数				起诉部门人数	人均办理案件数
	总数	简易程序案件数	普通程序简化审案件数	普通程序案件数		
2000 年	160	62	30	68	7	22.9
2001 年	189	70	41	78	7	27.0
2002 年	231	90	41	100	6	38.5
2003 年	167	51	35	81	7	23.9
2004 年	195	65	51	79	5	39.0
2005 年	180	79	45	56	6	30.0
2006 年	179	80	45	44	8	22.4
2007 年	165	73	41	51	7	23.6
2008 年	216	95	60	61	7	30.9
2009 年 1 月—8 月	109	47	29	33	6	18.1

从表 1－2 可以看出，乙区每年案件平均数量为 187 件，2000 年最低为 160 件，2002 年最高为 231 件。简易程序案件和普通程序简化审的案件比例大约为 60%。起诉部门人数为 5—8 人，相对稳定，人均办案数量有所波动，2002 年、2004 年较高，分别为 38.5 件、39 件，其他年份在 20—30 件之间。案多人少的矛盾不像甲区那样突出。

3. 洛阳市丙县处于该市西部，属郊区县，面积 1160 平方公里，人口 49 万，经济综合实力在该市各县排名第三。

表 1－3 为 2000—2008 年丙县检察院起诉案件的数量、起诉部门的人数及人均办案数量的情况：

表 1－3

年份	刑事案件起诉件数				起诉部门人数	人均办理案件数
	总数	简易程序案件数	普通程序简化审案件数	普通程序案件数		
2000 年	200 左右	—	—	—	6—7 人	30.8
2001 年	200 左右	—	—	—	6—7 人	30.8
2002 年	200 左右	—	—	—	6—7 人	30.8

续表

年份	刑事案件起诉件数				起诉部门人数	人均办理案件数
	总数	简易程序案件数	普通程序简化审案件数	普通程序案件数		
2003 年	200 左右	—	—	—	6—7 人	30.8
2004 年	200 左右	—	—	—	6—7 人	30.8
2005 年	290 左右	—	—	—	6—7 人	44.6
2006 年	250 左右	—	—	—	6—7 人	38.5
2007 年	250 左右	—	—	—	6—7 人	38.5
2008 年	267	40%	20%	40%	6 人	44.5

从表 1－3 可以看出，丙县每年案件平均数量为 230 件左右，2000—2004 年大约 200 件左右，2005 年最多为 290 件左右。简易程序和普通程序简化审的案件比例大约为 60%。起诉部门人数为 6—7 人，相对稳定，人均办案数量有所波动，2005 年、2008 年较高，分别为 44.6 件和 44.5 件，其他年份人均办案量在 30—40 件之间。“案多人少”的矛盾也不太突出。

总体来看，该市三个基层检察院每年起诉案件数量、起诉部门检察人员数量及人均办案数有所不同，甲区每年案件数量最大，人均办理案件最多。丙县的案件数量、人均办案量次于甲区多于乙区，大体为甲区检察院的一半左右。案多人少的矛盾在甲区明显突出，其他两区尚不突出。

（二）基层法院审理案件数量、刑事审判人员数量、人均办案数量的情况

1. 咸阳市丁区属市内辖区，面积 256 平方公里，人口 42 万。经济综合实力在全省区一级排名第九。

表 2－1 为 2000—2008 年丁区法院审理案件数量、刑事审判人员数量及人均办案数量的情况：

表 2-1

年份	刑事案件起诉件数				起诉部门人数	人均办理案件数
	总数	简易程序案件数	普通程序简化审案件数	普通程序案件数		
2000 年	283	93	—	190	8	35
2001 年	328	104	—	224	8	41
2002 年	321	99	—	222	8	40
2003 年	236	70	68	98	6	39
2004 年	180	64	50	66	7	26
2005 年	214	81	72	61	6	35
2006 年	308	129	92	87	6	51
2007 年	383	155	102	126	6	63
2008 年	396	190	80	126	5	79

从表 2-1 可以看出，丁区法院审理案件总量不均，大多数年份在 300 件以上，少数年份在 200 件以上，只有一年不到 200 件。历年来简易程序和普通程序简化审案件比例大约为 60%。刑事审判人数一般为 6—8 人，只有 2008 年为 5 人，人均办案数量近三年来逐年增加，从 2006 年的人均办案 51 件上升到 2008 年的人均办案 79 件。“案多人少”的矛盾较为明显。而此前的五年人均办案没超过 40 件，最少的 2004 年仅 26 件。

2. 戊市为咸阳市下属的郊区县级市，面积 496 平方公里，人口 56 万，综合经济实力在全省县一级排名第 15。

表 2-2 为 2004—2009 年戊市法院审理案件数量、刑事审判人员数量及人均办案数量的情况：

表 2-2

年份	刑事案件起诉件数				起诉部门人数	人均办理案件数
	总数	简易程序案件数	普通程序简化审案件数	普通程序案件数		
2004 年	80	10	56	14	6	13.3
2005 年	85	5	62	28	4	21.3
2006 年	88	1	69	18	4	22.0
2007 年	88	1	76	11	4	22.0

续表

年份	刑事案件起诉件数				起诉部门人数	人均办理案件数
	总数	简易程序案件数	普通程序简化审案件数	普通程序案件数		
2008 年	99	3	86	10	4	24.8
2009 年 1月—8 月	58	0	49	9	4	14.5

从表 2－2 可见，戊市法院从 2004—2008 年，审理刑事案件数量在 80—99 件之间，历年刑事审判人员数为 4 人，只有 2004 年为 6 人，非常稳定，人均办案量大多在 20 件左右，简易程序和普通程序简化审案件的比例较高，占 80% 左右。整体来看，案件总量和法官的人均办案量变化不大，不存在"案多人少"的矛盾。

3. 己县为咸阳市的郊区县，面积 780 平方公里，人口 49.5 万，综合经济实力在全省县一级排名第 21。

表 2－3 为 2002—2009 年己县人民法院审理案件数量、刑事审判人员数量及人均办案数量的情况：

表 2－3

年份	刑事案件起诉件数				起诉部门人数	人均办理案件数
	总数	简易程序案件数	普通程序简化审案件数	普通程序案件数		
2002 年	61	5	6	50	3	20.3
2003 年	63	3	3	57	3	21.0
2004 年	45	12	10	23	3	15.0
2005 年	75	18	28	29	4	16.2
2006 年	57	9	10	38	4	14.2
2007 年	84	10	13	61	4	21.0
2008 年	92	8	15	69	3	30.7
2009 年 1月—8 月	81	8	5	68	3	27.0

从表 2－3 可见，己县法院审理刑事案件总数整体上相对不多，但案件数量也有一定变化，最低为 2004 年仅 45 件，最高为 2008 年增至 92 件。刑事审判人数 3—4 人，相对稳定，人均办案量最多时为 30 件，最少时仅为 14 件。该县法官的工作量纵向看虽有明显增加，从 15 件增加至 30 件左右，但由于基数本身不高，基本不存在"案多人少"的突出矛盾。

总体而言，咸阳市内的丁区法院案件数量多，人均办案数量增长明显，案多人少的矛盾较为突出。位于郊区的戊市、己县法院每年案件数量相对较少，人均办理案件量未超过 30 件，几乎不存在“案多人少”的矛盾。

（三）综合横向比较

以上反映的是在一段时期内，同一办案机关在案件数量、办案人员数量、人均办理案件数量的变化情况。以下则从横向上对以上六个办案机关进行比较，以期反映出同一时期、不同地区的办案机关在案件数量、办案人员数量、人均办理案件数量上的变化情况，以便从中发现规律性、趋势性的现象或问题。

图 1－1 是对 2004—2008 年间洛阳市三个基层检察院、咸阳市三个基层法院案件数量（件）的横向对比图示：

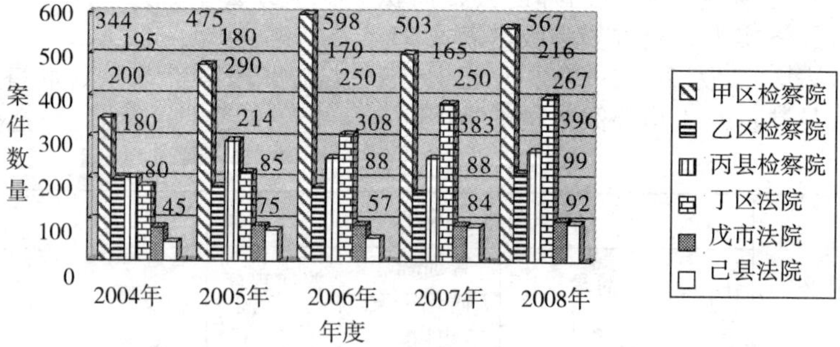

注：图示内数据，从上至下依次为甲、乙、丙、丁、戊、己。

图 1－1

图 1－2 是对 2004—2008 年间洛阳市三个基层检察院、咸阳市三个基层法院人均办理案件数量（件）的横向对比图示：

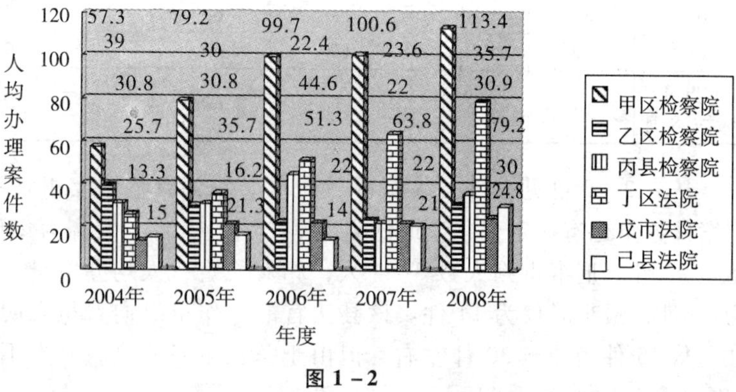

图 1－2

从以上图示可直观地看出各基层检察院、法院每年的案件总量及人均办案量的变化趋势：位于市辖区的基层检察院和法院的办案总量及人均办案量多于郊区检察院和法院的办案总量及人均办案量；位于中部地区的洛阳市基层司法机关的办案总量及人均办案量多于位于西部地区的咸阳市基层司法机关的办案总量及人均办案量。“案多人少”的矛盾在市内辖区基层司法机关较为明显突出，中部地区较西部地区明显突出。

（四）各地基层司法机关解决“案多人少”现象或矛盾的具体途径、措施

从上文的数据及其比较可以了解到，“案多人少”已经成为一些基层检察院、法院面临的突出问题。诚然，扩大司法人员的编制是解决“案多人少”矛盾最直接有效的方式，但此种方式受制于很多因素，不具有现实性和普遍性。如何在现有人员的基础上，探索既能保证司法公正，又能提高诉讼效率，节约司法资源，及时化解社会矛盾，实现办案的法律效果和社会效果的统一的举措，是基层司法机关解决“案多人少”矛盾的正确出路。笔者在调研中了解到一些基层检察院、基层法院已经为此作出了多方努力或尝试，并取得了积极的成效。

1. 洛阳市基层检察院的解决方式

洛阳市检察院在贯彻《最高人民检察院关于依法快速办理轻微刑事案件的意见》的基础上，形成的解决方式主要有：（1）“专案专办”。洛阳市检察院将未成年人刑事案件和交通肇事刑事案件分别分配给甲区检察院和高新区检察院的专业办案组办理。专业办案组相对集中办理某类案件，可以使办案检察官积累办案经验，形成并发挥专业特长，有效提高办案的质量和效率，同时也培养了一批高素质、专业化的公诉队伍。（2）各区检察院内部根据案件的复杂与否实行案件分流。对于符合简易程序的轻微刑事案件，建议法院适用简易程序审理。对于符合普通程序审理的被告人认罪的刑事案件，建议人民法院简化审理。近年来，检察系统适用简易程序和普通程序简化审处理的案件数量增多，比例提高。此外，还建立轻微刑事案件的快速办案通道，缩短办案的期限，提高了诉讼效率，减少了办案压力。（3）检察院还引入了刑事和解办案机制，在双方当事人自愿的前提下，进行调解，对经调解达成协议并已实际履行的案件，尽可能地作出建议公安机关撤案或不起诉决定，尽量不再进入下一

个诉讼环节，从而使办案效率大幅提高。如甲区社会治安综合治理委员会、司法局、检察院联合制定了《关于轻微刑事案件委托人民调解的实施意见》，丙县检察院制定了《关于侦查监督部门适用刑事和解办理刑事案件的意见》，均对刑事和解机制的建立作了积极的探索。（4）加强与公安机关、人民法院的联系和配合，共同建立依法快速办理刑事案件的工作机制。如乙区检察院和市公安局乙区分局联合制定《关于常见经济犯罪案件取保候审直接移送审查起诉适用条件的规定（试行）》，对部分经济犯罪案件，由乙区分局予以取保候审，向乙区检察院直接移送审查起诉，减少了羁押，缩短了办案时间，提高了办案效率。

2. 咸阳市基层法院的解决方式

（1）通过提请县区人民代表大会任命人民陪审员缓解办案人员不足的矛盾。以丁区法院为例，自2008年以来，区人大先后任命26名人民陪审员，其中6名陪审员主要参与刑事案件的审理，明显缓解了该区“案多人少”的突出矛盾。（2）充实一线审判力量。正确处理审判部门和综合部门的关系，根据不同部门的案件数量，定期动态地调整各部门人力资源配置，通过合理配置审判资源，加强一线，充实一线，提高一线办案人员的比例；对收案较少的业务部门和综合部门有审判职权的人员实行部分案件交办制。（3）在刑事审判中，大力推广适用简易程序和普通程序简化审，并且做好判后释疑工作，通过耐心听疑、细心答疑、热心消疑，增强裁判公信力，提高案件服判率，真正做到案结事了，减少上诉率和上诉后改判或发回重审率。

二、近年来被调研检察机关作出不起诉决定的情况

（一）不起诉案件的比例及总体趋势

在调研中，我们了解到各检察机关在适用不起诉处理案件的总体趋势基本上是一致的，即“慎用”和“严审”。“慎用”是指尽量少用，“严审”是指严格审查把关。如洛阳市甲区检察院历年来的刑事案件不起诉率为3%左右，其中绝对不起诉的案件很少，存疑不起诉和相对不起诉的比重稍大一些。相对不起诉主要是针对轻伤害案件，如2006、2007、2008年1—8月该区检察院共受理轻伤害案件51件54人，其中对19案21人作了不起诉、撤案处理。

甲区检察院的未成年人犯罪案件审查起诉科，负责全市城区未

成年人涉嫌犯罪案件的审查起诉工作。该科审查的案件不起诉率一般在3%以上，最高的2007年是3.9%，最低的2008年只有0.3%。

洛阳市丙县检察院，历年受理案件200—250件，300—400人。不起诉率一般为3%—4%，其中法定不起诉很少，相对不起诉较多，存疑不起诉的比例也不高，2007年不起诉案件为11件14人，大部分是故意伤害案件和交通肇事案件。

总体上看，历年来被调研检察机关不起诉案件的比例较低，平均比例大约为3%。在三种不起诉的比例上，绝对不起诉的比例很小，相对不起诉和存疑不起诉的比例较大。当然，从不起诉案件数量本身来看，还是呈现有所增长的趋势，但是由于案件总体数量的增长，不起诉率并没有明显的变化。此外，在实践中，以不起诉方式处理案件也呈现起伏不定的特点，在比较强调不起诉的时期，可能会多一些，而在某些特殊时期，如“严打”期间，相对不起诉率则有显著下降。

（二）不起诉案件数量少、比例低及起伏不定的原因

为什么在司法实践中，不起诉案件数量少、比例低且起伏不定？在调研中我们了解到主要有以下原因：

1. 社会原因

在调研中，一些检察人员（特别是担任一定领导职务的检察人员）表示，由于我国的刑事政策长期以来实际上是以犯罪控制导向的，办案机关一旦对犯罪嫌疑人作出“不起诉”的决定，往往容易使人认为不追究刑事责任是对犯罪行为的放纵，不利于社会秩序的稳定，以致检察机关担忧不起诉的过多适用会引发社会公众对“违法必究”甚至司法公正的质疑，同时更担心一旦对犯罪嫌疑人做不起诉处理，对方当事人会因不服不起诉决定而申诉、上访，进而引发更大的社会问题。

2. 立法原因

一部分直接从事审查起诉办案工作的检察人员反映，目前《刑事诉讼法》对不起诉制度的规定还存在一些问题，制约了案件处理中不起诉决定的适用：其一，在存疑不起诉的法律规定上，《刑事诉讼法》第140条第4款规定，“对于补充侦查的案件，人民检察院仍然认为证据不足，不符合起诉条件的，可以作出不起诉的决定。”既然“认为证据不足，不符合起诉条件”，就不应当起诉，为何还要“可以作出不起诉的决定”？其二，在相对不起诉问题上，《刑事诉

讼法》第142条第2款规定，“对于犯罪情节轻微，依照刑法规定不需要判处刑罚或者免除刑罚的，人民检察院可以作出不起诉决定。”在这里，“情节轻微”是只针对“不需要判处刑罚”一种情况，还是也针对“免除刑罚”的情况，办案人员在理解上不一致，有的认为只适用于“不需要判处刑罚”一种情况，有的认为适用于以上两种情况。除了上述已有规定存在的问题之外，还有立法上应当规定而没有规定的问题，即现行法律规定的相对不起诉决定是一种“一次性”的处理决定，一旦对当事人作出了不起诉决定，办案机关、办案人员对被不起诉人就不再有约束力。这种情形造成办案机关、办案人员在决定对某一当事人是否作出相对不起诉决定时心存疑虑，担心被不起诉人恢复自由后一旦作出不适当的事情，特别是违法犯罪的事情，就会追究对他作出不起诉决定的人。为了防止给自己造成风险、带来麻烦，办案机关、办案人员一般都不愿意对当事人作出相对不起诉决定。为此，有些地方的检察机关借鉴其他一些国家的做法，探索建立附条件不起诉的制度，即对当事人作出不起诉决定时附加一定条件，在一定时期内要求被不起诉人必须遵守相关的规定，如果没有违反这些规定，不起诉决定才正式生效；一旦违反相关规定并具备一定条件，已作出的不起诉决定则不再生效，还要重新起诉。其目的是为了解除办案机关和办案人员在作出不起诉决定时所产生的疑虑和担忧。我们调研的某基层检察机关在2004年曾经对一起4名未成年人涉嫌犯罪的案件作出了附条件不起诉决定，还落实了帮教措施，经过一段时间对他们的教育和考察后，最终作出了正式的不起诉决定。实践表明，这种尝试在多方面是有积极意义的。但是后来省检察院下发相关文件指出不提倡、不鼓励附条件不起诉的做法，基层检察院就未再尝试附条件不起诉制度。这也表明立法上没有此项制度是一种欠缺。

3. 体制内部的原因

在调研中，大家普遍反映，内部体制原因是造成不起诉案件少，不起诉比例低以及起伏不定的主要原因，主要包括：

（1）一段时期上级检察机关对不起诉率的人为控制。从调研中我们了解到，1996年《刑事诉讼法》修改以后的相当一个时期内，上级检察机关对于基层检察机关适用不起诉（主要是相对不起诉）处理案件有比例上的控制，由此造成了基层检察机关对不起诉的适用不得不加以控制。近几年虽然不再有比例控制，但由于惯性加上其他制约措施，不起诉率仍然比较低。

（2）在工作程序上，对作出不起诉决定的程序设置过于复杂、严格。根据有关文件的规定或要求，各地检察机关对于不起诉决定的判决，规定了严格的内部程序，不仅要由科长、处长审查，还要由主管检察长把关，最后还要提交检察委员会讨论决定。由此造成在法定办案期限内如果要作出不起诉决定，在时间上非常紧张，同时还大大增加了具体办案人员的工作量。这就导致以不起诉方式处理案件的程序成本很高，诉讼效率低，办案人员选择不起诉结案的积极性也很低。对此，相当一部分检察人员认为，对于认为事实不清，证据不足或者可能无罪的案件有必要报送检察委员会讨论决定，但是对于事实清楚、证据充分，确实属于依法可以不起诉的刑事案件不一定必须报送检察委员会讨论决定。

（3）公安机关、检察机关内部不适当的考核机制对不起诉决定的适用也产生了不可忽视的消极作用。主要表现在两个方面：其一，对批捕率和起诉率的考核，造成了“多捕”、“多诉”的导向；其二，不时进行的专项斗争或专项打击活动，办案机关、办案人员都承担了一定的考核性、评比性的指标。为了完成这些指标，办案人员对案件能捕的就捕，能诉的就诉，尽可能不作不捕、不诉决定。如在各地开展打击“两抢一盗”的专项斗争中，很少有人被作出不起诉处理，哪怕盗窃的数额刚达到起诉的标准。

总之，以上种种体制内部的制约因素，造成检察人员在办案过程中对于以不起诉方式处理案件的态度是“怕麻烦”、“怕汇报”、“怕复查”、“怕担责任”、“怕完不成批捕、起诉任务”，而唯独不怕不起诉率低，其结果就是不起诉率多年来一般都维持在3%左右。

（三）在司法实践中客观上存在扩大不起诉适用范围的空间和条件

在调研中，许多检察人员反映，目前不起诉率很低主要是人为原因造成的。从客观上来看，存在着扩大不起诉适用范围的空间和条件。在司法实践中，有很多案件法院对被告人判处的刑罚很轻，有相当一部分案件宣告判决后被告人就能获释出监，如判处无罪、免刑、缓刑以及管制和单处罚金的案件。还有相当一部分案件，被告人在看守所羁押了多长时间，法院基本上就判处多长时间的刑期。例如盗窃案件，在刑事案件中占有很高的比例，其中相当一部分属于轻微的盗窃，主观恶性小，盗窃数额刚达到或刚超过 800 元或

1000 元的立案标准，但是仍然被提起公诉。

再从已作出不起诉决定的案件看，无论在法律效果还是社会效果上，都是正面的和积极的。例如洛阳市甲区检察院在 2003 年对 40 多人作出不起诉决定，比以往不起诉案件提高了不少，但是不起诉案件的增多并没有引发上访、信访以及申诉，此举还受到最高检察院有关部门的肯定。

2006 年最高人民检察院《关于在检察工作中贯彻宽严相济刑事司法政策的若干意见》规定，“在审查起诉工作中，严格依法掌握起诉条件，充分考虑起诉的必要性，可诉可不诉的不诉……”；“改进考评办法，保证依法正确适用不批捕、不起诉，改变不适当地控制不捕率、不起诉率的做法，实现办案数量、质量和效果的有机统一。”这些规定，为司法实践中不起诉决定的扩大使用在法律和政策上提供了依据，相信今后不起诉率会得到一定提高。

三、近年来被调研检察机关实行刑事和解的基本情况

（一）各地为推行刑事和解制定有关文件、采取有关措施的情况

自从中央重申并强调贯彻宽严相济的刑事司法政策以来，各地检察机关积极贯彻执行，其中一个重要的举措就是积极尝试推行刑事和解制度。但是，由于刑事和解在现行法律上并无明确的规定，各地为推行刑事和解大都制定了相关的文件，采取了有关的措施。例如洛阳市甲区社会治安综合治理委员会、人民检察院和司法局于 2007 年主要针对轻伤害案件联合出台了《关于轻微刑事案件委托人民调解委员会调解的实施意见》。又如洛阳市丙县检察院针对审查批捕工作制定了《丙县人民检察院关于侦查监督部门适用刑事和解办理刑事案件的意见》，规定了审查批捕阶段适用刑事和解的案件范围，适用条件及方式等。

（二）各地实行刑事和解的基本情况

1. 审查批捕环节的和解

在司法实践中，不少案件在公安机关立案侦查初期，当事人不愿进行和解或接受调解，一旦公安机关提请批捕，当事人则愿意也比较容易达成和解或调解协议。但由于没有法律的规定，不同地区的做法有所不同。

在洛阳市甲区，实践中的做法一般是在检察机关批准逮捕前，对符合条件的案件的当事人双方自愿达成和解协议（包括受害人自愿放弃追究加害人一切刑事责任等内容）并送交检察机关后，检察机关先进行必要的审查确认，然后建议公安机关撤销案件。在丙县检察院，如果双方当事人在案件提请批捕时达成和解，批捕部门经过审查确认在审查批捕时通常作出建议撤销案件或无逮捕必要的决定。在乙区检察院，如果在审查批捕环节发现案件符合刑事和解条件的，则积极进行调解，最终达成协议的一般会对犯罪嫌疑人作出不予逮捕的决定，需要追究刑事责任的由侦查机关直接移送法院直诉。

2. 审查起诉环节的和解

甲区检察院对于案件移送检察院审查起诉后尚未达成和解协议的，检察人员在讯问嫌疑人时会询问其是否愿意接受调解，并提供固定格式的表格，若双方均表示愿意接受调解并填写表格，检察院就将案件送至人民调解委员会进行调解，若调解成功案件返回检察院，在协议执行后由检察院建议公安机关撤销案件或者作出相对不起诉的决定；如果调解不成功，由调解员出具文书，检察院继续进行以后的诉讼程序。

乙区检察院受理移送审查起诉案件后，发现案件符合刑事和解条件的，办案人员协助双方进行调解，达成协议、履行经济赔偿后，被害人自愿放弃追究犯罪嫌疑人刑事责任的，对嫌疑人作出相对不起诉决定。

3. 和解案件的范围、条件、程序、内容及处理

《丙县人民检察院关于侦查监督部门适用刑事和解办理刑事案件的意见》规定了刑事和解适用范围、适用条件及方式，即刑事和解的适用范围是：（1）亲属邻里间的轻伤害等轻微刑事案件；（2）未成年人犯罪案件；（3）其他法定刑期在三年以下侵害个人法益的轻微刑事案件。在和解的适用上，应同时具备以下条件，即犯罪嫌疑人系自然人；基本事实清楚，基本证据确实充分；犯罪嫌疑人的行为触犯刑法；犯罪嫌疑人悔罪并对犯罪事实无异议。

在适用和解的方式上，当事人双方自行和解或者双方近亲属、代理人、律师促成和解的，向检察机关提交刑事和解协议书；由村民委员会等基层组织主持或双方当事人所在单位派员进行调解以及公安机关在职权范围内进行调解达成协议的，向检察机关提交刑事

和解调解书。在刑事和解中，经济赔偿数额和其他补救办法应与实际损失及加害人应承担的责任相适应，并考虑加害方的赔偿和补救能力。检察院侦查监督部门对达成的和解是否合法、真实、有效进行审查，对于符合嫌疑人真诚悔过并向被害人赔礼道歉，双方就经济赔偿或补偿达成协议并已实际履行或提供有效履行担保，被害人表示谅解并以书面形式要求或同意司法机关对嫌疑人从宽处理或不追究刑事责任等条件的和解，依法予以认定。

甲区《关于轻微刑事案件委托人民调解的实施意见》中规定，对于法定刑为三年以下有期徒刑、拘役、管制或者附加刑的未成年人、在校学生犯罪案件、交通肇事案件、因民事纠纷而引发的故意伤害、过失致人重伤等案件，如果事实清楚，证据确实、充分，犯罪嫌疑人认罪，被害方无异议，未成年人、在校学生有适当的帮教条件的，可以适用委托人民调解的方式，对民事赔偿部分进行调解。在具体司法实践中，如果检察机关受理案件后发现案件符合上述条件即告知当事人，双方均同意调解的，填写《人民调解申请书》后检察机关向相应的调解委员会移送申请及相关民事赔偿部分的材料和《委托调解函》。在调解中，承办检察官可应邀提供相关法律咨询与帮助，并对调解的合法性进行监督，即当事人自愿的真实性、协议的正当性和履行情况以及就当事人对案件处理的意见进行确认等。经调解委员会调解达成协议后应就案件处理形成书面意见，移送检察机关，由检察机关对协议作出是否认可的决定。如果无法达成协议或者协议不被认可，检察机关及时恢复诉讼程序办理案件。但是调解协议只是检察机关处理案件的“重要参考依据”，检察机关对达成和解协议并已实际履行的案件，根据个案情况，结合被告人的认罪悔罪表现，可以作出建议侦查机关撤销案件、相对不起诉或在提起公诉时建议人民法院从宽判处的处理决定。

虽然各单位在推行刑事和解上做法有所不同，但都取得了积极、正面的效果。例如洛阳市乙区检察院2006—2008年通过刑事和解处理案件37件37人，对31名无逮捕必要的犯罪嫌疑人作出不予批准逮捕决定，对10人作出相对不起诉决定，建议公安机关撤回8人。和解后作出不起诉或改变强制措施的案件中，犯罪嫌疑人和被害人都没有进行申诉或再次诉讼，双方当事人对处理结果均未提出异议，当事人家属及所属单位对处理结果也表示满意，未出现申诉、上访和再次犯罪现象，侦查机关亦未提出复议、复核要求，取得了良好的社会效果。

4. 目前刑事和解中存在的突出问题

(1) 刑事和解中检察机关的定位问题

在调研中，大家认为检察机关在刑事和解中应当处于什么地位是当前刑事和解中最突出、最需要解决的问题。具体来讲，检察机关在刑事和解中是主持主体，还是参与主体，或者是建议、引导主体，需要在法律上加以明确。

在各地司法实务中，有的由检察官组织和主持双方的和解，有的委托人民调解委员会主持调解，检察官至多起征求、传达双方和解意愿的作用。还有的当事人双方私下进行和解，达成协议后提交检察机关。此次我们调研的检察机关都不直接组织或主持当事人的和解，而是在双方有了调解意愿后介绍或委托调解组织进行调解，进而达成和解。但是和解协议达成后还须提交到检察机关，由检察人员进行审查，对符合相关规定的和解加以确认并作出相关处理。

在座谈中检察官一般都表示他们不愿意过多地介入和解程序，一方面是基于自己追诉犯罪的公诉人地位，尽量避免受害人产生检察官偏袒犯罪嫌疑人的猜疑心理；另一方面，如果当事人在达成和解协议后又反悔而再生纠纷，检察官可以避免牵涉其中；同时，出于现实工作压力的考虑，检察官更倾向于超脱于和解过程之外，以免在烦琐的和解过程中投入过多的时间和精力。

(2) 经济赔偿在刑事和解中的地位问题

目前在实践中，几乎把经济赔偿与刑事和解画了等号，似乎刑事和解就是经济赔偿。在此情形下，理论界和社会上对此提出了"以钱赎刑"、有利富人的质疑。在调研中，对该问题也存在认识上的分歧，一种意见认为这种由于经济赔偿达成协议而从轻、从宽处理案件的做法实质上是有利富人的，对于经济条件差的当事人不公平；另一种意见则认为如果赔了钱而得不到好处，加害人就不会赔，多年以来刑事附带民事赔偿难以执行到位就是如此。而赔了钱真正得到好处的首先是受害人及其亲属，特别是一些经济条件差的被害人，其本来拮据的家庭经济状况由于受到犯罪侵害更是雪上加霜，如果不能使他们获得经济上的赔偿，即使对加害人判处重刑对他们也没有太大帮助。这种情况将造成新的社会问题。通过刑事和解，促成受害人获得经济赔偿，不仅有利于受害人，也有利于社会稳定。

与此相关的一个问题是代位赔偿问题，即当加害人不能赔偿时由其亲属代位赔偿的问题。由于目前尚无立法规定，实践中也出现了一些问题，如什么情况下可以代位赔偿，代位赔偿的法理依据是什么，对代位赔偿是否可以采取一定的强制手段，等等。此外，还有如何确认加害人无力或不能赔偿，可否对其财产事先采取查封、保全措施等。这些问题都需要很好地研究和解决。

在讨论中大家都认为，刑事和解主要是从情绪上消除或缓解加害人与受害人相互之间的对立甚至对抗关系，其中经济赔偿起着重要的作用，但不能把刑事和解等同于经济赔偿，还要重视对受害人在精神上的抚慰，情感上的慰藉，以及对加害人真诚认罪、悔罪态度的认定和强调。

（3）和解协议的法律效力问题。在实践中，有的和解协议达成后，因某种原因当事人又反悔，使案件出现反复。有的是加害方反悔，不执行在和解协议中承诺的义务；有的是受害方反悔，接受和解协议并获得赔偿后又上告、上访，认为对加害人处理轻了，要求重新处理、从重处理。

（4）在刑事和解的内容上，对于刑事附带民事部分以及纯粹的自诉案件进行和解，理论上并无分歧，在法律上也有依据。但是，对于刑事公诉案件，加害人与受害人是否可以和解则是一个重要的理论和实践问题。这又涉及“和解”本身的含义。按照一般的理解，“和解”就是通过“和”而终解纠纷或争议。但是公诉案件怎么可以“和”而“终解”呢？

（三）检察人员对刑事和解制度的基本态度、意见和建议

在调研中，检察人员普遍认为，建立刑事和解制度，不管从法律角度还是社会角度来看都是很有必要的。但是目前推行的刑事和解由于在法律上没有统一、明确的依据，存在不少问题。因此，他们建议，应当总结近年来各地推行刑事和解的经验和教训，尽快在法律上确定刑事和解制度。他们还对建立什么样的刑事和解制度发表了各自的意见。

1. 刑事和解不应只限于检察机关和刑事案件的审查起诉阶段，应当贯穿于刑事诉讼的全过程，包括侦查阶段和审判阶段，以便有充分的发挥空间实现其在贯彻宽严相济刑事政策、构建和谐社会中的重要功能。

2. 对刑事和解案件的范围、条件、程序在立法上应当明确和统一，不能“八仙过海，各显神通”。多数人主张刑事和解的适用案件

范围还是应当限制在轻微刑事案件和犯罪嫌疑人、被告人主观恶性小，积极认罪、悔罪的范围内。也有人提出，对适用刑事和解的案件范围不必限制，关键是要把和解的条件和程序设计好、规定好。只要案件符合条件，并且严格遵守法定程序，任何案件都应该被允许和解。

3. 对刑事和解达成的协议及法律后果，即什么样的和解协议具有法律效力，由此产生何种法律后果，都要在法律上加以明确规定。这样，当事人对刑事和解才能产生信任，愿意接受刑事和解；同样，办案人员也有了依据和保障，敢于和善于运用刑事和解处理案件。

4. 在刑事和解制度中，为了防止滥用权力，应当设置一定的监督制约机制，但一定要适度，不能设置过多的人为限制或障碍。一方面，要严格条件和程序，使得权力的滥用没有空间和机会；另一方面，要信任办案人员，使其能放手工作，出了问题再解决问题，不能因为怕出问题而在事先设置种种障碍。

5. 与刑事和解制度相配套，公安司法机关内部的考核机制有待改革、完善。如目前在审查批捕阶段达成和解的案件，检察院建议公安机关撤销案件，但公安机关为了满足上级对于移送审查起诉案件的数量的考核和避免承担撤销案件产生的风险往往仍将案件移送审查起诉。同样，检察机关对于本可以运用刑事和解处理的案件，为了满足上级对于起诉率的考核以及避免不起诉产生的风险，将案件仍然起诉到法院。

6. 对于刑事和解中民事赔偿的履行和执行应当建立司法评价体系，经济赔偿情况要在司法裁判中得到体现，否则无法提高加害人及其亲属赔偿受害人的积极性。总之应提倡和鼓励经济赔偿，并且要使赔偿的后果体现在对案件的处理上。

四、审判机关在审判活动中程序分流的基本情况

近年来被调研审判机关在刑事诉讼活动中贯彻落实现行刑事诉讼法的有关规定，根据案件的轻重、难易及被告人的认罪态度，把刑事公诉案件分流在普通程序和简易程序中。2003 年 3 月，最高人民法院、最高人民检察院及司法部又联合发布了《关于适用普通程序审理“被告人认罪案件”的若干意见（试行）》，理论界一般称为“普通程序简化审”，把一部分被告人认罪的，本应当适用普通程序审理的案件纳入到该程序中审理。这些做法基本形成了我国刑事审判中的程序分流机制。但这一机制在司法实践中运行得怎么样，发挥作用如何，存在什

么问题，如此等等，也是我们这次调研的重要方面。以下根据本次调研的实际情况，对审判机关在刑事审判中适用简易程序、普通程序简化审和普通程序审理案件的情况做一介绍和分析。

表3-1　简易程序的适用情况

年份	丁区法院		戊市法院		己县法院	
	简易程序案件数量	占总案件数量比例	简易程序案件数量	占总案件数量比例	简易程序案件数量	占总案件数量比例
2000年	93	32.9%	—	—	—	—
2001年	104	31.7%	—	—	—	—
2002年	99	30.8%	—	—	5	8.2%
2003年	70	29.7%	—	—	3	4.8%
2004年	64	35.6%	10	12.5%	12	26.7%
2005年	81	37.9%	5	5.9%	18	24%
2006年	129	41.9%	1	1.1%	9	15.9%
2007年	155	40.5%	1	1.1%	10	11.9%
2008年	190	48.0%	3	3%	8	8.7%
2009年1月—8月	112	41.9%	0	0%	8	9.9%

表3-2　“简化审”程序的适用情况

年份	丁区法院		戊市法院		己县法院	
	简易程序案件数量	占总案件数量比例	简易程序案件数量	占总案件数量比例	简易程序案件数量	占总案件数量比例
2000年	0	0%	—	—	—	—
2001年	0	0%	—	—	—	—
2002年	0	0%	—	—	6	9.8%
2003年	68	28.8%	—	—	3	4.8%
2004年	50	27.8%	56	70%	10	22.2%
2005年	72	33.6%	62	72.9%	28	37.3%
2006年	92	29.9%	69	78.4%	10	17.5%
2007年	126	32.9%	76	86.4%	13	15.5%
2008年	126	31.8%	86	86.9%	15	16.3%
2009年1月—8月	93	34.8%	49	84.5%	15	18.5%

表 3－3　普通程序的适用情况

年份	丁区法院		戊市法院		己县法院	
	简易程序案件数量	占总案件数量比例	简易程序案件数量	占总案件数量比例	简易程序案件数量	占总案件数量比例
2000 年	190	67.1%	—	—	—	—
2001 年	224	68.3%	—	—	—	—
2002 年	222	69.2%	—	—	50	82.0%
2003 年	98	41.5%	—	—	57	90.5%
2004 年	66	36.7%	14	17.5%	23	51.1%
2005 年	61	28.5%	28	21.2%	29	38.7%
2006 年	87	28.2%	18	20.5%	38	66.6%
2007 年	102	26.6%	11	12.5%	61	72.6%
2008 年	80	20.2%	10	10.1%	69	75%
2009 年 1 月—8 月	62	23.2%	9	15.5%	58	71.6%

从以上三个法院适用不同程序审理案件的数量和比例可以看出，各个法院适用简易程序、普通程序简化审和普通程序审理案件的比例各不相同，具体表现为：

首先，丁区法院适用简易程序审理的案件比例基本上保持在 30%—40% 之间，上下略微浮动；适用普通程序简化审的案件比例呈上升趋势，从 2003 年的 28.8% 上升到 2009 年的 34.8%；适用普通程序审理的案件比例呈下降趋势，从 2001 年前后的 68.3% 左右下降到 2008 年前后的 20.2% 左右。戊市法院，适用简易程序审理的案件数量不多，从总体趋势看，皆呈下降态势，最高的 2004 年是 12.5%，到 2009 年 8 月，简易程序的适用率为 0，与此同时，适用普通程序简化审的案件比例不断攀升，从 70% 发展到 86% 左右，有占据主导地位的态势；适用普通程序审理的案件比例则相应呈下降趋势，从最高的 21.2% 下降到最低的 10.1%。与丁区法院和戊市法院不同，己县法院适用普通程序简化审的案件数量和适用简易程序的案件比例有限，且呈下降趋势，两项合计 2005 年的比例是 61.3%，2009 年截至 8 月仅为 28.4%；相应地，适用普通程序审理的案件比例一直居高不下，2006 年以来一直占 70% 左右。

其次，虽然各有差异，但近几年来，适用普通程序审理的案件在总体比例上则是减少的趋势，丁区法院从 2001 年前后的 68.3%左右下降到 2008 年前后的 20.2%左右；戊市法院从 2005 年的 21.2%下降为 2008 年的 10.1%；己县法院也从 2003 年的 90.5%下降到 2008 年的 75%。与此相对应，各法院适用简易程序和简化审程序审理案件的比例则在不断上升。这表明刑事案件逐步地分流到简易程序和普通程序简化审当中了，有效地实现了刑事案件程序分流之功效。

尽管如此，为什么各个法院在适用三种程序审理案件的比例上存在差异，有的甚至存在很大的差异。主要原因有二：一是案件数量上升快与审判人员数量有限形成突出矛盾的法院，更愿意选择适用简易程序或者普通程序简化审。例如，丁区法院，案件数量从 2004 年的 180 件增加到 2008 年的 396 件，增加了 2 倍多，但审判人员没有增加，却减为 5 人，案多人少的矛盾突出，适用简易程序和简化审程序的动力就大。而己县法院近年来案件数量虽有变化，但增加不多，从 2002 年的 61 件变为 2008 年的 92 件，审判人员基本上稳定在 3—4 人之间，人均办案的数量在 14.2—30.7 件之间，并不存在案多人少的突出矛盾，适用简易程序或简化审程序的动力就不大。二是与审判管理方式有关，如果对不同程序审理的案件采用同样的管理方式或手段，选择适用普通程序与其他程序的差异就不大。己县法院之所以适用简易程序和简化审程序审理的案件比例较低，除了并没有形成案多人少的突出矛盾外，还因为该院的所有刑事案件都要上审委会研究，为了汇报得更清楚、更全面，审判人员适用简易程序或普通程序简化审的内在积极性就不高。当然，这两个原因是有内在联系的，前者是主要原因，后者是次要原因。当案多人少的矛盾变得非常突出尖锐时，审判管理也必然会调整，变得简化和权力下放，不可能所有案件都报经审委会。

五、近年来被调研审判机关推行刑事和解的基本情况

如前所述，由于法律上无明文规定，刑事和解（主要是刑事公诉案件的和解）主要是检察机关在司法实践中积极探索，并且主要表现在审查批捕和审查起诉活动中，通过不批捕和不起诉推动刑事和解。而在审判活动中，公诉案件和解的情况并不多见，主要是在刑事附带民事诉讼的案件中，法院依法对附带民事部分进行调解或

促成当事人和解，然后根据调解或和解结果，酌情考虑对刑事部分的量刑予以从轻或从宽处理，其中包括采取缓刑处理。在这方面咸阳市庚县法院进行了积极的探索。其在刑事附带民事案件中，重视并积极对当事人进行调解，达成协议后即依法从轻从宽处理，包括适用缓刑处理。这类案件当事人调解的履行率达到100%。具体情况见下表：

表4－1

年份	刑事附带民事诉讼案件数量	调解结案并判缓刑案件数量	调解所占比例	缓刑案件数量	缓刑所占比例	调解履行率
2007年	10件	2件	20%	5件	50%	100%
2008年	18件	9件	50%	12件	66.7%	100%
2009年1月—8月	8件	8件	100%	8件	100%	100%

对于审判活动中为什么刑事和解的案件不太多以及在刑事审判中是否应当推行刑事和解，审判人员在调研中也发表了自己的意见。一种意见认为在刑事审判阶段，自诉案件、附带民事案件适用和解确有明确的法律依据，没有什么问题，但对于刑事公诉案件适用刑事和解并没有法律依据，审判人员有顾虑。有的地方法院推行刑事和解，对被告人从轻判处，受到社会质疑，被指责“以钱赎刑”，由此造成审判人员不愿意适用刑事和解。从被告人方面来说，纯粹的公诉案件即使与被害人达成和解，法院最多也只是轻判而不是不判，不像在检察机关适用刑事和解的可以不捕、不诉，当事人得到的好处大，因此他们对于在审判阶段适用和解兴趣不大，动力不强。

综合以上可见，在审判阶段如何推行刑事和解比在审查批捕和审查起诉阶段推行刑事和解问题更多，难度更大，更需要认真深入地研究。

这次调研虽取得了不少收获，但因时间短，调研的地区和单位有限，获得的数据和信息有一定的局限性。今后我们将继续关注这一课题所涉及的问题，有条件时再到其他地方开展调研，以便了解的情况更全面，获得的信息、数据更广泛，以期对本课题研究工作提供有价值的实证依据。

“暴力犯罪死刑适用的实体标准和证据标准”实证调研报告*

左　宁**

2009年8月下旬，我们四位博士、硕士研究生在中国政法大学诉讼法学研究院顾永忠教授、吴宏耀副教授的带领下先后到河南省洛阳市和陕西省咸阳市两地的法院、检察院，围绕“暴力犯罪死刑适用的实体标准和证据标准”的课题进行实证调研。该课题系司法部“国家法治与法学理论研究项目”2008年重点课题，由顾永忠教授主持。此次调研是为了考察检、法实务部门办理暴力死刑案件的实际情况，收集暴力死刑案件的相关数据，研究了解司法实践中如何掌握暴力犯罪死刑适用的实体标准和证据标准，以及听取检察人员、审判人员对于在暴力犯罪中如何适用死刑的意见或看法。被调研单位对这次活动给予了积极配合，不仅在座谈中踊跃发言、畅所欲言，而且提供了相关数据和大量的典型案例，使这次调研活动顺利完成。

一、死刑案件中暴力犯罪案件所占的比例

（一）立法上可判处死刑的暴力犯罪的种类（罪名）

我国现行刑法中规定了410多种罪名，其中可判处死刑的罪名有：背叛国家罪，分裂国家罪，武装叛乱、暴乱罪，投敌叛变罪，间谍罪，为境外窃取、刺探、收买、非法提供国家秘密罪，资敌罪，放火罪，决水罪，爆炸罪，投放危险物质罪，以危险方法危害公共安全罪，破坏交通工具罪，破坏交通设施罪，破坏电力设备罪，破坏易燃易爆设备罪，劫持航空器罪等68种。

---

* 本调研报告系在顾永忠教授的指导下完成。

** 作者系中国政法大学2009级刑事诉讼法学博士研究生。

在这些可以判处死刑的罪名中，因暴力犯罪可判处死刑的罪名有26个，分别是：武装叛乱、暴乱罪，放火罪，决水罪，爆炸罪，投放危险物质罪，以危险方法危害公共安全罪，破坏交通工具罪，破坏交通设施罪，破坏电力设备罪，破坏易燃易爆设备罪，劫持航空器罪，盗窃、抢夺枪支、弹药、爆炸物罪，抢劫枪支、弹药、爆炸物罪，故意杀人罪，故意伤害罪，强奸罪，绑架罪，拐卖妇女、儿童罪，抢劫罪，暴动越狱罪，聚众持械劫狱罪，组织卖淫罪，强迫卖淫罪，破坏武器装备、军事设施、军事通信罪，盗窃、抢夺武器装备、军用物资罪，战时残害居民、掠夺居民财物罪。这26个罪名占刑法所规定410多个罪名的6.3%，占刑法中可判处死刑罪名的38.24%。

（二）被调研地区判处死刑的案件中暴力犯罪所占的比例

在河南省洛阳市，2005年至2009年上半年因暴力犯罪被判处死刑的人数占全部被判处死刑人数的99.67%；在陕西省咸阳市，2001年至2008年因暴力犯罪被判处死刑的人数占全部被判处死刑人数的96.30%。

洛阳市因暴力犯罪被判处死刑的案件种类（罪名）主要有：故意杀人罪、抢劫罪、伤害罪、强奸罪、绑架罪、放火罪、破坏电力设备罪以及以其他危险方法危害公共安全的犯罪。其中，排在前三位的罪名分别为：故意杀人罪、抢劫罪和故意伤害罪，它们各占的比例又有所不同，如下表所示：

洛阳市2005年至2009年上半年故意杀人罪、抢劫罪和故意伤害罪死刑案件占暴力犯罪死刑案件比例表

年份	故意杀人罪	抢劫罪	故意伤害罪	合计
2005年	70.48%	19.05%	8.57%	98.10%
2006年	56.72%	23.88%	13.43%	94.03%
2007年	66%	20%	10%	96%
2008年	61.43%	17.14%	8.57%	87.14%
2009年上半年	66.67%	18.52%	7.41%	92.60%
平均	64.26%	19.71%	9.60%	93.57%

咸阳市因暴力犯罪被判处死刑的案件种类（罪名）主要有：故意杀人罪、故意伤害罪、抢劫罪、绑架罪、强奸罪、贩卖毒品罪、

破坏电力设备罪和拐卖儿童罪。排在前三位的罪名分别为：故意杀人罪、抢劫罪和故意伤害罪，它们在所有暴力犯罪死刑案件中所占的比例分别为55%、30%及13%，合计为98%。

通过以上数据可以清楚地看到：第一，无论是洛阳市还是咸阳市，在判处死刑的案件中因暴力犯罪判处死刑的案件占98%左右。由此说明深入剖析、探讨暴力犯罪死刑适用的实体标准和证据标准意义重大。第二，两地的暴力犯罪死刑案件中排在前三位的罪名完全相同，都是故意杀人罪、抢劫罪和故意伤害罪，而且它们又占因暴力犯罪判处死刑案件的98%左右。这说明此三种暴力犯罪在一定程度上就代表了全部暴力犯罪，并且这种情形在全国具有相当程度的代表性和普遍性。由此进一步说明研究暴力犯罪死刑适用的实体标准和证据标准应当以这三种犯罪为重点。

二、暴力犯罪死刑适用的实体标准

（一）关于“死刑适用实体标准”的解读

我国《刑法》第48条规定：“死刑只适用于罪行极其严重的犯罪分子。对于应当判处死刑的犯罪分子，如果不是必须立即执行的，可以判处死刑同时宣告缓刑2年执行”；第49条规定：“犯罪的时候不满十八周岁的人和审判的时候怀孕的妇女，不适用死刑”。这两条规定的就是我国死刑适用的实体标准，当然也是暴力犯罪死刑适用的实体标准。这个标准分解开来包括三点：

其一，被告人的行为符合可判处死刑罪名的定罪标准，主要解决罪与非罪和可判死刑罪名与不可判死刑罪名两个方面的问题。这个标准就是可判死刑罪名的犯罪构成。它体现在“死刑只适用于罪行极其严重的犯罪分子”中的“罪行”二字上，是任何犯罪包括暴力犯罪死刑适用标准的基础。如果一个刑事案件不构成某种可判处死刑的犯罪（罪名），则根本不可以对被告人适用死刑。

其二，达到可判处死刑的量刑标准，主要解决在确定被告人已构成可判处死刑犯罪（罪名）的情况下，是否应当对其适用死刑的问题。这个标准实际上是已构成的犯罪是否达到“罪行极其严重”的程度，它是任何犯罪包括暴力犯罪死刑适用实体标准的核心。虽然一个案件已构成某种可判处死刑的犯罪（罪名），但如果“罪行”不是“极其严重”，则不可以对被告人适用死刑。

其三，不属于法定不适用死刑的两种人即“犯罪的时候不满十八周岁的人和审判的时候怀孕的妇女”。这个标准主要解决即使符合前两个标准但仍不应适用死刑的例外情形，也就是说即使一个刑事案件依法已构成可判处死刑的犯罪（罪名），并且“罪行极其严重”，但如果被告人“犯罪的时候不满十八周岁”或者属于“审判的时候怀孕的妇女”，对其也不可以适用死刑。

以上是对我国死刑适用实体标准也包括暴力犯罪死刑适用实体标准的解读。司法实践中对暴力犯罪死刑适用的实体标准是如何把握的，存在什么问题，应当如何解决，是我们这次调研的重点。

（二）被调研单位对暴力犯罪死刑适用实体标准的掌握、运用及存在的问题

通过对洛阳市人民检察院、咸阳市中级人民法院和咸阳市人民检察院进行调研，我们发现实务部门对暴力犯罪死刑适用的实体标准都是按照以上所述标准掌握运用。首先，他们非常重视定罪标准，严格按照刑法规定的犯罪构成认定罪名，坚决杜绝在定性上发生错误或失误。其次，在量刑标准上由于法律规定的比较笼统、原则，他们在实践中勇于探索，善于总结，大胆实践，所处理的案件在法律效果和社会效果上都获得比较好的成效。以下通过一些具体的案例加以说明。

[案例1]

被害人孙某某与被告人刘某某是昔日初中同学，结为夫妻后，生下一双儿女。近年，孙某某迷恋上网聊天，认识了远在湖北的离异少妇蔡某某，两人相见恨晚，发展到孙某某专程去武汉看蔡某某，两人又一起回到咸阳租房同居。刘某某发现后，发生激烈争吵。2009年1月12日，蔡某某割腕自杀，经抢救脱险。出于女人的怜悯之心，刘某某雇车将蔡某某接到家中，让她安心养伤。其间，刘某某请来初中时期的老师，不断给蔡某某做思想工作，让她离开孙家。蔡某某表示同意，刘某某为其买了火车票，准备送蔡某某走，但当天晚上，孙某某在家中又与蔡某某同床而睡，再一次伤了妻子的心。其后，孙某某又将蔡某某送到一酒店居住，并劝说其回家与自己的妻子同住。当晚8时，心灰意冷的刘某某送走劝解丈夫的朋友后，在超市买了把水果刀到酒店。此时，蔡某某正在洗澡，孙某某在床上大睡。刘某某掀开被子，用刀在丈夫身上猛刺。蔡某某受惊后裸体往外逃，刘某某紧追不舍，将蔡某某堵在楼梯口，连捅20余刀，致其当场死亡。孙某某被紧急送往医院抢救，也最终不治身亡。案

发后刘某某让朋友报警自首。该案审理过程中，孙某某的父母认为是自己儿子不对，请求法院从轻处理。同时，刘某某及家人对蔡某某的死亡进行了民事赔偿，对方家属同意从轻处罚。法院最终判被告人死刑缓期二年执行。判决后既无上诉也无抗诉。

[**案例** 2]

被告人杨女与被害人李男均是再婚夫妻。男方非常有钱，与前妻有一子，在与前妻离婚之前就与杨女同居了，婚后生有一女。杨女生女儿后，李男对其态度日渐冷淡。杨女想报复丈夫，在互联网上以他人名义购得硫酸铊，某日投放在其丈夫的茶杯里，但在未喝之际，茶被其丈夫与前妻之子先喝了，被告人见状未加阻止。半月后小孩死了，医院诊断死于脑膜炎。但被告人仍不罢手，又多次将硫酸铊放入豆浆中，丈夫喝下后病发，到医院治疗，经鉴定为铊中毒，随即报案，同时怀疑儿子也是死于铊中毒。公安机关立案后开棺验尸，经鉴定其子死于铊中毒，半月后，被害人不治身亡。被告人多次投毒，致两人死亡，在当地影响很大，被害人家属不能接受犯罪后果，被告人杨女归案后虽能认罪，法院仍判决其死刑立即执行。被告人不服提出上诉，案件尚在二审审理中。

以上两案皆是故意杀人罪，且都是一人致死两命，判决结果却不相同，前者判处死刑缓期二年执行，后者判处死刑立即执行。原因在于前者尚未达到死刑适用的量刑标准，后者则达到了该标准，即“罪行极其严重”。咸阳市中院的法官将判断罪行是否极其严重的标准总结为五个方面，即犯罪目的、手段、后果、刑事政策和社会影响。对已经构成可判处死刑的犯罪，是否适用死刑主要从这五个方面考量、把握。

[**案例** 3]

被告人甲男与女友准备结婚，但还差 2 万元，临时起意抢银行。当运钞车交接之时，他上前持刀夺钱，并用刀捅伤银行人员，经鉴定为重伤。被告人抢走 17 万多元放到其女友家后逃走。逃跑期间被抓获归案。

本案抢劫 17 万余元现金，又重伤一人，且社会影响大，属可判死刑的犯罪。在审理过程中，被告人真诚认罪、悔罪，并向被害人尽力赔偿，求得宽恕，获得被害人一定程度的谅解，没有执意要求法院判处被告人死刑。又考虑到本案的作案动机、作案过程系由抢夺转化为抢劫等因素，一审法院认为尚不属于“罪行极其严重”，非杀不可，便判处死刑缓期执行并对被害人予以赔偿。判决后，迫于某种压力，检察机关提起抗诉，二审法院审理后维持原判。该案介于可杀可不杀之间，办案机关在是否适用死刑上采取了非常慎重的态度，坚持从多方面把握"罪行极其严重"的量刑标准，没有判处被告人死刑，当事人及社会都能接受，是一起值得肯定的典型案例。

但在调研中，法官、检察官们也提出不少在死刑适用的实体标准上感到困惑的问题或遇到的难题，主要是：

（1）"罪行极其严重"的标准主观性强，不好把握。

《刑法》第48条规定的"罪行极其严重"虽然可以从犯罪的目的、手段、后果、刑事政策和社会影响等方面入手衡量，但该标准主观性太强，立法上没有具体的、列举式的标准可供参照，司法实践中往往造成裁量主体不同，对"罪行极其严重"的理解掌握也不同，不利于法律的统一实施。

（2）刑事政策与刑法规定及实体标准的关系如何把握。

我国对死刑案件的刑事政策是"少杀、慎杀、防止错杀"。同时在刑事司法中要贯彻"宽严相济"的刑事政策。但在实践中，这样做就形成与罪刑相适应的刑法原则相冲突，至少不一致的问题。比如在雇凶杀人案件中，直接杀人的往往判处死刑，指挥、策划的有的判死刑，有的判死缓，体现了"少杀、慎杀、防止错杀"和"宽严相济"的政策，但从法律上来讲，指挥、策划的应当重于执行的，但前者未判处死刑，后者却被判处死刑，社会舆论认为不公平。

（3）数罪的量刑限度与一罪的量刑标准的不协调。

根据我国《刑法》规定，数罪并罚不超过20年。在实践中有的被告人只做了一次故意伤害案或者故意杀人案就被判处死刑；而有的被告人作案多起，伤了多人，但由于不够判处死刑的标准而不会被判死刑，按数罪并罚不会超过20年。实际上后者的主观恶性和社会危害性大于前者，但在量刑上后者却优于前者。

（4）群众上访、申诉对实体标准把握的影响。

在当前中国，涉案涉诉上访已成为突出的社会问题，不仅给国家造成巨大的人力、物力、财力负担，对社会稳定造成潜在的隐患，也给司法机关的正常运行施加了巨大的压力，甚至已经影响到司法机关对暴力犯罪死刑适用实体标准的正确把握和运用。

[案例4]

被告人王某故意伤害致死他人。检察院本认为应当以故意伤害罪起诉，但因被害人闹得很厉害，到处告状，四处奔走，非要求以故意杀人罪起诉，迫于某些压力，检察院只得以故意杀人罪起诉。在审判阶段，因被告人积极赔偿，加之其他工作，被害人又不闹了。法院以故意伤害罪对被告人定罪科刑。此案现已平息，但按考核标准这算是检察院起诉了错案。

这是典型的“上访挟持司法”的例子。实践中一些上访群众中流行着“大闹大解决，小闹小解决，不闹不解决”的说法，由此造成与公正司法、独立司法的明显冲突，也影响到对暴力犯罪死刑适用实体标准的正确把握。

三、暴力犯罪死刑适用的证据标准

（一）对暴力犯罪“死刑适用证据标准”的解读

证据标准，又称为证明标准、证明任务、证明要求，指承担证明责任的人提供证据对案件加以证明所要达到的程度。我国《刑事诉讼法》第 129 条、第 141 条、第 162 条第 1 款分别规定了公安机关移送审查起诉的证据标准，人民检察院提起公诉的证据标准和人民法院作出有罪判决的证据标准。暴力犯罪死刑适用的证据标准，从理论上笼统地讲，是指公诉方对暴力犯罪案件应判处死刑提出证据加以证明并达到法定要求的程度。从司法上具体来讲，暴力犯罪死刑适用的证据标准与暴力犯罪死刑适用的实体标准密切相关，应当从三个方面加以证明并达到法律的要求：

其一，起诉的罪名必须是依法可判处死刑的犯罪，与此相适应，必须提供“确实充分”的证据加以证明。这实际是对可判处死刑的暴力犯罪定罪的证据标准，与其他任何犯罪的证明标准应当是一致的。

其二，在定罪的证明标准达到以后，进而要提出对被告人应判处死刑的量刑的证据，也就是公诉方要提供证据证明被告人所实施的犯罪确实已达到“罪行极其严重”，应当判处死刑的程度。这实际上是应当判处死刑的量刑的证据标准。

其三，在以上两项证据标准达到后，如果发生被告人可能是“不满十八周岁的人”或者可能是“审判时怀孕的妇女”的时候，则还要提供相关证据无可质疑地排除这两种情形的存在。这实际上是排除不能适用死刑情形的证据标准。

（二）实践中对暴力犯罪死刑适用证据标准的掌握、运用及存在的问题

从调研中我们了解到，司法实践中在暴力犯罪死刑适用的证据标准上，最主要的是解决好所涉案件属于可判处死刑的犯罪的证明问题，其次是应当判处死刑的量刑的证明问题，至于不应当适用死刑的两种情形则比较容易解决。以下有关案例可说明这一点。

［案例5］

46岁的刘某被指控2007年9月的一天在浇地时借故将妻子支开，后尾随在附近地里干活的58岁的饶某；之后将其拉入玉米地强奸并掐死，之后将尸体抛入附近的井中。控方的指控证据主要有：(1) 在距抛尸井17米处发现刘某一个足迹；(2) 刘某曾供认过犯罪；(3) 对现场勘查没有发现他人作案证据；(4) 刘某就在案发现场附近干活，称也未发现他人作案；(5) 从附近找到了被害人的衣物等与刘某供述一致；(6) 刘某归案后与其同押一室的在押人员证明，刘某曾向他讲过其强奸杀人的事情。

案件开庭后，法院认为：(1) 经模拟试验，刘某虽有作案时间，但不充分，因其妻就在附近很快就回来；(2) 刘某与饶某年龄差距过大，强奸动机可疑；刘某的前后供述矛盾，庭审时又翻供，并称以前供述系受到侦查人员强迫；对于在抛尸井旁发现的足迹，他解释曾路过那里，但没有作案；(3) 公安机关对衣物和可能留存精液未做鉴定，与刘某同号关押的犯人的证言属于传来证据，不具有可采性；(4) 公诉方所称的找到的饶某的衣物是在刘某供述前发现的，并非根据刘某的口供找到并提取的，存在诱供的可能。总之，本案没有直接证据，间接证据之间没有形成证据链条，达不到证据标准。后经政法委协调，检察院撤回起诉并将案件退回公安机关，刘某现已被释放。

这个案例虽有对被告人不利的证据，但证据存在不少疑点，且不能相互印证、环环相扣，被告人的口供发生重大变化。此情况就使定罪的证据达不到法定的“证据确实、充分”的标准。办案机关如此处理，值得肯定。

［案例6］

1991年9月24日晚11时许，被告人杨某翻墙进入煤矿职工吴某家院内，发现吴某的妹妹吴小某一人在家中睡觉，便心生歹念。杨某去掉窗户上一块玻璃，然后打开房门入室，欲行不轨时，被害

人吴小某被惊醒并反抗，杨某就用双手掐住吴小某的脖子，接着用手捂住其口鼻，待吴小某昏迷后，其用屋子里的毛巾被将吴小某裹住，将其扔进了该房屋北边的大渠中，杨某逃跑。后经法医鉴定，吴小某因机械性窒息死亡。2005 年 11 月 25 日杨某在广州市被公安机关抓获。

本案公诉方指控的证据有：(1) 被告人杨某的有罪供述。(2) 证人吴某的证言。证明案发当晚家里只剩下吴小某一个人，第二天早上下班后发现吴小某屋里很乱，地上扔着内衣，人已失踪。杨某曾来吴某家玩过几次麻将。(3) 证人李某某的证言。证实杨某是李家媳妇的一个远门侄子，1989 年到宜洛矿上班。(4) 证人王某证言。1991 年案发时，杨某还在宜洛矿上班，杨某好打牌，不好好上班。(5) 现场勘验笔录、现场方位示意图及现场照片证实了案发现场的方位。在吴家北侧大渠内东侧 150 米处水中发现一具裸体女尸和一条毛巾被。女尸经辨认系吴小某。(6) 尸体检测结论、尸体照片证明：吴小某因机械性窒息死亡。(7) 尸检补充说明及死因分析证实：不排除犯罪嫌疑人对吴小某捂口鼻将其致昏或致其临床死亡，溺水可加速其死亡，捂口鼻致死和溺水死亡均属机械性窒息死亡范畴。(8) 手印鉴定结论证实：1994 年 9 月 24 日夜吴小某被杀现场提取窗户玻璃上的指印系杨某右手拇指所留。

某市中级人民法院认为公诉机关提供的上述证据来源合法、客观、真实、予以采信，2006 年 8 月 29 日以故意杀人罪判处杨某死刑立即执行。省高级人民法院核准了该判决。最高人民法院复核时认为，第一审判决和第二审裁定认定被告人杨某故意杀人罪的部分事实不清、证据不足，于 2007 年 8 月 6 日作出撤销原判，将案件发回省高级人民法院重新审判的裁定。省高级人民法院依法组成合议庭进行重审，并于 2007 年 9 月 30 日作出发回原审中级人民法院重新审判的裁定。

在本案中，公诉方收集到了多项不利于被告人杨某的证据，但直接证据只有杨某的口供，其他证据无法形成一个完整的证据链条，属于“证据不足”的情形，于是最高人民法院和河南省高级人民法院撤销原判、发回重审。

[案例 7]

被告人王某被控因家庭纠纷把自己岳父打死在工厂值班室并放火烧毁了值班室。指控证据主要有：(1) 从现场提取的烟头。烟头上有被告人的DNA，但是不能证明烟头是什么时候留下的，现场除了被告人的烟头之外也有其他人的烟头。(2) 被告人七八岁儿子的证言，称其父亲在案发时曾离开过家，回来嘱咐儿子不要说他曾经出去过。但在这个孩子的前几份证言中没说过他父亲曾交代他不要说自己曾经出去过。(3) 经测谎，证明被告人说他没有杀人是假话。(4) 被告人在公安阶段曾供认过犯罪，但后来又翻供了，坚决否认，并称是受强迫才供述的。此案庭审后暴露出证据存在的问题。最后经检察院撤诉退回公安机关，目前还在补充侦查中。

此案与前一案一样，被告人曾有过认罪供述，但庭审时翻供，其他证据又存在疑点，达不到法定证明标准——“证据确实、充分”，在此情况下不予定罪是正确的。

以上几个案例暴露出一个共同的问题，即侦查人员收集证据的可靠性和合法性问题。针对这一问题，咸阳市检察机关对有的重大案件在侦查时就安排检察人员介入其中，一方面指导调查收集证据，另一方面见证、制约侦查人员办案，取得了较明显的效果。以下三个案例可以说明。

[案例8]

洪某系外甥，因故打死舅舅后把现场烧掉了。公安机关侦查时认为被害人系烧死的，后把被害人的尸体掩埋了。对洪某最初讯问时他也承认是自己所为，当时检察人员在场并做了记录。后来被告人翻供，并称认罪是因侦查人员刑讯所致。因检察人员讯问时在场见证了该过程并记录洪某供认是用砖头击中被害人头部而死的。对被害人死因重新鉴定，证明属实。

[案例9]

被告人甲涉嫌故意杀人，公安机关对其进行讯问，甲供述是用斧子杀的人。公安机关从案发现场附近的井里打捞出一把斧子和一把匕首，为了避免麻烦，公安机关不想把打捞出匕首的情况记入卷宗。但是检察机关介入侦查阶段并建议公安机关完整地记录。待到被告人第二次供述时，又说出作案凶器除了斧子之外还有一把匕首。检察机关提前介入侦查程序避免了公安机关收集的证据不完整、不充分。

[案例10]

被告人甲因故欲杀害本村诊所医生乙，于7月5日以看病为由去诊所将乙杀害。为避免罪行暴露将7月5日看病的门诊记录撕去后逃跑。本案检察机关提前介入侦查。在公安机关勘验现场时，发现处方笺缺少7月5日的记录。检察官恰好看到处方笺反光纸上印出隐约的字痕，并在处方笺的底面发现血迹。经过鉴定确认上面的字迹正是7月5日的门诊记录。根据这个线索调查出作案人是受害人认识的人，并最终将甲抓获。

在调研中，检察官、法官们还反映，目前在一些暴力犯罪案件中侦查人员、鉴定人员提供的证据明显存在问题，使他们难以采信，但又不能轻易否定，非常为难。下述两案即是此种情形：

[案例11]

被告人甲涉嫌故意伤害被害人乙，被告人经本地司法精神病鉴定中心鉴定为无行为能力人，可能不承担刑事责任。被害人家属去鉴定中心大闹，认为不公。本地的鉴定中心迫于压力撤销了自己的鉴定结论。被告人随后又经过北京的鉴定机构鉴定，被害人知道后又到北京的鉴定机构大闹，北京鉴定机构迫于压力不得不声明："考虑到被害人家属的悲痛心情，可以评定被告人具有部分行为能力。"案件进入审判阶段后，该鉴定结论的不确定性影响了证据的证明力，给证据认证造成障碍。

[案例12]

被告人甲被控于1991年将被害人乙强奸、杀害并逃跑。逃跑期间又实施了其他犯罪行为并于2006年被抓获。通过指纹比对发现1991年的强奸杀人案可能系甲所为。对被告人进行讯问后，被告人认罪。案件进入审判阶段后，法院对侦查机关在被告人归案后对案发现场提取的精液进行的DNA化验及其结论提出质疑，经过十几年的时间，所谓当年从现场提取的精液是如何保留的，在案卷材料中并不清楚，故无法确定其客观、真实性。

四、关于暴力犯罪死刑适用实体标准与证据标准的完善意见

在对洛阳市人民检察院、咸阳市中级人民法院和咸阳市人民检察院进行调研的过程中，两地实务部门对如何掌握暴力犯罪死刑适用的实体标准与证据标准也提出了他们的希望和建议。

（一）希望对"罪行极其严重"的标准进行细化

法官、检察官们一致认为应当综合考虑暴力犯罪的全面情况，在立法上能够详细地、列举式地规定"罪行极其严重"的各种主、客观情节，以便于实务中更为准确地把握"罪行极其严重"的标准。

（二）正确处理刑事政策、治安形势与暴力犯罪死刑适用的实体标准、证据标准之间的关系

大家反映，在司法实践中，最难处理的是刑事政策、治安形势与法律适用特别是死刑适用的关系。他们希望上级能够制定发布相关的文件以解决这一难题。

（三）立法上应当平缓衔接有期徒刑与无期徒刑、死刑的界限

我国《刑法》规定有期徒刑数罪并罚不超过 20 年，而这之上就是无期徒刑、死刑了。20 年有期徒刑和无期徒刑、死刑之间的鸿沟过于宽大，致使一些暴力犯罪死刑案件的共同犯罪人所获刑罚差距过大。法官、检察官们建议从立法上破除 20 年有期徒刑"封顶"的规定，设计有期徒刑数罪并罚可以达到 30 年、40 年甚至更多，缩小有期徒刑最高刑期与无期徒刑、死刑的差距。

（四）减少涉案涉诉上访对暴力犯罪死刑适用实体标准和证据标准的影响

两地法官、检察官一致认为，应当对那些利用涉案涉诉上访途径干扰司法独立、司法公正的人保持警惕，不能被他们牵着走。司法机关在办案时应当争取上级的支持，抵御干扰司法，维护司法独立。

（五）检察机关可以提前介入暴力犯罪死刑案件的侦查阶段

目前对于检察机关提前介入刑事侦查在立法上没有明文规定，只有高检院与公安部在 2000 年 8 月下发的《关于公安机关刑侦部门、检察机关批捕部门、起诉部门加强工作联系的通知》中明确了检察机关批捕部门提前介入，在充分了解案情的基础上，对侦查活动提出积极建议的任务。各地检察机关都在制定自己的相关规定。基于检察机关提前介入的积极作用，刑事诉讼立法应当增加检察机关可以提前介入暴力犯罪死刑案件侦查阶段的相关规定，保障犯罪嫌疑人的合法权益，正确适用暴力犯罪死刑的实体标准和证据标准。

（六）提高侦查人员保管、固定证据的意识

司法实践中对证据保管、固定不当并非因为缺少法律条文可供遵守，而是侦查人员保管、固定证据的意识没有跟上。法官、检察官们认为应当提高公安侦查人员的业务素质，加大对侦查人员的业务培训，增强其证据保全意识；对于因工作疏忽，麻痹大意而未能做好证据保管、固定工作的侦查人员，应当给予行政处分。

对中国价格决策听证制度的实证分析
——以江苏省S市价格决策听证为例

肖泽晟　贺许容*

无论是公路、公园等公物使用的收费，还是具有垄断性质的公用事业收费，其收费标准的确定，之所以在中国都必须按照《价格法》的规定由具有保护消费者利益功能的价格主管部门核准，一方面是基于公用事业所提供之物品或服务属大众生活所需，如收费过高，势必影响大众之生活，因而需要防止其滥收费；另一方面是为了防止在特定区域享有独占专营权的公用事业，滥用其独占地位谋求超额利润。价格主管部门的这种核准行为不仅涉及经营者和分散的广大消费者之间的利益冲突，也涉及经营者与替代产品的提供者之间的利益冲突，在相关价格决策听证制度不完善的背景下，价格主管部门很容易被作为被管制者的经营者所欺骗甚至"俘虏"，价格决策听证因而很容易流于形式并为人们所诟病。本文在对中国现行价格决策听证制度进行定位的基础上，试图通过对江苏省S市实施价格决策听证现状的实证分析，寻找完善中国价格决策听证制度的可行路径。

一、中国现行价格决策听证制度的定位——公听会而非听证会

尽管物价主管部门对公用事业收费标准的核准，在性质上并非普遍许可（general permit），而是个体许可（individual permit），因而法律并不强制要求行政许可机关必须举行公听会（public hearing），但是当个体许可所影响的公共利益足够重要（significant degree of

---

* 肖泽晟，南京大学法学院副教授，法学博士；贺许容，江苏省某市物价局干部。

public interest）时，法院判例要求行政许可机关必须举行公听会。[1]在我国台湾地区，学界对于法规命令制定程序中的听证（hearing），是否要改为公听会，一直存有不同意见。有学者认为，"公听会"是"行政机关作成诸如行政命令、行政计划，或其他影响多数人权益之处分时，向相对人、利害关系人、专家学者或社会公正人士，甚至一般民众在内之多数人广泛搜集意见，以资为参考之制度"。[2] 还有学者指出了听证与公听会的区别在于：听证系对相对人为不利处分时所为之程序，而公听会"系对申请者以外之有利害关系人之意见而为者，系尽力性规定，并非考量利害关系人之利益"，两者在吸引参与听证的主体范围方面显然不同。[3] 台湾地区的"环境影响评估法"更是明确将原来的"听证会"修改为"公听会"。[4] 那么，我国价格决策听证是否属于公听会，因而无须达到审判型听证程度的规范密度，就很值得讨论。

仔细研读《政府价格决策听证办法》和相关实施细则，我们可以发现，我国现行政府价格决策听证制度在具体设置上存在以下两个特点：

一是听证会的形式并不限于以一般程序召开的听证会，还有其他简易程序的听证会。关于听证简易程序的规定，《政府价格决策听证办法》授权由各地省级以上政府价格主管部门制定实施细则来规定。[5] 而在各地的具体规定中，简易程序的形式有座谈会、论证会、评审会、咨询会、通报会等形式。[6] 由于在座谈会、咨询会、通报会

---

① Jeffrey M. Gaba, Genaerally Illegal: *NPDES General Permits Under the Clean Water Act*, 31 Harv. Envtl. L. Rev. 409, pp. 468—469 (2007).

② 蔡茂寅、李建良、林明锵、周志宏：《行政程序法实用》，第 124 页。转引陈春生：《行政法之学理与体系》（二），元照出版有限公司 2007 年版，第 80 页。

③ 林锡尧、费玲玲：《考察美国日行政程序法立法与实务》报告，台湾"法务部"2001 年版，第 22 页。转引林秀莲：《行政程序法有关听证制度之检讨》，听证制度之理论与实务学术研讨会，2004 年 2 月 7 日，第 5 页。

④ 参见陈春生：《行政法之学理与体系》（二），元照出版有限公司 2007 年版，第 78 页。

⑤ 《政府价格决策听证办法》第 27 条规定："为降低行政成本，提高行政效率，在降低价格或者价格的制定对社会影响较小的情况下，听证会可采取简易程序。具体办法由省级以上政府价格主管部门另行确定。"

⑥ 参见《江苏省政府价格决策听证办法实施细则》第 15 条规定。

等形式下，当事人之间是不可能进行申辩和质证的，因此，即使在听证代表可以相互进行质疑答辩的听证会上，听证程序也如韩国的公听会一样，并不是围绕证据的调查而展开，而主要是由发言人各自陈述自己的意见。如在江苏省S市举办的出租车运营价格调整听证会中，每个代表针对调价方案发表意见，有的代表谈运营成本问题、有的谈客座率问题、有的谈对其他行业的影响问题。可谓是百花齐放，却没有正反观点的交锋。

二是听证的结果并不是最终决策的唯一依据，听证会的意见只供价格主管部门决策时予以充分考虑。[①] 至于是否采纳、如何采纳，价格主管部门有充分的自由裁量权，因而完全有可能不采纳听证会的意见而作出最终决策。虽然《政府价格决策听证办法》规定“在听证会代表多数不同意定价方案或者对定价方案有较大分歧时，价格决策部门应当协调申请人调整方案，必要时由政府价格主管部门再次组织听证”。[②] 但是对于再次听证的结果仍然是只供参考，而不作为唯一决策依据。也就是说，在中国价格决策听证领域，并不适用行政案卷排他性规则。

由此可见，我国价格决策听证并不完全具有正式听证的申辩、质证、案卷排他性等重要特点，因而不能将其归为正式听证。结合价格决策听证制度建立的背景与过程来看，中国政府价格决策听证制度是从非正式听证的意义上来使用“听证会”这一名称的。《价格法》所说“建立听证会制度”是包含听证会、座谈会、论证会、评审会、咨询会、通报会等方式在内的听证制度的统称。就听证会的司法化程度和听证结果的非排他性而言，中国政府价格主管部门采用一般程序召开的“听证会”属于咨询型听证，接近于韩国和我国台湾地区的“公听会”。

二、中国价格决策听证制度实施现状调查——以江苏省S市为例

1998年《价格法》将听证制度正式引入中国价格决策领域，其意旨在促进政府价格决策行为的民主化、公开化、科学化和规范化，

① 《政府价格决策听证办法》第25条规定：“价格决策部门定价时应充分考虑听证会提出的意见。”

② 《政府价格决策听证办法》第25条。

因此，对价格决策听证制度的实施现状与效果进行评判就必须以此为标准。只有这样，我们才能对现行制度有一个更全面、更系统的认识，并找出问题之所在。

对于现行价格听证制度的实施现状，我们选择了江苏省S市价格主管部门自2001年以来举行的价格听证会案例，特别是有关出租车运价调整方面的价格听证会来作具体的分析。我们的分析和研究主要涉及听证的制度和程序、听证代表的产生与构成、听证公告情况、听证代表出席情况、发言情况和意见被采纳情况等方面。S市为江苏省的一个地级市，之所以选择一个地级市举行的价格听证会作为本文实证分析的案例，主要是因为此前学界对价格听证会的分析多建立在对省级甚至国家级价格主管部门举行的听证会的基础上，对基层价格主管部门[①]举行的听证会几乎无人论及，因而对基层价格主管部门举行的听证会进行分析，有利于我们对价格决策听证制度的实施情况有一个全方位的了解，便于更深入全面地揭示中国价格决策听证制度存在的问题。

S市物价局自2001年以来共举行了4次价格听证会，就物业管理服务收费、天然气初装费、自来水价格调整、出租车运价调整各举行了1次听证会。以下为相关情况的统计调查结果：

表1　S市价格听证会代表分类统计

类别	正式代表					旁听
	政府部门代表	消费者代表	经营者代表	新闻媒体代表	合计	代表
数量	15	9	20	3	47	10
比例	31.9%	19.1%	42.6%	6.4%		

注：根据S市出租车运价调整听证会代表资料统计。

表1显示，S市价格听证会正式代表基本由政府部门代表、消费者代表、经营者代表、新闻媒体代表组成，没有专家代表，政府部门代表和经营者代表占据了较大比例，而消费者代表比例偏低，仅占正式代表总数的19.1%。

---

① 就价格管理部门体系而言，最基层的价格主管部门为县级价格主管部门，但就价格听证而言，地级市物价局堪称基层价格主管部门，因为根据《国家定价目录》和《江苏省定价目录》规定，县级价格主管部门实际的定价权限很窄，很少举行价格听证会。

表2　S市价格听证会代表的产生方式统计

类别	政府部门代表	消费者代表	经营者代表	新闻媒体代表	旁听代表
产生方式	价格主管部门聘请	有关部门推荐	有关部门推荐	价格主管部门聘请	自荐

表2显示，S市价格听证会的正式代表主要由价格主管部门聘请和有关部门推荐产生，没有消费者代表或经营者代表自愿报名参加的方式。也就是说，对于代表而言，参加价格听证会是被动的。

表3　S市价格听证代表学历、职务情况统计

类别	学历			职务		
	大专以下	大专	本科及以上	科级以下	科级	处级
数量	8	13	26	20	25	2
比例	17%	27.7%	55.3%	42.6%	53.2%	4.2%

注：仍根据出租车运价调整听证会代表资料统计。

表3显示，S市价格主管部门在选择价格听证代表时，注重从代表的代表能力出发，注意到了代表知识水平、学历层次和工作资历的适当性，就地级市而言，这种结构还是比较合理的。

表4　S市物价局价格听证会公告情况统计

听证会名称	举办时间	公告时间	公告内容	公告方式
物业管理服务收费	2001年7月10日上午	2001年7月3日	听证会时间、地点、主题、出席人员	本局政务公示栏；送达听证代表
天然气初装费	2003年3月20日下午	2003年3月13日	同上	同上
自来水价格调整	2003年4月18日下午	2003年4月11日	同上	同上
出租车运价调整	2006年4月20日上午	2006年4月10日	听证会时间、地点、主题、出席人员、旁听席位数	同上

表4显示，前3次价格听证会，S市物价局是在举行听证会的7日前进行公告，第4次则是在举行听证会的10日前进行公告。前3次公告的内容均为听证会举行的时间、地点、主题和出席人员，第4次增加了旁听席位。4次听证会均通过S市物价局的政务公示栏予以公告，对听证代表则采取了送达方式。

表5 S市价格听证会代表出席、发言情况统计

听证会名称	举办时间	应到代表	实到代表		当场发言		场外表达	
			人数	比例	人数	比例	人数	比例
物业管理服务收费	2001年7月10日上午	45	38	84.4%	16	42.1%	0	0
天然气初装费	2003年3月20日下午	45	37	82.2%	14	37.8%	0	0
自来水价格调整	2003年4月18日下午	45	40	88.9%	15	37.5%	0	0
出租车运价调整	2006年4月20日上午	47	44	94%	15	34.1%	25	56.8%

注：在出租车运价调整听证会上，价格主管部门向听证代表发放了《调价方案征求意见表》，当场未发言的代表事后提交了自己的意见，视为场外表达意见。

表5显示，S市价格听证会代表虽然到会率比较高，代表参与率平均在87%以上，但当场发言率比较低，平均发言率不到40%，且呈下降趋势；此外，S市价格主管部门虽设置了旁听代表席，但并无旁听代表到席参加听证；前3次价格听证会场外发表意见人数都为零，只有在价格主管部门发放并要求提交征求意见表的情况下，第4次听证会上未当场发言的代表在场外才有所响应。各种情况表明，不管是听证会代表还是其他社会公众，对价格听证会的参与热情都不高。

表 6　S 市四次价格听证会代表意见情况统计

听证会名称	举办时间	实到代表	表达意见的代表数（占前项比例）	赞同调价方案代表数（占第三、四项比例）	反对调价方案代表数	持其他意见的代表数
物业管理服务收费	2001 年 7 月 10 日上午	38	16（42.1%）	13（34.2%，81.2%）	2	1（基本同意调价方案，但对调价时间持不同意见）
天然气初装费	2003 年 3 月 20 日下午	37	14（37.8%）	11（29.7%，78.6%）	3	0
自来水价格调整	2003 年 4 月 18 日下午	40	15（37.5%）	15（37.5%，100%）	0	0
出租车运价调整	2006 年 4 月 20 日上午	44	40（含场外数，90%）	29（65.9%，72.5%）	4	7（不完全反对，也不完全赞同）

表 7　S 市价格主管部门吸取、回应听证代表意见情况统计

听证会名称	举办时间	采纳代表不同意见数	对代表意见回应数
物业管理服务收费	2001 年 7 月 10 日上午	0	0
天然气初装费	2003 年 3 月 20 日下午	0	0
自来水价格调整	2003 年 4 月 18 日下午	0	0
出租车运价调整	2006 年 4 月 20 日上午	0	0

从表6的统计情况来看，S市价格主管部门自2001年以来举行的4次价格听证会，虽然表达意见的代表中大多数代表赞同调价方案，其中在2003年4月18日下午举行的自来水价格调整听证会上，表达意见的代表都同意了调价方案，但相对于实到代表数量而言，代表对前3次价格听证会的赞同率都较低，最高的还不到40%。表7则显示，4次价格听证会，虽然有少数代表提出了不同意见，但并未得到价格主管部门的采纳，且价格主管部门也没有将未采纳的理由反馈给听证代表。

三、中国价格决策听证制度之缺陷——S市价格决策听证反映的问题

通过对S市价格决策听证会图表的观察和分析，我们可以看到，S市举行的价格决策听证会存在诸多不足之处，而这些不足之处除了个别是S市价格主管部门违反了听证办法的规定以外，其他都并非因违反有关制度规定而产生，而是因中国政府价格决策听证制度本身的缺陷所导致，S市听证会的不足只不过是制度缺陷折射的影子而已。综观S市4次价格听证会，中国政府价格决策听证制度至少存在以下几方面的缺陷：

（一）听证范围设置不科学

合理确定价格听证的对象是价格听证实施的前提，如果将一项理应举行听证的事项排除在听证范围之外，或者对一项根本不应属于听证范围的事项，大张旗鼓地召开听证会，都是与听证制度的价值背道而驰的。中国政府价格决策听证的范围就存在这方面的不足。

现行《国家计委价格听证目录》于2001年10月25日颁布，同日实施；地方价格听证目录如《江苏省价格听证目录》于2003年8月26日颁布，同年9月1日起实施。两个目录自颁布实施至今，都没有修订过，已不符合目前社会生活的需求。

就《国家计委价格听证目录》而言，原国家计委将电信基本业务资费中的固定电话通话费、月租费、移动电话通话费、月租费列入听证目录，而自2001年至今，通信市场已发生了翻天覆地的变化，电信、移动、联通、网通、铁通、卫通等各大通信运营商之间竞争激烈，月租费有的取消，有的免收，通话费也比以前便宜了10余倍，各种优惠套餐更是数不胜数，已完全不需要再举行所谓的价格听证会了。民航也是如此。2003年国家计委举办了国内航空运输

价格改革方案听证会，尽管国家计委颁布的价格听证目录中明确将民航旅客运输公布的票价水平作为听证的对象之一，但是随着中国民航业的发展，民航市场结构已发生了很大变化，垄断局面早已被打破，民航企业之间的竞争日益激烈，最直接、最有力的竞争手段就是机票打折。对于机票打折，民航局一直是严加禁止的，但航空公司几乎都是3—7折，禁折不成的民航局又通过价格听证会的形式来达到限折的目的，要求最多打6折。既然民航局对机票价格说了不算，为什么还非要干涉机票价格，开价格听证会？民航业既然已不再是垄断行业，就应该把定价权交给企业，政府不宜再管制机票价格。①

相反的例子是：2006年3月S市物价局、建设局联合制定了市区住宅小区车辆停放服务收费标准，此标准一出，引起当地物业管理服务公司强烈反对，10余家物业管理服务公司联名上书市长，认为车辆停放服务收费与小区业主的生活息息相关，与经营停车服务的公司密切相关，是重要的服务价格，按照《价格法》的规定应当召开价格听证会，广泛听取消费者、经营者和有关方面的意见，而物价部门没有召开听证会，没有听取经营者的意见，违反了《价格法》的规定，以致价格决策不科学，收费标准过低，要求召开听证会后重新制定收费标准。物价部门对此的答复是：车辆停放服务收费既不在《国家计委价格听证目录》之内，也不在《江苏省价格听证目录》之中，没有举行听证并不违反规定。物价部门的答复不无道理。一方面，依据《江苏省价格听证目录》的规定，市级价格部门在制定居民生活用自来水价格、居民生活用管道燃气价格、城市生活垃圾处理费、城市公共旅客运输基准票价标准前必须实行价格听证，而对于车辆停放服务收费、游览参观点门票价格、农村公交票价等价格和收费标准的制定与调整，《目录》却没有将其列入范围。另一方面，《政府价格决策听证办法》规定“制定听证目录以外的关系群众切身利益的其他商品和服务价格，政府价格主管部门认为有必要的，也可以实行听证”。言外之意是，虽然规定了听证目录以外的有关商品和服务价格也可以实行听证，但是否举行听证，决定权在政府价格主管部门手中，如果价格主管部门认为没有必要，

---

① 参见徐澜波、李海涛：《透视中国价格听证制度》，载《社会观察》2004年第3期。

不举行听证亦不违反规定。

以上正反两个例子说明，中国相关法律在规定听证目录上还欠缺合理性和全面性，对于价格听证范围的界定还不具体、不科学。

（二）听证代表结构不合理

《政府价格决策听证办法》第9条规定："听证会代表应该具有一定的广泛性、代表性，一般由经营者代表、消费者代表、政府有关部门代表以及相关的经济、技术、法律等方面的专家和学者组成。"第33条规定："各省、自治区、直辖市人民政府价格主管部门可以依据本办法制定具体实施细则。"由此可见，《政府价格决策听证办法》虽然对听证会的代表构成作了规定，即价格听证的代表应当包括经营者代表、消费者代表、政府有关部门代表和专家、学者4类，但对各类代表的构成人数并没有具体规定，而是交由各省级价格主管部门具体制定实施细则。《江苏省政府价格决策听证办法实施细则》第9条规定："县级举行的价格听证会的听证代表人数不少于15人，其中消费者代表不少于5人；省及省辖市举行的价格听证会的听证代表人数不少于20人，其中消费者代表不少于7人。"S市出租车运价调整听证会听证代表47人，其中消费者代表9人，从表面看，S市听证代表的设置完全符合前述规定，但我们从消费者仅占总代表19.1%的比例来看，在S市这次价格听证会上，消费者代表数量所占比重太小，不到经营者代表数量的一半（经营者代表占总代表的42.6%），显然不利于听取消费者方面的意见。如前所述，价格听证会的功能在于广泛听取决策相对人的意见，为价格决策提供参考。在此，消费者是受出租车运价调整影响最大的利益群体，是最大的相对人，只占19.1%的数量，决定了其说话的分量显然要远远弱于经营者，谈何充分听取广大相对人的意见呢？因此，《江苏省政府价格决策听证办法实施细则》没有给各类代表设置合理的比例，容易导致实践中有的地方代表比例严重失衡，从而影响相关利益群体的意见表达，影响整个听证会的实际效果。

（三）听证代表遴选方法不合理，程序不透明

价格听证涉及多方利益，人数众多。由此产生的问题是各人为维护自身利益，均需参与听证，而在很多情况下，人人直接参与听证缺乏可行性。人人参与不仅费时费力，而且未必能得到最佳效果。完全开放的听证将导致最后的决策往往为事实上存在的力量对比关

系所左右，未必公正。[1] 因而由听证代表人代表各方利益群体参加听证是解决问题的可行途径。《政府价格决策听证办法》第10条规定："听证会代表由政府价格主管部门聘请。政府价格主管部门聘请听证会代表可以采取自愿报名、单位推荐、委托有关社会团体选拔等方式产生。"在此，《政府价格决策听证办法》采用了"可以"一词来规定听证代表的产生方式，意即听证会代表可以采取自愿报名、单位推荐、委托有关社会团体选拔3种方式产生，也可以只采用其中一种或两种方式产生。《江苏省政府价格决策听证办法实施细则》第7条规定："听证会代表中的消费者代表可以由价格主管部门向社会公开聘请产生，也可以由价格主管部门委托有关社会团体、群众组织选拔推荐；经营者代表、政府部门代表以及相关的经济、技术、法律等方面的专家、学者代表，由价格主管部门根据听证内容适时聘请。"从上述两项规定我们可以看出，对于听证代表的产生方式，在制度设计上没有一个肯定的态度，直接导致了各地听证实践中听证代表产生的方式五花八门，不尽合理。S市价格听证代表的产生方式基本采取了由价格主管部门指定并聘请，或由价格主管部门指定有关部门推荐并聘请的形式。至于为什么要采取指定的形式而排除社会公众自愿报名参与的形式，我们认为无非是价格主管部门对于指定的代表心里有数，比较放心，能保证听证会取得预期的结果。但这种做法，既会将有心参与听证的公众排除在外，也与代表作为受决策影响群体的代表的身份不符合。代表是为了自身及其所代表的利益主体的利益来参加听证会，而不是受决策者的聘请来参加听证会。[2] 另外，这种做法还会让人们怀疑价格主管部门是否在确定听证会代表时事先考虑了代表的意见，特别是当不少听证会上全体代表都同意涨价（只是不赞成涨价的幅度过高）时。难道如此众多的消费者竟然没有人持反对涨价、甚至认为应当降价的观点吗？[3] 这就不奇怪人们会对价格听证会的公正、合理性产生怀疑了。我们认为听证代表参加听证应当是基于主动的，而非被动的，只有在主动的

---

① 参见薛刚凌、殷志诚：《公听代表人制度研究》，载《法商研究》2003年第2期。

② 参见应松年主编：《当代中国行政法》，中国方正出版社2005年版，第1430页。

③ 参见王万华：《中国政府价格决策听证制度缺陷分析》，载《法治论丛》2005年第4期。

情况下，代表才会积极而热情地参与到听证当中来，才会有高度的责任意识，想方设法让自己所代表的利益群体的意见得到充分表达，也才会真正起到代表的作用，因而由价格主管部门掌握产生听证代表的主导权的做法是不可取的。

此外，听证代表产生程序不透明。各地大多采取直接聘请或委托有关部门、单位推荐的方式产生代表，代表的遴选过程一般不向社会公开，全由价格主管部门暗箱操作，容易造成公众对代表的能力产生怀疑，并引起公众对听证会的不信任。有的地方，甚至连代表自己都不知道是如何被选上的，代表如此“糊涂”，社会各界提出听证会走形式的质疑也就不足为怪了。

（四）听证公告的内容规定不全面

《政府价格决策听证办法》第21条规定：“对于公开举行的听证会，政府价格主管部门可以先期公告举行听证会的时间、地点和主要内容。”这只对价格听证会公告作了一个笼统而原则性的规定，对于具体在什么时候应当公告没有规定，公告的“主要内容”是指公告听证会的主题内容还是公告拟听证的方案的主要部分，听证代表名单和联系方式是否要公布等，都没有明确。《江苏省政府价格决策听证办法实施细则》第10条规定：“价格主管部门应当在举行听证会的7日前，公告举行听证会的时间、地点、主要内容、旁听席位，以及申请参加旁听的程序。”尽管实施公告的时间在此有了规定，但是对于应当公告的内容仍然没有明确，以致实践中S市价格主管部门仅公告听证的主题内容，对于拟听证的方案、听证代表的信息只字未提。仅公告听证主题内容，不公布拟调价方案和听证代表信息的做法将严重影响听证目标的实现。

首先，不公布拟调价方案，尤其是不公布那些决定价格是否上涨的有关运营成本、总资产状况以及投资回报率等方面的详细材料[1]，公众就不能有针对性地提出意见。之所以公告的内容要避开调价方案，据我们的了解，最重要的原因在于价格主管部门担心公布调价方案，影响太大，不容易统一意见，进而影响到价格决策的顺利出台。显然，这种担心的出发点站不住脚。价格决策的目的就是要建立一个合理的、良好的价格秩序，而不是价格主管部门完成任务式的草草作出决策了事。价格主管部门要担心的应当是假如最终决策得不到公众支持，甚或引起民怨，引发社会不稳定，又该如何收场？基于这样的出发点，那么价格主管部门就应该事先公开拟调价方案，以便充分听取公众的意见和反映，使价格决策趋于科学、合理。

其次，不公布听证代表的信息，如名单、联系方式等，公众就是有意见也无法向听证代表反映。如果不向代表反映，公众的意见就无法表达，代表就只能代表自己，从而失去代表的意义。有学者指出，如果不公布听证会代表名单，导致公众无法找到代表与之交流，这个问题可以通过代表主动找公众征求意见的方式解决。[2] 我们不赞同这种观点，试想1个人向100个人征求意见比100个人向1个人反映意见哪种方式更简单、更容易、更可行呢？显然是后者。况且由代表向公众征求意见还要解决诸如向哪些公众征求意见、如何征求意见、经费怎样承担等类似的问题。如果是走访征求意见的话，交通工具和费用如何解决？如果是集中征求意见的话，征求意见的场地和费用又如何解决？由代表个人来承担，显然是不切实际的，而如果由价格主管部门来承担，则对这笔经费的使用如何监督，代表是否如实进行了意见征集等又成了新的棘手问题。我们认为，既然公众对于听证应该是主动参与，那么公众向代表反映意见也应该

---

① 在价格决策听证中，影响公共事业收费标准的关键因素是：（1）有关经营者的运作成本（operating expenses）；（2）总资产（经营者有形资产和无形资产的总价值）；（3）累计折旧；（4）行政机关许可的投资汇报率或资产报酬率。收费标准的确定将根据所允许获得的总收入来确定。总收入的计算公式是：总收入＝运营成本＋（总资产－累计折旧）×资产报酬率。不过，确定这些变量是容易的，困难的是如何确定这些变量的内容，因此，事先公开决定这些变量内容的详细材料就显得极其重要。See Jan G. Laitos and Joseph P. Tomain，Energy And Resource Law In A Nutshell，West Group，1992，p. 529.

② 参见王万华：《中国政府价格决策听证制度缺陷分析》，载《法治论丛》2005年第4期。

是主动的，而不应该通过代表向其征集意见这种被动的方式。因此，由听证代表主动向公众征求意见的方式是不可取的。

另外，对于公告的方式，目前的制度没有统一、明确的规定，各地在听证实践中的做法很不一致，有的通过报刊等媒体公告，有的通过网络公告，有的通过在人流集中地张贴公告的方式公告。而S市价格主管部门考虑到公告的费用等因素，仅通过在本局政务公示栏向社会公告，而没有通过报刊媒体等方式公告，这种公告方式根本起不到公告的效果，一般只有前来办理公务的人员方能获知听证的信息。这种公开方式虽然节省了公告费用，且因为知道的人不多，提意见的人也就不多，因而符合了听证组织者不想扩大听证影响的意图，但这样的公告没有任何实质意义，只会留下走形式的骂名，公告了等于没有公告。而对照现行制度，江苏省S市价格主管部门的做法并非与制度不符，因为制度没有规定必须采取何种方式进行公告。

（五）听证代表准备时间过短

行政机关在听证举行之前，应当给听证参加人留下足够的准备时间。“充分的时间到底是多少应当根据案件的如下具体情况决定：案件事实的范围和复杂性、争议事实的多少、法律难点、拟采取措施的法律后果和紧迫性。”① 我国《政府价格决策听证办法》规定政府价格主管部门应当至少在听证会10日前将听证材料送达听证会代表，虽然这里10日只是一个底数，价格主管部门可以选择20日，也可以选择30日前将听证材料送达听证代表，都符合规定。但基于行政效率的考虑，在实践中，大多数的价格主管部门都选择在举行听证的10日前将有关资料送达听证代表。这样的话，听证代表从收到有关资料之日起，只有10天的准备时间。对于一些相对简单的听证事项，10天时间或许够用。但对于一些比较复杂的听证事项，如出租车运价调整听证，10天时间显然是不够的。因为对出租车运营成本、客座率、对相关行业的影响等相关因素的调查分析材料就多达50余页，对于负责任的代表而言，要对所有听证材料进行理解、消化，可能还要对成本或客座率亲自搞一个调查和验证，并在此基础上形成自己的意见，如此一来，10天时间就远远不够用了。没有

---

① ［德］汉斯·J. 沃尔夫、奥托·巴霍夫、罗尔夫·施托贝尔：《行政法》（第二卷），高家伟译，商务印书馆2002年版，第230页。

足够的时间进行准备，就难怪有的代表在听证会上三缄其口，成了所谓的“哑巴”代表，听证会的效果也就因此大打折扣。从S市举行的4次价格听证会来看，代表参与率比较高，平均在87%以上，但代表的发言率却比较低，不到40%，即有半数以上的代表没有发言，如果说当场发言受到听证会时间限制的话，那么代表可以在听证会结束后，将有关意见通过其他方式反映给价格主管部门，而从实际情况看，S市价格听证会的场外发言率也基本为零。由此可见，代表很可能是没有足够时间充分准备。

（六）听证代表发言时间受到太多限制

从现有制度看，在听证会上，每位听证代表有多长的发言时间没有统一规定。从理论上讲，由制度来规定听证代表具体的发言时间也不合乎现实，因为代表个体的差异，导致有的代表长篇大论，有的代表则是三言两语，有话则长，无话则短，难以确定一个统一的标准。但在听证实践中，听证代表抱怨发言时间太短的情况比比皆是。就S市而言，价格听证会几乎都是半个工作日，也就是3小时左右。拿S市出租车运价调整听证会来说，实到听证代表44人，在短短3小时内，听证主持人宣布听证会纪律、介绍听证代表、听证方案占用了20分钟，主持人还要预留10分钟的总结时间，留给听证代表的时间只有两个半小时。也就是说，如果每个代表都发言的话，每人的发言时间只有不到4分钟。很难想象，4分钟的时间能阐述、论证一个什么样的观点！因而也就难怪代表们只能简单地表示赞同或反对，根本没有论证的过程，而如果只是简单地表示赞同或反对意见的话，与其花费代表半天时间，耽误代表半天工作，倒不如直接给代表打个电话征询意见来得简单、节省。

再者，听证会的功能是听取对方当事人的意见，保证当事人的意见被充分听取。如果限制代表发言时间，听证代表的意见就不能充分表达，听证会就难逃“走秀”的嫌疑。

（七）对听证代表的意见缺乏相应的回应机制

在价格听证会上，听证代表即使依据个人的见解和调查了解的民意，对价格方案提出赞成或反对的意见，或者提出自己的新见解，并阐述理由，但代表往往并不知道价格主管部门对听证代表的意见是如何取舍的，理由是什么，最终的价格决策考虑了哪些因素。据我们调查，有的地方甚至连向代表寄送听证会纪要这一程序都省略了，也即在价格主管部门宣布听证会结束的那一刻，价格听证的程序就结束了。例如，在S市价格主管部门举行的4次听证会中，虽然代表对听证方案的赞同率均比较低，分别为34.2%、29.7%、37.5%、65.9%，[①] 但最终价格决策还是按照听证方案涨上去了，价格主管部门并没有对代表作出解释和说明。

原国家计委曾在2002年1月16日下发的《关于进一步做好价格决策听证工作的若干意见》中要求各级价格主管部门及时向听证代表反馈最终调价决定以及对听证会意见的采纳情况，但在其后颁发的《政府价格决策听证办法》中，仅规定政府价格主管部门应当向社会公布定价的最终结果，[②] 对于听证意见的采纳情况及理由是否应当向听证代表反馈却只字未提。我们认为，价格听证是一项多方参与的活动，其中听证代表的作用尤其重要，价格主管部门不把对代表意见的取舍情况和理由及时反馈给听证代表，对于代表而言，付出满腔的热情参与听证，但发表的意见得不到采纳，甚至连不予采纳的原因都无法知道的话，其再次参与价格听证的热情必然会大大降低，而且听证代表的意见也就不能有效约束最终价格决策，从而使听证流于形式。

（八）对听证过程进行监督的机制不健全

《政府价格决策听证办法》规定了听证应遵循的若干规则和程序，但在各地价格听证的实践中，主持听证的价格主管部门遵守这些规则和程序的情况并不理想，如：听证代表完全由价格主管部门指定；对经营成本不进行详细披露；事先召开通气会，对听证代表进行辅导发言；随意打断听证代表的发言等，有的地方甚至连听证会记录、听证会议纪要都没有。从《政府价格决策听证办法》等的有关规定来看，虽然目前规定了价格主管部门作为听证组织者应当遵循的规则和履行的义务，但并没有规定监督这些规则和义务得到正确履行的主体和程序。听证代表作为参与听证的一方，也许在听证的过程中可以监督，但因价格主管部门应当遵守的规则、履行的

① 该比例为持赞同意见的代表数占实到代表数量比例，因为所有实到代表都是有发言权的，即便在会上没有时间发言，会后也可以通过电话等其他渠道向价格主管部门反馈意见，但大多数代表都没有在场外表达意见，因此保持沉默至少可以理解为弃权而不是赞同。

② 见《政府价格决策听证办法》第26条。

义务缺乏明文规定，因而也难以实施有效的监督。于是，价格主管部门组织听证的权力成为一项没有监督的权力，完全可以按照自己的意愿恣意行使，因而价格听证也容易流于形式而得不到公众的认可。

（九）违反法定听证程序的法律后果与责任规定单一、听证权利受侵害后缺乏有效救济

行政行为违反法定程序的后果，可以根据违反程度的不同区分为无效、可撤销、补正等形式，然而，综观目前中国价格决策听证制度的有关规定，只有《政府价格决策听证办法》就政府价格主管部门和听证主持人违反规定程序、弄虚作假、徇私舞弊等行为，规定了法律责任，即“由同级人民政府或上级政府价格主管部门宣布听证无效，并建议有关机关追究其行政责任。情节严重，导致决策失误的，应当追究有关人员的法律责任”。事实上，“违反规定程序、弄虚作假、徇私舞弊”等行为，在实践中是有轻微和严重之分的，应当区别对待。如：在听证会结束后，未向听证代表寄送听证会议纪要，这一行为虽然违反了听证程序的规定，但在此之前，听证的过程已基本结束，听证纪要毕竟只是对听证过程的一次扼要记述，如果不分青红皂白，一律宣布听证无效，重新组织听证，显然不符合行政效率的要求。

另外，听证代表、利害关系人依法享有的听证权利受侵犯或对价格主管部门的有关行为不服，应如何获得救济，现行制度都缺乏相应规定。例如，听证代表在听证会上的发言被价格主管部门认为不合时宜而打断，听证代表不服时应当如何捍卫自己的权利？再如，听证代表对价格主管部门的最终价格决策不服要求说明理由，价格主管部门拒绝说明，或者对其说明的理由不服时，听证代表应如何寻求救济？类似的这些问题在现有制度中都找不到答案。

四、完善中国价格决策听证制度的建议

针对上述中国价格听证制度实施上存在的问题，我们从法律上提出以下几点建议：

（一）建立听证目录动态管理机制

如前所述，随着经济社会的发展，有的行业逐渐从垄断行业变为非垄断行业，如通信业，有的行业从理论上的非垄断行业变成了

实际上的垄断行业，如住宅小区停车场。《价格听证目录》也应随着这种变化，适时加以调整。具体操作上可定期开展调查，广泛征求基层价格主管部门和社会各界对《价格听证目录》的意见，根据基层价格主管部门和社会各界的合理化建议，修订《价格听证目录》，细化和明确听证的具体范围，以更好地保护消费者的权益。

（二）优化听证代表组成结构

有学者认为，听证代表的组成结构要考虑直接对立的利益团体的代表应形成均势，不能比例失调。[①] 我们认为，在处理听证代表比例问题上，光注重形式上的平衡是不妥的，形式上的平衡往往会导致事实上的失衡。在价格听证中，与申请听证的经营者的利益直接对立的是广大消费者的利益，消费者的数量远多于经营者的数量，如果经营者代表和消费者代表在听证会上保持绝对数量上的均势，那在相对数量上，消费者就会明显处于劣势，对消费者是很不公平的。此外，由于信息的不对称，消费者较之经营者更处于劣势，保持两者数量的均等，会使消费者无法与经营者对抗，更增加事实上的不平等和不公正，因此，按照形式上对等的原则来配置利益直接对立的听证代表的比例是不科学的。

我们认为，代表的组成结构应根据以下原则来确定：（1）同一类型的价格听证会，其代表构成应当统一；（2）与听证事项有利害关系的各方均应有代表参加，确保听证代表散布于各个阶层；（3）消费者一方代表所占比例应处于优势，而不能简单地平均分配，相反，相对方的代表应当在听证中居于优势，以便控制听证的主流。建议《政府价格决策听证办法》能对各层次的听证代表规定具体的比例，其中消费者代表所占比例应以60%—70%为宜，从而给予消费者更多的话语权，充分听取消费者方面的意见。

然而，要优化听证代表结构，光扩大消费者代表比例是不够的，还要提高消费者代表的参与能力。作为社会现实，经营者与消费者比较，往往在人力、物力和财力上更加强大，经营者相互之间因为共同的利益也更容易联合，而消费者不但相互孤立、分散，信息与财力有限，甚至会因为最后决定对其个体的影响被稀释而对参与过程缺乏足够的动力与兴趣。为此，要保证消费者的利益得到充分表

① 参见薛刚凌、殷志诚：《公听代表人制度研究》，载《法商研究》2003年第2期。

达，就必须鼓励和发动各种中间组织如消费者协会、弱者保护团体、法律援助机构、社会团体等参与到听证的过程中，通过集体的力量来对抗经营者。[①] 在国外，消费基金者协会也是分专业的，而且是真正的利益共同体。这些“消协”为与垄断企业相抗衡，雇有自己的经济学家和律师，让他们长期跟踪研究垄断企业的运营情况，以便于在捍卫自身利益需要时，能及时作出内行的、有说服力的证词来。中国的价格听证会如果要达到所期望的目的，也必须走这条道路。至少作为努力方向，我们应有计划地发展能真正代表消费者利益的专业性的消费者协会，必要时，政府应给予一定的扶持和资助。近期可考虑让各行业协会作为消费者一方参加与其利益相关的价格听证会，以提高消费者方面的实力。[②]

此外，为保证听证代表能更好地行使权利，保证听证会的质量和效率，价格主管部门要针对部分代表对价格工作不太熟悉，参与听证的能力受到局限的情况，建立代表培训制度。在正式代表确定后要及时组织培训，帮助代表了解《价格法》、《政府价格决策听证办法》、《政府制定价格行为规则》、《成本监审办法》等有关价格法律、规章的规定，掌握价格成本构成、听证程序、代表职责权利等相关知识，以此提高代表参与价格听证的能力，确保听证时能有的放矢，提出中肯意见，真正发挥代表的作用。

（三）改革听证代表遴选机制

对于广大公众而言，听证应当是一项自由权利，产生听证代表的主导权不能掌控在行政机关之手，相反应体现公民的自由意志，在具体操作上，要事先公布代表资格条件，然后由公众报名自荐，最后由价格主管部门筛选的路子，不得由价格主管部门指定。

1. 明确代表资格标准

代表资格一旦缺失，就将使人们对听证的指望值大打折扣，听证也从而成为注水的听证。[③] 由于代表行为能力如何直接关系到广大相对人的利益能否得到充分表达和维护，因此，参加听证会的代表

---

① 参见周汉华：《进一步完善价格听证会制度》，载《中国投资》2002 年第 2 期。

② 参见刘树杰：《价格听证观感》，载《经济参考报》2002 年 3 月 16 日。

③ 参见周士君：《听证不能打折扣》，载《人民法院报》2003 年 4 月 23 日。

应当具备一定的资格。例如，专家代表应具有相关的专业知识并具有相应的技术职称，在某一专业领域具有较大影响，且为人理性、公正。其他代表应与听证事项有利害关系或利益关系，热心于公益事业，具有代表行为能力，如擅长表达、擅长调查研究、有较强分析问题和解决问题的能力；具有较好的群众基础，能够代表某一方面利益群体的利益。[①] 在听证实施前，组织听证的部门要严格按标准来选拔代表，而不能凭主观随意决定。

2. 改革代表遴选方法

改变由物价部门直接选聘代表的方法，让市民自主报名，即在价格主管部门作出举办听证会决定之后，向社会发布公告，该项调价的利害相关人都可以自愿提出参加申请，如果人数太多，可以通过利益团体（如消费者协会、个体工商业者协会等）或有关单位（如人大、政协、民主党派、群众团体、消费者协会、街道社区等单位、团体、组织）提出，由这些单位、团体、组织接受公众报名，依据代表资格条件进行选择后向听证组织部门推荐。最后由听证会组织者依据代表资格条件和名额进行理性筛选，确定听证代表。

3. 建立听证代表库

在对代表进行科学、理性遴选的基础上，价格主管部门要建立既有固定代表又有临时代表的听证代表库。固定代表的存在，一方面节约了成本，提高了听证的效率，且一定程度上保证了代表有较高的代表能力；另一方面让在听证实践中的出色代表成为固定代表，是对听证代表参与听证能力的某种肯定，也是对公众参政行为的精神激励，这对推进中国听证制度的长远发展是非常有益的。[②] 政府部门代表和经济、技术、法律等有关方面的专家代表要有一部分相对固定，使这些代表通过不断参与听证而提高参与能力，并使他们成为政府决策的重要顾问和错误决策的防范者。而消费者代表和经营者代表一般要根据听证内容临时确定，目的是增强听证代表的广泛性和代表性。

① 参见薛刚凌、殷志诚：《公听代表人制度研究》，载《法商研究》2003年第2期。

② 参见石若坤：《价格听证中消费者代表作用的现实思考》，载《广东行政学院学报》2006年第2期。

（四）公开代表遴选过程、听证方案和听证过程

信息公开中经常存在的棘手问题是，有关机构提供的信息过于狭窄，提供的时间过于迟缓，提供的信息过于复杂。① 我国目前的价格决策听证中的信息公开也存在同样的问题，除了需要强调公开方式应确保信息为更多受影响的公众获得、公开信息的内容易为公众所理解、应在程序的最初阶段公开之外，公开信息的内容亟待予以拓宽。

首先，必须公开代表遴选过程。这主要涉及代表遴选三个阶段的公开义务：一是在报名阶段，要将听证方案所涉及的利害关系方，代表的资格标准，代表报名的时间、地点、期限，代表的名额分配等情况以书面形式向社会公告，方便有代表能力的热心人士自愿报名参与价格决策。二是在拟定候选代表阶段，要将代表报名统计情况、候选代表名单和个人信息等情况以书面形式向社会公示，便于利害关系人了解情况，提出意见。三是在确定正式代表阶段，要指定专门机构受理利害关系人对候选代表提出的异议，对合理异议充分采纳，并及时调整，对不合理异议认真做好说明解释工作，在正式代表确定后要及时通过新闻媒体向社会公布。

其次，应及时公开听证方案。公开的具体要求有三：一是要将听证代表名单和联系方式、听证方案、影响价格水平的有关运营成本、总资产状况、累计折旧以及投资回报率等方面的详细材料（依《保密法》需要保密的事项除外）全部向社会公告，方便消费者及时将有关意见向听证代表反映，建立公众与代表之间的互动联系。二是要延长公告期限，建议至少应在举行听证会的 15 日或 20 日（情况较为复杂的至少应在 30 日以上）前公告听证方案，听证时间、地点等有关事项，让代表有充分时间就听证方案进行调研，查阅有关资料，准备发言材料。三是要改革公告方式，应通过报刊、电视、电台或委托居委会发放公告等形式向社会各界广泛告知听证内容，并设立专线电话，及时听取广大市民对听证方案的意见和建议。

最后，听证过程要公开。鉴于目前大部分地方价格主管部门举行价格听证会都是局限在一个会议室内的现实情况，应明确除依法应予保密的事项外，听证会应当公开举行。为了方便不能参加现场

---

① Adam N. Bram, Public Participation Provisions Need Not Contribute to Environmental Injustice, 5 Temp. Pol. & Civ. Rts. L. Rev. 145, pp. 156—158 (1996).

听证的公众了解听证情况，会后提出意见，以及增进政府价格主管部门的责任心，除了正式代表参加现场听证外，还应制造条件让场外公众能够间接参加听证，如通过在本地区现场直播听证会的方式，将听证过程展现在群众面前。

（五）明确听证代表的法定权利

针对实践中听证代表准备时间不充足、发言时间受到限制等问题，建议明确听证代表的以下权利：（1）在听证前，给予听证代表充分的准备时间，使听证代表有权向听证组织机关和经营者查阅听证所需的有关资料，政府有关部门应给代表配备调研证，代表有权针对问题展开实地考察，深入调查研究，全面收集信息，相关企业应对他们的调研提供方便。（2）在听证过程中，应给予听证代表足够的发言时间，发言次数不应受到限制；除与听证事项无关的内容外，不得任意限制代表的发言内容。（3）听证结束后，代表有权获取听证结论，并有权要求听证组织者就最终决策予以说明。（4）由于组织听证的费用由政府纳入财政预算，代表参加听证的合理费用支出有权从听证组织者那里获得补偿。

（六）建立说明理由制度和回应机制

也许中国价格决策听证似乎要严格实行案卷排他性规则，才能充分体现听证的价值，但这种观点忽视了目前中国价格决策听证的本质特征，即价格听证会不是决策会，其功能是听取利益相关者意见以及完善决策方案。价格决策具有很强的专业性和技术性，除了要兼顾听证各方的利益外，还要兼顾公共安全、社会稳定等社会公共利益，必须进行利益衡量，因而本身并不适宜采取简单多数表决的方式，更不适宜简单依据听证代表的意见作出。例如，对出租车运营价格进行调整时，就不能严格按照运营成本加利润的公式确定最终价格，而是要考虑价格调整对三轮车等其他行业的影响以及对公共交通秩序的影响等因素，因为如果价格定得太高，市民出行更多可能会选择乘坐三轮车，三轮车运营队伍就会随之庞大起来，就会给公共交通带来安全隐患；如果价格定得太低，市民出行就会倾向于选择出租车，而出租车抢了三轮车的市场，三轮车运营队伍就要抗议了。S市就经常发生这样的集体上访事件，如果政府处理不好，那么可能今天是几百辆出租车集体在市政府大楼请愿，过几天就是几百辆三轮车聚集市政府大楼门前抗议，从而给社会造成不稳定因素。如何运用价格杠杆来协调、平衡包括公共利益在内的各方利益，维护社会秩序安全、稳定，促进经济社会又好又快发展，是摆在各级价格主管部门面前的第一要务，任何以牺牲社会稳定、安全利益为代价的公正都不是真正意义上的公正。由此可见，为有效缓和价格决策所涉及的各方利益冲突，价格决策听证的核心价值就应在于帮助价格决策部门充分考虑各方利益并为其最终的价格决策获取让人们都能信服的充分理由。

按照在怀疑传统多数表决基础上产生的审议民主理论，即使由多数人作出的决策，也必须说明理由，并回应其他人（尤其是少数人）对其理由的质疑，让其他人信服，因而这与那种仅仅根据相互竞争的政治力量对比来进行决策的方法是有天壤之别的。[①] 这种审议民主最首要的特征是陈述理由，其次是这些理由应为所有参与审议的公民所理解。为了确保政府的价格决策的合法性与合理性，切实保障听证代表的权利，加强对价格主管部门的监督，我们认为，即使是由价格主管部门在听证会结束后按照少数服从多数的原则作出的价格决策，也应按照审议民主理论的要求，建立说明理由制度和代表意见回应制度。

1. 建立说明理由制度

说明理由制度一般运用在具体行政行为领域，但并不意味着它就不能运用于价格决策领域。按照审议民主的理论，至少用于支持价格决策合法性的各种法律规范、价格主管部门展示给听证代表的用来支持该价格决策的事实根据、作出价格决策所考虑的公共政策、公理、惯例、公共利益等，应由价格主管部门向公众作出详细说明。鉴于实务中很少有价格主管部门将作出价格决策时考虑的因素、利益取舍的理由、听证代表意见的采纳情况向社会公布，因此，为增强价格决策的公开和透明性，提高公众对价格决策的认同感，建议价格主管部门在制定的价格决策文书中，将价格决策的事实理由和自由裁量的理由同时予以具体说明。如果在价格决策文件的正文中不便表述这些理由，则可以以附件的形式，与公文正文一并向社会公布。

---

① 参见［美］埃米·古特曼、丹尼斯·汤普森：《审议民主意味着什么?》，谈火生译，载谈火生编：《审议民主》，江苏人民出版社 2007 年版，第4—9 页。

2. 建立代表意见回应制度

作为听证会的直接参与一方，听证代表比其他公众更加关心价格主管部门最终的价格决策结果。为充分体现价格决策的民主性，避免听证会流于形式，除了要将上述向社会公布的决策理由专门送达听证代表外，价格主管部门还应向意见未得到采纳的听证代表详细说明理由，给予其充分申辩的机会。这样做不仅可使听证代表感到自己的付出得到了应有的尊重，也能提高他们继续参与价格听证的热情，增强他们对价格决策的满意度。

（七）健全听证监督制约机制，完善有关违反法定听证程序的后果与责任以及听证权利受侵害后的救济机制的规定

对听证代表听证权利的保障一方面离不开对听证过程的监督，另一方面也离不开对受侵犯的听证权利给予及时有效的救济。因此，首先应考虑建立健全专门机构监督和媒体监督相结合的监督体系，对价格主管部门履行价格听证程序的行为进行全程监督，尤其要对有碍代表行使权利的行为进行重点监督，以保障代表充分而有效地参与价格听证。其次，应借鉴美国、德国行政程序法对违反法定听证程序的后果并不局限于对行政行为的撤销，还包括行政行为的无效和补正等情况的规定，根据违法程度的不同，对违反法定听证程序作出的价格决策的后果，相应作出不同的规定：对于严重违反法定程序的行为应当宣布价格决策无效；对于诸如未向代表寄送听证纪要、不依据听证笔录作出价格决策又不说明理由等违反程序规定的行为应当视为轻微违法行为，可允许补正；而对于其他违反法定听证程序的价格决策，应允许公民通过行政复议等途径予以撤销。再次，应为听证参加人受到侵害的听证权利提供救济途径。尽管价格决策在性质上介入抽象行政行为和具体行政行为之间，但伴随着南京市中级人民法院对“陈歧松诉南京市物价局不服行政许可行为案”终审行政判决的作出，价格听证争议事项入诉似乎已无多大障碍，[①] 我们所要做的是扩大受行政复议和行政诉讼保护的权利范围。建议赋予利害关系人在被拒绝其参加听证，以及听证代表在价格主管部门拒不采纳其听证意见，或者其调查权、发言权等听证权利受到侵害，或者在认为听证纪要有疑义而不服有关部门答复等情况下申请行政复议或者提起行政诉讼的权利。

① 章志远：《价格听证困境的解决之道》，载《法商研究》2005 年第 2 期。

● 外国诉讼制度

大陆法系刑事司法鉴定模式研究

汪建成[*]

一、大陆法系国家和地区刑事鉴定总论

（一）大陆法系国家和地区刑事鉴定的内涵

如果仅仅将鉴定行为界定为法官对超出自己认识能力的事实问题而寻求帮助的话，那么诉讼中的鉴定行为就是一个古老的活动，可以说它随着诉讼的产生而产生。从这个意义上讲，部落首领审判时采用火审或水审的方法，如将犯罪嫌疑人的手放在油锅里烫伤，以其在指定时间内是否会愈合来判断是否是盗窃人的方法，与将犯罪嫌疑人的 DNA 与现场遗留烟头上唾液中的 DNA 进行同一鉴定以确定是否是盗窃人的方法之间并无本质区别。然而，今天在研究刑事鉴定的内涵时，显然要在两者之间进行区分，区分的关键是现代刑事鉴定行为的产生只能是以现代法官对案件事实的认识能力为前提的。即现代法官对于超出其认识能力的某些专门性事实问题而通过鉴定人的专门知识或者技能而获得相对确定性认识的行为。

从鉴定的需求性因素来说，鉴定行为实质上是为诉讼提供的一种自我认知。刑事鉴定一方面通过提供鉴定结论为法官提供了相信

---

* 作者为北京大学法学院教授、博士生导师。本文是笔者主持的国家社会科学基金项目（“司法鉴定模式与专家证人模式的融合——中国司法鉴定制度改革的方向”，项目批准文号为 07BFX064）之阶段性成果，本院刑事诉讼法学专业博士研究生李文伟参与了本部分的研究工作，在此鸣谢！

自己已掌握有关认识能力的认知，[①] 提供了有能力实现证明标准而判决的认知（排除合理怀疑、证据确实充分、事实确凿等），还为诉讼提供了可面向公众昭示司法权威的认知。在此意义上，刑事鉴定可界定为法官提供对案件事实认识能力的自我认知的帮助性行为。

仔细观察目前在刑事鉴定中通行的几种科学技术，如 DNA 鉴定、血型鉴定等技术，不难发现，任何刑事鉴定在其发展历程中都经历了试用、科学论证、最终大规模采用的阶段，这个过程就是这些技术在相应问题上能够多大程度地提供诉讼以自我认知的考察过程和接受过程。一项再发达和先进的技术即使对认识事实有极大帮助，但如果不能转化为诉讼中的自我认知，便无法获得刑事鉴定的品格；而一项技术如果被认为是能够对诉讼中的自我认知有意义，则会被引入刑事鉴定领域。

(二) 大陆法系国家和地区刑事鉴定外延的确定

刑事诉讼中的鉴定行为有多种，从委托主体看，一种是由法院选任的鉴定人进行的鉴定，另一种是在侦查阶段由侦查机关或检察官委托的鉴定人进行的鉴定；从被委托主体看，一种是依鉴定人名录选任的鉴定人，另一种是案件的亲历人或见证人；基于其个人经历和专业知识的双重因素而充当鉴定证人，还有“专家”（俄罗斯《刑事诉讼法》第 58 条）、“专家辅助人”（意大利《刑事诉讼法》第 230 条）等类似身份的专业人士。但并非所有的聘请专业人士对某一事实作出结论的行为都是刑事鉴定，本文确定大陆法系国家和地区刑事鉴定的外延遵循了以下原则：

1. 区别原则。大陆法系各国立法不同，没有必要为追求模式化分析而划定统一标准，应该尊重各国立法例，尽可能地展现各国刑事鉴定制度特点。在总体上划定大陆法系刑事鉴定的外延标准，将在标准之外的立法例忽略不论的做法是典型的以主观拟定的学说偏废客观存在的制度的做法，并不可取。

---

① 这种自我认知在现代法官的自由心证中表现得尤为典型，一方面，自我认知的“自我”体现了法官基于自由心证的立场，其始终视刑事鉴定为一种辅助性手段或帮助，仍强调将其所提供的认识能力“内化”而形成法官自我的认识能力。另一方面自我认知的“认知”就是法官的内心确信，其不仅是对案件事实的确信，也是对经刑事鉴定辅助、自我消化后对自己在该案上认识程度和正确性的确信。

2. 相对性原则。相对性原则建立在区别原则之上，是指刑事鉴定在不同的立法例中有着不同的外延，在本国立法例内以中立性和司法审查作为标尺，突破语言名词“所指”的混乱和局限来确定一国刑事鉴定的外延。在不具有中立性、没有司法审查的立法例内，承认其侦查机关进行的名义上为“刑事鉴定”而实属侦查鉴识的行为属于刑事鉴定。[①] 在具有中立性、存在司法审查的立法例内，在相对性原则下只承认表现中立性和司法审查的鉴定行为属刑事鉴定，将侦查机关的违背中立性和司法审查进行的鉴定行为视为侦查鉴识，而不论其名词叫法，典型如日本，日本《刑事诉讼法》在总则条文中规定了“刑事鉴定”，但日本的侦查机关在侦查犯罪活动时，委托具有专门知识的人进行鉴定也称其为“委托鉴定人”，但此类鉴定人并不适用总则中关于“鉴定”的规定，也就是说，虽然侦查机关延请的专业人士也实施了鉴定活动、也叫做“鉴定人”，但在“被指”上并非总则提及之“鉴定人”。

相对性原则和区别性原则能够较好地表达一国立法例中刑事鉴定的界限和全貌。没有相对性原则的一个后果是在某些立法例下（如日本）会认为其有两种刑事鉴定，这不利于统一刑事鉴定的内涵；而刻意划定刑事鉴定的统一标准，不采用区别原则虽然批判有力，但不利于考察各国立法例的全貌。

某些大陆法系国家和地区规定了法官和检察官均有鉴定人的选任权，[②] 在这种情况下，由检察官选任并进行的鉴定也适用鉴定条文。除了日本在立法上的矛盾规定之外，[③] 一般来说，刑事鉴定的外延取决于委托主体，在只以法官为委托主体的立法例下，刑事鉴定的外延不及检察官和侦查机关委托的鉴定；在以法官和检察官为委托主体的立法例下，刑事鉴定的外延不及侦查机关委托的鉴定。

---

① 如果不承认区别原则，则该立法例内根本不存在刑事鉴定，而是以侦查鉴识来代替刑事鉴定。在区别原则和相对原则的基础上，既能够将其纳入到讨论范围中，也能够明显地表现该制度的特点。

② 参见德国《刑事诉讼法》第 161 条 a。

③ 日本在《刑事诉讼法》中的规定备受诟病，日本学者在讨论刑事鉴定时，也不将侦查机关的所谓“委托鉴定”视为刑事鉴定。参见［日］上野正吉：《刑事鉴定的理论和实践》，徐益初、肖贤富译，群众出版社 1986 年版，第 69 页。王云海：《日本司法鉴定制度的现状与改革》，载《法律科学》2003 年第 6 期。

刑事鉴定外延的确定直接决定了非刑事鉴定的鉴定行为适用的法律和证据效力。侦查机关未经法官或检察官的指挥或命令，自行委托的鉴定属侦查鉴识行为而非刑事鉴定。即使与刑事鉴定在文件上的表现毫无二致，也因诉讼行为的性质不同而属不同种类证据，适用不同的证据法则。

刑事鉴定的外延不同原因在于诉讼构造的不同，同在大陆法系的框架之内，区别在于检警关系的差异和职权主义模式的具体实现方式的差异。

（三）刑事鉴定制度的正当性基础——鉴定的权威性

刑事鉴定制度面临的首要问题是鉴定的权威性问题。从本源意义上讲，鉴定的权威性来源于刑事鉴定者对案件中某些专门性事实问题具有相较于事实裁判者具有更高的认识能力，其所得出的结论更具可靠性。从普遍的社会关系看，鉴定的权威性也是一种评价，现代刑事鉴定的权威性建立在对科学和社会分工的普遍信任之上，无论是司法人员还是公众对刑事鉴定有着经验性的肯定。

刑事鉴定的权威性往往通过事实问题表现出来，一方面鉴定的权威性往往最终落实到事实问题上，更高水平的鉴定技术能够为诉讼提供更有说服力、更清晰的鉴定结论。另一方面，诉讼两造对鉴定结论所涉事实问题的争议，往往会涉及鉴定的权威性。在鉴定制度管理混乱的情况下，刑事鉴定权威的丧失会导致当事人对事实问题的纠缠，当事人评判刑事鉴定不是基于事实，而是基于级别、学历、资历等其他指标。

如果鉴定制度解决不了刑事鉴定的权威性问题，就不能解决刑事鉴定的事实问题。诉讼中的事实问题依赖于证据，在大陆法系的证据分类中，鉴定结论从证人证言中分离出来，原因在于鉴定结论与证人证言在证据品格上有着根本的不同。无论采用认识能力说还是自我认知说来界定刑事鉴定，鉴定结论的正确性将其区别于证人证言。直接证据能够包容错误和谎言，鉴定结论则被要求在现有的知识能力和专业领域内的绝对正确。由于社会分工和科技发展，鉴定结论的正确性在经验养成中，转化为形式化的权威性。没有权威、不被认可的鉴定结论沦为普通证据而不可得，丧失了其在诉讼中的存在意义。如何保障鉴定的权威性，将权威性与事实问题的矛盾限制在可控范围内，是鉴定制度需要解决的重要问题。[①]

因此下述几个因素是研究刑事鉴定的权威性时必须高度关注的：

1. 司法的权威。司法权威是鉴定权威的上位因素，刑事鉴定的权威性受制于司法权威，刑事鉴定本质上是一种意见证据，在诉讼中产生、受司法人员的操控。在司法自身都丧失权威的情况下，何以让当事人和公众相信鉴定的权威？在这种情况下，徒有值得尊敬的鉴定结论也得不到公正的审判，或许根本不能奢求猥琐的司法能够产生值得尊敬的鉴定结论。

2. 鉴定的中立性。如果说权威性将鉴定区别于证人证言的话，中立性则将鉴定区别于侦查鉴识。无论是英美法系的专家证人制度还是大陆法系的鉴定制度，中立性都是刑事鉴定的一大重要考量因素。刑事侦查中也存在着与刑事鉴定类似甚至同样的侦查行为，比如 DNA 检测、血型检测、指纹检测等，这些活动在行为上与刑事鉴定并无区别，除了实施主体的不同之外，由其目的导致的中立性差异是与刑事鉴定相区别的关键。无论何种诉讼构造，刑事侦查的主要目的是为了通过同一认定排查、锁定、抓捕、确认犯罪嫌疑人；而刑事鉴定目的应当是为法官提供足够的自我认知，对已经确定的犯罪嫌疑人来讲，侦查鉴识的目的在于确定或证明其被确定为犯罪嫌疑人的原因，而刑事鉴定则是辅助法官重新审视这种确定和证明。刑事鉴定如果丧失了中立性严重偏向控方，无异于重复操作。因此，大陆法系国家都在立法上进行了维护鉴定中立性的制度构建，如鉴定机构设置、鉴定人选任、鉴定人回避等。

鉴定的中立性是大陆法系与英美法系鉴定制度的区别之一，但只是技术层面的差异，在本质上，由中立者进行鉴定和由双方分别鉴定是相同的，都是为了避免一方因鉴定而承受不利后果。鉴定的中立性是鉴定权威的重要因素，没有中立性的鉴定，其权威会受到影响。但刑事鉴定中立性与权威的关系，并非一一对应，在有明显偏向性的情况下，其也能具有相当权威，受到诉讼构造的影响。在

① 这种矛盾体现在对鉴定权威的评价上，极端的现象是对鉴定权威的评价完全替代对事实问题的评价，表现为反复鉴定、鉴定权威与鉴定级别挂钩、缠诉等现象，如我国的黄静案；而英美法系国家其专家证人以普通证人的诉讼地位在两造同时出现，这种直接对抗集中、提前激化和暴露了权威与事实的矛盾，反而能够集中、提前解决，一定程度上避免了反复鉴定和缠诉的发生。

职权主义诉讼构造下，刑事鉴定主要是为控方服务的，但鉴定的权威性并不仅针对控方而言，如果被告人对鉴定结论不认可，其享有的救济权利仍然会导致更多的诉讼耗费。

3. 鉴定人的认识能力。鉴定人的认识能力直接关系到刑事鉴定所涉之事实问题能否解决，从根本上影响着刑事鉴定的权威。权威性是刑事鉴定本质性的要素，从自我认知说出发，鉴定本身只是或更多意义上是一种权威性宣示，鉴定人群体普遍认识能力的高低影响着宣示的效果，决定了这种宣示仅是形式上的权威还是能获得司法实践真诚的认可。鉴定人群体的认识水平越高，鉴定越接近于事实，宣示的效果越好，对鉴定的权威越有正效应。

现代鉴定人的认识能力主要依赖法庭科学的发展，而法庭科学也并非独立于科学技术之外的新学科，只是因科学技术通过鉴定行为直接影响诉讼活动而从司法角度对其的指称。因此在现有的科技条件下，对鉴定人高水平认识能力的保障更应侧重高素质鉴定人的遴选以及现有技术条件的充分利用。为此，鉴定人的选任机制、鉴定协助、综合鉴定、集体鉴定等，都是大陆法系国家在立法上保障鉴定人认识能力时考虑的重要机制。

上述分析是从普遍和整体的角度来看待鉴定人认识能力对鉴定权威的影响，从鉴定人个体来看，鉴定人的专业水平是选任人和当事人考察的重要因素。这种对个体鉴定权威带有主观色彩的考察，也是影响刑事鉴定整体性评价的重要因素。因此鉴定制度面临的一个问题是如何操作鉴定人的评价标准，这涉及鉴定人和鉴定机构的管理制度。相对于业外人士（如诉讼当事人、法官）而言，需要确定稳定、高水平的鉴定人群体；在业内，需要谨慎操作鉴定人的评价标准。

（四）刑事鉴定的对象——鉴定的事实范围

哪些事实问题需要通过刑事鉴定来解决？这是大陆法系国家在设立刑事鉴定制度时普遍考虑的重要问题，而在解决这一问题时，下述几个方面往往成为其焦点：

1. 鉴定的必要性

在某些立法例内，刑事鉴定的事实问题面临的一大困惑是——没有事实问题。即在刑事诉讼中只有侦查中的检验结论而没有刑事鉴定。将侦查中的检验结论直接运用为确定案件事实的依据，也就说法官对超出自己认识能力的事实问题，完全依赖侦查中的检验结论。

这种情况的出现体现了确定刑事鉴定外延的意义。如果将刑事鉴定的外延扩大到刑事诉讼中的所有鉴定行为，将侦查鉴识直接视为刑事鉴定，那么法官委托的刑事鉴定所进行的重新审查便失去意义。“没有事实”的这个困境是站在刑事鉴定中立性的立场上对彻底放弃鉴定中立的鉴定制度的一种批判性比喻，这不仅是制度问题，在有法官委托鉴定的制度下，仍然可能发生法官完全依赖于侦查鉴识而不情愿进行鉴定的情形。因此“没有事实”的比喻实际上包含了两种可能，一是一国的刑事鉴定制度放弃鉴定的中立性，将刑事鉴定等同于侦查鉴识，使得法官主导的刑事鉴定没有必要；二是即使存在法官委托的刑事鉴定制度、立法重视鉴定的中立性，但法官在司法实践中过分依赖于侦查鉴识，不启用刑事鉴定。这就涉及启动刑事鉴定的必要性。

除当事人申请之外，法官是大陆法系国家和地区刑事鉴定的主要启动主体，诉讼中在何种情况下应当启动鉴定，在何种情况下无须启动鉴定而直接使用侦查所得证据，是刑事鉴定中必然存在而又微妙的一个问题。其微妙在于法官启动刑事鉴定的标准源于其个体对相关事实的认知程度，同一个事实不同法官对此的接受程度和认知状态并不相同，在自由心证的裁判制度下，第三人无法划定绝对标准来评判法官对案件的事实究竟达到何种认识程度。但学者们仍致力于以一种形式标准对此作出积极规范，有日本学者认为，“如果所要证明的事实是不根据专门的知识和经验就不能判断的事实，鉴定就是必要的”，也有日本学者认为“只要不违反经验法则，即使没有鉴定人也不妨碍对事实的认定”。① 实际上，因案件事实、法官认知能力的差异，除当事人申请这一标准尚好操作之外，无论是依据经验法则还是“专门的知识和经验”来考量鉴定的必要性都欠缺统一的形式标准，② 相对的，从长期的司法鉴定实践中总结而来的实质标准反而能够对大多数事实提供必要性参考，比如对被告人是否患有精神病的事实，被害人受伤害程度的事实等。也就是说，除当事

---

① ［日］上野正吉：《刑事鉴定的理论和实践》，徐益初、肖贤富译，群众出版社 1986 年版，第 72 页。

② 法国学者对此也持有相同观点，其原文表述是“鉴于鉴定领域如此不同，所以很难确定一个完全适用于各种鉴定情形的统一规定”。参见［法］卡斯东·勒瓦索等：《法国刑事诉讼法精义》，罗结珍译，中国政法大学出版社 1998 年版，第 645 页。

人申请外，是否必要鉴定的裁量权仍然应掌握在法官手中。是否必要鉴定的标准以枚举方法规定比采形式标准要合理。

为此，德国《刑事诉讼法》第244条第4项规定，法官如果自己有足够的专业知识，可以不需聘请鉴定人而自行决定。但如果法官对自己认识能力估计过高，其未聘请鉴定人可以成为当事人上诉的理由，从这里可以看出刑事鉴定在诉讼中起到的“保险阀”的作用，即使法官不需要刑事鉴定为自己的认识能力提供认知，诉讼中的当事人也可能需要。“法官对自己的认识能力估计过高”永远是一种第三方的评价，这种评价可能来源于当事人但根源于刑事鉴定为诉讼提供认知的功能，而不仅是判断案件事实的功能。在鉴定的必要性方面，德国《刑事诉讼法》通过枚举方法规定了几种必须进行鉴定的情况，包括：被告有涉精神病的判断或处遇时（德国《刑事诉讼法》第80a条，第246a条，第81条），尸检或解剖尸体时（第87—91条），有中毒的嫌疑时（第91条），伪造货币或有价证券的案件（第92条）。俄罗斯《刑事诉讼法》第196条也列举了5种必须鉴定的情形。

2. 事实的内容

鉴定所涉的事实种类繁多，从专业领域来分，可以分为法医学鉴定、化学鉴定、经济鉴定等；从鉴定任务的直接要求来看，可以分为原因鉴定、结果鉴定等。前者确定事实的因果关系，后者确定事实的程度、性质、分类等。刑事鉴定的过程是鉴定人接受委托、以待鉴事实为材料，最终得出意见性事实的过程。但不管什么样的鉴定，在确定鉴定的事实内容的一个基本原则有两个：一是鉴定的事实不能是普通事实，只能是专门事实，即必须是利用鉴定主体专门的知识和技能才能得出结论的事实，而不是普通人根据证据运用一般逻辑推理规则就能得出结论的事实，例如意大利《刑事诉讼法典》第220条1规定：“当需要借助专门的技术、科学或技艺能力进行调查或者获取材料或评论时，可以进行鉴定。”该条2又进一步规定：“不允许为确定是否具有犯罪的惯常性、职业性或货币性或者为确定被告人的特点和人格以及与病理原因无关的特性而实行鉴定。”二是鉴定的只能是事实问题，而不能是法律问题，即委托人不得将法律问题交与鉴定，鉴定人也不得对待鉴事实作法律评价。需要说明的是，避免对事实的法律评价主要是避免鉴定人影响法官的自由心证，但并不禁止鉴定人对待鉴事实的所有法律评价。在作出鉴定结论时，有些法律评价是不可避免的，比如鉴定人以被害人的受伤害事实依据伤情鉴定标准得出轻伤、重伤的结论，不可避免地涉及援引伤情鉴定标准的法律评价；对被害人死亡的事实，如时间，也不可避免地涉及援引关于自然人死亡的法律才能作出评价。鉴定人得许进行的法律评价的范围理论界和立法均无定论，一些大陆法系国家和地区的立法采取了形式性的规定，通过法官对鉴定人的约束来避免鉴定人滥用权力。例如法国《刑事诉讼法》第 158 条规定："鉴定人的目的只是查明技术方面的问题，其具体任务应由命令进行鉴定的决定加以规定。"

3. 鉴定人有权了解案件事实的范围

为保证鉴定人的中立性、防止出现迎合法官裁判的预断，大陆法系国家和地区一般均要求鉴定人在接受委托鉴定前不了解案件的事实。为此，许多大陆法系国家和地区均规定，不得委任了解案件事实的鉴定人对案件进行鉴定，法国、德国、日本等国的立法例均有体现。[①] 然而，这一点并不排斥鉴定人在接受委托鉴定之后，为鉴定工作的需要适当了解案件的事实，相反，如果鉴定人认为待鉴事实超出了自己的专业范围和认识能力或委托方提供的材料不足以作出鉴定结论时，鉴定人可以拒绝出具鉴定结论，对此俄罗斯有立法体现。[②] 换句话说，鉴定人接受委任后，除有权了解待鉴事实及其相关事实之外，仍有权获得足够事实材料以便得出鉴定结论。问题是，这种了解案件事实的范围应当控制在何种程度呢？总体来看，一般掌握以下两个原则：

一是授权原则。即鉴定人为进行鉴定而对案件事实进行的调查须经司法授权，这种授权为鉴定人的调查权划定了边界。例如，意大利《刑事诉讼法典》第 228 条即规定："鉴定人为解答疑问进行一切必要的活动。为此目的，经法官批准，他可以查阅法律规定为法庭审理而收集的案卷材料、文件和由当事人提交的物品。"德国《刑事诉讼法》第 81 条 a，81 条 b，81 条 c，81 条 d，规定了当事人的

---

① 参见德国《刑事诉讼法》第 74 条，日本《刑事诉讼法》第 174 条，[法] 卡斯东·勒瓦索等：《法国刑事诉讼法精义》，罗结珍译，中国政法大学出版社 1998 年版，第 647 页。

② 俄罗斯《刑事诉讼法》第 57 条 3（6），该条由 2003 年 7 月 4 日第 92 号俄罗斯联邦法律修订。

拒绝检查权、法官的司法审查权及法官的直接强制权。法国《刑事诉讼法》第164条第2款也规定了对鉴定人讯问的司法审查权。

二是适当性原则。即鉴定人所接受的委托任务只能是与专业相关的事实，法官不得将自身的职权与责任委托给鉴定人行使。鉴定人的调查既应与受托鉴定的事实相关又应保持有限限度，不得随意调查与任务无关的事实。该原则在法国立法例中有所体现，根据法国《刑事诉讼法》的规定，鉴定人向被审查人调查时，被审查人须在律师在场的情况下，向鉴定人提供为完成鉴定所需要的说明。①

4. 鉴定的标准

鉴定人需要对待鉴事实确信到何种程度才可以作鉴定结论？鉴定人对待鉴事实的确信能否等于法官的确信？刑事鉴定的标准是指待鉴事实所在行业内的普遍性标准，这些标准一般由行业组织或政府颁布，对相关事实进行鉴定需要依据这些标准，鉴定标准是鉴定质量控制的重要手段。在实践中这些标准发挥了事实标尺的作用，但这仅是针对鉴定人而言的，行业标准对鉴定结论的作出有决定性作用，但并不能绝对代替法官对事实结论的判断。一方面，有些待鉴事实没有行业标准，有的是该行业标准尚不完善或尚未建立，有的则是该事实只涉及经验，与鉴定人个人专业经验与特质相关不涉及行业标准；另一方面，从理论上讲，即使有行业内鉴定标准存在，并依据标准得出结论，鉴定结论也只是一种意见证据，法官仍有权自行裁判。但实际上学者对鉴定标准仍抱有复杂心态，鉴定标准既是鉴定质量控制、保障鉴定权威的重要手段也带来了削弱法官裁判主体性的负面作用。法庭科学带来了代替法官进行事实裁判的风险，鉴定标准则是这种风险的量化。反之，鉴定标准也形象地表达了鉴定结论的意见证据本质，比如，对某一检材而言，某一数值是其性质临界点，超过此数值标准认为是甲属性，不超过则是乙属性，该数值为行业标准化所确定，但对法官而言该数值并不是属于案件事实的绝对、客观标准，仍带有主观设定的色彩，依鉴定所作出的结论仍属意见证据。

（五）大陆法系国家和地区刑事鉴定的三种模式

在制度实践上，大陆法系国家和地区的刑事鉴定主要有三种模

① 法国《刑事诉讼法典》第164条，参见法国《刑事诉讼法典》，余叔通、谢朝华译，中国政法大学出版社1997年版，第81页。

式：法德模式、意大利模式和俄罗斯模式。这三种模式的区分主要是根据鉴定人的选任和诉讼地位而进行划分的。

1. 法德模式

法国《刑事诉讼法》156 条和第 186 条对鉴定决定权的分配作出了三种规定：（1）预审法官可以依职权作出进行鉴定的命令；（2）共和国检察官或一方当事人可以提出鉴定要求；（3）这种要求对于预审法官具有有限的约束力，即预审法官可以驳回该请求，但必须在其接到有关进行鉴定的请求之后一个月之内，以说明理由的裁定始能驳回，且对于预审法官驳回鉴定申请的裁定，可以向上诉讼院起诉审查庭提起上诉。[①] 在鉴定人选任方面，法律规定："负责进行鉴定的专家，由预审法官指定。"[②] 但是，该法律又限定了指定鉴定人的范围："专家应从最高法院办公厅制作的全国专家名册中所列的自然人和法人中选取，或者从各上诉讼法院与总检察长商定提名的名册中选取"。[③] 另外，根据法国学者提供的相关情况，如果有待鉴定的问题要求具有特殊的技术，并要求鉴定人具有特别的能力，预审法官还可以借助于并未在任何名册登记的鉴定人，但应当在说明理由的决定中具体说明其作此选择的原因；如预审法官不说明理由，其选择鉴定人的决定无效。[④]

德国的情形与法国大致相同，根据德国《刑事诉讼法典》第 73 条的规定，由法官决定需要聘请的鉴定人及人数，而控辩双方则无此项权利。但作为对法官权利的制约，该法第 74 条规定了鉴定人回避的制度，当存在符合法律规定的可信的理由时，检察院、自诉人和被指控人有权拒绝法官选定的鉴定人。[⑤]

从德法两国的规定来看，法官职权在决定鉴定的实施鉴定人选

---

① 参见［法］卡斯东·斯特法尼等著：《法国刑事诉讼法精义》，罗结珍译，中国政法大学出版社 1999 年版，第 646 页。

② 法国《刑事诉讼法典》第 159 条，参见法国《刑事诉讼法典》，余叔通、谢朝华译，中国政法大学出版社 1997 年版，第 79 页。

③ 法国《刑事诉讼法典》第 157 条，参见法国《刑事诉讼法典》，余叔通、谢朝华译，中国政法大学出版社 1997 年版，第 78—79 页。

④ 参见［法］卡斯东·斯特法尼等著：《法国刑事诉讼法精义》，罗结珍译，中国政法大学出版社 1999 年版，第 647 页。

⑤ 参见德国《刑事诉讼法典》，李昌珂译，中国政法大学出版社 1995 年版，第 21—22 页。

任方面占据主导地位，而控辩双方则只是在一定程度上，对法官的职权起到某种制约作用。但尽管如此，控辩双方在这一问题上的权利仍然以强大的法院职权为中心，保持了很大程度的形式上的对称性。

2. 意大利模式

意大利《刑事诉讼法典》第 224 条规定：“法官可主动裁定进行鉴定，在鉴定中说明理由；任命鉴定人，概要地说明调查对象，指出要求鉴定人到场的日期、时间和地点。法官决定传唤鉴定人，并为鉴定人考察被鉴定人作适当安排。他可以采取一切有助于鉴定工作进行的必要措施。”① 可见意大利的法官与法德两国同样享有决定鉴定和选任鉴定人的权力；但是在意大利更为引人注目的却是控辩双方在鉴定问题上所具有的权利。

其一，与大多数国家相同，当事人可以申请鉴定人回避。当存在鉴定人与案件有利害关系，鉴定人在行使鉴定职务以外针对诉讼对象出过主意或者发表过意见等情形时，当事人可要求鉴定人回避。②

其二，意大利在鉴定问题上最具特色的制度是技术顾问的任命。《刑事诉讼法典》第 225 条规定，在决定进行鉴定后，公诉人和当事人有权任命自己的技术顾问；而且在国家司法救助法规定的情况和条件下，当事人有权获得由国家公费提供的技术顾问的协助。③ 依据法律规定，技术顾问可以进行的活动有：（1）参加聘任鉴定人的活动并向法官提出要求、评论和保留性意见；（2）参加鉴定工作，向鉴定人提议进行具体的调查工作，发表评论和保留性意见；（3）如果技术顾问是在鉴定工作完成之后任命的，他可以对鉴定报告加以研究，并要求法官允许他询问接受鉴定的人和考查被鉴定的物品和地点。④

可见意大利在这一问题上的特点是，技术顾问制度的建立大大提高了控辩双方在鉴定过程中所起的作用。不难看出，技术顾问在

---

① 参见意大利《刑事诉讼法典》，黄风译，中国政法大学出版社 1994 年版，第 77—78 页。

② 意大利《刑事诉讼法典》第 36、223 条，参见上注所引书，第 16—17 页、第 7 页。

③ 参见上注所引书，第 78 页。

④ 意大利《刑事诉讼法典》第 230 条，参见上注所引书，第 79 页。

某种程度上类似于英美法系国家的专家证人，其带来的后果必然是强化诉讼过程中控辩双方的对抗。技术顾问制度可以看做意大利刑事诉讼程序的混合特征在鉴定制度上的重要体现。但需要强调的一点是：控辩双方的权利在这一制度下的扩大始终是一个水涨船高的过程，在这一过程中，双方的权利对比并未失衡，仍然保持着以司法权为中心的对称性。

3. 俄罗斯模式

根据俄罗斯《联邦刑事诉讼法典》规定，有权指定鉴定人进行鉴定的主体包括调查人员、侦查员、检察长和法院。[①] 在此，俄罗斯将鉴定的决定权和鉴定人选任权同时授予了法官和作为控方的调查人员、侦查员以及检察长。而在法、德、意等国，这项权力只为法官享有。为了对上述各主体的权力起到一定的制约作用，法律规定了两项措施。第一项措施是，规定了四种必须实行鉴定的情形：（1）为了判明死亡的原因和身份伤害的性质；（2）对刑事被告人或犯罪嫌疑人在进行诉讼时是否具有责任能力或是否具有辨认自己行为和加以控制的能力而发生疑问时，为了判明他们的精神状态；（3）对证人或被害人是否具有正确理解对案件具有意义的情况和对这种情况作正确陈述的能力发生疑问时，为了判明他们精神状态或生理状态；（4）在年龄对于案件具有意义而缺乏关于年龄的文件时，为了判明刑事被告人、犯罪嫌疑人和被害人的年龄。[②] 第二项措施是，赋予被告人在一定程度上的制约权，如（1）申请鉴定人回避；（2）请求他所指出的人员中指定鉴定人；（3）提出补充的问题，以便取得鉴定人的意见；（4）在进行鉴定时，取得侦查员的许可到场参加，并向鉴定人提供说明；（5）了解鉴定人的意见。[③]

显然，在这种俄罗斯的鉴定模式之下，控辩双方的权利对比严重失衡。控方能够像法院那样决定实施鉴定并指定鉴定人，而辩方只具有诸如申请鉴定人回避等有限的权利。在此，双方以司法为中心的权利对称关系不存在了，天平完全倒向了控诉一方。

---

① 俄罗斯《刑事诉讼法典》第 78 条，参见俄罗斯《刑事诉讼法典》，苏方遒译，中国政法大学出版社 1999 年版，第 49 页。

② 俄罗斯《刑事诉讼法典》第 79 条，参见上注所引书，第 49 页。

③ 俄罗斯《刑事诉讼法典》第 185 条，参见上注所引书，第 113—114 页。

4. 总体评价

以上分别论述了大陆法系国家刑事司法鉴定的三种模式。这三种模式可以分两类：一是控辩双方平等的模式，即法德模式和意大利模式；二是控辩双方不平等的模式，即俄罗斯模式。在平等模式中，法德与意大利不同，法国与德国是在控辩双方都无权基础上的平等，可以称之为限权的平等模式；而意大利则是控辩双方同样享有相当权利之基础上的平等，姑且称之为放权的平等模式。

应当看到，上述三种模式的产生是与各国的诉讼观念以及具体的诉讼制度紧密联系在一起的，首先，俄罗斯的不平等模式是被继续沿用的苏联《刑事诉讼法典》中强职权主义色彩的典型体现。[①] 与大陆法系传统意义上的职权主义不同，这种强职权主义所强调的已不再仅仅是法院的职权，而是包括侦查、起诉和审判在内的所有的国家权力。在此，控诉方与裁判者站在了同一条战线上，享有实质上大致相同的权力；而被告则理所当然地只有听候发落。显然，这种模式已经大大落后于时代，它与现代社会有关正当程序的一些基本理念格格不入。

其次，意大利早已不是传统意义上的职权主义国家，大量对抗制因素引入已使其诉讼模式成为混合式。在鉴定问题上，一方面肯定法院的职权；另一方面，技术顾问的出现又给当事人双方充分有效的参与提供了帮助。意大利的放权式平等模式可以被视为大陆法系传统的鉴定人制度与英美法系专家证人制度相互融合的一次尝试。但是在这一尝试中，有两点需要引起注意：（1）与鉴定人制度和专家证人制度相比，意大利的混合模式在理论上是成本最高的，因为控、辩、裁三方都要聘请或指定各自的专家。（2）这种混合模式并不是一次简单的移植，而是作为意大利整个诉讼体制混合化的一部分出现的，否则，单单在鉴定问题上的混合模式难以存活。

最后，法德模式是典型的大陆法系鉴定模式。一方面法院的职权受到突出强调，当事人双方在鉴定问题上都没有多少有影响力的发言权；另一方面，诉讼的公平性又没有丧失，双方通过在权利上的“共同贫困”实现了平等。

---

① 参见樊崇义：“俄罗斯《刑事诉讼法典》简介”，载俄罗斯《刑事诉讼法典》，苏方遒译，中国政法大学出版社 1999 年版，第 1 页。

二、大陆法系国家和地区刑事鉴定的主体

（一）鉴定人和鉴定机构

现代鉴定依赖于专业方法和高科技设备，因此为了保证鉴定的质量，各国鉴定人都往往依托于有技术实力的相关机构，即鉴定人往往都要隶属于特定的鉴定机构。这一现象必然使得鉴定主体的确认上面临一个问题，即鉴定主体究竟是从事具体鉴定工作的自然人还是其所在的机构？对于这一问题大陆法系国家大致采取了三种不同的做法：

第一种做法是鉴定人是直接受法院的任命而不必通过其所在机构的指定进行鉴定，在这种情况下鉴定的主体是自然人鉴定人，刑事鉴定亦是其个人行为，意大利采用此种做法，意大利《刑事诉讼法典》第221条规定："法官在任命鉴定人时应当从在专门登记簿上注册或者在具备某特定学科的专门能力的人员中进行挑选。"

第二种做法是法官通过鉴定机构来委托鉴定人，法官向鉴定机构的法人或代理人做委托鉴定的意思表示，由鉴定机构向法官提供鉴定人名册或推荐鉴定人，并以法人名义进行鉴定。德国采取此种做法，而且德国进一步将机构鉴定划分为政府专业机构的鉴定和普通的机构鉴定。由政府专业机构进行的鉴定享有诸多特权，第一，已由政府专业机构确定了鉴定人后，不得再选任其他鉴定人。其《刑事诉讼法》第83条第3款规定，在认为重要的情况下，可以延请政府专业机构进行鉴定。或者也可以委任其他鉴定机构或自然人进行鉴定，但第73条第2款规定，已经由官方选任了鉴定人的鉴定，除特殊情况不得再选任其他鉴定人，这就说明如果已经由法官委任政府专业机构进行鉴定，则不能再委任其他鉴定人包括自然人。第二，规定了某些案件必须由政府专业机构进行鉴定。如德国《刑事诉讼法》第92条规定了对伪造货币和有价证券的鉴定则必须由政府专业机构进行。第三，在由政府专业机构进行鉴定时，该专业机构不仅可以自行决定鉴定人人选（第256条第2款），而且在鉴定人死亡、全体当事人都无变动的情况下（第251条），允许朗读"公共机关所作的包含证言和鉴定的陈述"来代替（第256条第1款），并

承认比一般的鉴定结论有着更为优先的地位①。

第三种做法是，法官向鉴定机构做委托鉴定的意思表示，而鉴定人的选择和鉴定过程由鉴定机构进行，鉴定机构只向法官提供鉴定结论。俄罗斯采用此种做法。俄罗斯《刑事诉讼法典》第 187 条规定：“在委托有关鉴定机关的鉴定人进行鉴定时，侦查员应将自己的决定和进行鉴定所需要的材料送交该机关。在收到侦查员的决定以后，鉴定机关的负责人应即委托本机关的工作人员一人或数人进行鉴定。”

法国同时兼采第一种做法和第二种做法，法国《刑事诉讼法典》第 157 条规定：“（鉴定）专家应从最高法院办公厅制作的全国专家名册中所列的自然人和法人中选取，或者从各上诉法院与检察长商定提出的名册中选取。”同时又在第 157 条 a 中规定：“如果指定的专家是法人，其法定代表人应在取得该主管法院的同意后，从其所辖人员中，选定一名或一名以上自然人，以该法人的名义进行鉴定。”

在上述三种方法中，第一种做法因为名义上的鉴定人和实际鉴定人的高度同一，而颇受学界肯定。第二种做法和第三种做法则因为有可能导致实际鉴定主体和名义鉴定主体的分离而遭致诟病。为解决这一问题，大陆法系国家基本上确立了鉴定结论审查的直接言词原则。表现为两项具体要求：一是鉴定结论应当在法庭上公开质证后才能够被采用，并应当以口头和言辞的方式被质证。鉴定人不能因其提供书面鉴定结论而免除到庭以言辞陈述的义务，也不得因其书面鉴定结论而将出庭陈述简化或者随意转换成书证的调查程序；二是将鉴定结论以口头和言辞方式接受质证的主体界定为实际鉴定人并且不可代替。法国、德国、俄罗斯、意大利等国刑事诉讼法，采取实际鉴定人签名和出庭这一默示规定的方式予以解决。我国台湾地区的“刑事诉讼法”则进一步采取了明示规定的立法模式，台湾地区“刑事诉讼法”第 208 条规定：“在机关鉴定的情况下，须以言辞报告或说明时，得命实施鉴定或审查人为之。”

实际鉴定人的鉴定行为在诉讼中生成了对诉讼结果有重要影响的意见证据，鉴定人也就由诉讼前基于资格的可替换性转变为基于

① ［日］上野正吉：《刑事鉴定的理论和实践》，徐益初、肖贤富译，群众出版社 1986 年版，第 12 页。

自然人个体的不可替代性，其鉴定行为的证据意义给鉴定人带来了诉讼地位的转变。也就是说，鉴定人接受委托实施鉴定、出具鉴定结论之后，鉴定人的可替代性由绝对转为相对。在实施鉴定、出具鉴定结论之前，被选任的鉴定人是绝对可替换的，因此选任只是基于资格；而之后，其可替换性必须及于其实施的鉴定行为、出具的鉴定结论，鉴定人绑定在鉴定行为和结论之上，不撤销鉴定行为和鉴定结论则不可替换鉴定人。在此意义上，鉴定人的可替换只是相对的而非绝对，其受制于意见证据。

意见证据以鉴定人的个体为基础，鉴定人的变更应当关联意见证据的变更。如果因鉴定人专业水平、职业道德以及回避、证人品格等原因不能继续担任鉴定人，那么其撤换应当关联鉴定结论的撤换，被撤换后其鉴定结论自然丧失证据能力，而不得由其他鉴定人继续以该鉴定结论参与诉讼，应当由新的鉴定人重新出具鉴定结论。在以鉴定机关名义出具鉴定结论的情况下，即使不同的鉴定人在同一鉴定机构中使用了同样的鉴定设备和技术手段，鉴定人的撤换也应该及于鉴定结论。对此，我国台湾地区的刑事诉讼，更以明示立法的方式立法。

基于意见证据与实际鉴定主体不可分离的上述特性，大陆法系国家和地区基本上规定了多名鉴定人同时鉴定而鉴定意见又不一致时，分别出具鉴定意见，而不采用少数服从多数的原则，例如意大利《刑事诉讼法典》第166条规定："如果被指定进行鉴定是多人，而彼此意见不相同，或者他们对制作共同结论有保留，可以各人分别表示意见，或者作出附理由的保留。"

（二）鉴定主体的管理

对鉴定人和鉴定机构的诉讼选任管理上，相对于英美法系针对个案中的专家证人进行鉴别审查，大陆法系国家和地区普遍采用了一般化的事先资格认证来管理鉴定人和鉴定机构，主要体现为鉴定人名册制度。在对鉴定人和鉴定机构的日常管理上，大陆法系国家和地区多采用间接管理的方式，而并非通过国家司法行政机关进行直接的、统一的、集中的管理。其主要手段有：

1. 规定鉴定机构设立和鉴定人认证的一般标准。欧盟颁布了专门的鉴定机构设置和鉴定人的认证标准（EU – Zertifizierte Sachverständige gemäβ ISO 17024 ，DIN EN ISO/IEC 17024）来规范所有鉴定机构的设置和鉴定人的资格认证，司法鉴定也包含在内。

有些国家有专门的组织来审核鉴定机构的设立和鉴定人资格，如德国的资格认证委员会（Deutsche Akkreditierungsrat，DAR）。

2. 政府设立专门的鉴定机构，对某些特殊行业的待鉴定事实进行鉴定。这种鉴定机构并非刑事鉴定的管理机构，而是针对某一专业的鉴定机构。如德国《刑事诉讼法》第92条规定了对伪造货币和票据的犯罪必须由政府内专业鉴定机构进行鉴定，这种机构便负责此类鉴定。

3. 由行业组织对业内的专家进行管理，向法官推荐鉴定人和鉴定机构。比如德国的法院医师委员会制度，从1921年开始在德国各州设置了医师委员会，其可以向法院提出专业领域的鉴定人名册以便法院选任，法院有时也会命令其推荐适当的鉴定人进行鉴定。这种专门团体或大学的院系，实际上起到了鉴定人管理的作用。

（三）鉴定人的诉讼地位

在刑事诉讼中除单位犯罪的被告人之外，刑事诉讼中的诉讼主体一般指自然人，也就是说一般来讲自然人才具有诉讼地位。以机构名义进行鉴定的法人机构根据上文所述，其诉讼主体地位并非由其法人代表承担而由实际鉴定人承担。[①]

1. 证据方法V. 法官辅助人：鉴定人地位的演变过程

在大陆法系国家，鉴定人的诉讼地位经历了一个变化过程，早期理论认为，鉴定人是证据方法。1918年德国学者埃·梅茨格尔就将鉴定人的职能分为三类，并在理论和实践上得到公认。具体：（1）传达从某一专门知识抽象出来的结果，即传达科学技术的一般原则；（2）根据某一专门知识，传达从诉讼的具体事实中所得出的推论；（3）根据某一专门知识所认定的事实，传达关于具体事实本身。[②]显然，这一论述是将鉴定人定位为向法官传达有关案件事实信息的证据方法的角色。但后来的理论认为这种看法降低了鉴定人的地位，有观点认为，鉴定人是事实审理者认定案件性问题的必备工具，是

---

① 以鉴定机构名义进行刑事鉴定的性质，属于民事委托关系还是其他？显然不能等同于普通的民事委托关系，或者说应该是一种特殊的民事委托关系，本应代表其机构的法定代表人，因刑事诉讼原则的约束，替换为实际鉴定人。这其中涉及民法与诉讼法法域的诸外问题，值得探讨。

② 参见［日］上野正吉：《刑事鉴定的理论与实践》，徐益初译，群众出版社1986年版，第10—11页。

事实审理者认定事实和发现真相依赖的唯一途径。对于事实审理者来说，让渡其对于专门性问题的判断权力，属于不得已而为之，也是诉讼追求真实对事实审理者权力挤压的法律上的妥协。德国法官考赫（Koch）在描述事实审理者对医学鉴定人的依赖上就曾指出："实际上裁判几乎是从法官的重心转移到医生的范围，此乃必须接受的事实。"① 基于这一理论上的变化，传统大陆法系国家的刑事诉讼法典基本上都将鉴定人定位为法官辅助人的角色，例如，法国《刑事诉讼法典》第161条即规定："预审法官进行工作过程中，如果认为有必要，可以命令鉴定人提供协助。"这一规定就彰显了鉴定人之法官辅助人特质。唯兼采大陆法传统和英美法特色的日本认为，鉴定人在诉讼中同时兼采证据方法和法官辅助人双重角色，日本学者松冈义正曾指出："鉴定人一方面为证据方法，同时又对于审判官判断上之权限而辅助之。"②

认鉴定人为法官辅助人在理论上具有双重意义：一方面赋予了鉴定人对于诉讼中专门性事实问题上的判断权，唯其如此，才可以冲破意见证据规则的羁绊，使其区别于其他言辞证据的方法；另一方面又将其角色限定为法官帮助者而不是法官本身，这就意味着他们虽然始终扮演着法官助手、辅助人、顾问的角色，但却无权对案件事实作出最终结论。

鉴定人之法官帮助者角色定位在立法中通过两方面规定体现出来：一方面鉴定人之鉴定行为得依法官之命令进行之，无法官之命令即无鉴定。法国《刑事诉讼法》第156条、德国《刑事诉讼法》第73条、意大利《刑事诉讼法典》第221条均是这一精神的体现。另一方面，法官对案件事实具有最终的垄断决定权，因此各国立法在鉴定人质证的问题上并没有给予优于证人的特殊地位，例如，德国《刑事诉讼法》第72条规定："除法律有特殊规定的外，对鉴定人适用对证人的规定。"③

---

① H. J, Koch, Die Zusammenarbeit Zwischen Richter und Ärztichem Sachverständigen in Unterbringverfahren, NJW1974, S. 595—596.

② ［日］松冈义正：《民事证据论（上）》，张知本译，中国政法大学出版社2004年版，第209页。

③ 类似规定还可参见日本《刑事诉讼法》第135、171条，奥地利《民事诉讼法》第350条、中国台湾地区"刑事诉讼法"第197条。

2. 鉴定人与鉴定证人的关系

鉴定证人（Sachverständiger Zeuge）是大陆法系的另外一种证人形式，鉴定证人在诉讼中综合了证人和鉴定人的作用，其既具有某领域的专业经验和知识又具有与此相关的案件经历，在诉讼中以证人的身份运用专业性知识对过去发生的、其了解的事实进行陈述。由于其特殊性，大陆法系多个立法例均将其列为一种单独的证人形态，而不属于证人或鉴定人。如德国《刑事诉讼法》第85条规定鉴定证人准用证人规定，我国台湾地区“刑事诉讼法”第210条规定，询问依特别知识得知以往事实之人者，适用关于证人之规定。日本《刑事诉讼法》第156条规定，对证人，可以使其供述根据实际经历过的事实推测的事项。前款的供述，即使属于鉴定的事项，也不妨碍作为证言的效力。第174条规定，对因特殊知识而得知的过去的事实的询问，不依照本章（鉴定）的规定而适用前章（询问证人）的规定。

有学者认为由于立法的混乱，导致对鉴定证人属于证人还是鉴定人的问题产生争议，学者对此也有多种看法。[①] 在对鉴定制度的考察中，区分制度与学说是一条基本要求，凡有鉴定证人的立法例均将鉴定证人归为鉴定人体系之下而适用证人规定（如德国、日本、我国台湾地区），其权利和义务亦十分清晰，因此在制度层面，鉴定证人的分类归属实可忽略。鉴定人与鉴定证人的关系只需明了一点，鉴定证人虽属鉴定人范畴，但其权利义务却适用证人规定。

具体来说，鉴定人和鉴定证人有以下不同：

（1）参与诉讼的原因不同。鉴定证人不是因其专业资格而参与诉讼，而是由于其对案件事实有亲历或见证，其参与诉讼的原因更类似于证人。在诉讼中，其具有的专业知识恰好与解释、描述案件事实有关，在此基础上对过去的事实和情况做有针对的陈述。而鉴定人参与诉讼是基于其专业资格，其并非案件的亲历人或见证人。鉴定证人是专业知识与其经历偶遇的结果，而鉴定人出现在诉讼中则是法官委托的结果。

（2）诉讼地位不同。鉴定证人在诉讼中的权利和义务虽与证人相同，但在诉讼地位上与鉴定人有着较大差别。鉴定人以其资格为

---

① 关于鉴定证人归属问题的理论争议，可参见陈朴生等著，刁荣华主编：《比较刑事证据法各论》，台湾汉林出版社1984年版，第154页。

前提，以鉴定行为为直接原因而享有诉讼地位，如果没有被拒却，其在诉讼中只能承担鉴定人之身份，鉴定人不得在其受托鉴定的范围之外对案件事实表达个人看法。鉴定证人兼有鉴定人与证人两种身份，其诉讼地位与证人相同，但可能在同一诉讼案件中，既担任证人角色，也担任“鉴定人”角色。如一名医生曾对一名重伤后死亡的病人进行抢救，后来其被法庭传讯，其对当日被害人前来就诊的时间、举止、陪同人员等事项进行陈述时，承担的是证人角色，当其对被害人重伤程度及死因进行陈述时，承担的是鉴定人角色。鉴定人所出具之鉴定结论属间接证据，鉴定证人在诉讼中既可能提供普通证据也有可能提供鉴定证据，既可能提供间接证据也可能提供直接证据。但依大陆法系对鉴定证人规定，无论鉴定证人提供何种证据，其均以证人证言论。鉴定证人依专业知识提供的鉴定证据和鉴定人的鉴定结论相比，即使在形式、内容和权威上相似，也适用不同的证据规则。例如在我国台湾地区，鉴定人的鉴定结论只需具结，可以不出庭，但鉴定证人却没有拒绝作证和拒绝出庭的权利。如鉴定人可以因鉴定的需要，经许可后检查身体、解剖尸体、查阅卷宗及证据，但鉴定证人则无此权利。

大陆法系将鉴定证人独立于证人和鉴定人，为一种单独的证人形态，很好地解决了这一诉讼主体在诉讼中的双重身份。

3. 鉴定人与证人的关系

在大陆法系国家和地区鉴定人与证人已经彻底分离，作为两种不同的诉讼主体，两者有着明显区别。我国台湾学者陈朴生归纳了鉴定人和证人的几大区别，几近完备，在此引述如下：①

（1）从认识意义区别。鉴定人具有增强法官自我认知、补充法官认识能力的意义，刑事鉴定对于法官来说，属于“对象之评价”；证人作证属于给法官提供认识资料，即“评价之对象”，中间存在“对象之评价”与“评价之对象”之分。

（2）从知识经验区别。鉴定人实施刑事鉴定是基于特别的知识经验，就现在的实验事实作出报告；证人作证基于一般的知识经验，就过去体验的事实作出陈述。两者以是否基于特别知识经验、其内容属于过去的经验事实还是现在的实验事实，作为区分的标准。

---

① 参见陈朴生：《刑事证据法》，台湾三民书局 1979 年版，第 110—112 页。

（3）从可代替性区别。鉴定人参与诉讼以其专门知识和经验为基础，这种专门知识和经验可以为资格相同之人代替，即可由具有同样资格的人进行。法官任命鉴定人只与针对案件类型的专业能力或职业素养有关，而与案件事实的内容无关。证人则是陈述其体验，此项体验或他人不可陈述，或依直接言辞原则以本人陈述为最宜。鉴定人因其可替代性有拒绝鉴定的权利，而证人则有出庭作证的义务。

（4）从诉讼权利区别。鉴定人作为法官的辅助人，在诉讼中因鉴定的需要，经许可后可以检查身体、解剖尸体、查阅卷宗及证据，并可请求收集或调取；证人则没有这些权利。

（5）从认识时间和空间区别。鉴定人对案件的认识发生于诉讼过程中，证人对案件事实的认识产生于诉讼之前。

4. 鉴定人和共同鉴定人、协助鉴定人

现代刑事鉴定严重依赖仪器设备，涉及多人的合作、多学科的评估和检测更是常态，在这种情况下，法官所委托的鉴定人往往需要多人共同协作或由其他专业人士的帮助才能完成鉴定。这些在鉴定中协作、协助完成鉴定工作的人员，被称为共同鉴定人和鉴定协助人。

共同鉴定人和协助鉴定人可以有多种含义，以专业来分，共同鉴定人是在多人鉴定中同一专业、实施不同分工但共同出具鉴定结论的主体，协助鉴定人是在不同专业鉴定中实施不同分工作出共同鉴定的主体。俄罗斯立法例就采用如此分类。俄罗斯《刑事诉讼法》规定了集体鉴定和综合鉴定。第200条规定了集体司法鉴定，其由至少两名同专业的鉴定人进行，是否进行集体司法鉴定由侦查员或接受委托进行司法鉴定的机构领导人决定。如果根据研究的结果，鉴定人在提出的问题上意见一致，则制作统一的鉴定结论；如果意见发生分歧，则由每位参加鉴定的鉴定人对引起分歧的问题提出单独的鉴定结论。第201条规定了由不同专业的鉴定人参加进行的综合性司法鉴定，综合性司法鉴定的鉴定结论中应该指出，每位鉴定人进行鉴定的种类和数量，分别确认哪些事实得出了何种结论。每位鉴定人应当对自己鉴定的部分签字负责。

从委任的角度来分，共同鉴定人可以理解成是法官亲自指派的多个鉴定人，以完成同一鉴定任务或不同鉴定任务；而协助鉴定人是指原来接受委任的鉴定人，在鉴定过程中需要其他专业的鉴定人或本专业的鉴定人协助，经委任人同意后自己指定的鉴定人。法国立法例采用类似规定。法国《刑事诉讼法》规定了多人鉴定和附带鉴定，如法国《刑事诉讼法》第159条规定，如案情证明有必要，预审法官得指定多名鉴定人。法国《刑事诉讼法》第162条规定，如果鉴定人希望通过另一学科的技术人员搞清某一种特定问题，则应当向预审法官提出要求。由法官批准鉴定人让指明姓名并且有相关学科特长的人协助，该协助人的鉴定结论附于主报告内。[①]

共同鉴定人、协助鉴定人、鉴定机构三者构成了司法实践中复杂的情况，鉴定人之间、鉴定人与鉴定机构之间，在委任、任务分配、合作、不同意见的处理、宣誓、出庭等各个方面都可能产生复杂的关系。以法国的立法例来看，有以下几点可以借鉴：

（1）必要性原则。如果法官或原鉴定人认为在鉴定过程中有必要实施共同鉴定或协助鉴定，则应当实施，这有利于鉴定的顺利进行。[②]

（2）责任原则。受托鉴定人有义务亲自完成受托任务，在必要性前提下需要共同鉴定或协助鉴定应当向法官申请。共同鉴定和协助鉴定所出具的鉴定结论中必须表明鉴定人和各自的鉴定任务、性质、数量；各鉴定人的不同意见应当列出。所有鉴定人均以自己名义为个人的鉴定行为和鉴定结论负责。[③]

（3）审查原则。鉴定人需要共同鉴定或协助鉴定时，应当向法官申请，法官有审查权。[④]

三、大陆法系国家和地区刑事鉴定人的权利、义务和责任

（一）鉴定人的权利

根据大陆法系国家和地区立法例，鉴定人的权利包括一般性权利和鉴定人特权。一般性权利是指鉴定人援引证人在诉讼中享有的权利，在此无须研讨。此文所关注的是后者，即鉴定人因其鉴定行

---

① ［法］卡斯东·勒瓦索等：《法国刑事诉讼法精义》，罗结珍译，中国政法大学出版社1998年版，第652页。

② ［法］卡斯东·勒瓦索等：《法国刑事诉讼法精义》，罗结珍译，中国政法大学出版社1998年版，第652页。

③ 参见《法国刑事诉讼法典》第166条。

④ 参见《法国刑事诉讼法典》第162条。

为在诉讼中所专门享有的权利，主要包括如下：

1. 询问权、讯问权、阅卷权和取证权

这些权利是鉴定人在诉讼中实施鉴定得出鉴定结论的基础。不充分赋予鉴定人询问权、阅卷权和取证权便不能保证鉴定人充分利用已有司法资源，得出更加接近事实的专业结论。鉴定人享有的这些权利主要是为刑事鉴定提供检材、辅助性事实以形成完整的事实链条。在认定专业性事实之时，鉴定人之于该事实与法官之于该事实的意义是相同的，两者都既非利害关系人也非事实亲历人，差别在于两者依据的经验范畴不同。法官依据普遍的生活经验以诉讼证据为基础构建证据链条从而实现事实裁判，鉴定人则依据专业知识和经验，其对鉴定对象的结论性判断，也需要完整的事实链条才能实现。鉴定人对证据的需求在此一点上与法官无异，这是鉴定人拥有诸多诉讼权利的根源所在。

大陆法系国家和地区鉴定人在诉讼中通过申请，享有对证人、被告人的询问和讯问权，可以查阅卷宗、申请收集和调取所需证据。也可以申请司法人员如检察官代为讯问和取证。德国《刑事诉讼法》第 80 条第 1 款、第 2 款规定，鉴定人可以询问证人、讯问被告人，查阅卷宗。我国台湾地区“刑事诉讼法”第 203 条、第 204 条、第 205 条规定了因实施鉴定对被鉴定人的留置权和鉴定人的处分权。日本《刑事诉讼法》第 167 条、第 168 条也有同样性质之规定。

2. 拒绝鉴定权

关于拒绝鉴定权往往出现在两种情况下：

第一种情况是，所委托的事项超出了鉴定的知识或技能范围。由于鉴定行为的专业性所决定，任何鉴定人只能是其所熟悉或专长的特定领域的专家，一旦所委托或命令鉴定的事项超出了其领域，他便与普通人无异，因而拒绝接受法官委任担任鉴定人应当成为鉴定候选人的一项基本权利。对于这一权利大陆法系国家刑事诉讼法典中均有明确规定。例如，俄罗斯《刑事诉讼法》第 57 条第 3 款第 6 项规定：“在问题超出其专业知识时以及在委任人提供的材料不足以作出鉴定结论时可拒绝提出鉴定结论。鉴定人提出鉴定结论的，应当提出书面申请并说明拒绝的理由。”

第二种情况是，鉴定人具有普通证人拒绝作证特权的事由。由于大陆法系各国一般都规定，如果对鉴定人无特殊规定的适用普通证人的规定，因此，当鉴定人具有普通证人拒绝作证的特权时，便可援引证人的拒绝作证特权条款而拒绝鉴定。例如，根据德国《刑事诉讼法》第 76 条的规定，可援引第 52—55 条的证人拒绝作证权来拒绝鉴定。

而根据拒绝鉴定权的强度之间，大陆法系国家鉴定人的拒绝鉴定权又可分为任意拒绝权和申请拒绝权两种。前者认为，拒绝鉴定权属刑事诉讼中的无因行为，只要符合法定的程序性要求（如德国《刑事诉讼法》规定应在接受委任之前），便可拒绝委任而无须说明理由。德国、日本以及我国台湾地区均采用此立法例。[①] 申请拒绝权则需要鉴定人以拒绝鉴定的意思表示向委任人提出申请，并说明理由，法国、俄罗斯采用此立法例。

鉴定的拒绝权与鉴定人的出庭义务有一定的关联。拒绝鉴定权是鉴定人拒绝法官委任的权利，针对法官的选任权而行使；鉴定人的出庭义务是鉴定人接受委任后出庭表达鉴定结论的义务，针对当事人的质证权而承担。鉴定的拒绝权发生在鉴定人接受委任之前，鉴定人的出庭义务则产生于鉴定人接受委任之后。对于鉴定委任，鉴定候选人有拒绝鉴定权，但如果他没有行使这一权利，那么他就应当承担进行鉴定和出庭的义务。没有正当理由拒绝鉴定的和出庭的，可以科处罚款、赔偿损失和罚金、拘留的制裁。例如，日本《刑事诉讼法》第 171 条、第 160 条、第 161 条，对此作了非常详细的规定。

此外，还需说明的是，在大陆法系国家还有鉴定拒却权之说，这一权利是指当事人针对鉴定人的申请回避权，其提起和决定分别由当事人和法官进行。这显然不属于鉴定人的权利范畴，将在后文中讨论。

3. 补偿请求权

大陆法系各国都规定，鉴定人享有因鉴定而产生费用、损失的补偿请求权。[②] 这种规定主要有两方面的原因，一方面为鉴定人实施鉴定和出庭提供经济保障，使鉴定人接受委托而无后顾之忧，这虽并无深刻法理，但却是保障刑事诉讼法适应社会生活、符合社会规律的最直接政策；另一方面，鉴定人虽在形式上享有某些与司法人

---

① 参见德国《刑事诉讼法》第 76 条，日本《刑事诉讼法》第 135 条，台湾地区“刑事诉讼法”第 197 条。

② 参见意大利《刑事诉讼法》第 232 条、德国《刑事诉讼法》第 84 条、日本《刑事诉讼法》第 173 条、我国台湾地区“刑事诉讼法”第 209 条。

员无异的权利，比如讯问被告、调查证据，但其并非司法工作人员，鉴定行为并非职务行为，其获取应当的报酬和补偿是合理的。在现代刑事鉴定中，高科技手段的运用要求有相应资金保障，这也是实施鉴定的必备条件。

对鉴定人的补偿以必要和适当为限度，有的国家如德国规定了一般性数额和最高数额，补偿应该在此范围内进行。[①]

（二）鉴定人的义务

1. 出庭义务

大陆法系国家和地区鉴定人在接受委托后，有出庭接受传唤出席法庭审判的义务，这种义务主要是基于对鉴定结论质证的要求。但鉴定人仍享有与证人不同的诉讼地位，体现在一些大陆法系国家和地区规定，鉴定人如果违背出庭义务，并不适用拘提，如日本、我国台湾地区；而证人如果违背出庭义务则要被拘提，对鉴定人违背出庭义务的制裁要远逊于证人。这主要是因为鉴定人在接受委托后尽管其可替代性由绝对变为相对，但仍可以采用一并撤换鉴定结论的方法来替代鉴定人。不承认鉴定人可替换相对性的国家，这一成本也可省却，直接更换鉴定人以前者遗留的鉴定结论接受质证便可。但证人由于其个人经历的不可替代，则承担着相对严厉的出庭义务。

日本学者根据德国立法例，将鉴定人出庭义务的要件分为形式要件和实质要件，[②] 形式要件是指合法传唤，即传唤人有传唤鉴定人出庭的权利；实质要件是鉴定人有允诺传唤的义务，根据德国《刑事诉讼法》第 77 条，鉴定人一旦接受了鉴定委任，就具有出庭的义务，也就是允诺传唤的义务。鉴定人有拒绝鉴定的权利，在委任鉴定和传唤出庭同一（当庭、首次鉴定）的情况下，此时其只要通知法庭拒绝的意思表示，不需要提出理由也可以拒绝鉴定委任、同时

① 德国于 1969 年颁布了专门的《证人、鉴定人补偿法》（ZSEG），第 3 条具体规定了对鉴定人的补偿方法。来源为 www. juris. de 网站，《证人、鉴定人补偿法》（ZSEG）德文原版。

② ［日］上野正吉：《刑事鉴定的理论和实践》，群众出版社 1986 年版，第 18 页。

拒绝出庭。日本《刑事诉讼法》也采用了类似规定。[①]

2. 宣誓义务

宣誓是鉴定人的一项重要义务。日本、德国、法国的刑事诉讼法均规定鉴定人承担宣誓义务。[②] 但各国在宣誓的时间和方式上，则有不同，日本刑事诉讼法强调事前宣誓，必须用宣誓书的方式，并规定未经宣誓所进行的鉴定无效，在宣誓前所进行的鉴定也无效。[③] 与此相近，我国台湾地区采用具结方式宣誓，要求鉴定人在鉴定之前必须书面作出公正诚实等承诺具结，否则鉴定结论没有证据能力。[④]

德国《刑事诉讼法》对鉴定人宣誓要求并不严格，宣誓不是鉴定人的必需义务，有事后宣誓、任意宣誓和援引宣誓三种宣誓方式。德国《刑事诉讼法》第 79 条第 1 款规定，鉴定人可以在法庭宣判后宣誓，此为事后宣誓。法院享有对鉴定人是否宣誓的决定权，一般来讲，如果相关诉讼参与人提出申请，则鉴定人有义务宣誓，此为任意宣誓。第 79 条第 3 款规定同样类型的刑事鉴定，要求全体进行宣誓时，可以援引已经作过的宣誓，此为援引宣誓。如由私人开业的团体进行的鉴定，即使是以机构名义进行的，也必须由全体鉴定人签名，在询问鉴定人时，全体成员都必须宣誓，此时可以适用援引宣誓。

3. 报告义务

鉴定人有义务及时、准确地采用口头或书面形式向法官或法庭报告鉴定结论，有义务及时回答法官询问，积极辅助法官认定事实问题，这是鉴定人在诉讼中的核心义务，法官对鉴定人的领导和监督作用也体现在鉴定人的报告义务上。报告义务还有另一层含义等同于出庭义务，依直接言辞原则，鉴定人应当在法庭上口头出具鉴定结论，接受质证。在直接言辞原则约束下，鉴定结论以口头形式作出，鉴定书只是为报告鉴定结论的方便而进行的准备。对此，日本《刑事诉讼规则》第 129 条规定，鉴定的经过及结果，鉴定人应

① ［日］上野正吉：《刑事鉴定的理论和实践》，群众出版社 1986 年版，第 74 页。

② 参见日本《刑事诉讼法》第 166 条，德国《刑事诉讼法》第 79 条，法国《刑事诉讼法》第 160 条。

③ 同注①，第 75 页。

④ 褚剑鸿：《刑事诉讼法论》，台湾商务印书馆 2001 年版，第 326 页。

当通过鉴定书或者口头作出报告。我国台湾地区“刑事诉讼法”第206条规定，鉴定之经过及其结果，应命鉴定人以言辞或书面报告。以书面报告者，于必要时得使其以言辞说明。

4. 鉴定人的责任

鉴定人的责任是指鉴定人在诉讼中违反义务而导致的消极后果或制裁。两大法系的鉴定人和专家证人都只是诉讼参与人而非当事人，诉讼结果对鉴定人并无直接意义，至多会因此对其专业水平和职业素养产生一定评价而不需其承担败诉的消极后果，因此在诉讼中鉴定人的责任主要是对诉讼法强制性规范的违反而导致的。主要有以下几个方面：

（1）违反出庭义务、报告义务的责任。德国《刑事诉讼法》第77条规定被委托的鉴定人，如未依义务制作鉴定书并出庭或者未在约定期间内完成制作或到场的义务，将被处以罚款。日本《刑事诉讼法》第171条，准用第160条、第161条规定对于已经同意进行鉴定而不出庭的鉴定人，可以适用罚款、令其赔偿损失、罚金和事后拘留、再次传唤等间接制裁，但不得直接适用拘传。我国台湾地区“刑事诉讼法”第197条援引第178条、第199条规定，鉴定人违反出庭义务援引证人违反出庭义务的规定，可以处以罚款，与证人不同的是，不可以适用拘提。

（2）虚假鉴定的责任。鉴定人出具虚假鉴定结论在多国刑事诉讼法中均被认为是犯罪行为，而应处以刑事制裁。鉴定人虚假鉴定与证人虚假作证类似，是刑事诉讼法中不多的实体法渊源，其旨在严厉处分这种最严重的违背鉴定人义务的行为。俄罗斯《刑事诉讼法》第57条第5款采用明示规定，鉴定人故意提交虚假鉴定结论的，应当依照俄罗斯《刑法》第307条承担刑事责任。而日本《刑事诉讼法》第171条，我国台湾地区“刑事诉讼法”第187条、第197条则以援引证人的方式默示规定。

四、大陆法系国家和地区刑事鉴定的启动、选任、拒却和实施

（一）刑事鉴定的启动

一般来讲，大陆法系国家和地区刑事鉴定程序的启动由法官决定，除法官自行启动外，检察官和当事人也享有申请鉴定权，在具体制度设置上各国略有不同。

法国刑事诉讼中鉴定的启动有两种方式，一种是法官直接依职权启动；一种是依申请启动，无论哪种方式刑事鉴定的启动权都在法官手中，两者的区别在于一个是法官依职权自行启动，一个是法官依职权决定是否批准申请，体现了鲜明的职权主义色彩。法国《刑事诉讼法》规定，所有当事人都有要求进行鉴定的权利，只要在诉讼程序中有技术方面的问题，即可请求进行鉴定。① 检察官有权提出鉴定要求，预审法官有权批准或拒绝当事人或检察官的鉴定请求。对预审法官驳回鉴定申请的裁定，可以向上诉法院起诉审查庭提出上诉，如果法官在收到申请后一个月之内没有作出批准鉴定与否的裁定，当事人可以直接向上诉法院起诉审查庭庭长提出请求。法国《刑事诉讼法》在赋予了法官鉴定启动决定权的同时，不仅规定了法官的答复期限，也赋予了申请人上诉的救济权利。

日本刑事鉴定的启动与法国类似，一种是法官直接依职权启动；一种是依检察官和辩护人的申请启动。如前所述，日本《刑事诉讼法》还有多种鉴定行为，如侦查机关进行的名为“委托鉴定”实为侦查鉴识的行为；与德国、我国台湾地区相同的“鉴定证人”；指当事人自己委托具有专门知识的人员对某一事项进行鉴定的“私人性鉴定”。其中“委托鉴定”在本文立场上尽管被详细介绍和评价，但依前述刑事鉴定定义之相对性原则，不视其为刑事鉴定。日本的“私人性鉴定”在诉讼实务中尽管“往往成为促使法院决定开始正式司法鉴定的契机”②，但因其非制度性而仅作介绍。

俄罗斯《刑事诉讼法》没有直接规定法官的鉴定启动权，而是明确规定了侦查员的刑事鉴定启动权（俄罗斯《刑事诉讼法》第195条），只是规定当鉴定涉及其第29条第2款第3项规定的“将未被羁押的犯罪嫌疑人、刑事被告人安置到医疗住院机构或精神病住院机构分别进行法医学鉴定或司法精神病学鉴定”时，侦查人员无权自行启动刑事鉴定而应当向法院提出申请。这表明在鉴定启动权上，俄罗斯的侦查机关享有比其他大陆法系国家和地区侦查机关更大的职权，除涉第29条第2款第3项规定需要司法审查之外，一律

---

① ［法］卡斯东·勒瓦索等：《法国刑事诉讼法精义》，罗结珍译，中国政法大学出版社1998年版，第647页。

② 王云海：《日本司法鉴定制度的现状与改革》，载《法律科学》2003年第6期。

可以依职权自行启动刑事鉴定。

（二）鉴定人的选任

一般来看大陆法系国家和地区刑事鉴定人选任权与其本国的刑事鉴定启动权主体相同。法国《刑事诉讼法》规定鉴定人的选任权属于法官，无论刑事鉴定采用哪种启动方式，选任均由法官进行而不受检察官和当事人制约。法国《刑事诉讼法》第157条规定，鉴定人原则上应当从法院设置的鉴定人正式名册中挑选，鉴定人可以是自然人也可以是法人。法官也可以选任未在名册登记的鉴定人，但应当在说明理由的决定中说明作此选择的原因，如果不说明理由则鉴定人的选择无效。法官所选择的鉴定人不应当是事先已经了解案情的人，否则其所出具的鉴定结论无效。根据法国《刑事诉讼法》第158条规定法官在任命鉴定人之时应当具体规定鉴定人应当完成的鉴定任务，这种任务只限于涉及专业的事实问题，法官不得以任何形式将本身的权限与职责委托授权给鉴定人行使。[①] 日本《刑事诉讼法》规定鉴定人的选任是法官的职权，德国《刑事诉讼法》也规定鉴定人的选任由法官进行（德国《刑事诉讼法》第73条），唯有俄罗斯将鉴定人的选任权赋予了侦查员。[②] 刑事诉讼法规定鉴定人的选任权由侦查员行使。

（三）鉴定人的拒却

鉴定人的拒却主要是指，鉴定人被要求取消在该案件中的鉴定人身份且使其鉴定结果无效的行为。鉴定人的拒却的根本原因是鉴定人在诉讼中的中立性受到质疑，有丧失中立性的危险。

导致鉴定人的拒却有两种情形：一种情形是鉴定人不适格，如鉴定人不符合立法规定的鉴定人资格、鉴定人在接受委托时已经了解案件事实。另一种是当事人申请其回避。法庭科学在现代刑事诉讼中对认定事实的作用越来越大，许多学者甚至评价鉴定人实际上在司法中起到了“事实的裁判者”的作用[③]，鉴定人在案件事实认

① 此自然段大意引自［法］卡斯东·勒瓦索等：《法国刑事诉讼法精义》，罗结珍译，中国政法大学出版社1998年版，第647页。

② 参见日本《刑事诉讼法》第165条、德国《刑事诉讼法》第73条、俄罗斯《刑事诉讼法》第184条。

③ 无论这“事实的裁判者”被理解成是“事实问题的裁判者”还是“实际上的裁判者”，虽在理论上都不尽合理但在实践中却有此类风险。

定中的重要作用使保障鉴定人的中立性、使当事人拥有与针对法官同等的申请回避权成为必要，大陆法系各国对此均有规定。而在具体立法中又分为绝对拒却和相对拒却两种：

1. 绝对拒却

以鉴定人对案情已有预断为典型，主要是指参与过案件的司法人员和诉讼参与人如法官、检察官、辩护人等不得再充当该案的鉴定人。法国《刑事诉讼法》规定，鉴定人不应当是事先已经了解案情的人，否则其所出具的鉴定结论无效。日本、德国《刑事诉讼法》均有类似规定，一般来讲是指鉴定人直接适用司法人员的部分或全部法定回避理由。绝对拒却的程序实现可以由鉴定人自行回避，在此其作为义务与鉴定人的拒绝鉴定权相对应；也可以由鉴定启动人和选任人行使，此时这个过程往往是非显式的，如果不行使，立法则赋予了诉讼利益相对人的救济权利，也就是相对的拒却，一般体现为当事人的申请回避权。但在某些立法例下法定的回避理由并不绝对会导致对鉴定人的拒却，如我国台湾地区“刑事诉讼法”第200条援引第17条，对违反鉴定中立性等原则的鉴定委任规定，如果鉴定人为（1）被害人，（2）现为或曾为被告或被害人之配偶、八亲等内之血亲、五亲等内之姻亲或家长、家属，（3）与被告或被害人订有婚约者，（4）现为或曾为被告或被害人之法定代理人，（5）曾为被告之代理人、辩护人、辅佐人或曾为自诉人、附带民事诉讼当事人之代理人、辅佐人，（6）曾执行检察官或司法警察官之职务，（7）曾参与前审之裁判的七种情形之一的，可以申请鉴定人回避，但如果当事人没有申请回避，则鉴定人并无主动回避义务，其所出具鉴定结论仍具有证据能力，这一点与法官不同①。如德国《刑事诉讼法》第22条的法定回避理由只是作为绝对拒却的构成要件而非等同②。德国《刑事诉讼法》还规定，当鉴定人因不能维持中立性被拒却时，仍得以证人或鉴定证人身份就其在接受委托过程中对案件的了解接受询问，但其当时所出具的鉴定结论不可采用③。从对鉴定人的绝对拒却可以看出，中立性的立场对鉴定人的要求，

① 褚剑鸿：《刑事诉讼法论》，台湾商务印书馆2001年版，第331页。

② 详情参见［德］克劳思·罗科信：《刑事诉讼法》，吴丽琪译，法律出版社2003年版，第265页。

③ 同上注，第265页。

也可以看出中立性对证人和鉴定证人并没有鉴定人严格。

2. 相对拒却

一般体现为当事人申请回避，对鉴定人的相对拒却既是一种原权利也是一种救济性权利。针对绝对拒却而言，相对拒却是一种救济性权利；针对非法定回避理由，相对拒却则是原权利。各国立法例对此也均有规定，例如俄罗斯《刑事诉讼法》第195条第4款规定，对被害人和证人的司法鉴定须经本人或其法定代理人的书面同意方能进行，当事人此时可以依自己意志选择同意与否，行使相对拒却权。

（四）刑事鉴定的实施

鉴定人应当在指定时间内根据现有的技术条件在委任人的监督和指导下完成鉴定活动，并出具鉴定结论。刑事鉴定的实施除鉴定人的权利义务及所涉事实等已在前文论述过的问题外，鉴定的地点也是一个不可忽略的细节问题。刑事鉴定与证人作证的一个区别在于证人作证由于是对过去事实的言辞重现，大多在庭审现场便可完成，而刑事鉴定除单纯依鉴定人个人经验得出结论的情况外，大多数刑事鉴定无论是因鉴定对象的原因，如法医学鉴定，还是鉴定手段的原因，如痕迹鉴定、化学鉴定，都不可能全部在法院内或法庭进行。因此很多大陆法系国家对刑事鉴定的实施地点均没有单独规定，而默认为依实施鉴定需要决定。

实施刑事鉴定的最终结果是形成鉴定结论，但即使在庭外进行的刑事鉴定，其结果仍必须以口头方式在法庭上呈现。这是因为与证人证言相比，鉴定结论的专业性往往导致了复杂性，一份化验结论和DNA检验报告，不可能单靠鉴定人庭上口头表述，书面化了的鉴定结论既是对结果的规范整理，也能够反映鉴定的专业性。这份报告在文件上往往与其专业内普通检验报告并无不同，区别在于，在其所属的法律关系内，书面报告的形式并非鉴定结论的全部；鉴定结论在制作出书面报告的同时，必须以直接和言辞的方式在法庭上呈现。

五、大陆法系国家和地区刑事鉴定结论的质证

大陆法系国家和地区普遍确立了刑事诉讼的直接和言辞原则，非经法庭质证的证据不得作为证据采用。鉴定结论作为刑事证据也必须经过庭审中的质证和法官的认证，才具有证据能力，完成其证

据使命。

（一）质证的强制性

在大陆法系国家，鉴定人如无法定事由，必须出庭以直接和言辞的方式接受质证。鉴定结论质证的首要问题是鉴定人出庭。大陆法系国家和地区普遍严格要求鉴定人出庭以直接和言辞的方式呈现鉴定结论并接受质证，出庭是鉴定人的一项基本义务。其出庭主要通过传唤的方式实现，一般来讲鉴定人的传唤准用于询问证人的规定（日本《刑事诉讼法》第171条，我国台湾地区“刑事诉讼法”第197条、第199条，德国《刑事诉讼法》第72条）。德国《刑事诉讼法》规定，法官和检察官有权利传唤鉴定人（德国《刑事诉讼法》第214条第1款、第3款，第161条第1款），在庭审中被告人可以通过申请经法官批准传唤鉴定人，也可以直接自行传唤鉴定人（德国《刑事诉讼法》第38条、第220条）。俄罗斯《刑事诉讼法》第282条规定，法庭有权根据控辩双方申请或直接依职权传唤鉴定人出庭。

（二）质证的立法模式

大陆法系国家和地区鉴定结论的质证依立法模式而言，以立法是否将鉴定结论的质证规则独立于证人证言，可分为法俄的分立主义和日德的同一主义。法国和俄罗斯于证人证言的质证规则外，单独规定了鉴定结论的质证规则。德国和日本的立法例则将鉴定结论的质证规则与证人证言的质证规则合并，通过并列的方式或语境逻辑的方式一体规定。德国《刑事诉讼法》在第239条、第240条等相关条文表述中将“证人和鉴定人”并列使用，日本《刑事诉讼法》第304条将鉴定人和证人统一视为“人证”而予规范，并在刑事诉讼规则中对交叉询问的顺序作出详尽规定。

（三）质证的方式

大陆法系国家和地区鉴定结论的质证方式是诉讼模式的体现。从模式分析的方法来看，大陆法系国家和地区的鉴定结论的质证模式是其诉讼模式的重要部分，其一方面源于上述的立法同一主义，多国刑事诉讼法中存在的“鉴定人准用证人规定”的条文（日本《刑事诉讼法》第171条，我国台湾地区“刑事诉讼法”第197条，德国《刑事诉讼法》第72条），另一方面该论断即使在分立主义的立法模式下也有鲜明体现，这与模式分析方法的归纳推理过程有关。

鉴定结论的质证方式在大陆法系职权主义的总体框架下有共通点，体现在鉴定人在庭上不但要接受控辩双方的询问，而且要接受法官基于质证指挥权而进行的询问。后者是大陆法系的庭审模式区分于英美法系庭审模式的一个重要标志。当然，由于近年来两大法系的立法交流，在大陆法系内部，被评价为“混合模式”的日本、意大利等国在交叉询问方式上带有明显的当事人主义色彩。在此可以顺延诉讼模式理论的思维，将大陆法系鉴定结论的质证也分为传统模式和混合模式。

传统模式是指保留了大陆法系职权主义色彩的质证方式，如法国、俄罗斯、德国等国。法国《刑事诉讼法》第 168 条规定，审判长可以依职权或根据检察官、当事人或辩护人的请求，向鉴定人提出任何委托其进行的鉴定范围内的问题，如审判长没有要求其退庭，鉴定人还可以参与法庭辩论。俄罗斯《刑事诉讼法》第 282 条规定，控辩双方有权向鉴定人提问，要求进行司法鉴定的一方有权首先发问。在德国《刑事诉讼法》第 239 条、第 240 条规定经审判长批准检察官和辩护人有权询问由检察官、被告人传唤的鉴定人，检察官和辩护人有权对检察官和被告人传唤的鉴定人首先发问。混合模式是指日本、意大利等国在鉴定结论质证程序中引入当事人主义的交叉询问规则，鉴定结论的质证在法官主持下，先由申请鉴定的当事人进行主询问，然后由对方当事人进行反询问，法官不过多参与鉴定结论的询问程序，只在认为确有必要时，才进行一些补充询问。

（四）质证的对象和客体

刑事鉴定质证的对象是出庭的鉴定人，与此相关的一个概念是鉴定质证的客体，刑事鉴定质证的客体是刑事鉴定行为所得结论，这个客体不仅仅指鉴定人提供的书面形式的鉴定结论，而且包括鉴定人当庭表述的言辞和书面鉴定结论在内的鉴定所得结论。

区分刑事鉴定质证的对象和客体的原因在于刑事鉴定出庭人和实施鉴定人的分离可能：首先，现代刑事鉴定的科技依赖性要求复杂的仪器设备，刑事鉴定往往依托于鉴定机构进行；其次，现代刑事鉴定的多学科交叉性有时会要求在鉴定过程中实现多学科的协作；最后，刑事鉴定的专业性有时需要相关专业人员的共同参与（如法国《刑事诉讼法》第 598 条规定的附带鉴定，俄罗斯《刑事诉讼法》第 200 条规定的集体司法鉴定、第 201 条规定的综合性司法鉴定）。以上三点尤其是第一点往往导致了受托鉴定人与实际鉴定人在行为主体上的分离，这就会导致刑事鉴定出庭人与实际鉴定人的分离。

这种分离现象与大陆法系各国刑事诉讼所确立的严格证明原则、直接言辞原则、传闻证据规则相悖，虽然就法理和其本国刑事诉讼法中规定的传唤鉴定人出庭和法官的调查职权而言，由实际鉴定人出庭也是立法中的应有之义，但大陆法系国家和地区多只是一般性的规定了协助、共同鉴定人的签字义务，鲜有对此作明示的、严格的规范。

因此在具有刑事鉴定出庭人和实施鉴定人分离的可能性的情况下，区分刑事鉴定质证的客体和对象有其必要。证人证言出现证人与证言的分离的情形已经被传闻证据规则以明示的方式严格控制，相比刑事鉴定仍依赖诉讼基本原则推论的“沉默”状态，区分其质证的对象与客体远不如刑事鉴定迫切。

刑事鉴定质证的客体是包括鉴定人当庭表述的言辞和书面鉴定结论在内的鉴定所得结论，质证的焦点主要集中在客体的证据能力和证明力。

（五）质证的具体内容：鉴定结论的证明力和证据能力

同其他证据方法一样，大陆法系国家和地区在鉴定结论的证明力问题上采用自由心证主义立场，“在大陆法系，反抗罗马教会证据法的主要根据在于：证据的证明力问题极难驾驭，因此绝对不能唯立法者马首是瞻；而且其非常复杂，所以绝不能用一套法律分类标准来一网打尽”。[①] 然而，这一原则只是针对法官的采证而言的，它并不排斥控辩双方在证据质证过程中对某一具体鉴定结论的证明力发表本方的看法，恰恰相反，在质证过程中，控辩双方针对鉴定结论与案件事实之间的逻辑关系和该结论具有何种程度的可信性发表意见则是司空见惯的事情。大陆法系各国规定鉴定人出庭报告鉴定结论的内容其实在相当大的程度上是围绕鉴定结论的证明力来进行的。

大陆法系国家和地区对鉴定结论证据能力的规范，是在程序禁止理论的框架内实现的。非法定程序所为之鉴定，应当认为无证据

① ［美］米尔健·R. 达马斯卡：《漂移的证据法》，李学军等译，中国政法大学出版社 2003 年版，第 27—28 页。

能力。[①] 由于大陆法系国家视鉴定人为法官的助手，因而对鉴定的启动程序控制得相当严格，并将启动权视为司法权的一部分，一旦违反鉴定的启动程序，其形成的鉴定结论则无证据能力，法院不予采纳。程序禁止也就成为鉴定结论的证据能力的消极要件或丧失证据资格的因素之一。在程序禁止对鉴定结论证据能力的限制上，大陆法系国家和地区的立法除强调鉴定机构和鉴定人的法定资格外，鉴定人的程序性“宣誓”或“具结”也是鉴定结论构成的要件，并以此来维护和保证鉴定结论的可靠性。[②] 此外，在有些国家对鉴定的手段亦有限制性规定，例如，根据德国《刑事诉讼法》第136条a的规定，鉴定人如果使用了该条规定的手段，其鉴定结论不得不为证据使用。但如果鉴定人使用了该条规定的手段只是为了针对法官的问题说明有关的经验法则或科学规律，其行为不属于诉讼行为，不受该条规定的调整。[③]

鉴定结论虽然不受意见证据规则的限制，但仍受直接和言辞原则的约束，书面鉴定结论或鉴定报告在一般情况下不具有证据能力。因为大陆法系国家和地区将鉴定结论划为言辞证据的范围，适用询问的证据规则，询问程序因而成为鉴定结论具有证据能力的要件因素。

在研究大陆法对鉴定结论的证据能力进行质证时，有两点需要引起特别注意：一是大陆法系国家和地区由于没有实行陪审制，不存在必须在开庭前排除无证据能力证据以免误导陪审员的迫切性。因此，大陆法系国家和地区对鉴定结论证据能力的质证不限于开庭前，法庭审判过程中，一样可以展开对其质证工作。二是由于大陆法系国家实行职权主义原则，对鉴定结论证据能力的质证不以一方当事人的反对动议为前提，他们认为证据能力规范“系对于法官之诫命，即使当事人对证据能力之问题，不得出异议，而未行为‘责问权’，法官亦应依职权，将无证据能力之证据予以排除”。[④]

---

① 施俊尧：《刑事诉讼鉴定实务之检讨》，载台湾《刑事科学》2002年第3期。

② 例如我国台湾地区“刑事诉讼法”第158条之2规定：“证人、鉴定人依法应具结而未具结者，其证言或鉴定意见，不得作为证据。”

③ Hans - Heiner Kuehner, Strafprzessrecht, S. 366—367.

④ 黄东熊等：《刑事证据法则之新发展》，中国台湾学林文化有限公司2003年版，第58页。

（六）质证后的重新鉴定

通过质证，鉴定结论具有两种可能性：那些经过质证程序在证明力和证据能力方面均无问题的结论，即获得法官的认证，顺利成为定案的根据；而对于那些法官对鉴定结论的证明力不能信服，或者因为缺乏证据能力而不予采纳的鉴定结论，就产生的重新鉴定或者补充鉴定的需要。为此，大陆法系国家普遍规定了重新鉴定或者补充鉴定，例如德国《刑事诉讼法》第 83 条第 1 款规定，法官认为鉴定不充分时，可以命令该鉴定人重新鉴定或安排其他鉴定人重新鉴定。第 83 条第 2 款规定，当出具鉴定结论的鉴定人被拒却后，法官可以安排其他鉴定人重新鉴定。俄罗斯《刑事诉讼法》第 283 条第 4 款规定，当数名鉴定人的结论发生矛盾，而这些矛盾不能在法庭审理时通过询问鉴定人克服时，法庭可以根据控辩双方的申请或者主动指定重新鉴定或补充鉴定。在这方面，法国是一个特例，由于法国存在特有的预审制度，在预审程序中便开始对鉴定结论的证据能力进行审查，这样很大程度上避免了在审判阶段重新鉴定或补充鉴定的发生。

余论：大陆法系国家和地区刑事鉴定制度的缺陷

大陆法系国家和地区的刑事鉴定制度从直接解决法官的自我认知需求入手，具有较高的效率，但同时也具有一些弊端。

大陆法系的鉴定人由法官选任，在质证过程中毫无相关专业素养的当事人无力直接对抗鉴定人，缺乏与鉴定人专业水平相当的直接、激烈对抗，容易使得鉴定人的鉴定结论直接成为最终的裁判依据。由于法官专业知识缺乏，也容易对鉴定人的专业结论产生严重依赖。

英美法系国家专家证人制度中的过度对抗，并不利于发现事实真相，而在大陆法系国家，则缺乏有效对抗。在诉讼中由于只有法官选任的、号称中立的一方鉴定人，没有像英美法系那样由当事人聘请的鉴定人对其进行旗鼓相当的对抗，即使诉讼中赋予了当事人质证权，没有专业人士的支持的当事人因为没有相应的专业能力而无法对鉴定人的鉴定结论和当庭陈述进行有效的质证，对其陈述的结论、过程和方法没有能力进行专业层次的质疑和探讨，而只能将质证重点放在鉴定人资格、回避等形式性、程序性问题上。当事人对涉及自身诉讼利益的实质问题、事实问题缺乏足够的防卫和进攻能力，无能力提出有针对性的质疑、提出足够影响法官对待鉴事实判断的意见，加之鉴定人中立性的缺失嫌疑，不利于直接、激烈、明显、及早地暴露刑事鉴定中存在的问题，在庭审中即使对鉴定结论不满也束手无策，也只能依赖于上诉等救济程序。从而会导致“不必要”的上诉甚至缠诉等情形的发生，造成诉讼资源的浪费。

大陆法系国家和地区的鉴定人制度存在中立性缺失的问题。虽然各国刑诉尽量避免鉴定人在实施鉴定之前对案件事实有预断，规定了严格的鉴定人拒却制度，但由于鉴定人在诉讼中受法官委任、指挥，其不可避免地受到法官意志的影响，鉴定人本身作为法官的辅助人，也容易以法官的好恶为好恶，使中立性受损。大陆法系由于采取国家垄断司法鉴定的制度，鉴定人以法官辅助人的身份出现在刑事诉讼中，鉴定人并不直接对当事人负责，当事人也无权自行就专业性问题在诉讼中寻求支持，因此在诉讼中对当事人而言鉴定人是获取涉鉴事实真相、结论、甚至是评价的唯一渠道。作为平衡控辩双方的律师辩护、庭审质证等制度因刑事鉴定的专业性而对鉴定结论不能有效地辩护和质疑，面对国家追诉、鉴定人对专业性事实的垄断、法官追求真实控制犯罪的司法职权，被告人的实际诉讼地位大为降低。从另一方面来讲，鉴定人在诉讼中对刑事鉴定的垄断和法官在专业性事实问题上的无能，即使立法赋予了法官自由心证的权力，对诉讼中的专业性或经验性事实，法官仍只能依赖鉴定人，只能进行多次鉴定、依靠鉴定结论控制体系来保障鉴定结论的质量，不利于明辨事实。

正是基于上述原因，大陆法系国家和地区近年来也在探讨司法鉴定制度的改革，有理由相信，保障鉴定人的中立性、增强刑事鉴定结论实施过程中的对抗性、提高当事人对鉴定结论的质证能力是未来改革的方向。在这一方面，可以说意大利刑事鉴定过程中的技术顾问制度的建立，为其他国家树立了一个可资借鉴的典型。

论意大利行政诉讼中的预防性保护程序

罗智敏*

一、意大利行政诉讼中预防性保护程序之发展

在意大利，向行政法官提起行政诉讼并不影响被诉行为的效力，这被认为是一般的而且也是绝对的规则，因为行政权力的基础是公共利益，而行政诉讼是为了保护私人利益，公共利益比私人利益具有更高的价值，这成为立法者在规范诉讼模式时所考虑的必要因素。① 然而由于诉讼期间较长，起诉人的权益有可能在诉讼过程中因行政行为的执行而受到严重的损害，即使后来胜诉也无法真正实现判决所确定的内容，因此需要在诉讼中采取紧急的保护措施使起诉人的利益免受严重损害。

在行政诉讼中可以停止被诉行政行为的执行在 1890 年第 6972 号法律中首次出现，1924 年的关于国家理事会（Consiglio di Stato②）法律的统一条例第 39 条也明确规定被诉的行为可以由行政法官根据“严重原因”而停止执行。随后，在关于大区行政法院制度的 1971 年第 1034 号法律第 21 条以及关于行政审判的 2000 年第 205 号法律第 3 条中也作出了预防性保护的规定。

---

* 意大利罗马第二大学法学博士，中国政法大学比较法学研究院讲师。本文是中国政法大学 211 工程第三期建设项目阶段性成果。

① Aldo. Travi, Lezioni di giustizia amministrativa, Giappichelli – Torino, 2000, p. 258.

② 国家理事会（Consiglio di Stato）是意大利中央行政机构的一个特殊部门，历史渊源较长，现行意大利宪法第 100 条规定了国家理事会的性质，“国家理事会是行政机关的法律—行政咨询机构及在行政方面的司法保护机构。”因此，它具有双重性质，一是为政府提供法律及行政方面的咨询意见，由该理事会前三个部门来完成，另一方面作为行政诉讼的上诉法院，由第四、第五、第六部门来完成。国内一些学者将其翻译为“行政法院”或“国务会议”。

从最初法律允许在行政诉讼中对行政行为采取预防性保护措施之后的近一百年中，法律明文规定的预防性保护措施只有一种，即停止执行，这种情形一直到2000年第205号法律的出台才有所改变。在这漫长的岁月中，在扩大预防性保护措施的种类等方面起到实质推动作用的因素主要有两个，一是意大利行政法官的积极作用，另一个是欧盟法的影响。

(一) 行政法官的推动作用

在意大利，法官实际上有“造法”功能，意大利宪法法院明确地认可法官解释法律的价值，“宪法法院甚至在某种程度上推动法官的功能向‘法的裁判者’方向转变，而不限于原先的‘合法性的裁判者’”。[①] 在行政诉讼中，法律对预防性保护程序规定的并不全面，实践中又出现大量需要进行保护的情形，因此，行政法院的一系列大胆的判例直接推动了预防性保护程序的发展，主要体现在预防性保护措施种类的扩大、对行政法官作出的预防性保护裁定的上诉及不服从裁定的补救手段的确定等。

在扩大预防性保护措施种类方面，鉴于法律只规定了停止执行被诉行政行为这一种方式，1983年6月1日国家理事会全体会议第14号裁定指出，临时性保护也可以采取不同于停止执行的措施，包括命令行政机关进行某种行为；1985年宪法法院的第190号判决宣布1971年12月6日第1034号法律第21条最后一款的规定违宪，[②] 宪法法院允许行政法官采取与民事诉讼法第700条[③]相应的预防性保

---

① ［意］罗伯特·隆波里：《意大利法律渊源体系和司法体制发展过程中法官角色的变迁》，载于［意］罗伯特·隆波里、阿尔多·贝特鲁奇等：《意大利法概要》，薛军译，中国法制出版社2007年版，第82—83页。

② 该条款规定，在公职人员财产纠纷方面，如果起诉人有合理理由认为他的权利正在受到一个巨大的不可恢复的损害之威胁时，不允许行政法官采取一切可能有利于保证判决效力的措施进行保护。

③ 意大利《民事诉讼法》第700条涉及的是预防性保护程序，该条没有规定预防性保护措施的具体类型，只是将权力赋予了法官，由他根据具体的案情来采取各种使判决结果效力得以实现的措施。《民事诉讼法》第700条规定：“［授予条件］在本章前述部分规定的情形之外，任何人有理由害怕在通过正常途径实现自己的权利所需时间内，其权利受到紧急并不可恢复的损害之威胁，他可以向法官申请根据具体情况更能够临时地保证实质判决的效力的紧急措施。”

护措施。此外，2000 年国家理事会全体会议第 1 号裁定在承认行政法官排他性管辖权①的权力范围时，认为行政法官可以规定行政机关作出一个应为的给付或者命令行政机关向起诉人交纳一定数额的钱。

除了宪法法院与国家理事会之外，许多大区行政法院也在此方面作出了突破法律规定的判决。如 1986 年拉齐奥大区行政法院针对行政机关拒绝雇佣的决定作出预防性保护裁定，命令行政机关暂时雇用起诉人并给予其相应的报酬。② 西西里大区行政法院 1987 年第 19 号裁定对拒绝建筑许可的行为作出命令行政机关发放许可的裁定。③ 同年伦巴第大区行政法院针对米兰市政府拒绝一个旅馆在 1990 年世界杯时扩大旅馆的计划，颁布了预防性保护裁定，命令大区政府根据大区法律确定的标准审查该计划。④随着 1998 年第 80 号法令⑤的颁布，在涉及行政法官排他性管辖权时，许多大区行政法院为了保证临时性预防保护的实际效力，都直接适用了民事诉讼法的

---

① 意大利普通法院与行政法院都受理行政案件，行政法院只受理针对侵犯公民“合法利益”的案件，普通法院受理侵犯公民“主观权利”的案件，不同法院的法官权力亦有所不同（合法利益是意大利行政诉讼中非常重要的一个概念，有关中文资料参见［意］琼保罗·罗西：《皇帝的新衣？——意大利行政法中的“合法利益”简析》，许玉镇译，载《法制与社会发展》2005 年第 4 期）。行政法院的管辖权又分为“合法性管辖权”、“实质性管辖权”与“排他性管辖权”。“排他性管辖权”指在确定领域法律规定将一些涉及主观权利的案件也由行政法院来审理，即对这些案件专属行政法院管辖，这是对划分普通法院与行政法院受案标准的一个例外规定。以前属于行政法院专属管辖的案件只限定在公职人员方面的行政案件，1998 年第 80 号法令将行政法院的排他性管辖权进一步扩大，行政法院也可以受理有关公共服务及城市规划、建筑方面涉及公民权利的案件。

② Sez. III, ord. 21 maggio 1986 n. 147, in Sospensive 1986, n. 6, 272.

③ A. R. Sicilia - Palermo, Sez. II, ord. 19 giugno 1987 n. 286, in Sospensive 1987, n. 12, 362.

④ T. A. R. Lombardia - Milano, Sez. III, ord. 6 dicembre 1988, n. 575, in Sospensive 1988, n. 29, 1050.

⑤ 该法律涉及的是有关公共行政机关的劳动组织与劳动关系、劳动纠纷的管辖权与行政管辖权方面的内容。

有关规定，特别第700条涉及非典型性预防性保护的规定。[①]

这些大区行政法院及国家理事会作出的有关预防性保护程序的司法判例构成了现今2000年第205号法律第3条中的主要内容。可以说，在行政诉讼中的预防性保护程序方面，2000年的法律体现了对行政司法实践的承认，行政法官极大地推动了立法的发展。

（二）欧盟法对意大利法的影响

在意大利，欧盟法院的判决已经成为欧盟法的的渊源之一，它的规范性作用可以追溯到宪法法院1985年4月23日第113号判决以及最高法院1987年1月23日第634号判决：宪法法院的判决指出欧共体规范在意大利领土的效力以及该效力不能被国内法律破坏，一方面指出了欧共体法与国内法律在渊源方面的平等性，另一方面又根据宪法第11条之规定，[②] 通过违宪审查的方式，指出欧共体法比国内法更为重要；最高法院则指出意大利法官有权力与义务不适用与欧共体法相抵触的国内法律，必须承认由欧共体法院在履行欧共体条约所赋予的职能时为解释欧共体制度而引申出的一般规则。

欧盟制度对意大利行政诉讼中的预防性保护程序具有强烈的影响，欧盟法院的判例特别是以下三个判例在行政诉讼的预防性保护程序方面具有主要指引作用：

1990年6月19日 Factortame 一案判决，此判决指出为了保证最终判决具有令人满意的充分效力以及对欧共体各成员国所有当事人都统一适用同样的欧共体规范，当必须作出预防性保护措施时，如果一成员国法律阻止作出对建立在欧共体规范上的权利进行保护的临时措施时，该国的法官应该停止适用国内法律。

欧盟法院1991年2月21日对 Zuckerfabrick 案件的判决中指出，当成员国法官向欧盟法院提出审查欧盟规范的效力时，可以停止执行成员国行政机关根据该欧盟规范而作出行政行为的执行。

---

① T. A. R. Veneto, Sez. I, ord. 19 marzo 1999 n. 356, in Giust. civ. 1999, I, 2883; T. A. R. Calabria - Reggio Calabria, ordd. 24 marzo 1999 n. 184, 28 aprile 1999 n. 332 e 17 dicembre 1999 n. 1871, in Studium juris 1999, 704; in Giust. civ. 1999, I, 3201; in Ragiusan 2000, n. 195 - 6, 211.

② 意大利《宪法》第11条规定：意大利反对把战争作为侵犯其他民族自由的工具及解决国际争端的方式；允许在与其他国家同等条件下，为一个保障国际和平与正义的制度而对主权作必要的限制；促进和支持实现该目的的国际组织。

1995年11月9日欧盟法院对Atlanta案的判例进一步补充了Zuckerfabrick案所确定的规则，指出不能排除一国法官针对根据欧盟规范作出的行政行为采取预防性保护措施的可能性。

这三个判例都表明了在适用欧盟法方面，欧盟法院试图创立一个约束成员国法官的预防性保护的欧盟规则，使得各成员国在保护公民权利方面趋于一致。

除了欧盟法院的判例之外，一些欧盟指令也明确规定了要求成员国在行政诉讼中采取预防性保护措施。例如根据CEE 89/665与92/13指令，在授予劳动及供给公共招标项目时应该规定一个提前的保护，即通过最大限度的催促或紧急程序，使用临时措施以恢复或者阻止对相关利益造成的损失，包括那些停止授标程序或授标当局的任何决定。2007年第66号欧盟指令要求成员国在有关公共招标的诉讼中采取临时性紧急措施以阻止对相关利益的损害。

欧盟法院的判例及欧盟指令在意大利行政司法界得到了遵守及执行，最终促使意大利立法者在2000年颁布的第205号法律中对行政诉讼中的预防性保护措施作出新的规定。

二、意大利行政诉讼中预防性保护程序的法律规定

意大利现行法律中对行政诉讼预防性保护程序主要规定在1971年第1034号法律第21条第8—15款、第28条第2款以及2000年第205号法律第3条中。[①] 预防性保护程序包括申请、受理、裁定及执行程序。

（一）申请

申请人一般是起诉人，[②] 2000年第205号法律第3条第1款规

---

① 2000年第205号法律第3条一共4款，前两款重新调整了1971年第1034号法律第21条有关预防性保护的规定，第1款将原来的1971年第1034号法律第7款添加了新的内容，更改为目前的第7—15款，因此2000年第205号法律第3条第1款的内容与1971年第1034号法律第8—15款的内容完全一致；根据2000年第205号法律第3条第2款的规定，1971年第1034号法律第28条被加入了一个第3款（1971年当时颁布的第1034号法律第28条没有该款），与2000年第205号法律第3条第2款内容相同。

② 如果相反利益人具有与停止执行的被诉行政行为有利害关系，在某些情况下也允许提出申请。参见S. Cassarino，Manuale di diritto processuale amministrativo，Giuffrè，1990，p. 375。

定，在诉讼成立之后的任何阶段都可以提起申请，因此申请人既可以在起诉状中一并提出预防性保护的请求，也可以在起诉后单独递交申请书，① 在后一种情况下行政法院应该告知被诉行政机关及相关利害关系人，并在法院秘书处备案，行政机关和相关利害关系人应该在收到告知后10日内向法院秘书处进行书面答辩备案。

法律规定申请预防性保护有一般与紧急两种方式：一般情况下，申请人应该以书面形式向受理起诉的同一行政法官递交申请书，从告知起10日后由法院第一议事室（Camera di consiglio）② 集体决定；在情况非常严重及紧急的情况下，“以至于甚至不能允许拖延到议事室的日期”，③ 申请人可以直接向行政法院的主席或诉讼所受理的部门提起，并提前告知其他的当事人。主席可以针对行政行为作出一个说明理由的命令。主席的命令只是暂时性的，因为该申请还应该交到法院的第一议事室由法官进行集体决定，因此主席命令的效力直到预防性保护申请被交到第一议事室由法官集体作出裁定为止。

（二）审查

收到申请人的申请书之后，行政法官应该审查申请是否符合法律所规定的情形，全面衡量采取预防性保护措施对申请人、公共利益与其他利害关系人的影响，并综合考虑其他因素之后，决定是否作出采取预防性保护措施的裁定。

1. 审查的内容

并不是对任何预防性保护的申请行政法官都予以支持，法律规定了法官同意采取保护措施需要查证的两个前提条件，意大利理论界称为：表面上有良好权利（fumus boni iuris）与诉讼拖延中的危险（periculum in mora）。

---

① 最早规定在1907年第642号王室法令颁布的《国家理事会司法部门程序条例》（R. d. 17 agosto 1907, n. 642. – Regolamento per la procedura dinanzi alle sezioni giurisdizionali del Consiglio di Stato）第36条第1款。

② 行政法院的议事室（Camera di consiglio）在预防性保护程序中并不是指法院的资料室，而是指一种审理方式。一般情况下，行政诉讼应该公开审理，不仅对双方当事人，还应该向公众公开，而通过议事室审理则指只针对双方当事人，允许他们在平等的条件下参加，因此，在这种情况下，“议事室”的含义就是指在法官面前没有公众。参见 Cerulli Irelli Vincenzo, Lineamenti del diritto amministrativo, Giappichelli, 2006, p. 533。

③ 2000年第205号法律第3条。

Fumus boni iuris 标准的确定体现在 2000 年第 205 号法律第 3 条第 1 款中，该款指出法官应该根据对“诉讼结果合理预测”的评估而允许采取预防性保护手段。因此，这项标准表现在申请人胜诉的可能性上，这要求法官对诉讼结果进行预测，只有当诉讼结果对申请人有利时，法官才能够作出预防性保护裁定。为此，法官应该首先进行即时审查（esame sommario），如果诉讼请求明显无根据或者不可接受，则不能接受预防性保护申请。这种即时审查实际上要对公民的诉求作出一个实质的概括性评价，这明显属于法官的自由裁量权。这种标准的规定在于避免当事人利用预防性保护程序而拖延诉讼。

Periculum in mora 标准在于确定申请人的利益将要受损的程度，起诉人如果在诉讼期间认为因被诉行政行为的执行或行政机关的不作为将给自己造成“严重的难以弥补的损害”，才可以申请预防性保护措施。这里强调损害是“严重的”且“不可弥补的”，严重性指损害的程度，而不可弥补指损害的性质，二者缺一不可。[①] 这在司法实践中也比较常见，比如强制拆除建筑物的决定，如果在诉讼期间执行这个行政决定，那么给起诉人造成的损害将是严重的，即使通过判决也无法得到挽回；再如行政机关拒绝某人参加竞争考试的登记，如果在诉讼期间不采取某种保护性措施，有可能诉讼结束后考试已经结束，申请人再也不可能有机会参加考试，这对当事人而言也是严重的无法补救的损害。事实上，怎样才能界定所谓的严重性与不可弥补性，法律并没有给予明确的规定，这由行政法官根据案情来确定。

2. 对各种利益的权衡

在具体案件中，法官除了针对以上两个标准来决定是否同意采取一个预防性保护措施之外，还要对相关的利益进行综合考虑。行政机关所代表的是公共利益，因此法官尤其要考虑采取预防性保护措施是否会给公共利益带来更大的损害。

司法界最初将公共利益位于首位，认为起诉人的私人利益应让

---

① 1924 年的《国家理事会法律的统一条例》第 39 条规定了被诉的行政行为可以由行政法官根据申请者提出的“严重原因”而停止执行。这里的标准相对于现行法律而言更为宽松，因为首先它没有强调必须有损害的存在，其次“严重原因”也没有强调必须是不可挽回的。

位于公共利益。如宪法法院在1982年第8号判决中就从这个角度肯定了二级审制的重要性，特别强调了受理预防性保护申请对公共利益的影响。国家理事会在一个上诉案件中也表明了同样的观点：1986年，都灵市一个动物保护机构对都灵市政府禁止任何人给城市的鸽子喂食物的命令提起行政诉讼，并要求停止执行市政府的命令，皮埃蒙特大区行政法院颁布了停止执行的裁定，市政府上诉到国家理事会，国家理事会撤销了大区行政法院的裁定，认为有关卫生的公共利益更为重要。

的确，有时候采取预防性保护措施对公共利益的损害有可能比不采取该措施对申请人利益的损害严重得多，比如行政机关对食品与饮料的供应作出一个禁止决定，供应者在诉讼中申请预防性保护措施，行政法官因此而停止执行该行政行为，一旦该食品与饮料真的不卫生将对公众的健康造成严重损害。①这就要求法官在准许预防性保护措施时对公共利益予以特别的考虑，但是也不能因此而忽视个人利益。最近的司法界认为要在所有的利益之间，即起诉人利益、公共利益以及其他利害相关人利益之间进行比较权衡，以确定是否存在严重的不可挽回的损害。② 在实践中，执行行政行为也许给起诉人造成严重损害，但是如果停止执行被诉行政行为则会给行政机关或其他利益相关人带来更严重的损害，比如为了修筑公共工程而紧急占用土地，如果停止执行，在很多情况下会给行政机关带来财政损失，因而会严重损害公共利益。因此，行政法官必须对所有利益综合权衡，由于法律并没有规定权衡的标准，这就完全凭借法官自

① Maria Alessandra Sandulli, La tutela cautelare nel processo amministrativo, in http://www. federalismi. it/ApplMostraDoc. cfm? Artid = 14241，浏览于2009年11月21日。

② 参见Maria Alessandra Sandulli, La tutela cautelare nel processo amministrativo, in http://www. federalismi. it/ApplMostraDoc. cfm? Artid = 14241，浏览于2009年11月21日；Annalisa Di Cuia, La sospensione dell' esecuzione del provvedimento impugnato nel processo amministrativo, in http://www. jus. unitn. it/cardozo/OBITER_ DICTUM/dicuia. htm，浏览于2009年11月23日。

身的能力与谨慎性了。[1]

3. 其他需要考虑的因素

行政法官在审查以上条件的同时，还要考虑其他因素，比如行政行为的执行状态：如果一个行政行为已经被执行或者已经被停止，也不能受理申请，[2] 如果一个行为正在执行之中或者部分被执行是可以受理的。以前，对于消极性的行政行为法律没有规定可以受理，理论界一部分学者认为如果允许法官作出预防性保护措施，就等于法官代替行政机关作出一个积极的行政行为，[3] 比如针对拒绝发给建筑许可的消极行为，如果法院作出预防性保护裁定，要求行政机关暂时性地颁发许可并允许建筑，这相当于法官替代了行政机关的自由裁量权，但随着2000年第205号法律的生效也承认了针对消极行政行为可以采取预防性保护措施，争论不再像以前那样激烈了。

（三）预防性保护裁定的作出、性质及效力

1. 裁定的作出

根据2000年第205号法律第3条第1款之规定，申请人根据一般方式申请预防性保护措施，经审查后由行政法院第一议事室集体作出裁定，在议事室里讨论时申请人的辩护律师可以出席。[4] 该裁定应该说明理由；如果申请人因情况紧急向行政法院主席或受理诉讼的部门提出申请，主席可以直接作出说明理由的命令，命令的效力直到预防性保护申请被交到第一有用议事室由集体作出裁定为止，第一有用议事室可以撤销、变更或肯定主席的命令。

在作出预防性保护裁定的过程中，法律针对申请的不同方式是

---

① 然而也有一些学者提出不同的观点，认为没有必须要去讨论公共利益与私人利益之间的权衡问题，因为私人可能因为被诉行政行为的执行而受到损害，而行政机关不会因为自己的违法行为被阻止而受到任何损害。A. DI CUIA, La sospensione dell' esecuzione del provvedimento impugnato nel processo amministrativo, in www. jus. unitn. it.

② Giudo. Zanobini, Corso di diritto amministrativo, II, Giuffrè, Milano, 1938, p. 336.

③ S. Cassarino, Manuale di diritto processuale amministrativo, Giuffrè, 1990, p. 378.

④ 由于法律没有规定辩护律师参与的特别方式，因此在实践中，他们被允许进行讨论。参见 Elio. Casetta, Manuale del diritto amministrativo, Giuffrè, 2001, p. 768。

否必须经过辩论作出了不同的规定。在一般情况下，法律规定申请人在起诉之后递交申请时，行政法院应该告知其他当事人，其他当事人可以递交答辩状。在作出裁定期间，法官应该听取双方理由之后再作出裁定，因此经过了充分辩论的程序。[①] 而在紧急状况下，申请人直接向行政法院主席提出预防性保护申请时，法律规定行政法院主席也可以不经过辩论而直接作出命令，因为这涉及情况紧急，而且主席命令的效力是暂时的，在必要的时间内可以按照习惯召集双方当事人，这属于延期辩论。

行政法官在作出裁定时，法律强调了行政法官的说明理由的义务。在过去该义务经常不被遵守，也因为预防性保护申请的提起太普遍了，所以法官一般作出裁定并不说明理由。[②] 然而，说明理由是很重要的，因为从裁定的理由就可以得知行政法官接受或拒绝预防性保护申请的原因，从而能够得知法官是否对法律规定的标准进行了充分的审查，因此 2000 年第 205 号法律第 3 条中不仅肯定了预防性保护裁定必须要说明理由，而且明确规定理由应该包括“考虑申请人相关的损害”以及“通过即时审查指出对诉讼结果的合理预测”。

2. 裁定的性质

关于行政法官作出的预防性保护裁定的性质，意大利理论界一致认为它具有预防性、保护性和临时性，但在一点上存在着分歧，那就是预防性保护裁定与判决之间的关系。一些人认为，虽然裁定由法官颁布具有司法性质，但无论从形式上还是实质上看，预防性

---

① 辩论原则是意大利民事、刑事及行政诉讼中的一项基本原则，指所有诉讼当事人都应该有平等机会接近诉讼材料，法官应该提供同样的保护方式。因此没有经过实际参与司法过程，任何人不受判决效力的约束。在法律规定的特殊情况下，该项原则可以暂时地被违背（参见 Cerulli Irelli Vincenzo，Lineamenti del diritto amministrativo Giappichelli，2006，pp. 532 – 533）。这项原则作为正当程序的宪法四大原则之一，被规定在意大利《宪法》第 111 条中。

② S. Cassarino，Manuale di diritto processuale amministrativo，Giuffrè，1990，p. 380. 意大利行政法学家卡塞达（E. Casetta）认为，在实践中裁定只是概括性地指出是否存在预防性保护的前提条件，也许是因为害怕太深入地说明理由会影响对案件实质性审查的判决。另外，对由行政法院主席所作出的紧急性裁定中不需要对诉讼结果方面说明理由。参见 Elio. Casetta，Manuale del diritto amministrativo，Giuffrè，2001，pp. 769。

保护裁定就是一个真正的行政性的裁定；另外一些人认为，预防性保护裁定与实质判决相似，都具有终局性内容，因此是一个解决预防性保护争讼及相关程序的决定，是一个独立于诉讼的程序。[①] 国家理事会的司法判决对裁定性质之认定并非一致，如1978年国家理事会全体会议第1号判决明确提到预防性保护裁定的终局性（decisoria），因为它是在双方当事人的辩论中解决一个特殊的争议。1982年国家理事会的全体会议第6号判决随后又严格地指出了预防性保护程序的统一性，它不区分审理和执行阶段。而在1984年9月5日发布的全体会议第17号判决又肯定了预防性保护措施与实质审判而言的绝对工具性特征，认为从实质角度来看它并不是"独立自主"的。其实讨论裁定与判决的关系主要意义在于裁定是否能够作为上诉的对象，如果认为裁定只是具有行政性的措施，就不能提起上诉，如果裁定具有决定性的特征，则可以被提起上诉。这种讨论已经随着2000年第205号法第3条第2款规定可以针对裁定上诉而不再具有现实意义了。

3. 裁定的效力

预防性保护裁定一经作出在秘书处备案之后便发生法律效力，通常由秘书通告来告知当事人，该告知是计算裁定能被上诉的时效发生之日。如果法院作出给予预防性保护措施的裁定，行政机关应该遵守，否则大区行政法院可以行使不服从已决案之诉中法官所享有的所有权力来达到目的。无论是受理还是拒绝预防性保护的申请，它所产生的效果并非是终局的，尽管在裁定中行政法官说明了理由，但是裁定不对判决产生任何约束力。

2000年第205号法律没有特别规定裁定的效力期间，一般情况下，预防性保护裁定的效力一直持续到判决的作出，判决作出之后，如果原告胜诉，裁定的内容与判决一致当然就融入到判决之中，如果原告败诉，裁定的效力则告终止。有的法律规定了在某些领域中预防性保护的效力期间，例如1978年第1号法律第5条规定了停止

① S. Cassarino, Manuale di diritto processuale amministrativo, Giuffrè, 1990, p. 381.

公共工程的效力期间为6个月。[①]

（四）预防性保护措施的类型

在意大利民事诉讼中，预防性保护措施的种类多样，如第670—687条规定的扣押、第700条规定法官可以根据具体情况而采取的紧急措施（在理论界被称为无名措施），但在行政诉讼中，长期以来法律只规定了一种基本的预防性保护措施，即停止执行被诉行政行为，这种情况一直到2000年第205号法律的颁布才有所改变。当然，少数法律也有例外的规定，如1975年第166号法律第8条规定，针对被诉的没收及紧急占用行为法官要求行政机关提供担保而不停止执行行政行为。[②] 此外，如前所述，在司法实践中，行政法院的许多判例都扩大了预防性保护措施的范围。

理论界认为，作为典型的预防性保护措施，停止执行被诉行政行为的基础在于被诉行政行为能够单方改变起诉人的实体法律地位，从而给相对人造成损害。预防性保护措施就在于通过对行政行为的“夺权”性措施，阻止行政行为发生法律效力或者禁止行政机关具体执行。[③] 然而，当被诉行政行为是“消极行为”或行政机关“沉默”时，这类预防性保护措施就无法适当地满足对相对人合法利益的保护，因为这类行为不会对当事人先前法律地位造成任何限制，停止执行并不会给起诉人带来任何利益，例如对拒绝行政许可的停止并

---

① 1982年2月1日宪法法院第8号判决认为1978年第1号法律的这项规定应该解释为在停止公共工程的效力中止后可以继续提出停止执行的申请，否则规定期间就意味着阻止预防性保护，等同于否定保护的效力，这与宪法原则是相悖的。

② 1975年5月第166号法律《对建筑行为的紧急特殊干预规范》第8条规定：“根据1971年12月6日第1034号法律第21条最后一款的规定，受理请求停止执行暂时、紧急占用或者为了公共利益进行征收的行政行为的行政法官可以不使用停止执行，他能够规定一个与被诉行政行为相关的财产的补偿总值相应的担保寄存，并确定担保数额及寄存方式与期间。”意大利著名公法学家尼格罗（M. Nigro）认为，这是立法者的一个奇怪构想，因为很明显立法者想保证尽可能地执行被诉行政行为，预防性保护措施的使用在于保证征收或占用行为的补偿以及如果被诉行政行为被认为违法起诉人因此获得的赔偿，但是这却在行政法官的职权之外。参见M. Nigro, Giustizia amministrativa, Il Mulino, 1976, p. 239。

③ Aldo. Travi, Lezioni di giustizia amministrativa, Giappichelli - Torino, 2000, p. 264.

不等于授予许可，因而对于这类行为而言，停止执行没有任何意义。

面对针对消极行政行为在实践中无法适用停止执行这一措施的问题，从20世纪30年代起，司法界就试图使一些消极行为也可以运用停止执行的预防性保护措施，于是出现了“绝对消极行为”与“具有积极效果的消极行为”之区分，前者指被诉行政行为对相对人不产生积极后果，如单纯的拒绝行为，不可能适用“停止执行”的措施；后者指那些就像积极行为一样产生创新效果的消极行为，法院认为对这些行政行为可以适用停止执行措施。

在司法实践中，典型性的“具有积极效果的消极行为”有三类，第一类是拒绝对以前有利地位的继续确认（特许权、许可及其他类似行为），[①] 国家理事会认为申请者在这类行为中享有一种“生存权”，也就是在特许结束之后继续保持某种关系的权利，此外，国家理事会认为在授予公共服务的特许时，为了保证行政行为的继续性，在到期时特许权人申请延期享有特权；第二类为拒绝兵役豁免的消极行政行为，一般认为如果行政机关拒绝公民免服兵役，就意味着他要去服兵役，因此该拒绝行为对被拒绝者产生一种新的后果；第三类涉及对申请比赛、考试、职位竞争等的拒绝行为，行政法院认为拒绝申请参加一个比赛、考试或者竞争行为就像是禁止公民参加考试的行为。因此，前两类行为并没有穷尽行政机关的行为，只是构成其采取进一步积极行为的基础，比如拒绝公共财产特许权延期后，行政机关的进一步行为则会撤走公共财产，拒绝豁免兵役后则会要求公民入伍，因此对这些消极行为的停止执行就会阻止行政机关采取进一步的行为；第三类行为就像具有禁止内容一样，可以被停止执行，公民可以被“予以保留地”允许随后的考试（国家理事会全体会议1982年第17号判例）。[②]

对于纯粹的消极行为（如拒绝行为）或者沉默视为拒绝的行为就无法扩用“停止执行”的预防性保护措施了，因为停止执行这类

① 也有学者认为如果仔细分析就会发现一个逻辑漏洞，因为不是这类拒绝延期行为改变以前的实质地位，该地位是随着特许、许可等的过期而消灭的，因此这类行为不具有创新效力，属于纯粹的消极行为。参见 A. DI CUIA，La sospensione dell' esecuzione del provvedimento impugnato nel processo amministrativo，in www. jus. unitn. it。

② Aldo. Travi，Lezioni di giustizia amministrativa，Giappichelli – Torino，2000，p. 255.

行为事实上变成了命令行政机关根据请求而作出一定的行为，如果将行政机关的拒绝行为转化为命令行政机关去做所申请的行为就有行政法官代替行政机关之嫌，这就违反权力分立的原则。然而，20世纪90年代以前，理论界一边倒地认为为了保证预防性保护的效果，应该针对行政机关的拒绝行为和不作为采取预防性保护措施，立法者应该明确地赋予行政法官发布与停止执行行政行为不同的其他措施。上世纪90年代以来，也因为欧盟法的影响，一些行政法官试图将“停止执行”扩展到纯粹的消极行为及沉默视为拒绝的行为中，虽然这样的扩张能够保证在行政诉讼中更全面地进行预防性保护，但是与法律规范的模式却越走越远。面对理论界的呼吁与司法界大胆尝试，立法改革仍不见动静，一位意大利行政法学家生动地描述到等待立法改革的时间太久了，“法院只能耐心地在一旁观望等待几乎没有任何人再期望了的立法干预。”①

2000年第205号法律在这方面带来了实质性的革新，预防性保护措施不再只限于“停止被诉行政行为的执行”，而是规定了所谓的“非典型性”预防性保护措施，也就是说没有对预防性保护措施作出类型化规定，而是授予行政法官根据具体案情采取“能够临时性保证诉讼判决的效力”的措施。法律同时规定了一种不同于停止执行的预防性保持措施—命令行政机关交付一定数额的金钱。此外，除了一般执行性行政行为外，法律还明确地指出预防性保护措施也可以针对行政不行为。以上规定意味着在实践中早已存在的行政法院针对消极行政行为所采取的那些预防性保护措施最终得到了法律的承认。例如，命令行政机关重新采取适当措施以弥补在诉讼期间因其行为而对起诉人利益造成的危险，以及在实践中已经相当普遍的“有保留”地允许起诉人参加公共竞争或者招标竞争，或者行政法官要求行政机关根据在诉讼中出现的新的事实或文件重新审查行政程序或自己的行为等。

（五）裁定的撤销、变更与针对裁定的上诉

2000年第205号法律第3条第1款规定，根据利害相关人的申请裁定可以被撤销或变更，如果该申请被拒绝，还可重新提起。撤

① Fabio Saitta，L´atipicità delle misure cautelari nel processo amministrativo，tra mito e realtà，in http：//www. giustizia - amministrativa. it/documentazione/Saitta _ L_ atipicita_ delle_ misure. htm，浏览于2009年11月24日。

销或变更裁定的申请应该递交给作出该裁定的同一法官，仍然适用申请预防性保护的程序。法律对申请的撤销理由也作出了限制，只有因突然发生的事件才可以申请撤销或变更裁定。意大利行政法学家特拉维（Travi）将这种情况归纳为两种，突然发生改变事实状态的新情况或改变法律状态的新情况，前者如起诉人经济状况的变化使得行政行为的后果加重，后者如法官为作出预防性保护的裁定而依据的法律被宪法法院宣布为违宪。[①]

根据2000年第205号法律第3条第2款之规定，针对大区行政法院作出的预防性保护裁定可以提起上诉，上诉从裁定告知之日起60日之内提起，如果没有告知，从通知裁定在秘书处备案之日起120日之内提起。与撤销不同的是，上诉不是因为裁定作出后出现的新情况而提出的，而是上诉人认定裁定本身的“不公平”而提起的，因此，上诉意味着对第一审法官作出的预防性保护裁定提出抗议，要求二审法官重新进行审查。

针对预防性保护裁定可以上诉的制度也是由行政法院70年代末的判例所承认的（国家理事会全体会议1978年第1号裁定），这比民事诉讼程序的发展还要超前，民事诉讼法直到1990年都没有规定针对预防性保护措施可以提起上诉。在解释为何可以针对预防性保护裁定提起上诉时，国家理事会认为（1978年1月20日第1号以及随后1978年2月24日第6号、1982年10月8日第17号决定）在行政审判中预防性保护裁定具有“终局性”的特征，因为预防性保护裁定根据当事人的独立申请而作出，旨在确定一种与撤销被诉行政行为结果不同的实质性利益，从另一方面而言，在行政审判中，预防性保护程序相对于撤销之诉而言是独立的，就像法官在裁定中指出的具有现实危险的重要性，而该要素与实质判决是不相干的。宪法法院在1982年1月14日第8号判决也确定了针对预防性保护裁定可以提起上诉。该判决宣布1978年1月3日第1号法律第5条最后一款违宪，[②] 因为该款排除了针对预防性保护裁定可以上诉的可

---

① Aldo. Travi, Lezioni di giustizia amministrativa, Giappichelli – Torino, 2000, p. 267.

② 1978年1月3日第1号《加快公共工程、工业设备与建筑程序法》第5条末款规定：“根据1971年第1034号法律第21条末款之规定所作出的裁定不能向国家理事会上诉。”

能，宪法法院认为这与宪法第 125 条第 2 款[①]所规定的行政法院实行二审制相悖。在关于预防性保护裁定能否上诉的问题上，宪法法院作出的这个判决与国家理事会的判决意见一致，因此尽管没有法律明确的规定，针对预防性保护裁定可以上诉在行政司法界得到普遍遵循。

意大利的行政法学家认为允许上诉是非常必要的，因为在行政诉讼中通常诉讼双方的地位不对等，一般在行政诉讼中被诉行政行为仍然单方产生效力，并且在诉讼过程中仍具有完全的效力，上诉的需求自然与更大限度地进行预防性保护相连，以使得法官的判决尽可能是公正的。[②]

(六) 预防性保护裁定的执行

预防性保护裁定一旦作出，被诉行政机关及相关人都应该遵守执行。在一些情况下，起诉人的利益可以直接由预防性保护裁定得到临时性保护，例如在行政征收还没有付诸实施时，行政法官命令停止执行；在另外一些情况下，预防性保护裁定要求行政机关作出某种行为或者改变某种态度，这就需要行政机关的配合，比如停止执行行政机关解雇公职人员的行为，要求行政机关让该人重新上岗，或者停止执行已经实施的占有命令，命令行政机关撤离对所占的不动产，在这些情形中，如果行政机关不作出必须的行为，如何保障预防性保护裁定在实践中确实得到执行就非常重要。

国家理事会全体会议 1982 年第 6 号第 12 号及 1983 年第 14 号裁定都曾经否定适用 1927 年第 1054 号王室法令所规定的国家理事会统一条例第 27 条第 1 款第 4 目所规定“服从判决之诉”的程序，[③]

---

① 《宪法》原第 125 条第 2 款规定：“根据共和国法律所规定的体制，在大区内设立第一级行政审判机构。可以在大区首府之外设立部门。”宪法法院作出该判例时意大利宪法还没有修改，当时宪法第 125 条包括两款，后来第 1 款由 2001 年 10 月 18 日的宪法性法律第 9 条第 2 款所废除，目前意大利《宪法》第 125 条只保留原来的第 2 款。

② Aldo. Travi, Lezioni di giustizia amministrativa, Giappichelli – Torino, 2000, p. 268.

③ 1927 年 6 月 26 日第 1054 号《批准关于国家理事会法的统一条例》的王室法令第 27 条第 1 款第 4 目规定了国家理事会的司法部门作出实体判决包括：涉及已决案件，旨在获得要求行政当局遵守法院所认定的对一项公民权利或政治权利损害的已决案执行的诉讼。

因为国家理事会认为适用服从判决之诉的必要前提是不遵守一个判决，而预防性保护裁定不是判决，但是预防性保护程序具有审理与执行统一的特征，作出相关裁定的法官因此有权采取所有必要措施来确保裁定的实际执行。在司法实践中，为了保证预防性保护裁定的执行，一般法官可以向行政机关下发命令，也可以通过任命委员会的形式代履行，也就是在行政机关不作为的情况下，由法官任命一个委员会来代替行政机关采取一定的行为。

为了确保预防性保护裁定的执行，2000 年第 205 号法律第 3 条第 2 款明确规定：如果行政机关不遵守或者只部分遵守行政法官作出的预防性保护措施，利害相关人可以通过说明理由的申请请求行政法院采取适当的措施，同时应该告知其他当事人；大区行政法院可以行使与服从判决之诉相关的所有权力，并且规定执行预防性保护措施的方式及主体。可以看出，受理执行预防性保护裁定的行政法官可以行使一切在服从判决之诉中被授予的权力，这些权力包括如果行政机关作出了与预防性保护裁定相违背的行为，行政法官可以确定其为无效；行政法官也可以针对行政机关的不履行而命令行政机关作出某些确定行为，如果需要的话，还可以任命一个委员会代替行政机关完成某种行为。

（七）有关预防性保护程序的费用及担保的规定

为了避免申请人滥用预防性保护程序，意大利法律还明确规定了有关预防性保护程序的费用承担及担保。

2000 年第 205 号法律第 3 条第 1 款规定，如果预防性保护申请或者针对预防性保护裁定的上诉被拒绝，也就是说它们被认为是不允许或不可接受的，法官可以临时地规定预防性保护程序的费用，因此，如果预防性保护申请被拒绝申请人就有可能缴纳程序费用，立法者想通过这个规定对不适当地使用预防性保护申请的危险进行补救，以此来减少那些滥用申请的情形。

此外该法第 3 条第 1 款还规定：“如果执行一个预防性保护措施将会产生一个不可逆转的结果，那么行政法官无论是授予还是拒绝预防性保护措施都能够规定提供一个担保或者担保人。”例如，如果停止执行一个拆除建筑物的行政行为，起诉人要通过缴纳担保金负担可能造成的损害。法律同时规定，如果预防性保护申请涉及人的基本利益（如健康权、环境权等）以及其他宪法性的财产权益则不能要求担保，因为对这类权利的保护直接由法律规定，因而排除了法官的自由裁量权。

由此可见，申请人在申请预防性保护措施时应该慎重，因为一旦被拒绝，就要缴纳程序费用，即使被接受，在法官认为采取预防性保护措施会造成不可逆转的后果时，申请人还要提供担保。

三、意大利行政诉讼中预防性保护程序的特征

与一切诉讼中的临时性程序一样，意大利行政诉讼中的预防性保护措施只是暂时性地保护起诉人的利益，但是法律规定针对预防性保护裁定可以上诉、不遵守裁定法官享有与“服从判决之诉”中同等的权力又表明了预防性保护程序的在行政诉讼中的重要地位。预防性保护程序的发展与完善主要是行政法院推动的结果，在实践中得到广泛地运用，其特征从以下几个方面得到体现：

（一）预防性保护程序是依申请的程序

根据法律规定，预防性保护程序只能依照当事人的申请而开始，申请人因被诉行政行为而将要受到的损害也必须由申请人在申请书中明确指出，法官并不能在诉讼中猜测起诉人是否存在损害而依职权主动进行预防性保护。

（二）预防性保护程序是附带性程序，体现了审理与执行的统一

预防性保护程序发生在已经成立的主诉讼的审判范围内，与民事诉讼法的规定不同，《民事诉讼法》第669条规定了预防性诉讼，而2000年第205号法律中所规定的预防性保护并不涉及诉讼成立之前的预防性保护，也就是说预防性保护是主诉讼中的一个附带程序，因此应该向对受理诉讼同一法官提出预防性保护申请，因为不能有对预防性保护程序享有独立职权的法官。[①] 此外，2000年第205号法律将预防性保护程序规定的更为完整，使国家理事会在1982年第6号判决指出的预防性保护的统一性得到法律的确认，预防性保护程序不区分审理阶段和执行阶段，行政法官受理申请作出裁定与执行是一致的，没有明显的程序的划分，体现了审理与执行的结合与统一。

---

① 参见 Aldo. Travi, Lezioni di giustizia amministrativa, Giappichelli - Torino, 2000, p. 259。

（三）预防性保护程序的目的在于保证实体判决的执行

预防性保护程序的设立是为了保护起诉人的利益，使其不因诉讼期间的拖延而受到被诉行政行为的损害。虽然法律规定行政法官必须审查两个前提条件后才能作出裁定，但该裁定并非实质判决，也不能约束诉讼最终的判决，故而预防性保护程序不具有对具体案件实质审判的前置功能，它存在的价值在于不使最终判决的效力无法得以真正实现，其目的是为了保证判决的实际效力，因而从这个意义上讲，预防性保护程序是保证判决内容得以实现的工具，避免因诉讼过程而使最终的判决变得没有意义。①

（四）预防性保护程序的保护具有暂时性

预防性保护只是在诉讼过程中作出的，对当事人的保护只是临时性的，随着判决的作出，预防性保护裁定便不再具有效力。尽管如此，在意大利，由于实质性的判决需要几年的时间才能作出，在实践中申请预防性保护措施也就变得更为重要，② 因此申请该措施的当事人也与日俱增，甚至在某些领域几乎成了一种惯例，例如在公共工程招标方面，没有成功的一方总是在提起诉讼的同时申请预防性保护措施。

四、现行法律规定的预防性保护程序中存在的问题及展望

虽然2000年第205号法律第3条对预防性保护程序进行了相对完整的规定，然而，法律中仍然有一些相对模糊的规定，这引起了理论上的争议，也导致在实践中不同行政法院作出不同的判断，问题只要集中在以下方面：

（一）非典型性预防性保护措施的标准难以确定

2000年第205号法律的一个突破之处就在于授予行政法官采取非典型性预防性保护措施，也就是行政法官可以根据具体案情采取“能够临时性保证诉讼判决效力”的措施，这个规定使法官有了较大

① 关于预防性保护措施对实体判决的工具性意义，参见 P. CALAMANDREI, Introduzione allo studio dei provvedimenti cautelari, Padova 1936, 21 ss; G. PALEOLOGO, Sospensione dell' esecuzione: II) Sospensione dell' esecuzione dell' atto amministrativo e altre misure cautelari, in Enc. giur., XXIX, Roma 1993, A. TRAVI, Lezioni di giustizia amministrativa, 7a ed., Torino 2006, pp. 276—277。

② Elio. Casetta, Manuale del diritto amministrativo, Giuffrè, 2001, p. 765.

的自由裁量权，更能适应具体实践的需要，从而进一步推动了预防性保护措施在行政诉讼中的广泛运用，体现了对行政相对人的保护。行政诉讼中预防性保护类型的规定实质是《民事诉讼法》中第700条的移植，在《民事诉讼法》第700条中，法律也没有规定具体的预防性保护措施的类型，只是将权力赋予了法官，由他根据具体的案情来采取各种措施以使得判决的效力得以实现，因此普通法官享有较大的自由裁量权。然而，行政诉讼与民事诉讼不同，在行政诉讼中行政法官不能代替行政机关行使自由裁量权。2000年第205号法律第3条实质上也赋予了行政法官相当大的自由裁量权，然而这个非典型性的预防性保护措施从条件到内容都没有参考标准。一些人认为预防性保护程序就像是“行政诉讼中一个发疯的细胞，独立于诉讼标的及相关诉讼中法官的权力，到处都被允许使用”。① 为了避免行政法官越俎代庖，一些学者认为应该对行政法官的权力加以适当的限制，即使在预防性保护程序中对法律保留给行政机关自由裁量的那些利益也不能由法官代替作出决定，这些自由裁量权是不可由其他机关代替的。②

（二）担保的效力及主体不清晰

如前所述，2000年第205号法律第3条规定：“如果执行一个预防性保护措施将会产生一个不可逆转的结果，那么行政法官无论是授予还是拒绝都可以要求提供担保或者担保人。”该规定也存在使人疑惑之处：首先，法律并没有明确担保对预防性保护裁定效力的影响，也就是它是否对预防性保护裁定的效力构成一种效力暂时停止

① A. Di Cuia, La sospensione dell' esecuzione del provvedimento impugnato nel processo amministrativo, in www. jus. unitn. it.

② Aldo. Travi, Lezioni di giustizia amministrativa, Giappichelli - Torino, 2000, p. 256.

或者消除的条件？从条文上似乎没有规定，所以必然引起争论；① 其次，法律规定给予或拒绝预防性保护措施需要提供一定数额的担保，但没有明确提供担保的主体。在同意保护的情况下，很容易理解担保应该由申请人提供，但是在拒绝保护时，担保应由谁来承担从法律中无法推断。理论界对应该由行政机关来提供还是其他利害关系人来提供也有不同的意见；② 最后，由于法律对担保的规定太过于泛泛，不像民事诉讼法第 669 条第 11 款③那样明确地规定了预防性保护程序中担保的功能与目的，因此在实践中对该制度的执行究竟有多大空间存在质疑。法律对行政法官授予预防性保护措施作出了限制性规定，即行政法官必须在符合两个前提条件的情况下才能作出裁定，并要说明理由，所以裁定应该指出危险存在的重要性及不可挽回性，还要说明对诉讼结果的预测，一般还要经过一个完整的辩论程序，这就意味着行政法官是在经过了深思熟虑慎重考虑之后才作出的裁定，那么怎么来判定执行裁定会产生一个不可逆转的后果呢？一些学者指出，这项规定在实践中很难操作。④

（三）对辩论原则的一些限制会引起不公平待遇

在预防性保护程序中，法律明确规定了申请人通过一般方式申请预防性保护措施时，经过所有当事人的辩论之后，行政法官才能够作出裁定。然而如果申请人因情况紧急而通过特殊方式向行政法

① 参见 Elio. Casetta, Manuale del diritto amministrativo, Giuffrè, 2001, p. 771；有学者认为，如果法官肯定了预防性保护措施，那么该措施的效力受制于由法官所确定的指定时间内缴纳的担保，若不缴纳，效力便会暂停；如果法官拒绝预防性保护的申请，只有在被告行政机关在司法程序中寄存了一定数额的担保，被诉行政行为才会产生效力。见 Gianfrancesco Tedeschi, Il nuovo processo cautelare alla luce della l. 205/00, in relazione sia agli interessi legittimi, sia ai diritti soggettivi., in http://www.diritto.it/varie/concorsi/sansone8.html，浏览于 2009 年 11 月 14 日。

② 参见 Elio. Casetta, Manuale del diritto amministrativo, Giuffrè, 2001, p. 771。

③ 意大利《民事诉讼法》第 669 条第 11 款［担保］：与受理或肯定措施或者变更措施一起，法官考虑所有情况之后，可以要求申请人对可能造成的损害提供担保。

④ Enza Caracciolo La Grotteria, Nuovi profili della tutela cautelare nel processo amministrativo, in http://www.cahiers.org/new/htm/articoli/nuovi%20profili%20della%20tutela%20cautelare.htm，浏览于 2009 年 11 月 26 日。

院主席申请预防性保护，那么行政法院主席可以不经过辩论直接作出命令。这样的规定虽然在客观上可能更有效地保护申请人的利益，但是也存在一定的问题，虽然当事人在申请紧急保护时法院也应该告知利害相关人，但是这不等于相关人有时间行使辩护权，因为主席会立即作出命令，而被诉行政机关代表的是公共利益，即使主席命令的效力直到行政法院议事室集体作出的裁定为止，但是在这一段时间也可能会对公共利益造成损害。因此有人认为根据宪法第3条、第24条、第111条，也应该重新审查该规定是否适合。[①]

（四）上诉期限规定的缺陷

根据2000年第205号法律第3条第2款之规定，针对大区行政法院作出的预防性保护裁定可以提起上诉，上诉应该从告知之日起60日内提起，或者从通知裁定在秘书处备案之日起120日内提起。第二种情况在实践中引起争议，从法律规定看通知裁定在秘书处备案应该是行政法院的义务，但是如果行政法院没有通知的话，应该怎样计算上诉期间也有疑问。一些学者提出应该从当事人证明自己得知裁定之日起算。[②]

总之，法律规定所存在的不清晰之处将会在实践中随着行政法官对法律的积极解释而进一步完善。值得一提的是，近几年来，在意大利行政诉讼中也出现了类似《民事诉讼法》第669条第8款规定的诉前预防性保护，即所谓的“预防性诉讼”。以前理论界也多次

---

① 意大利《宪法》第3条：“所有公民具有同等社会尊严，不分性别、种族、语言、宗教、政治观点和个人及社会地位在法律面前一律平等；共和国有义务消除一切在事实上限制公民自由与平等、妨碍个人全面发展和有效参与国家政治、经济及社会组织的一切活动的政治与经济制度的障碍。”第24条：“任何人都能够为保护其合法的权利和利益而提起诉讼；辩护权在诉讼的任何状态和阶段都是不可侵犯的；通过专门机构及方式保障穷人在任一法院提起诉讼及进行辩护；法律规定因司法错误进行补救的条件和方式。”第111条：“司法审判通过法律规定的正当程序进行；任何诉讼都在第三方的公正的法官面前，在平等条件下，当事人通过辩论的方式进行。法律保障其合理期间。……”

② Enza Caracciolo La Grotteria, Nuovi profili della tutela cautelare nel processo amministrativo, in http://www.cahiers.org/new/htm/articoli/nuovi% 20profili% 20della% 20tutela% 20cautelare.htm，浏览于2009年11月26日；F. G. SCOCA, Processo cautelare amministrativo e Costituzione, in Dir. proc. amm., 1983, pp. 311—312。

提出修改行政诉讼法的建议，规定“诉讼前”的预防性保护，认为这是意大利宪法第24条及第113条所包含之意，[①] 但是没有被2000年第205号法律所采纳。然而遵循欧盟法的发展方向，意大利的法律中首次出现了在行政诉讼领域中预防性诉讼的规定，即2006年4月12日第163号法令：《执行欧盟2004/17/CEE 2004/18/CEE指令的劳动、服务、供应公共合同的法典》（2008年第152号法令、2008年12月22日第201号法律、2009年7月15日第94号法律及2009年8月3日进行修改），该法第245条规定：“如果情况特别严重与紧急，以至于不能允许事前告知起诉及规定在1971年12月6日第1034号法律第21条第9款的临时预防性保护的请求，具有诉讼资格人能够提起采取短暂的临时措施的请求，这些措施应该是在提起实质诉讼以及该法第21条第8款与第9款规定预防性保护申请的期间必不可少的。”这在意大利理论界引起了巨大的争论，虽然该法规定了预防性诉讼只运用在公共合同领域，并且强调了它的短暂性与临时性，但是一部分学者强烈反对，认为在意大利这种预防性诉讼“绝对不合理”，因为这种即时保护已经完全能够根据1971年法律第21条第9款（紧急申请预防性保护）之规定得到满足。[②] 尽管在理论界有许多反对的声音，意大利预防性行政诉讼的发展仍然势不可当，2009年6月18日第69号法律《关于经济发展、简化、竞争以及民事诉讼方面的规定》中第44条明确授权政府重新规定行政诉讼法规范，并且明确指出了政府可以重新规定预防性保护，包括规范诉讼前保护，以及在针对国家理事会的判决提起的诉讼中在行政法官面前的预防性保护程序。从发展来看，意大利行政诉讼的预防性保护会进一步细化，分为预防性保护诉讼及诉讼中的预防性保护。

---

① 意大利《宪法》第113条规定：针对公共行政机关的行为，总是允许向普通或行政司法机构寻求对权利及合法利益的司法保护；这种司法保护不得被排除或限制于特别的诉讼方式或特定的行为种类；法律确定哪些司法机构在该法规定的情形下能够撤销公共行政机关的行为并产生法律规定的效力。

② Maria Alessandra Sandulli, La tutela cautelare nel processo amministrativo, in http://www.federalismi.it/ApplMostraDoc.cfm?Artid=14241，浏览于2009年11月21日。

博士生论坛

从原告资格看中国宪政的走向：一个关键词的展开

李大勇*

设立原告资格所要解决的问题是具备何种条件的主体可以成为原告。依据《布莱克法律大辞典》的解释，原告资格又称为“起诉资格”，是指某人在司法性争端中所享有的将该争端诉诸司法程序的足够的利益，其中心课题是确定司法争端对起诉人的影响是否充分。从而使起诉人成为本案诉讼的正当原告“如果起诉人符合原告资格的各项要求，具有为司法争端所影响的足够的利益，就可以认为起诉人在诉讼中享有法院应当给予保护的、实实在在的利益；另一方面原告资格解决的是法院是否享有审判某一司法争端的权力”。①

然而行政诉讼原告资格本身就是一个“场”，它符合了当代中国的多重因素。因此，它就为我们分析中国现实社会中某些问题提供了一个角度、一种方法。透过它，我们可以对某些价值趋向作出判断，在权力和立法技术上对中国的宪政理念作出一种诠释。从某种意义上来讲，行政诉讼原告资格作为中国法治建设中的一个关键词，只是一个象征性的符号，它向我们展示出了社会主义中国“宪政化”的特性和基本趋势。

---

* 中国政法大学行政诉讼法学研究方向博士研究生、西北政法大学行政法学院讲师。该文为西北政法大学王周户教授所主持司法部科研项目《行政诉讼原告法律问题研究》之阶段性成果，项目编号为03SFB039。

① Black Law Dictionary the Fifth Edition, West Publishing Company1979, pp. 1260—1261.

一、人权推定：宪法依据的扩大解释

行政诉讼原告资格所关注的对象主要是公民权益受到行政权侵犯后寻求司法权保护的问题，而公民的权益和国家权力又是与宪法的相关规定相联系的。宪法的核心就是规定公民权利与公共权力之间的关系，这在宪法学界已经得到了较为统一的认识。行政法作为动态的宪法、宪法的具体化，更是把这一关系体现得淋漓尽致。

理论界一般认为，行政诉讼原告资格的宪法依据是《宪法》第41条第1款，该款规定“中华人民共和国公民对于任何国家机关和国家工作人员，有提出批评和建议的权利；对于任何国家机关和国家工作人员的违法失职行为，有向有关国家机关提出申诉、控告或者检举的权利，但是不得捏造或者歪曲事实进行诬告陷害”。这里的“申诉、控告或者检举的权利”具有非常宽泛的内涵，类似于传统的请愿权，既有政治权利意义上的申诉权和控告权，也有非政治的申诉权和控告权。前者可视为实体性的权利，可纳入监督权的范畴；后者则多属于程序性的权利，即“获得权利救济的权利”。[①]

外国宪法一般均明确规定公民享有接受裁判的权利，其中包括民事诉讼权和刑事诉讼权以及接受公正审讯的权利等一系列权利。[②]《公民权利和政治权利国际公约》也已将其列入重要地位加以详细规定。[③] 所谓接受裁判的权利，又可称为裁判请求权，根据日本芦部信喜教授较为公允的界说，指的是任何人均可平等地要求超然独立于政治权力之外的公平的司法机关（法院），对其权利和自由进行救济，而且不受该种公平的法院以外的任何机关之裁判的权利。[④] 我国在现实中实际存在着具有特定内涵的裁判请求权，但现行宪法并没有对该项权利作出明文规定。可见在制定宪法之初，制宪者并没有把行政机关及其工作人员与公民之间可能出现的纠纷可以通过诉讼

---

① 根据申诉、控告的原因是否涉及自己法律上的合法利益为标准划分为政治性权利和非政治性的申诉权、控告权。可参见林来梵：《从宪法规范到规范宪法》，法律出版社2001年版，第232页。

② 如美国《宪法》第5、14条修正案；日本《宪法》第31、32、34和38条；德国《基本法》第101、104条。

③ 《公民权利和政治权利国际公约》第14条。

④ ［日］芦部信喜：《宪法》，李鸿禧译，月旦出版社1995年版，第230页。

途径得到解决考虑进来。至少，宪法制定者对行政诉讼的出台是缺少宪法准备的。为此，在目前的情形下，只能通过宪法解释学的技术对第41条的申诉权和控告权加以扩大解释，进行人权推定，从中引申出裁判请求权的内涵。

对人权进行推定，是人权分类中不得已而采用的方法。在人权有可能被列举宣告的时候，应尽量避免使用推定的方式。理由主要是，被推定出来的人权如果缺乏制度上对其认可的效力，如立法解释中的认可或司法判决中的认可，则其仍是可以随意被人曲解和践踏的。"人权在需要推定的时候，时常抵挡不住公权力侵害的危险。人权推定只有与国家的义务推定共同作为制度确定的时候，前一种推定才可能是有效的。后一种推定指的是国家权力要对公民生活予以干预，必须负有自证根据的义务。即对公民而言，可推定法律所不禁止的都是可为的，换言之，都是自由的；对国家而言，可推定为凡未找到法律作为准予干预的依据，则其干预就都是无效的，凡干预就是侵权。当这两种推定同时成为一种制度时，权利推定才是有意义的。"①

行政诉讼原告资格宪法依据的缺失，退而甘求一种人权推定的模糊规定的做法，形式上无疑使行政诉讼原告资格这一重要的裁判请求权利缺乏宪法的支持。由于我国不存在宪法诉讼和违宪审查制度，宪法规定的基本权利的保障是通过部门法实现的，是一种相对的，间接的保障，这就要求部门法与宪法之间存在良好的协调机制。法律技术上的完善尽管能弥补这一规定的模糊，但明确规定裁判请求权和原告资格无疑是最优选择，诉权作为公民基本权利的保障性权利也应该由宪法明文规定在公民基本权利的专章之中。一方面诉讼法尤其是行政诉讼法能更好地贯彻宪法精神和理念，另一方面也是民主发展、人权保障的必然要求。同时，这也是我国履行国际公约的缔约义务与国际接轨的需要。在人权方面，中国在20世纪90年代开始积极参与国际人权活动，到目前为止，中国已是21项国际人权公约的缔约国②。1997年中共十五大和2002年十六大的报告中都提倡尊重和保障人权，并且随着中国加入WTO以及保障人权在宪法修正案当中的规定，人权保障的法制化已是历史发展的必然选择。

---

① 徐显明：《人权的体系与分类》，载《中国社会科学》2000年第6期。

② 许崇德：《人权入宪的重大意义》，载《法学家》2004年第4期。

二、人权保障：制度变迁的诉求①

《行政诉讼法》第2条规定“公民法人或者其他组织认为行政机关和行政机关工作人员的具体行政行为侵犯其合法权益，有权依照本法向人民法院提起诉讼”。而《最高人民法院关于执行〈中华人民共和国行政诉讼法〉若干问题的解释》第12条规定：“与具体行政行为有法律上利害关系的公民、法人或其他组织对该行为不服的，可以依法提起行政诉讼。”可见焦点主要集中在三个变量：行为、司法保护的对象以及两者之间的因果关系。三个变量的任意变化都会导致制度设计的迥异，这三个变量中在我国变化最大的无疑是司法保护的对象从合法权益发展到法律上利害关系。“各国行政诉讼制度允许具诉权起诉之广狭，考虑到确保行政之灵活、法的安定性、避免滥诉所生之诉讼过量殃及司法之功能等”。② 可见，任何一个变量的变化都是各种因素综合权衡的结果。

而“任何制度安排都不过是宏观环境制约下要素结构变化的结果”。③行政诉讼原告资格的变迁反映的绝非从1989年到1999年的十年间的变化，更多的是体现出新中国成立以来，乃至新中国成立之前中国社会的宪政意识和发展历程。同时“法律根植于文化之中，它在一定的文化范围内对特定社会在特定时间和地点所出现的特定需求作出回应”④。为什么会出现这种变化？

“数千年来，官员总是说，刁民太多，管理太难——所以，官员总是把法律当做管理百姓的工具。数千年来，百姓总是说，贪官可

---

① “由于国家—社会关系理论尤其注重考察制度与其所处的社会环境二者之间的相应互动关系，因此，它对于分析近代历史上变迁中的社会及中国当前的体制改革运动，尤其具有重要的参考价值。”参见吴清：《国家—社会关系：变迁与发展的政治动力之谜》，载《上海社会科学院学术季刊》1994年第3期，第97页。当我们从国家与社会关系角度来探究制度变迁的动因时，实际上是以系统论和制度发生学的解释模式从制度与环境之间的互动关系为逻辑起点的。换言之，制度、社会、国家之间的多元互动行为构成了制度形成与变迁的一般过程。

② 蔡志方：《行政救济法新论》，元照出版公司2000年版，第138页。

③ 温铁军：《百年中国，一波四折》，载《读书》2001年第3期。

④ ［美］梅利曼：《大陆法系》（第二版），顾培东等译，法律出版社2004年版，第155页。

恶，不治不行——因此，百姓总想叫法律严格对待官员。”[①] 那么设定原告资格的本意是站在“官”的立场，还是反映“民”意呢？行政诉讼原告资格实际涉及了中国宪政化的国家机关与民，以及如何处理权利与权力之间的关系等问题。1989 年的《行政诉讼法》或者更往前推至 1982 年的《民事诉讼法（试行）》，乃共和国成立之后中国公法的真正起步。从立法上来看，《国家赔偿法》、《行政处罚法》、《行政监察法》、《行政复议法》等法律都是在这十年间颁布的。法律的内容涉及了行政权力行使过程中的监督救济和事后监督救济，可见制定法的立法目的都转到了规范行政权、保护公民合法权益上面。[②] 新中国成立后的相当长时期内，学术界认为社会主义国家的法律都是维护人民大众根本利益的，不存在公、私法划分的问题，或者干脆说都是公法，然而这些观点并没有维持太长时间，中国社会结构自经济体制改革后开始了公与私的界分和对峙，并在人们的感情建构中取得一席之地，行政诉讼制度的建立是新的社会结构与感情建构在政治与法律上的体现，同时标志着行政法与宪法的肇端。[③]

江泽民同志在党的“十五大”报告中指出，要“推进司法改革，从制度上保证司法机关依法独立公正地行使审判权和检察权。”独立公正的司法制度是正确解决纠纷，对受害的公民提供充分救济、保障法律正确实施和实现司法公正的关键，也是当前法制建设的重要内容。一般认为行政权与司法权都是代表国家权力的，之间是相

---

① 孙笑侠：《法律对行政的控制——现代行政法的法理解释》，山东人民出版社 1999 年版，第 1 页。

② 《行政处罚法》第 1 条规定：“为了规范行政处罚的设定和实施，保障和监督行政机关有效实施行政管理，维护公共利益和社会秩序，保护公民、法人或者其他组织的合法权益，根据宪法，制定本法。”《行政复议法》第 1 条规定：“为了防止和纠正违法的或者不当的具体行政行为，保护公民、法人和其他组织的合法权益，保障和监督行政机关依法行使职权，根据宪法，制定本法。”《行政监察法》第 1 条规定，“为了加强监察工作，保证政令畅通，维护行政纪律，促进廉政建设，改善行政管理，提高行政效能，根据宪法，制定本法。”尽管这些法律都涉及了或在客观上起到了保护公民合法权益的目的，但立法目的还是主要集中在对行政权的规范，保障和监督行政机关有效地实施行政管理。

③ 陈端洪：《对峙——从行政诉讼看中国的宪政出路》，载《中外法学》1995 年第 4 期。

互配合的，只是分工不同。把行政权与司法权在执行法律、实行专政、综合治理等方面的共同性盲目扩大，导致了司法权严重的行政化。“如果司法权不同立法权和行政权分立，自由也就不存在了……如果司法权同行政权合二为一，法官便将握有压迫者的力量。”①

对私人权益进行司法保障，其背后的基本哲学是：“1. 行政机关在本质上倾向滥权而侵害人民权益；2. 容易滥权的行政机关必须受法律的约束；3. 不论是避免行政机关滥权或保障人民权益，都必须藉由独立公正并具有法律专业的法院进行。”② 而在中国传统社会中，司法与行政不分且隶属于行政。在这种体制下，司法不仅不可能独立而且很难形成一套现代的审判制度和程序制度。

政府“法外行政”的传统意识深刻影响它对法治的接受能力、限度、速度，新中国建立的行政主导型的国家、社会体制强化了政府的权力，司法因诸多政治、历史因素的制约并没有取得和形成在现代国家所应有的独立性和尊荣地位，反而被融入行政体系之中，导致其依附性，更遑论权威性。如1951年制定的《人民法院暂行组织条例》，将各级法院视为同级人民政府的组成部分。我国在新中国建立以后的相当长的时间内，司法一直受到行政部门的领导和监督，尽管1954年宪法废除了行政与司法不分的体制，建立了独立的司法机构和制度，确立了司法机关依法独立行使审判权的法制原则，然而1957年反右斗争的扩大化，导致司法独立被当做资产阶级的法制原则而受到彻底批判和否定，而公检法联合办公、当整理到审批案件、行政与司法不分的体制在实践中得到了广泛的应用。尤其是我国自社会主义改造完成之后，建立了高度集中的经济管理体制，行政权力介入社会生活的各个方面，司法机关的人、财、物都受到政府部门的管理和控制，司法机关事实上成为政府的职能部门，并且以保障行政权作为司法诉讼活动的直接目的。③ 司法机关内部也实行行政官吏制，审判活动采取下级服从上级的行政模式进行操作，在这种情况下，司法机关不仅不可能独立，而且也不可能监督行政机

① ［法］孟德斯鸠：《论法的精神》，张雁深译，商务印书馆1961年版，第156页。

② 叶俊荣：《行政法案例分析与研究方法》，三民书局1999年版，第10页。

③ 陈晓枫：《中国法律文化研究》，河南人民出版社1993年版，第493页。

关守法。[①]

梅利曼所言“大陆法系的法律秩序的实行要依靠两个因素，一个是法典生效的时间，另外一个则是司法机关对此的反应”。[②] 行政诉讼法从颁布到现在已经经历了十几个年头，司法实践中关于行政诉讼争议的案件层出不穷。由于“立法时常‘超前’，又经常‘滞后’；法律规定有时流于泛泛，有时又失于琐细；一方面，人们经常抱怨无章可循，另一方面，人们又经常地漠视和违反规则。诸如此类的矛盾还可以举出很多，而不论原因可能是什么，有一点很明显，即这种情态客观上为创造性的司法活动保留了一个相当大的空间”。[③] 最高人民法院两次颁布司法解释试图来弥补制度漏洞与实践操作的鸿沟。司法解释无疑是司法机关最有法律意义的反应，法院对法律进行司法解释有很多规则，然而如何更深入地挖掘实在法的深层含义，也成为司法机关面临的难题之一。正如格雷在《论法律的性质和渊源》的讲演中所说：“之所以出现所谓的解释的困难，是在立法机关对之完全没有概念的时候——当时的立法机关从未想到今天会对该制定法提出这个问题；这时法官并不是确定当年立法机关心中对某个问题是如何想的，而是要猜测对这个立法机关当年不曾想到的要点——如果曾想到的话——立法机关可能会有什么样的意图”。[④] 最高人民法院根据中国社会行政纠纷的现状及其所表现出来的多样性制定了新的司法解释，通过借用第三人的概念来规定利害关系人的原告资格，把原告资格的权益标准扩大到“法律上的利害关系”。

从合法权益到司法解释所确立的“法律上的利害关系”，司法机关对公共行政的审查范围呈逐渐扩大之势，实际上所表现出来的是司法积极主义的彰显。尽管这完全符合中国社会的发展趋势和保障公民权益、监督行政机关依法行政的要求，然而司法解释对此作出规定的法律效力却颇值得人去玩味。新司法解释的所有规定都不能

① 王利明：《司法改革研究》，法律出版社 2001 年版，第 296 页。

② ［美］梅利曼：《大陆法系》（第二版），顾培东等译，法律出版社 2004 年版，第 150 页。

③ 梁治平：《解释学法学与法律解释的方法论》，载梁治平主编：《法律解释问题》，法律出版社 1998 年版，第 100 页。

④ ［美］本杰明·卡多佐：《司法过程的性质》，苏力译，商务印书馆 1998 年版，第 5 页。

超越《行政诉讼法》的立法宗旨，这是由司法解释的地位所决定的。虽然新司法解释确实在许多方面给人以耳目一新之感，但是这种“新”决不是突破《行政诉讼法》的“新”，只是表明原来的司法解释在有关方面作了不恰当的解释，或者司法实践中作了不准确的理解。新司法解释或是恢复了《行政诉讼法》的本来面目，或是澄清了长期以来人们在有关问题上不准确的理解。《立法法》第42条第1款规定“法律解释权属于全国人民代表大会常务委员会。”而最高人民法院只有法律解释要求权，并无解释权。加上整个行政诉讼机制都是建立在《宪法》第41条这种推定的机制上，更使得行政诉讼原告资格的认定缺乏雄厚的宪政底蕴。一方面是司法实践中大量司法解释的涌现，另一方面却是法律对法律解释的明确限制。由此可见，最高人民法院的司法解释似乎有些师出无名的意味，司法积极主义若真正落到实处，必须是立法、司法、行政三方面的配合，而这都必须在宪法的文本中得到明确规定。

而原告资格某种程度上又成为限制行政救济的一道门槛。根据现行法律规定，越是法治化高的环节，人为设置的障碍越多、越是不畅，复议比信访的门槛高、限制多，诉讼比复议的门槛高、限制多，这样，就使绝大多数行政被侵权人进不了复议机关之门，更进不了法院，只能被迫去信访。而当事人一旦被迫踏上信访之途，往往是不仅问题解决不了，其在信访路上还下不来。因为其往往错误地认为，只要坚持信访下去，似乎哪一天总会有解决问题的希望（事实上也确有通过信访解决问题，甚至解决得比复议、诉讼还好的先例），以致使信访队伍越来越大，上访者越来越多；[①]因此，原告资格的设置必须考虑到在人权保障这个公共目标之下行政救济制度之间的配合和协调。

三、限权：行政诉讼原告资格的宪政使命

美国学术团体联合会主席凯茨介绍的一个关于宪政定义的共识，包括三个方面：（1）宪政是由一组用于制定规则的自足或自觉的规则构成的，即宪法是“法之法”；（2）宪政是由意识形态和文化决定的一系列特殊道德观点，如尊重人的尊严，承认人生而平等、自

---

① 姜明安：《完善行政救济机制与建立和谐社会》，载《法学》2005年第5期。

由并享有幸福的权利；（3）任何有意义的宪政概念必须考虑到“合法性”（国家权力、公共政策和法律的合法性）和“同意”（人民对政府及其行为的承认和赞同）。[①]恰当地说，行政诉讼原告资格包含了中国对宪政的不同理解，表达了不同的范式。

从宪法文本上看，1975 年宪法和 1978 年宪法都把公民权利和义务一章放在国家机构一章之后，但现行宪法的修宪者决定将这一章的位置提前，以表示国家权力属于人民，先有公民的权利，才有国家的权力；同时，不仅增加了公民权利条款的数量，而且恢复了 1954 年宪法关于法律面前人人平等原则，扩大了公民的政治权利范围，增加了对公民权利的程序性保障条款。宪政意味着对于政府权力和公民权利的制度安排，它保障公民权利并制约政府权利。行政诉讼原告资格恰恰是中国宪政过程中的一个缩影。界定原告资格的目的“是为了防止滥诉，正确地执行司法审查的职能，是司法审查成为解决争端、保证行政机关核发地行使职权、尊重个人权益的工具，而不是成为妨碍行政的绊脚石”。[②]“如果没有一种由社会规范或惯例形成的制度制约，没有一种内化的或身体化的意识形态的约束，没有不同权力的相互制衡，我们没有理由相信由公职者代表的国家就一定会——且不说坚持不懈地——为社会的公益而工作”。[③]设定行政诉讼原告资格的出发点就是对政府行为“合法性”的质疑，拒绝对政府任何行为的同意和服从。

“总结西方自启蒙以降的历史，对包括行政诉讼在内的法律及其他社会制度的生成、发展与完善产生深刻、持久影响的思想观念无疑是自由主义的政治理念。”[④] 强调个人自由无疑是自由主义的核心内容。在自由主义的观念里，个人在社会群体当中具有优先性，社会群体仅仅是实现个人利益的途径。约翰·密尔认为，中国社会几千年停滞的原因，就在于“使一族人民成为大家都一样、叫大家都用同一格言同一规律来管制自己的思想和行为”，他并且将这种“使

① 张文显、信春鹰：《民主 + 宪政 = 理想的政治》，载《比较法研究》1990 年第 1 期。

② 王名扬：《美国行政法》，中国法制出版社 1995 年版，第 617 页。

③ 苏力：《道路通向城市》，法律出版社 2004 年版，第 18 页。

④ 王麟、王周户：《行政诉讼法》，法律出版社 2005 年版，第 21 页。

一切人都成为一样”的做法叫做“中国理想”。[1]

从发生学角度来看，中国社会的法治发展选择的是一条与西方法治截然不同的道路。用现代意义上的法治来衡量，中国的法治是一种外发型的法治，是随着西方列强的坚船利炮而来。中国的先进分子从“中学为体、西学为用”式的温柔抵抗到主动漂洋海外学习西方的政治法律制度的转变也是一种痛苦的认识过程。从一开始宪政在中国更多的是一种“宪政之梦”，它包含无数中国人国家富强的梦想。因此，从国家富强的目标出发，“国家优先、个人在后”便是社会主义中国宪政的主要理念。

毛泽东同志在关于1954年宪法的草案的讲话中进一步阐述了这样的理念：“我们现在要团结全国人民，要团结一切可以团结和应当团结的力量，为建设一个伟大的社会主义国家而奋斗。这个宪法就是为这个目的写的。”[2] 因而，从宪法开始引入中国的那天起，宪政图景开始在中国人脑海中不再是海市蜃楼时，宪政就被注入深深的使命，也背负了沉甸甸的历史包袱。所以，“宪政从西方的‘个人人本主义’转换为中国的国家主义是非常自然的事情。”[3] 在20世纪50年代至70年代，由于国家对社会高度的垂直整合，中国人基本上都是通过作为“纵式社会”的基层组织的单位或社队参与社会过程的。人们的社会活动一般是代表单位（城里人）或社队（社员）的活动，或者是在单位或社队内部发生的活动。近20年的改革开放使城里人不再完全依附于单位，使农村人从社员变为村民，于是，个人的归属（客观的）和认同（主观的）在制度上具有了从单一性向多样性变化的条件。[4]就法的属性来讲，不同人的不同利益需求、人们对法可能产生的不同理解、法所可能产生的冲突的解决，在当时

① http：//forum. chinalawinfo. com/ltPages. asp? lsID = 5&id = 67669 & lt-Style.

② 《毛泽东选集》（第五卷），人民出版社1977年版，第131页。

③ 王人博：《宪政的中国之道》，山东人民出版社2003年版，第172页。

④ 高丙中：《社会团体的合法性问题》，载《中国社会科学》2000年第2期。

特定的年代里都被消解在统治阶级意志的经典命题中。[①] 从80年代早期延续到90年代，围绕法的社会性与阶级性的问题，法学界进行了较多的讨论。[②] 这场讨论面对现阶段我国统治阶级（人民）内部的利益分化现象，强调法应当具有调整人民内部利益的功能。行政诉讼法当中原告资格的存在，无疑表明公民具有了自己独立的利益主张，也摆脱了法仅仅是阶级统治工具的束缚。

"在中国，宪政在1905年似乎就有了端倪，但是，必须在文化上先有突破，否则，真正的民主制度难以建立"。[③] 中国传统文化中从未有过权利这一概念，其进入中国端赖鸦片战争后的西学东渐，并且极大地影响了其后的中国政治历程。不论是清末的新政，还是民国政府，都可以看出"权利"在其中挣扎求活的努力。但是，20世纪前半期一方面是因为内外交困的国际局势，更重要的因为中国传统极权势力的巨大惯性，"权利"始终难以成为中国政治的主导性话语，并于1949年以后彻底从中国政治话语的词典中消失殆尽。它的重新出现，要等到1978年的改革开放。但由于对这一词汇的生疏，在80年代前半期，中国知识阶层中不少人甚至分不清"权力"与"权利"之间的差别。到了今天，混用这两个概念的文字依然不时出现。

1987年实行的《民法通则》在第7条规定："民事活动应当尊重社会公德，不得损害社会公共利益，破坏国家经济计划，扰乱社会经济秩序"，第73条更是强调"国家财产属于全民所有。国家财产神圣不可侵犯，禁止任何组织或者个人侵占、哄抢、私分、截留、破坏"。而对个人财产的规定仅仅是在第75条规定"公民的个人财产，包括公民的合法收入、房屋、储蓄、生活用品、文物、图书资料、林木、牲畜和法律允许公民所有的生产资料以及其他合法财产。公民的合法财产受法律保护，禁止任何组织或者个人侵占、哄抢、破坏或者非法查封、扣押、冻结、没收。"很显然对公民的个人权益

---

① 郭宇昭在阐述法的概念时，注意到我国除了工人阶级外，还存在农民和其他劳动者。但是作者用"广大劳动人民的意志"消除了可能的利益冲突带来的潜在紧张，圆通地维护了"法反映的统治阶级意志具有统一性"的经典命题。参见郭宇昭：《试论法的概念》，载《法学研究》1981年第2期。

② 周凤举：《法单纯是阶级斗争工具吗？——兼论法的社会性》，载《法学研究》1980年第1期。

③ 应克复：《西方民主史》，中国社会科学出版社1997年版，第228页。

的规定采用列举的方式，但从逻辑上看却不周延，难免挂一漏万。令人欣喜的是宪法修正案当中规定了“国家尊重和保障人权”，“公民的合法的私有财产不受侵犯”，把对合法的私有财产放到社会主义公共财产同等重要的地位。这次修宪对私有财产权和人权的处理，既是大势所趋，也是民心所向。私有财产（包括生产数据和股权等非劳动收入）在中国的大规模存在已是不争的事实，非公有制经济在国民生产总值中的比例已近一半；修宪前的调查发现，93%的城市居民希望修宪以保护私有财产。[①]

从立法政策上来看，立法的重心已经不仅仅是强调国家权益，而是逐渐突出私人权益在社会中的地位和比重。这表明中国社会开始由单一的国家主义开始逐步向国家主义、集体主义和个人主义多元化倾斜。[②]

四、合法权益：国家权力与公民权利的博弈

行政诉讼原告资格预设了需要协调的是行政权与相对人之间的关系，行政权与司法权的关系、司法权与公民权益之间的关系。如何理顺司法权与行政权的关系，是始终贯穿于行政诉讼法的一条主线。“从整体上来看，行政诉讼中司法权与行政权的关系应当表现为行政权自觉接受司法权的监督，司法权尊重并公正地审查行政权。”主要表现在两个方面“一是在横向上体现为行政诉讼受案范围的宽窄，反映司法权对行政权监督的广度；二是在纵向上体现为司法审查程度的深浅，反映着司法权对行政权监督的深度。”[③]这就需要涉及司法权的本质是什么，需要考虑到行政诉讼制度设置的本意是什

---

① 刘武俊：《私有财产权入宪的意义》，载《中国青年报》2004年1月9日。

② 如果从规范主义角度来看，中国社会这种立法重心的转变同样可以看做保守主义和自由主义之间的均衡。“保守主义者们更有可能信任我们统治者的德行和高贵精神，而自由主义者们从‘个人主要受自利动机的左右’这一假定出发，急于确立一套专为保护个人自由而设计的原则和规则。”（参见[英]马丁·洛克林：《公法与政治理论》，郑戈译，商务印书馆2002年版，第89—145页）而行政诉讼原告资格目前的规定一方面在某种程度上满足了保护个人自由的需要，而另一方面则维护了国家主义的威权。

③ 袁曙宏：《完善行政诉讼制度要理顺三对权力（利）关系》，载《行政执法与行政审判》（第10辑），法律出版社2004年版。

么，而探求这些问题的答案无不和宪政息息相关。

原告资格是顺应宪政，还是对宪政化的背离？这就不得不涉及对“合法权益”的理解。《民法通则》第75条第2款规定：“公民的合法财产受法律保护，禁止任何组织或者个人侵占、哄抢、破坏或者非法查封、扣押、冻结、没收。”应当可以看做行政诉讼法合法权益表述的渊源。合法权益对原告资格的制约作用表现为：原告所主张的要求司法权予以保护的权益应当是受法律确认和调整的权益；应当是基于公民、法人或者其他组织法律地位和身份所享有的合法权益。依合法权益来确定原告资格，确实大大增加了司法解决行政纠纷的效率、且简明扼要，更便于法官的实际运用和操作。在当时特定的年代里，也确实起到了应有的效果。

从利益上的一致性到利益的多元化，从法定权益到利害关系的变化，这一方面说明人们权利意识的增强，另一方面也说明诉讼利益保护的范围确实在逐渐扩大。法定权益的局限性表现在立法的滞后性，不能囊括万物、穷尽宇宙。一旦原告所主张的权益在法律找不到依据时，就有可能被排斥在救济途径之外。

厘定合法权益范围的路径主要由三种：其一，法律未禁止或反对的；其二，法律确认的；其三，法律明确规定的。并且，在表面上，三个路径因强调之重点不同，其有关合法权益范围的结论似有从宽到窄之差异。但实际上，合法权益只是一个形式要件而非实质要件，即只要具体行政行为与原告权益有利害关系，即可赋予其原告资格，而不是要求原告权益必须是合法权益。原告权益的合法性审查与保护是诉讼程序开始以后的事情。原告对诉权的行使是为了保护其在行政法律关系中的合法权益，而原告对起诉权的行使和原告资格的取得是为了保护诉权的真正行使。

我们很难想象，某个具体行政行为属于可诉案件，但与该具体行政行为具有法律上的利害关系的行政相对人或者相关人，却因以其权益不合法为由而不能取得原告资格和起诉权。原告资格和起诉权作为启动诉讼程序的保障，只是一种程序性的救济权利，只要存在法律上的利害关系，其本身就是合法的和受法律保护的。“无论各项制度创新或改革之间存在怎样的差异，无论提供制度产品的政府行为之内容是怎样的迥然不同，公法的使命依旧是万变不离其宗的。

一言以蔽之，公法旨在追求和确保政府行为的合法性。”① 由此可见，公民的权利是否合法与政府行为合法性之间不存在必然的联系，换句话说即使公民的权益与法律规定不一致并不能得出政府行为就是合法的结论。

目前的实践做法，实际上是把合法权益的适用范围扩大化、审查期间提前化。制度设计的一相情愿，而忽略了行政诉讼本身所应具有的价值趋向和科学性，而把实然应然化。原告资格的如此设定既和行政诉讼所规定的诉讼目的相适应，又暗和了 20 世纪 90 年代中国社会所处的特殊时期。一方面是中国传统文化与宪法相结合所转化的“国家主义”，另一方面是改革开放以来“个人权利”逐渐成为公众话语的趋势。

原告资格在制定之初，更多的是一种协调，通过协调国家主义和个人主义在中国社会中的比重，使国家权力和公民权利在国家运行状态中达到一种和谐与平衡。行政诉讼原告资格对公民权益既保护又限制的双重职能，止于合法权益，是国家权力与公民权利博弈的暂时均衡，反映了在现有宪政结构下国家控制公民的限度。我国行政诉讼原告资格体现了中国当地行政法学者建构行政法治的初步努力，它不仅是继受传统理论的产物，更是面对国家治理难题的应对之策。

---

① 沈岿：《因开放、反思而合法——探索中国公法变迁的规范性基础》，载《中国社会科学》2004 年第 4 期。

量刑事实的证明与量刑程序的设置刍议

石金平*

自 2009 年 6 月 1 日起，以最高人民法院发布的《人民法院量刑指导意见（试行）》和《人民法院量刑程序指导意见（试行）》为依据，量刑规范化改革试点在全国法院系统 100 多家法院全面铺开，量刑事实该如何证明，量刑程序又如何设置并展开，成为此次量刑规范化改革试点所面对的首要问题。作者参与了此项改革试点工作，从中发现了一些问题，也引起了诸多思考，现就其中涉及的量刑事实的证明与量刑程序的设置两个问题予以探讨，以抛砖引玉，求教于同仁。

一、改革试点中发现的问题

量刑规范化改革试点要求，量刑程序要相对独立于定罪程序，即在有关定罪事实及相关证据的调查和辩论结束后，庭审活动要重点围绕量刑事实及情节展开调查和辩论。① 但是，量刑程序与定罪程序如何相对独立，量刑事实又如何证明，目前并无明确、统一的规定，各地都在探索试点之中。

笔者参与了北京市某区人民法院开展的 20 起案件的量刑程序规范化试点工作。该 20 起案件分为两类，第一类是被告人认罪的适用普通程序简化审理的案件。该 10 起案件，被告人对指控的犯罪事实都认罪，辩护人做的都是有罪辩护。其中 6 起案件，控辩双方对量刑情节没有异议，故庭审很快就结束；另外 4 起案件，控辩双方对量刑情节存在争议，于是审判长引导控辩双方重点对有争议的量刑情节进行质证和辩论。总之，在这 10 起普通程序简化审的案件中，量刑程序得到很好地展开。由于都是被告人认罪和辩护人做有罪辩

---

* 作者为中南大学博士研究生。

① 《人民法院报》2009 年 6 月 1 日第 1 版。

护的案件，辩方最为关心的量刑事实成为庭审的重点，被告人及其辩护人都比较充分地参与到量刑事实的调查和辩论中，最后法院作出的判决双方都表示接受，并且庭审效率比较高。

第二类10起案件是不宜适用普通程序简化审而按普通程序审理的案件，其中1起被告人对指控事实无异议，但认为自己不构成犯罪；1起被告人虽认罪，但辩护人做的是无罪辩护；3起被告人虽认罪，但辩方对指控罪名存在争议；另5起被告人和辩护人均对指控事实存在争议，属典型的不认罪案件。在对其中3起被告人认罪、但辩方对指控罪名存在争议的案件进行审理过程中，审判长询问完辩方对指控事实和罪名的意见后，组织控辩双方先进行定罪事实的调查，然后进行量刑事实及情节的调查；在法庭辩论阶段，审判长亦按此进行了引导，控辩双方均有较好的配合。庭审中，量刑事实及情节的调查也因此独立出来，使庭审有较好的节奏感和层次感。同时，由于量刑程序的相对独立，辩方在量刑程序中能够专心参与到量刑事实和情节的庭审活动中，从而使得法庭对于量刑事实和情节的认识及认定更为全面。但在对另外7起不认罪案件的审理过程中，审判长也进行了同样的组织和引导，但其中有3起案件的被告人或辩护人提出被告人不构成犯罪，谈不上量刑问题，拒绝参与对量刑证据进行调查和对量刑事实及情节进行辩论。另外4起案件的被告人或辩护人则在假定法庭认为被告人有罪的前提下，提出了有关量刑事实及情节，与公诉人展开质证和辩论。在此过程中，法庭感到对这类案件如此审理，在定罪问题尚未解决的情况下，引导控辩双方围绕量刑事实和情节进行质证和辩论，似乎存在先定后审的问题。此外，在被告人不认罪，辩方拒绝参与量刑程序情况下，硬要进行量刑事实及情节的庭审活动，由于辩方的参与度不够，以致对量刑事实及情节的调查发掘明显不够充分和完整。

通过以上20起案件的试点，我们发现存在以下几个问题急需研究解决：

（一）量刑事实的证明缺乏证据规范

量刑程序的相对独立性被强调后，控辩双方明显加强了对量刑事实和证据的质证和辩论，量刑事实在庭审中凸显出来。但是问题也随之而来。有关量刑证据与定罪证据在证据规格、证据提出、证明责任和证明标准等方面是否应该有所区别？比如说有利于被告人的自首、未遂等量刑事实或情节，是否也应该采取“事实清楚、证据确实充分”的证明标准？由此表明，需要针对量刑事实的有关证明问题构建相关的证据规范。

（二）量刑程序的相对独立如何理解和设置，具体来讲它到底与定罪程序如何“相处”

在试点案件中，被告人认罪且辩护人做有罪辩护的案件能够较好地从定罪问题转入量刑事实的调查及量刑程序的展开，其原因在于被告人已经认罪且辩护人也做有罪辩护，控辩双方对定罪事实和相关证据并无争议，辩方所关注的就是如何量刑问题，因此控辩双方也希望法庭能够将量刑程序尽快展开，辩方更是希望法庭将量刑作为庭审重点，使其有充分的时间和机会进行量刑辩护。而在被告人不认罪或辩护人做无罪辩护的案件中，量刑事实的调查及量刑程序的展开就遇到了困难甚至障碍。其所以如此，原因就在于控辩双方以及合议庭在庭审中关注的重点是罪与非罪的问题，辩方希望得到无罪判决的结果，因而会将时间和精力更多地投入到定罪程序上。被告人是否有罪尚没有结论，法庭进行量刑问题的调查和辩论，被告人和辩护人势必进入两难境地：一方面称自己或自己的当事人无罪，另一方面又称自己或自己的当事人罪轻应当从宽量刑，由此不难理解为什么辩方拒绝进入量刑程序或在量刑程序中投入不够，以致针对量刑事实及情节的庭审活动不能充分展开。如何解决这个问题就涉及定罪程序与量刑程序的衔接问题。

（三）量刑事实与定罪事实如何区分以及如何证明

在试点中，庭审之前控辩双方先进行证据开示，经过证据开示，双方确定形成一份《无争议证据清单》，庭审时经简要说明后，可不经过举证和质证程序，直接采纳作为定案的证据。这种做法可以节省有关定罪问题的庭审时间，提高庭审效率，但对于量刑事实及情节的调查却造成了障碍。在《无争议证据清单》中，有很多证据不仅对于定罪有意义，而且对于量刑也有意义。比如共同犯罪中被告人的作用大小、犯罪起因等，这些事实往往表现在被告人供述、被害人陈述及证人证言等言辞证据中，如果这些证据双方无争议而不在法庭上举证和质证，就会造成这些影响量刑的事实和证据，很可能不被合议庭所了解。特别是当法官不参与证据开示活动的情况下更是如此。退一步说，即使法官参与也仍然存在一定问题。因为实践中，大量的案件是由三名法官或法官与陪审员共同组成合议庭审理，合议庭的三名成员不可能都会参与证据开示，至多有一名成员可以参加。由此可见，如何区分量刑事实与定罪事实进而区分量刑证据和定罪证据是一个值得研究的问题。

（四）关于量刑事实的证明问题

正如陈瑞华教授所指出，“我国现有的证据规则主要是围绕着定罪问题而存在的，与量刑问题没有太多的联系。”[①] 我国刑事诉讼法对于量刑事实的证明基本上没有进行规范。这在过去忽视量刑问题，缺乏相对独立的量刑程序的情况下不成为问题。但在推行量刑规范化改革，构建相对独立的量刑程序后，就成为一个突出的问题。如何解决这个问题，笔者以为，可以参考国外有关立法例，在总结我国司法实践经验的基础上，对主要原则问题予以明确。

在证明方式方面，日本的立法例值得关注。在日本，根据证明对象的不同，适用“严格证明”和“自由证明”两种不同的证明方式。“用有证据能力的证据并且经过正式的证据调查程序作出的证明，叫‘严格的证明’；其他的证明，叫‘自由的证明’。”[②] 严格证明的对象包括定罪事实和倾向加重被告人刑罚的情节事实，而其他量刑事实，包括是否判处缓刑的事实，则不需要严格证明，只需要自由的证明。严格证明，需要运用诉讼法中规定的法定证据方法，经过法律规定的证据调查程序进行证明，也就是需要经过一定程序保障证据具有证据能力。而自由证明的证据是否在法庭出示，出示以后用什么方式调查，由法院裁量。[③]

在证明标准方面，美国的立法例值得重视。在刑重事实的证明方面，它依据证明的具体内容不同从高到低适用不同的证明标准，如初级法院认为量刑前报告中记载的信息已经符合最低的准确性要求，就可以认定有关事实，是之为最低确定标准；而控方对于被害人的挑拨行为确实不存在的证明只需达到优势证据标准即可；而对

---

① 陈瑞华：《论量刑程序的独立性——一种以量刑控制为中心的程序理论》，载《中国法学》2009 年第 2 期，第 163 页。

② ［日］田口守一：《刑事诉讼法》，刘迪等译，法律出版社 2000 年版，第 219 页。

③ 同上，第 220—221 页。

于死刑则适用排除合理怀疑的标准。[①] 对于辩方根据“谁主张，谁举证”的规则，在刑轻的事实的证明方面，适用优势证据标准。如在 Walton v. Arizona 一案中，多数法官认为，州可以要求被科处死刑的被告人运用优势证据证明与科刑相关的减轻情节存在，只要检察官首先证明犯罪的构成要素和加重情节的存在。[②]

从上述立法例可以看出，量刑事实的证明在证据规则上，基本上都是以是否对被告人有利予以区别对待的。对于加重、从重情节都适用严格的证明或排除合理怀疑的证明标准，对于减轻、从轻、免除处罚情节一般适用自由的证明或优势证明标准。这样确定量刑事实的证明规则与无罪推定原则、有利被告的原则等蕴涵的保护公民权益、防止不当司法的诉讼理念基本一致，值得借鉴。

其实，我国司法实务部门对上述证明规则早有广泛的实践。比如在未成年人案件的审判中，广泛运用着有关未成年被告人犯罪前个人经历、家庭情况、在校表现、社区表现等情况的社会调查报告。虽然社会调查报告的取得主体、规格等尚存在争议，且其中存在大量的传闻证据和意见证据，但在很多情况下都被作为量刑的重要参考依据，而这种在形式上没有法律规定的证据在定罪时是禁止考虑的，与日本的自由证明的证据规则基本一致。又如累犯的认定，即使被告人自认在某年有前科，且有亲友等言辞证据予以证明，但如果控方不能提供前科的判决书或释放证明等有关法律文书，也不能认定被告人有前科。显然对于累犯这一量刑情节的认定采用非常严格的标准，相当于英美法系的排除合理怀疑的标准和日本的严格的证明规则。而如自首情节的认定，即使被告人是被动抓获归案，但只要被告人能提出证据证明其已经在前往司法机关的途中，有投案的意图，比如有亲友予以证明，而控方又无证据予以反驳，就可以认定其属于“自动投案”。显然对于自首这一情节的认定采用的不是如累犯一样严格的标准，相当于英美法系的优势证明标准或日本的自由的证明规则。

因此，笔者主张在量刑事实证明的证据规范中引入上述证明规

① ［美］伟恩·R. 拉费弗等著：《刑事诉讼法》（下），卞建林等译，中国政法大学出版社 2003 年版，第 1362—1363 页。

② Walton v. Arizona, (1990), 497U. S. 639, 110S. Ct. 3047, 111, L. Ed. 2d511 (1990).

则，以让实践部门有法可依，并更好地指导实践。① 具体而言，有如下建议：

第一，对基准刑的证明，应该适用定罪情节的证据规范。在量刑实践中，基准刑是指在考虑适用各种量刑情节包括法定的和酌定的量刑情节之前，仅就被告人所犯罪行本身依法应判处的基础刑罚。量刑规范化试点文本规定，基准刑所依据的事实实际上是定罪情节和定罪剩余的构成要件事实所转化的量刑情节，即犯罪事实。这里应该注意的是定罪剩余的构成要件事实转化为的量刑情节如何适用上述证据规则。这种非典型的量刑情节之所以存在，是因为有些犯罪构成具有两个以上的选择要件或者有些构成要件却存在两个以上的选择要素，法律要求只要具备其中任何一项选项，就可成立该种犯罪，在这个场合，应当在其犯罪构成事实中选择危害最重的那个犯罪构成事实作为定罪情节，用于充足犯罪构成的起码要求，定罪剩余的其他犯罪构成事实，理所当然地转化为量刑情节。这些情节都应该是从严处罚情节，只有这样对待，才能使那些采取多种行为方式或者方法实施犯罪的，或者危害行为侵犯多种对象或者造成多种危害结果的，或者具有多种犯罪情形的犯罪分子受到更重的处罚，从而体现刑法个别化和量刑的公正性。而且不管是定罪情节和还是这些非典型的从重处罚情节，实质上的来源都是定罪情节。因此确定基准刑所依据的定罪和量刑情节，理应都适用定罪情节的证据规范。

第二，对于其他典型的量刑情节中的从严处罚情节适用严格的证明和内心确信无疑的证明规则，对于从宽处罚情节，应该适用自由的证明和优势证明规则。

二、关于量刑程序的设置问题

试点中发现的第二个问题，即辩方在量刑程序中遭遇的尴尬，实际上是包括我国在内的采取大陆法系定罪与量刑一体化模式的普

① 关于上述证明规则的理论探讨，可参考李玉萍：《我国相对独立量刑程序的设计与构建》，载《法律适用》2008 年第 4 期，第 11 页。李玉萍：《量刑事实证明初论》，载《证据科学》2009 年第 1 期，第 15 页。陈卫东、张佳华：《量刑程序改革语境中的量刑证据初探》，载《证据科学》2009 年第 1 期，第 5 页。康怀宇：《比较法视野中的定罪事实与量刑事实之证明——严格证明与自由证明的具体运用》，查询于北京市法院网“法学研究”栏目。

遍缺陷。有位德国学者指出："因为（法庭同时）审判处理罪与罚的问题，辩护方在作总结陈述时，经常面临两难境地：辩护人如果（现实中他应当这么做）请求法院在对被告人定罪时从轻量刑，则无疑削弱了他对当事人所作的无罪答辩的可信度。"① 另一位德国学者赫尔曼教授则更为明确地指出："在德国的庭审中最后辩论可能给辩护律师带来一个特殊的问题。如果辩护律师想要主张被告人无罪，他将申请无罪释放。由于律师无法确定法庭是否一定会判决无罪，他必须同时解决一旦被告人被认定有罪应当判处何种刑罚的问题。由于美国刑事诉讼中存在一个单独的量刑庭审，辩护律师就不必面临这种困境。"②

如何解决这一难题，需要学习英美法系采取的定罪与量刑相分离的程序模式③，即将定罪与量刑分为两个独立的程序，在先解决定罪问题后，再解决量刑问题。对于这个问题，理论界有一种观点认为，定罪程序与量刑程序的这种彻底分离，会增加诉累，不利于诉讼效率。笔者认为，我们并不需要、也不应该对所有案件适用一种模式，应该只就不认罪案件采取英美法系的量刑与定罪相分离的程序模式，而对认罪案件则应坚持大陆法系的定罪与量刑一体化模式，这样既能保证案件质量又能提高诉讼效率。

（一）为什么应当建立两种模式并存的格局

1. 量刑证据规则的特殊性，决定了量刑事实的证明需要有独立的量刑程序予以保障

强调定罪程序与量刑程序的分离，不仅仅是解决辩护尴尬问题的需要，而且还是定罪事实与量刑事实的证明规范不同所决定的。如前所述，定罪事实与量刑事实的证明方式、证据标准等证据规则存在很大差异性。量刑事实的证明中，有关基准刑的根据和从严量刑情节需要适用严格的证明规范和排除合理怀疑的证明标准，而从

---

① ［德］托马斯·魏根特：《德国刑事诉讼程序》，岳礼玲、温小洁译，中国政法大学出版社 2004 年版，第 145 页。

② ［美］菲尼、［德］赫尔曼：《一个案例，两种制度——美德刑事司法比较》，郭志媛、岳礼玲译，中国法制出版社 2006 年版，第 352 页。

③ 有关这种程序模式的参考资料，见［英］麦高伟等主编：《英国刑事司法程序》，姚永吉等译，法律出版社 2003 年版，第 423 页以下；［美］爱伦·蒙切斯泰勒·斯黛丽、南希·弗兰克：《美国刑事法院诉讼程序》，陈卫东、徐美君译，中国人民大学出版社 2002 年版，第 567 页以下。

宽量刑情节则需要适用自由的证明规范和优势证明标准。如果不将量刑程序独立出来，则很难保障量刑情节被及时发现。特别是对于一些被告人供述、被害人陈述或证人证言等言辞证据而言，这些证据在很多情况下是作为定罪证据出现的，而其中又包含大量的量刑情节，可以作为量刑证据使用。在庭审过程中，如果没有独立的量刑程序，控辩双方在质证和辩论过程中，势必会要么先考虑定罪事实及情节的认定，而忽视量刑事实及情节的认定，要么控辩双方对同一证据从量刑证据规则和定罪证据规则两个方面运用不同的规则发表不同的意见，以致法官必须在运用不同的证据规则时不断地转换思维。而基层法院审理的大部分案件是有陪审员参与的，即使法官有这样的法律素养可以适应这种变化，而陪审员则很难适应这种变化，从而容易造成合议庭对定罪事实与量刑事实及其证据认定的混乱。而一旦有了独立的量刑程序，则在定罪程序结束后，控辩双方便可以专门运用量刑证据规则对证据予以质证和辩论，合议庭也能以量刑证据规则的思维方式对证据重新予以审核，从而将量刑情节更加充分地发掘出来，整个庭审程序也就更加清晰，重点更加突出。

2. 两种模式并存既能保证效率又能实现公正

那么，在我国建立两种模式并存的格局是否会影响到公正和效率的实现呢？

效率和公正是刑事诉讼追求的两大目标。我国刑事诉讼法设立简易程序，最高人民法院根据司法实践的经验在普通程序中推出被告人认罪案件审理程序，其最主要的诉讼价值是追求效率；而对于其他不认罪案件设立普通程序审理，其最主要的诉讼价值是追求公正。但并不是说，简易程序和普通程序简化审程序就不追求公正，也不是说不认罪案件就不追求效率了。而是说，根据不同案件的审判重点和疑难程度，设置这三种程序能同时兼顾效率和公正，使得可以提高效率的尽量提高效率，实现公正难度大的要最大程度地实现公正。从试点法院的历年统计数据来看，每年的4000余件刑事案件中，简易程序案件占了60%左右，被告人认罪程序案件占了30%左右，只有10%左右的刑事案件适用普通程序审理。也就是说，认罪案件占所有刑事案件的90%左右，对它们均以较为快速的方式审结，既保证了公正，又提高了效率。

在认罪案件中，由于控辩双方对罪与非罪以及此罪与彼罪均无争议，法庭如果再将定罪程序与量刑程序彻底分离，既浪费诉讼资源又增加诉累。相反，法庭在确认被告人自愿认罪后很快地将庭审从定罪程序转变为量刑程序，适用量刑证据规则重点调查量刑事实及情节，也不会产生前文提到的庭审混乱的问题。辩方在此类案件中追求的是量刑公正，也能有充分的时间和机会得以实现。可见在认罪案件中，适用大陆法系的定罪与量刑一体化模式，也就是我国现行的庭审模式，消化掉绝大部分刑事案件，能有效地保证整体刑事诉讼效率。这样完全符合诉讼经济和司法公正的理念。

而在不认罪案件中适用英美法系定罪与量刑的分离程序①，重点解决另外占10%左右的疑难复杂的案件。这类案件也是司法实践中最容易出现错误的案件。其诉讼价值在于：其一，定罪与量刑程序相分离，辩方在定罪程序中就可避免同时辩护量刑问题的尴尬；其二，在定罪程序结束后，如果认定被告人无罪，就不必继续量刑程序，可节约诉讼时间和成本，提高效率；其三，如果认定被告人有罪，则辩方势必将主要精力转入量刑问题的辩护上，则控辩双方就量刑事实及情节展开质证和辩论将更加充分，因而更加利于法庭；其四，由于两个程序相分离，控辩双方和法官、陪审员避免了因定罪证据和量刑证据适用不同规则而造成调查和认定混乱的问题，量刑也必将更加公正。同时，由于约90%的案件适用定罪与量刑一体化模式，只有10%左右的案件适用程序分离模式，这将从整体上提高诉讼效率，不会给控辩双方以及法官增加诉累。退一步说，即使这样做对诉讼效率产生一定影响，但对于在这些容易出现错误的约10%的案件中突出司法资源的投入，以确保司法公正和保障人权，

① 关于定罪与量刑程序的分离，随着量刑规范化改革的推开，目前已经有大量的理论研究，如陈瑞华：《论量刑程序的独立性——一种以量刑控制为中心的程序理论》，载《中国法学》2009年第2期，第163页。笔者在此不再赘述。本文只就在试点过程中的一些经验予以总结，作为其他论证的一个补充。实际上，关于大陆法系定罪与量刑一体化的弊端也已被德国等大陆法系传统国家理论界所诟病，并指出了向英美法系学习的方向。比如德国著名教授罗科信指出，“未来将相对于此，经常会以英美法为借镜，将审判程序一分为二，要求分别就罪责问题及刑罚问题提出证据。此种分法原则上应尽速被采行。因为在被告罪责问题未证明前，对为揭露被告之人区别身份所做之调查常属多余，此对其结果亦为不利，并且会造成法官在罪责问题上受到拘束。”载［德］克劳斯·罗科信著：《刑事诉讼法》，吴丽琪译，法律出版社2003年版。

也是值得的，并不为过。

（二）两种模式并存格局的庭前程序保障

试点中发现的第三个问题表明，实现两种庭审模式并存的格局，需要对我国现行刑事诉讼庭前程序予以完善，其目标是保证所有的案件按照两种模式得以正确的分流，也就是所谓的繁简分流，从而使公正和效率得以更好地实现。我国现行的刑事案件分流机制，实际上是由控方主导着。控方根据案件的证据情况，特别是被告人是否认罪，将案件分类为简易程序、被告人认罪程序和普通程序向法院起诉。但是，在实践中，不少被告人不认罪的案件，控方也以被告人认罪程序提起，其原因主要是被告人在庭前认罪但在庭审中又翻供，表示不认罪；而对于一些被告人原先不认罪的案件控方以普通程序提起后，被告人在开庭时又认罪了。为了避免这种情况出现，保证案件的正确分流，有必要完善庭审前准备程序。

完善的基本思路是：在庭前程序中，不仅要进行证据开示，由控辩双方确定并形成《无争议证据清单》，而且要求辩方在提交《无争议证据清单》的同时，提交被告人是否认罪的答辩意见。也就是说，辩方有机会在庭前与公诉人就证据问题充分交换意见，并与被告人对有关证据的看法交换意见，这样辩护人在充分掌握控方现有证据的情况下，有充分的条件和时间与被告人就是否作有罪答辩进行协商，并将被告人是否认罪的态度告知法庭，法庭据此确定采用何种程序审理案件以及在审理中采取定罪与量刑一体化的模式还是采取定罪与量刑相分离的模式。这样既有利于定罪问题的解决，也有利于量刑问题的解决；既有利于确保司法公正，又有利于诉讼效率。

● 台港澳法制

我国台湾地区刑事侦查法制论略（上）

许家源*

第一章 序 论

第一节 台湾“刑事诉讼法”之近期发展

一、发展沿革概要

台湾“刑事诉讼法”之立法，可溯及至国民政府于1928年7月28日所公布的“刑事诉讼法”，全文分为九编，共513条（自同年9月1日起施行），是为“旧刑事诉讼法”。之后，于1935年1月1日首次全面修正（同年7月1日施行），全文分为九编、共516条，奠定现行“刑事诉讼法”之基本体例，即便日后历经二十多次修正，但仍维持其基本架构。其中，几次较具影响力之修正，大致罗列如下：

• 1995年10月：扩大检察官依职权为不起诉处分之范围（第253条）、严格限制第三审上诉之案件（第376条）、简易程序之部分修正等。

• 1997年12月：增加预防性羁押（第101条之1）、确立羁押之拘捕前置原则（第93条之1）等。

• 2001年1月：大幅修正搜索之相关规定，将搜索权改隶于法官。

• 2002年2月：确立检察官（应）负举证责任及起诉审查制度（第161条）、证据调查由当事人主导，法院仅居于补充性之地位

---

* 作者为台北大学法研所刑事诉讼法专业博士研究生。

（第 163 条）、增订缓起诉制度与交付审判制度等。

• 2003 年 2 月：本次修法，堪称是有史以来最大幅度之修正，并以证据法为主轴。内容包括：确立证据排除法则（第 158 条之 2 以下）及传闻法则（第 159 条以下）、交互诘问程序明文化（第 166 条以下）、增订证据保全一节（第 219 条之 1—之 8）等。

• 2004 年 4 月：增订协商程序（第 455 条之 2 以下）。

• 2007 年 7 月：这是最近一次修正。增订无辩护人之被告于审判中之阅卷权（第 33 条第 2 项）、第二审上诉状须具备理由（第 361 条第 2 项）等。

二、两个重要转折点

就上述之修正沿革史而言，造成修法之因素固然错综复杂（包括行政机关与立法机关的妥协），但台湾地区在刑事诉讼制度的改革理念上之所以能迎头赶上先进国家，不可否认，关键在于大法官会议数则重解释的启示，以及经过全国司法改革会议的充分凝聚，才能迅速实现。

（一）大法官会议第 384 号及第 392 号

大法官会议于 1995 年 7 月 28 日及 12 月 22 日分别公布之第 384 号及第 392 号解释，对日后台湾地区刑事诉讼之改革理念，提供了具有宪法位阶的思考基础，影响至为深远。释字第 384 号及第 392 号，一言以蔽之，系阐述“正当法律程序”（due process）之法理。就台湾之“宪法”条文而言，形式上虽然不若美国联邦宪法增修条文第 5 条及第 14 条、或日本宪法第 31 条有“正当法律程序”之明文，但透过大法官此二号解释，为“宪法”第 8 条注入正当法律程序之理念，赋予新的生命力，加上学者们不断地加以阐述，使得“宪法”第 8 条实质上发挥了英美法上“正当法律程序”之理念①。

释字第 384 号认为，“宪法”第 8 条第 1 项规定：“人民身体之自由应予保障。除现行犯之逮捕由法律另定外，非经司法或警察机关依法定程序，不得逮捕拘禁。非由法院依法定程序，不得审问处罚。非依法定程序之逮捕，拘禁，审问，处罚，得拒绝之。”其所称“依法定程序”，系指凡限制人民身体自由之处置，不问其是否属于

① 在释字第 384 号公布之前，虽然释字第 271 号（1990 年）及第 300 号（1992 年）均曾提及“宪法”第 8 条所谓“法定程序”一语，但未见进一步阐述。

刑事被告之身份，国家机关所依据之程序，须以法律规定，其内容更须实质正当，并符合“宪法”第23条所规定相关之条件。“检肃流氓条例”第6条及第7条授权警察机关得径行强制人民到案。无须践行必要之司法程序；第12条关于秘密证人制度，剥夺被移送裁定人与证人对质诘问之权利，并妨碍法院发见真实；第21条规定使受刑之宣告及执行者，无论有无特别预防之必要，有再受感训处分而丧失身体自由之虞，均逾越必要程度，欠缺实质正当，与首开宪法意旨不符……并宣告“检肃流氓条例”上开规定于1996年12月31日自动失效，促使立法机关尽速修法。在释字第394号之基础上，释字第392号针对当时检察官之羁押权，宣告违宪，认为“宪法”第8条第1项、第2项所规定之“审问”，系指法院审理之讯问，其无审判权者即不得为之，则此两项所称之“法院”，当指有审判权之法官所构成之独任或合议之法院之谓。法院以外之逮捕拘禁机关，依上开“宪法”第8条第2项规定，应至迟于24小时内，将因犯罪嫌疑被逮捕拘禁之人民移送该管法院审问……纵然文字用语上未提及正当法律程序，但实质上亦本于“正当法律程序”公平与正义之内涵而解释①。

2008年2月1日公布之释字第636号解释，再一次针对“检肃流氓条例”部分条文重申其违反正当法律程序之意旨，认为：“本条例第2条关于流氓之认定，依据正当法律程序原则，于审查程序中，被提报人应享有到场陈述意见之权利；经认定为流氓，于主管之警察机关合法通知而自行到案者，如无意愿随案移送于法院，不得将其强制移送。”“本条例第12条第1项规定，未依个案情形考虑采取其他限制较轻微之手段，是否仍然不足以保护证人之安全或担保证人出于自由意志陈述意见，即限制被移送人对证人之对质、诘问权与阅卷权之规定，显已对于被移送人诉讼上之防御权，造成过度之限制，与‘宪法’第23条比例原则之意旨不符，有违‘宪法’第8条正当法律程序原则及“宪法”第16条诉讼权之保障”，显然地，从1995年至2008年，正当法律原则已成为台湾地区“刑事诉讼法”

① 进一步详细之分析，可参考陈运财：“宪法正当法律程序之保障与刑事诉讼——以释字第384号解释为中心”、“释字第392号解释与刑事诉讼制度的变革”，收录于所著：“刑事诉讼与正当法律程序”一书，月旦1998年出版，页3及页61以下。

上一项根深蒂固之基本理念。

（二）1999年台湾地区司法改革会议

在民间与政府的期盼与合作之下，“全国司法改革会议”，于1999年7月登场。该次会议，耗时三个月进行筹备，由“司法院”与民间、实务界、学术界等人士举行多次座谈，确定议题，选定各分组人员进行讨论并做成决议。就刑事诉讼方面之改革，其议题包括三大方面，即“刑事诉讼制度之改革”、“刑事法庭席位之改造”、“强化检察体系、提升犯罪侦防能力”等，台湾地区近十年来在刑事诉讼法制方面的改革，正是按照该决议内容，逐步地完成立法。因此，透过司法会议的召开、决议，凝聚各界共识，该次会议在台湾地区司法史上，其影响力绝对无法否认，尤其在刑事诉讼方面朝所谓“改良式当事人进行主义”修正，等于告别职权原则，正式迈向当事人进行原则之宣示。

有关刑事诉讼法制之具体议题包括①：

A. 刑事诉讼制度之改革

1. 探讨增强当事人进行主义及其配套措施

（1）研采起诉卷证不并送制度

（2）实行诉因制度

（3）确立当事人调查证据之主导权及法院依职权调查证据之补充性格。

（4）确立检察官之实质举证责任

（5）配合实行当事人进行主义应有之配套措施

①促进当事人实质平等——强化辩护功能

②减轻处理案件之负担

③推动刑事审判集中审理制

④强化制衡检察官不起诉之机制

⑤检察官人力、物力资源之改善

2. 强化第一审之事实审功能，以第一审为事实审审判中心，第二审实行事后审，第三审实行严格法律审并采上诉许可制

（1）严谨证据法则

（2）落实及强化交互诘问之要求

（3）限制讯问被告及调查被告自白之期

---

① 有关1999年司法改革会议详细内容，请参考台湾地区“司法院”网站（网址：http://www.judicial.gov.tw/）之“司法改革”专栏。

(4) 区分认定事实与量刑程序（提案者：“最高法院”学术研究会

(5) 除简易案件之外，第一审应实行合议制

(6) 修正自诉制度，确定以公诉为主，自诉为辅之诉讼架构

(7) 第二审研采“事后审查审”

(8) 第三审研采严格法律审或并采上诉许可制

(9) 适度修正非常上诉制度

(10) 禁止为受判决人之不利益声请再审

B. 刑事法庭席位之改造

研议刑事法庭中检察官与被告席位之设置。

C. 强化检察体系，提升犯罪侦防能力

1. 增加检察官员额及其辅助人力，以取院检资源平衡，减轻检察官之侦查事务负荷，俾能担负新制度下之重大责任。

2. 侦查中强制处分之决定是否由法院为司法审查。

3. 重新定位检警关系，调整检察官公诉任务与侦查任务之分工，确立以检察官为侦查主导者的检警合作模式。

4. 提升检、警、调之科学办案能力。

第二节　侦查之基本原则

刑事诉讼制度之设计，往往在发现真实与人权保障之间游移、冲突，究竟如何取舍，似乎没有永远的正解，而在对立最明显的侦查阶段，更难以建立一致的标准。不过，在“宪法”与“刑事诉讼法”之相关规定下，有以下几个原则，提供了立法与执法的重要指标，也是台湾地区近十几年来在侦查法制上学界与实务界争议的原点，更是了解台湾地区侦查制度前的基础认知。

一、任意侦查原则[①]

侦查活动之实施，往往直接侵犯人民受宪法保障之基本权利，例如人身自由、通讯自由等，因此，当侦查之目的可由多数手段达成时，必须选择任意处分之方式为之，亦即应优先考虑在侦查对象出于自愿或不侵害其基本权利之情况下进行证据之搜集、保全。此

① 参考陈运财：《侦查之基本原则与任意侦查之界限》，收录于前揭书，页 145 以下。

依原则虽非“刑事诉讼法”所明文①，但依据台湾地区“宪法”（以下简称“宪法”）第23条规定，人民之自由权利，除为防止、妨碍他人自由、避免紧急危难、维持社会秩序，或增进公共利益所必要者外，不得以法律限制之，堪为“刑事诉讼法”上任意处分原则之上位概念。因此，在侦查之实施，应以任意侦查为原则，当任意侦查手段无法达成侦查目的时，始能发动强制处分。

二、强制处分法定原则与令状原则

（一）强制处分法定原则②

强制处分法定原则，指强制处分③之要件、程序须有法律明文，且该法律必须符合明确性、正当性原则。

在“刑事诉讼法”上明文规定多种强制处分类型，例如传唤、拘提、逮捕、羁押等对人之强制处分，或是搜索、扣押、勘验等对物之强制处分，上开强制处分之所以须以法律明定其发动之要件、程序等，乃基于“宪法”第8条及第23条所彰显之“强制处分法定原则”之要求。如强制处分非以法律明订其发动要件及程序，则该强制处分应被判定违宪。

（二）令状原则④

对于人民宪法保障之自由、隐私、财产之侵犯，如无急迫情事，应经由中立、超然之司法机关审查并签发令状，始得为之，此即所谓“令状原则”⑤。例如搜索之搜索票、羁押之押票等，均由法院审

---

① “刑事诉讼法”第228条第2项「」、第101条之「」、第122条之「」，亦可看出侦查之实施应以任意处分为原则。参陈运财前揭书，页145—146。

② 参陈运财前揭书，页146—149。此外，“强制处分法定原则”也有学者称之“法律保留原则”、“宪法保留原则”、“合法性原则”，名称虽有不同，但内涵上均一致强调宪法上基本权利之侵害、干预，都必须有明确而正当的明文规定，可另参林钰雄：《刑事诉讼法》（上），元照出版公司2007年版，页294以下。

③ 所谓强制处分，简单地说，指国家机关为搜集、保全证据或被告，对被告、犯罪嫌疑人或第三人所实施具有强制性质之措施。

④ 参王兆鹏：《刑事诉讼法讲义》，元照出版公司2008年版，页95以下。

⑤ 因此，如仅要求强制处分需持令状执行之，充其量仅属“要式主义”，不得称之“令状原则”。

查、签发[1]。因此，其意义不仅在于形式上的“令状”，在重要的是该令状必须由中立、超然之第三人所作成。

为何需要令状原则？为何须交由第三人判断？其理由不一而足，包括[2]：（1）检警身为侦查犯罪之人，无法正确判断何时应发动强制处分；（2）避免无实质理由之强制处分；（3）借由事先审查，避免事后判断之偏颇；（4）借由事先审查，避免警察做伪证；（5）借此建立书面记录；（6）借由声请程序，筛减无必要之强制处分等说法。但无论如何，就“宪法”第8条之精神来说，应指法院，而非属行政机关之检察官。

三、比例原则

比例原则[3]属于宪法层次之原则，任何国家行为均应受比例原则之支配，其不仅拘束行政机关，也拘束司法机关。因此，在侦查阶段实施任何侦查方法时，必须考虑到：（1）其方法是否适于达成目的（适当性）；（2）该方法是否为达成该目的之方法当中，侵犯基本权利最轻微者（必要性）；（3）该方法所造成之侵害程度与其达成目的之利益，两者是否合于一定比例（衡量性）。而且，不管是任意侦查手段或强制处分，均受比例原则之拘束。例如逮捕通缉犯时，如该通缉犯手无寸铁，身材瘦小，亦未见反抗，则以两名司法警察徒手加以逮捕已足，不宜再以警械威吓或施以拘束。

就现行法来看，不少条文用语都寓有比例原则的内涵，例如第89条“应注意被告之身体及名誉”、第90条“不得逾越必要之程度”、第93条第2项及第101条之1“有羁押之必要”、第122条第1项“必要时的搜索之”等。

四、侦查不公开原则

第245条第1项规定“侦查，不公开之”，揭示“侦查不公开原则”（或称“侦查密行原则”）。侦查原则上之所以不公开，其原因有二：（1）为了维持侦查效率，避免因外泄而导致湮灭罪证、勾串、伪证等不利于侦查之情事发生；（2）为了保护当事人及关系人之名誉，避免因外泄而侵害相关人员之隐私。关于不公开之范围，包括侦查“程序”的不公开及侦查“内容”的不公开。前者指禁止公开

---

① 由此一观点来看，台湾地区“刑事诉讼法”上检察官仍拥有一定之强制处分权，例如传唤、拘提等，理论上均违反令状原则。

② 详参王兆鹏，前揭书，第97—103页。

③ 关于“比例原则”之一般说明，详参吴庚：《行政法之理论与实用》，2006年8月增订第九版，第59—62页。

侦查之过程与侦查行为，以维护侦查程序之顺利；后者则考虑无罪推定原则，避免未经正式起诉审判程序即公开相关信息，影响相关人员名誉。

不过，若坚守侦查不公开原则，亦有不利影响，例如对辩护人而言，可能影响其辩护权之实施。因此，只要不致于影响前述侦查不公开之目的，亦即不影响侦查效率、不影响相关人员名誉，则例外的允许公开。例如按同条第2项规定，辩护人得于侦讯时在场并得陈述意见，以及第3项规定检察官等于侦查程序依法执行职务之人员，如“依法令[①]或为维护公共利益[②]或保护合法权益有必要”时，得公开揭露侦查中因执行职务知悉之事项。

第二章　侦查之目的与构造

第一节　侦查之目的

多数学说认为，所谓侦查系指犯罪发生或有犯罪发生之嫌疑时，为提起追诉、维持追诉而寻找或保全罪犯，并搜集、保全证据之行为。[③] 若进一步从实际的侦查活动加以考察，侦查具有两层意义：其一，为“证据搜集”之层面，另一为“证据筛选”之层面。就前者而言，于发动侦查之始点，犯罪之存在与否，仅止于侦查机关之主观嫌疑程度，侦查机关基于确认犯罪是否确实存在（亦即发现真实）之目的，以及确认其存在后，厘清犯人为何人之目的下，侦查机关为达成其心证之形成，所为发现与搜集、保全各类证据之层面；就后者而言，侦查机关就有关存有嫌疑之犯罪案件，为了于日后得以作为判断可否提起公诉之根据以及得以充足公诉之提起与追诉，便于在公判程序中向法官证明自己本身之心证，而所为之发现、搜集或保全证据之层面。[④] 由此可见，侦查之目的除了在于提起公诉之外，也在于能够维持公诉，并完成追诉程序。

---

① 例如依照“检察、警察暨调查机关侦查刑事案件新闻处理注意要点”，侦查机关得对新闻媒体有限度地公布侦查进度、内容。

② 例如提供性侵害犯罪嫌疑人特征、影像，避免再有受害者或提供被害者指认。

③ 参黄东熊：《刑事诉讼法论》，三民书局1999年版，页143。

④ 参照黄朝义：《刑事诉讼法》，一品文化2006年版，页117。类似的观点，亦可参照林钰雄：《刑事诉讼法》（下册），元照出版公司2007年版，页5。

第二节　侦查之构造

一、两个对立之价值观：纠问的侦查观与弹劾的侦查观[①]

侦查程序受到哪些原则之支配，取决于其采取如何之侦查构造。在学理上，一向有两组不同、对立的侦查构造：一是“纠问的侦查观”，另一是“弹劾的侦查观”。如采取前者，则于侦查阶段中，被告或犯罪嫌疑人被视为程序“客体”，国家机关始为侦查“主体”，原则上得以强制方法（强制处分权）进行侦查，但为避免侦查机关滥权，其强制处分权之行使在法律上予以某种程度的规范。若采取后者，则承认当事人（国家机关、犯罪嫌疑人或被告）各自独立具有侦查权限，均为程序“主体”，只不过国家机关是立于追诉者的立场，因此，以所谓任意侦查为原则，唯有法院或法院之授权始得为强制侦查，但由于检察制度、司法警察制度之发达，法律在一定范围内机强制处分权授予检察官或司法警察官。

二、侦查构造之转向

近十年来，台湾地区“刑事诉讼法”之改革方向，虽然朝着所谓“改良式当事人进行原则”进行修正，但就侦查阶段而言，仍具有相当之纠问色彩。例如检察官为达侦讯之目的，对于嫌疑人或证人得以传唤、甚至拘提[②]之方式进行侦查，亦得直接对被告限制住居[③]，仍具有相当之纠问色彩。然而，值得注意的是，近年来，随着审判阶段朝“改良式当事人进行原则”之修正，嫌疑人或被告于侦查程序之主体地位也日渐受到重视、保障，侦查阶段的纠问色彩逐渐褪去，逐步转向弹劾之侦查构造。[④]

---

① 参照黄东熊，前揭书，页146。

② 参见第71条第4项、第75条及第178条之规定。

③ 参见第228条第4项之规定。

④ 早在1982年时，曾修正第71条规定，使嫌疑人于侦查中享有辩护人之“选任权”，且该辩护人于侦查中享有“在场权”。其后，1997年修正第101至103条及第228条等规定，使检察官原有之羁押权改由法院执掌；又于2000年增订第245条第2项，使侦查中之辩护人享有“陈述意见权”，复于2001年，增订第128条之1，将搜索决定权改由法院执掌，亦即检察官与司法警察官原则上仅有发动搜索之声请权。

诉讼法史

中国古代死刑制度初探

杨宇冠*

中国历史很长，从夏朝到清末有四千多年。各个朝代有各自的死刑法律和制度。研究中国古代死刑制度不是一本书甚至几本书所能承载的。本书研究对象为死刑案件程序控制，而中国古代不重视程序，没有单独的程序法。古代刑事诉讼中虽然也有一些朝代对死刑有特殊程序。在中国两千多年的封建社会，儒家的学说和孔子的言行对法律、甚至对死刑，都产生过深远的影响，研究儒家对于死刑的言行不仅有助于了解我国古代死刑制度，也有助于消除历史沉淀对现代的负面影响。中国古代死刑问题涉及极多，都需要专门研究。本文只能简略探讨中国古代死刑的特点及相关问题，可能挂一漏万，故称为“初探”。

一、中国古代死刑的特点

（一）中国的死刑历史悠久

中国的死刑制度与中国历史一样悠久。中国自上古就有关于死刑的传说，如《史记》上有舜杀死鲧的故事。据《史记》记载鲧是

* 作者为中国政法大学诉讼法研究院教授、博士生导师。

大禹的父亲，因为治水不成功，被舜杀死，天下人都认为处理很适当。[①] 相隔不远，又有禹诛杀防风氏的故事。据史书记载，大禹在会稽山召集各国或部落首长会议，防风氏迟到，被大禹所杀。[②]

夏朝的死刑诉讼制度详细情况很难考证。据《左传·昭公六年》记载："夏有乱政，而作禹刑"，可见夏朝已经正式制定刑事法律。但其中的程序法不明确。从史书的片断中，我们可以知道夏朝已经有诉讼证明制度，并且出现了对于疑罪的处理原则，即"罪疑唯轻"的原则，[③] 在死刑方面已经提出了："与其杀不辜，宁失不经"的原则。[④] 但是，夏朝作为中国历史上第一个奴隶制的朝代，其法律制度无疑也是非常残酷的。据《尚书》记载，启在出征时宣布，对于不服从命令者将公开处死。[⑤] 夏朝的刑法不仅残酷，而且死刑的适用很广泛，据史书载夏朝适用死刑的行为有二百之多。[⑥] 刑罚，由于是死刑的广泛适用并没有使夏朝永远延续，反而成为夏朝灭亡的一个重要因素。商朝推翻夏朝的原因之一就是：夏朝的王过于残暴，荼毒百姓，因此天降灾于夏，以惩罚其罪。[⑦]

然而殷商王朝末期时，纣王滥用死刑到了特别残酷的地步，据史籍记载，纣王发明了许多行死刑的方法，如"炮烙"，即让人在烧

---

① 见司马迁：《史记·夏本纪》："当帝尧之时，鸿水滔天，浩浩怀山襄陵，下民其忧。尧求能治水者，群臣四岳皆曰鲧可。尧曰："鲧为人负命毁族，不可。"四岳曰："等之未有贤於鲧者，愿帝试之。"於是尧听四岳，用鲧治水。九年而水不息，功用不成。於是帝尧乃求人，更得舜。舜登用，摄行天子之政，巡狩。行视鲧之治水无状，乃殛鲧於羽山以死。天下皆以舜之诛为是。於是舜举鲧子禹，而使续鲧之业。"

② 见司马迁：《史记·孔子世家》："吴伐越，堕会稽，得骨节专车。吴使使问仲尼：'骨何者最大?'仲尼曰：'禹致群神于会稽山，防风氏后至，禹杀而戮之，其节专车，此为大矣。'"

③ 见《尚书·大禹谟》。

④ 同上。

⑤ 见《尚书·甘誓》："用命赏于祖，弗用命戮于社。"

⑥ 见《晋书·刑法志》："夏刑有大辟二百"。

⑦ 《尚书·汤诰》："王归自克夏，至于亳，诞告万方。王曰："嗟尔万方有众，明听予一人诰！惟皇上帝，降衷于下民。若有恒性，克绥厥猷惟后，夏王灭德作威，以敷虐于尔万方百姓，尔万方百姓罹其凶害，弗忍荼毒。并告无辜于上下神祇。天道福善祸淫，降灾于夏，以彰厥罪……"

红的铜格上行走，活活把人烫死，还有把人剁成肉酱、挖出活人的心脏等。[1]

周朝的统治者在建国之初曾经对死刑适用问题进行了讨论。姜太公认为应当把殷商的敌人全部杀掉，以绝后患；召公认为应当“有罪者杀，无罪活”，周公认为要分化利用，由其弟管叔、蔡叔和霍叔监视殷人。周武王死后，成王即位，周公辅政，管叔等人和殷人一起造反，周公杀死管叔、流放蔡叔等人。从这个历史事件可以看出，即使贤明如周公也利用死刑的作用镇压叛乱。据《吕刑》记载，周朝已经有系统的刑罚体系，有五种刑，即墨、劓、剕、宫、大辟。这几种都是肉刑，大辟是死刑。

至秦汉时，中国古代的死刑制度已经成熟。在秦统一中国之前，即开始实施法家的建议。公元前 356 年，秦孝公以卫鞅为左庶长变法革新。制定严厉法令，以法治国，奖励军功，鼓励耕织。在有关死刑制度方面，商鞅变法中有一条“连坐法”，主要内容是：居民以五家为“伍”、十家为“什”，将什、伍作为基层行政单位。按照编制，登记并编入户籍，责令互相监督。一家有罪，九家必须连举告发，若不告发，则十家同罪连坐。不告奸者腰斩，告发“奸人”的与斩敌同赏，匿奸者与降敌同罚。这与后代的保甲制度相同。商鞅同时规定，旅店不能收留没有官府凭证者住宿，否则店主也要连坐。这一条对中国后来影响极大，保甲连坐制度一直沿用到现代。

中国自夏商周以来的各个朝代都有死刑，五千年来没有中断，可见历史特别悠久。这种悠久形成了巨大的惯性，体现在多个方面：人们关于死刑的观念受到传统的巨大影响，例如中国历史上的人们普遍认为“杀人者死”这样是天经地义的；人们普遍认为“君要臣死，臣不得不死，父要子亡，子不得不亡”是理所当然的；人们普遍认为应当在闹市执行死刑，将死刑犯游街示众是很正常的；人们普遍认为皇帝和一些高官对下属和百姓任意处决是不可抗拒的。中国古代没有单独的刑事诉讼法，更没有完整的证据规则，没有统一的定罪标准方面，死刑方面也没有统一定罪量刑的标准。这些历史

---

① 见《淮南子·俶真训》：“夏桀殷纣，燔生人，辜谏者，为炮烙，铸金柱，剖贤人之心……”

上形成的观念对中国当代的死刑制度影响可能仍然存在，需要长时间的努力才能清除。

（二）中国古代帝王掌握生杀大权

中国古代法律制度的一大特点是司法和行政不分。司法和立法都是行政长官职能的一部分。而死刑属于极刑，行政长官意志的随意性往往起到决定性作用。

中国上古时代法律是行政统治者制定的。据《史记·五帝本纪》记载，尧已经着手制定法律。[①] 在舜的时代，法律已经得到进一步完善。舜曾经主持一次会议与一些大禹、皋陶等著名的属下一起讨论伦理道理和法律的关系问题。[②] 从此次会议讨论的情况看，当时禹已经处于主导地位，可以拍板，而舜只是名义上主持了。舜南巡崩于苍梧（今广西境内），葬于九嶷（今湖南境内），传位问题没有解决。据《史记》载舜死之后，“三年丧毕，禹辞辟舜之子商均於阳城。天下诸侯皆去商均而朝禹。禹於是遂即天子位，南面朝天下，国号曰夏后，姓姒氏”。禹当政十年，东巡狩，至于会稽而崩。以天下授益。三年之丧毕，益让帝禹之子启，而辟居箕山之阳。禹子启贤，天下属意焉。及禹崩，虽授益，益之佐禹日浅，天下未洽。故诸侯皆去益而朝启，曰：“吾君帝禹之子也”。於是启遂即天子之位，是为夏后帝启。从此上古时代的禅让制度结束，开始了父传子的继

① 《史记·五帝本纪》：“象以典刑，流宥五刑，鞭作官刑，扑作教刑，金作赎刑。眚灾过，赦；怙终贼，刑。钦哉，钦哉，惟刑之静哉！”

② 《史记·五帝本纪》：“帝舜朝，禹、伯夷、皋陶相与语帝前。皋陶述其谋曰：‘信其道德，谋明辅和。’禹曰：‘如何？’皋陶曰：‘於！慎其身修，思长，敦序九族，众明高翼，近可远在已。’禹拜美言，曰：‘然。’皋陶曰：‘於！在知人，在安民。’禹曰：‘吁！皆若是，惟帝其难之。知人则智，能官人；能安民则惠，黎民怀之。能知能惠，何忧乎驩兜，何迁乎有苗，何畏乎巧言善色佞人？’皋陶曰：‘然，於！亦行有九德，亦言其有德。’乃言曰：‘始事事，宽而栗，柔而立，愿而共，治而敬，扰而毅，直而温，简而廉，刚而实，彊而义，章其有常，吉哉。日宣三德，蚤夜翊明有家。日严振敬六德，亮采有国。翕受普施，九德咸事，俊乂在官，百吏肃谨。毋教邪淫奇谋。非其人居其官，是谓乱天事。天讨有罪，五刑五用哉。吾言底可行乎？’禹曰：‘女言致可绩行。’皋陶曰：‘余未有知，思赞道哉。’”

承制度”,[①] 也开始了中国历史上第一个朝代。中国古代诉讼制度的一大特点是法律与行政不分，重大案件由行政长官处理，实际上是谁掌握国家权力谁就掌握诉讼权力。据孟子说，在禹的儿子还没有继位时，进行诉讼的人们已经不再去找禹的名义上的继承人益，而是去找禹的儿子启了。[②]

中国古代的帝王对于臣民有生杀大权，在天子是如此，诸侯国也是如此。即所谓：“普天之下莫非王土，率土之滨，莫非王臣。”在殷商阶段的卜辞中有“贞，王闻惟辟”，“贞，王闻不惟辟”。这就是司法官吏在案件审理终结后请示帝王是否用刑。由于帝国的版图扩大，帝王不能处理所有的案件，或者有些小案件不需要帝王亲自处理，这样可委托下级官吏处理，但最终决定权还是在帝王，这样逐步形成了程序和级别和程序。在西周的诉讼制度中，周王有最高审判权，诸侯之间的争讼，由他亲自裁决，在周王之下设有司寇，掌管中央一级的司法审判。各乡县的案件要逐级上报朝廷。据《礼记·王制》载：“成狱辞，史以狱成告于正，正听之；正以狱成告于大司寇，大司寇听于棘木之下；大司寇以狱之成告于王，王命三公听之；三公以狱之成告于王，王又三，然后制刑。”但中国古代司法的随意性也很大，帝王和各级官吏不遵守司法程序，随意杀戮的现象可能是难以避免的。然而帝王掌握判处死刑的权力则是历朝的惯例，连历史上所谓法家，如商鞅、李斯、韩非都被帝王判处了死刑，可见法律完全处于帝王的意志之下。

秦朝的死刑程序方面的特点是皇帝掌握死刑的决定权，秦始皇“躬操文墨，昼断狱，夜理书”。[③] 秦始皇自己就亲自审理过一些著

① 见《史记·夏本纪》。

② 《孟子·万章》第七章载：“禹崩，三年之丧畢，益避禹之子於箕山之陰。朝覲訟獄者，不之益而之啟，曰：‘吾君之子也。’”

③ 班固:《汉书·刑法志》卷23。

名的死刑大案，如嫪毐案、吕不韦案件①和焚书坑儒案件。② 秦二世时处理过李斯的案件。这些案件中都是国家重臣被判处死刑。对于一般人的刑事案件，下级官吏，常常久拖不决，或层层上报到皇帝处理。③《汉书》中描写了秦汉时期的这种刑事案件处理情况："狱之疑者，吏或不敢决，有罪者久而不论，无罪者久系不决。自今以来，县道官狱疑者，各谳所属二千石官，二千石官以其罪名当报之。所不能决者。皆移廷尉，廷尉亦当报之。廷尉所不能决，谨具为奏，傅所当比律令以闻。"这种由皇帝作为最高司法长官历史传统一直影响到现代。

一个朝代死刑的多少，在很大程度上取决于帝王的喜恶。隋炀帝时期曾经一次捕获"盗贼"两千余人，并下令全部斩首。负责司法的大理丞相张元济觉得案情可疑，推勘发现这些人中具有重大嫌疑的只有9人，最后能定罪的不过5人。但是却无人敢向隋炀帝汇报，于是两千余人同时被斩。④

---

① 秦庄襄王三年（公元前247年），庄襄王去世，嬴政即位为秦王。即位时由于年少，故国政由相国吕不韦所把持，并尊吕不韦为仲父。吕不韦既把持朝廷，又与太后赵姬偷情。他见秦始皇日渐年长，怕被他发现，想离开赵太后，又怕太后怨恨，所以献假宦官嫪毐给太后。后来假宦官嫪毐亦以王父自居，在太后的帮助下封长信侯，领有山阳、太原等地，自收党羽。嫪毐在雍城长年经营，建立了庞大的势力，是继吕不韦后又一股强大的政治势力。前238年，秦始皇在雍城蕲年宫举行冠礼。嫪毐动用秦王御玺及太后玺发动叛乱，攻向蕲年宫。秦始皇早已在蕲年宫布置好三千精兵，打败叛军。嫪毐转打咸阳宫，那里也早有军队，嫪毐被逮捕。秦始皇将嫪毐五马分尸，曝尸示众；又把母亲赵姬关进雍城的萯阳宫。秦始皇随后免除吕不韦的相职，把吕不韦放逐到巴蜀，吕在路上自杀。

② 秦始皇三十四年（公元前213年），博士齐人淳于越反对当时实行的"郡县制"，要求根据古制，分封子弟。丞相李斯加以驳斥，并主张禁止百姓以古非今，以私学诽谤朝政。秦始皇采纳李斯的建议，下令焚烧《秦记》以外的列国史记，对不属于博士馆的私藏《诗》、《书》等也限期交出烧毁；有敢谈论《诗》、《书》的处死，以古非今的灭族；禁止私学，想学法令的人要以官吏为师。此即为"焚书"。第二年，两个术士（修炼功法炼丹的人）侯生和卢生暗地里诽谤秦始皇，并亡命而去。秦始皇得知此事，大怒，派御史调查，审理下来，得犯禁者四百六十余人，全部"焚书坑"及"坑儒谷"遗址坑杀。此即为"坑儒"。两件事合成"焚书坑儒"。

③ 同上。

④ 《资治通鉴》卷一百九十二。

历史上也有些帝王比较宽容，能够按照法律处理涉及死刑的案件，这种事情当作美谈流传。

[例一]

西汉文帝一次出行，车辇走到中渭桥时，一个平民从桥下钻出来。驾车的骖马受惊，险些将文帝摔下车来。文帝喝令侍卫将那人抓获，送交廷尉张释之审判。经过详细审问，张释之发现冲犯御驾的不过是个冒失的农民。此人事先并不知道皇帝要从中渭桥经过，匆忙中躲到了桥下。当他以为队伍已过去时，便从桥下出来，却正好撞上了文帝的车马。张释之确认上述情况属实，按照汉律中“跸先至而犯者，罚金四两”的条款，判决对农民处以罚金，然后向文帝据实报告。文帝勃然大怒道：“此人亲惊吾马，吾马赖柔和，令他马，固不败伤我乎？而廷尉乃当之罚金！”意思是：此人惊了我的马，幸好我的马性情温和，倘若换匹别的马，岂不将我摔伤？你怎能只判处他罚金了事。

张释之解释说：“法者，天子所与天下公共也。今法如此而更重之，是法不信于民也。且方其时，上使立诛之则已。今既下廷尉，廷尉，天下之平也，一倾而天下用法皆为轻重，民安所错其手足？”意思是：法律是天子和天下人共同拥有的。现在法律对这种行为有明文规定，如果仅仅因为天子个人的愤怒加重对此人的处罚，法律将不能取信于人民。事发当时，陛下要是派人将此人诛杀也就罢了，可是陛下选择了将此人送交我审判。作为最高司法长官，天下人都在看着我。即使我仅有一次不能公正执法，下属官吏也会受到影响，办理案件、判处刑罚可轻可重。这样百姓岂不是连手脚都不知道该怎么放了吗？

汉文帝沉思良久后，终于同意了张释之的观点：“廷尉当是也。”①

两千多年前的西汉初期的司法官员和皇帝能有依法办案、不得“任意处决”的法律意识，实在是一件很了不起的事情。可惜这只是个案而已，没有成为一种制度。而且从这则故事中张释之的回答中还可以了解到作为皇帝也可以当场处死冲撞了他车驾的人，而不把该人交给司法部门审理。这也说明皇帝在法律之外可以随意适用死刑，这种法外处死制度即使在最贤明的时代也是被认可的，而后世

① 《史记·张释之冯唐列传第四十二》。

帝王滥用死刑，法内和法外不分，成为中国古代死刑制度中最黑暗的现象。

［例二］

历史上另一个以贤明著称的帝王唐太宗对待死刑也有可借鉴之处。据说他反复向臣下灌输的思想是“死者不可再生，用法务在宽简”，对待死刑案件十分谨慎，在其当政时期每年被处死刑者不过寥寥数十人而已。还有一次，唐太宗亲自审查死刑案件，因怜悯这些囚犯，放他们回家探亲，约好来年秋天回来就刑。第二年秋天，这些死囚无一潜逃，全部按时归狱。唐太宗欣然发布赦令，将其全部释放。①

以上两例在说明中国古代一些贤明的帝王对死刑案件处理的贤明之处的同时，也说明了这些现象是例外现象，还说明了帝王对死刑案件的处理有绝对的权力，而法制的作用只能在贤明帝王的容忍范围之内实施。

（三）中国古代死刑的执行方式很残酷

中国古代死刑执行方式非常残酷，用尽可能痛苦的方法执行死刑，一方面体现了对被处死人的惩罚，另一方面起到恐吓其他人的作用。

最残酷的死刑执行方法称为“陵迟”，也称“凌迟”。该词见于《荀子·宥坐篇》：“百仞之山，任负车登焉，何则？陵迟故。”本义是指逐渐缓慢升高的山坡，把“凌迟”一词借用来作一种刑罚的名称，使受刑人死亡过程极为缓慢而痛苦。凌迟刑在古代传说中有支解、磔等多种名称，据说周文王的大儿子伯邑考就是被剁为肉酱，并且送给周文王食用。“凌迟”作为是死刑的一种刑罚被正式列入刑法法典始见于《辽史·刑法志》：“死刑有绞、斩、凌迟之属。”辽代以后，宋、元、明、清的史书中均有关于凌迟刑的记载。《宋史·刑法志》介绍：“凌迟者先断其肢体，乃抉其吭，当时之极法也。”《大明律》、《大清律》中都有明文规定：“谋反大逆：凡谋反谓谋危社稷。大逆谓谋毁宗庙山陵及宫阙，但共谋者不分首从，皆凌迟处

① 《资治通鉴·唐纪十》：“辛未，帝亲录系囚，见应死者，悯之，纵使归家，期以来秋来就死。仍敕天下死囚，皆纵遣，使至期来诣京师。去岁所纵天下死囚凡三百九十人，无人督帅，皆如期自诣朝堂，无一人亡匿者；上皆赦之。”

死。”历史上一些有名的凌迟案例如明正德五年（1510年）大太监刘瑾伏诛，以凌迟处死，“例该三千三百五十七刀，先十刀一歇一喝。头一日该剐三百五十七刀，如大指片，在胸膛左右起初开刀……凌迟三天刑毕。”明末抗清名将袁崇焕，因为崇祯皇帝中了反间计，误以为他通敌卖国，判他凌迟处死，行刑前以鱼网覆身（让肌肉突出以便下刀），游街示众，被北京城无知的民众冲上前去，把他的肉一块一块咬下来……

凌迟从辽代开始定为正式刑罚，一直沿袭到清末。直到光绪三十一年（1905年），经沈家本奏请，颁布《大清现行律例》后才下令将凌迟、枭首、戮尸等法“永远删除，具改斩决”。凌迟等酷刑被废除，死刑仍分绞、斩两种，而且各种名目的酷刑并没有禁绝。

其他死刑执行方式也很残酷，如车裂，秦国著明法家商鞅即受车裂处死；腰斩，秦朝的丞相李斯即被腰斩；烹，即把人放在鼎里用油或水煮死，西汉的名臣主父偃即被烹而死；火刑，即用火把人烧死，楚汉相争时的纪信将军就是被项羽活活烧死的；剥皮，明初朱元璋发明了“剥皮揎草”，即把认定为贪官的人剥皮之后体内填草放在官衙内警示继任的官吏；活埋，据史书载，秦国的大将白起曾一次活埋俘虏45万人之多！

（四）死刑的株连

中国古代死刑用得范围很广泛，不仅所谓犯罪人可以被判死刑，而且犯人的家属也可以因此被处死，即所谓株连。有“夷三族”，“夷九族”，甚至有“夷十族”之说。“夷三族”为系秦、汉时代之刑名，即对犯特殊重罪，如谋反谋判谋大逆等十恶之罪名者，虽无犯意之联络，但基于政策上之考虑，处以诛灭三族之极刑，以收威吓惩戒。据《史记·秦本纪》记载：“文公二十年，初有夷三族之罪。”汉初，彭越、韩信等诸名将受夷三族之刑。三族之范围，因时代不同，说法不一。可能指“父母、兄弟、妻子”，也可能指“父族、母族、妻族”，到底何者为是，古人对之也有歧见。“夷三族”，本身便是一种极具任意性的滥刑。这种任意性一方面表现在对象方面，到底什么样的犯罪适用族刑，很难有统一的标准。统治者也不愿制定出统一的适用标准，而是由兴所致、心血来潮地临事议行。只要最高统治者认为罪大恶极，必欲置之极刑、大开杀戒而后快的犯罪，都可能成为族刑的目标。任意性的另一方面，则表现在范围上。以族刑惩治重罪，意在斩草除根，以儆他人，法律上不预先划定范围，可以迎合统治者针对不同案件，因事因人而作出不同选择。从这个意义上说，三族既可能是“父母、兄弟、妻子”、也可能是“父族、母族、妻族”。“夷九族”有说“上自高祖，下至元孙，凡九族”，但这种九代同时活在世上受到诛杀的可能性不大，如果九代之内的亲族都杀死则可能人数太多。九族可能为一虚称，可能指与犯罪人有亲缘关系的所有亲戚都将受到无辜株连。

最极端的有“夷十族”，明代朱元璋第四子燕王以“清君侧”这一古老的借口起兵南下，夺取帝位，命方孝儒草拟登极诏书。方孝儒不肯合作，于是其门生数人连同其九族共八百余人一起被杀。[①]

被株连的人显然是无罪的人，也谈不上对被株连的人的审判程序，这种不经对本人的审判，对无罪之人滥用死刑的做法不是一朝一代的现象，甚至被株连者也认为是不可避免之事。汉朝陆贾的《新语·辅政》中有这样的论述：“秦以刑罚为巢，故有覆巢卵破之患。”《世说新语·言语》中有如下的记载：“孔融被收，中外惶怖。时融儿大者九岁，小者八岁，二儿故琢钉戏，了无遽容。融谓使者曰：‘冀罪止于身，二儿可得全不?’儿徐进曰：‘大人，岂见覆巢之下，复有完卵乎?’寻亦收至。”这个故事说汉献帝时，曹操独揽朝政大权，挟天子以令诸侯。一次，曹操率领大军南征刘备、孙权，孔融（孔子后代）反对，劝曹操停止出兵。曹操不听，孔融便在背地里发了几句牢骚。御史大夫郄虑平时与孔融不睦，得知这个情况后，便加油添醋地向曹操报告，并挑拨道：“孔融一向就瞧不起您。”“祢衡对您无理谩骂，完全是孔融指使的。”曹操一听，大怒，当即下令将孔融全家抓起来一并处死。孔融被捕时，家中的人很害怕，但是他的两个八九岁的孩子却在那儿玩游戏，没有一点惶恐的样子。家人以为孩子不懂事，大祸临头还不知道，便偷偷地叫他们赶快逃跑。孔融也对执行逮捕任务的使者恳求说：“我希望只加罪于我本人，两个孩子能不能保全?”不料两个孩子竟不慌不忙地说：“爸爸，你不要恳求了，他们不会放过我们的，覆巢之下，安有完卵?恳求有什么用?”结果，两个孩子从容不迫地和父亲一起被抓去处死。这种甘于就死的精神虽然值得钦佩，但把被株连而死当成很正常的事，可见中国古代死刑制度的不合理性已经达到匪夷所思的程度。

① 谷应泰：《明史纪事本末·卷十八》。

二、儒家关于死刑的思想和实践

中国自西汉元光元年（公元前134年）董仲舒提出“罢黜百家，独尊儒术”以来，儒家思想成为中国政治生活的指导思想，各级官吏不仅需要学习儒家四书五经等儒家典籍，而且作为行为的准则。《礼记》是五经之一，成书于汉，是记录中国古代思想和制度的书籍并为后代所遵行。《礼记·王制》[①] 中有几段是关于刑事诉讼的规定，如：“司寇正刑明辟以听狱讼，必三刺。有旨无简不听。附从轻，赦从重。……疑狱，氾与众共之；众疑，赦之。”大意是：司寇（古代的司法官员）根据法律的规定审理案件，一定要听各方面的意见。有上级批示没有法律文书的案件不能审理。决定一个人的罪行时应当从轻解释，决定是否赦免时应当尽量从重解释，即包含多的罪行，疑难案件大家一起讨论，如果大家都存有疑问，则不能定罪。

以上这段关于刑事司法的指导原则说得何等好啊。可惜接下来关于一些死刑案件的处理规定就非常任意了：“析言破律，乱名改作，执左道以乱政，杀。作淫声，异服，奇技，奇器以疑众，杀。行伪而坚，言伪而辩，学非而博，顺非而泽以疑众，杀。假于鬼神，时日，卜筮以疑众，杀。此四诛者，不以听。”大意是：巧说诡辨，曲解律令，胡乱阐述，以不正统的理论扰乱国政者当杀。创作淫荡歌曲、奇装异服，新奇的技术、新奇的物件以迷惑大众的人应杀。行为不正而且态度坚决，言论不正而且能强词夺理，学术不正而且很广博，顺从错误言行而且加以润饰者杀。假借鬼神、历法、卜筮的方法以迷惑群众的杀。这四种该杀的案件不需要经过正常的听审程序。

《礼记》的以上内容确实曾经被儒家的创始人在实践运用过，或者《礼记》中的有关死刑的内容之根据就是孔子处理死刑的实践。

据司马迁的《史记·孔子世家》记载，鲁定公十四年（公元前496年），孔子年五十六，由大司寇行摄相事，有喜色。门人曰：“闻君子祸至不惧，福至不喜。”孔子曰：“有是言也。不曰‘乐其

① 《礼记》是战国至秦汉年间儒家学者解释说明经书《仪礼》的文章选集，是一部儒家思想的资料汇编。《礼记》的作者不止一人，写作时间也有先有后，其中多数篇章可能是孔子的七十二弟子及其学生们的作品，还兼收先秦的其他典籍。《王制》是《礼记》中的一篇，论述中国古代礼仪和制度。

以贵下人’乎?”于是诛鲁大夫乱政者少正卯。以上记录很短，事情的前因后果不明显。《史记》称少正卯为“乱政者”，并没有说孔子杀少正卯的原因或罪状。

《荀子·宥坐》中有比较详细的记载：孔子担任鲁国的代理相国，上任七天就杀了少正卯。有属下的人问道：“少正卯是鲁国的名人。您刚刚执政就把他杀了，这恐怕不太合适吧?”孔子说，来，坐下，我告诉你其中的理由。在盗窃之外，人有五种恶行，第一是“心达而险”，即知识很丰富却用心险恶；第二是“行辟而坚”，就是行为不同于常人却有非常顽强的意志；第三是“言伪而辩”，即所说的话是不正确的，但还能强词夺理；第四是“记丑而博”，即宣扬邪恶的事情，却非常博学；第五是“顺非而泽”即顺从邪恶势力，并得到好处。一个人如果有这五种罪状之一的，就免不了被君子所杀，而少正卯这五种罪状都兼而有之。所以非杀不可了。[①]

从《荀子》的记载中可以看出孔子诛少正卯的理由与《礼记》所记载的是一致的，或者可以说《礼记》中关于死刑的一段文字就是由孔子诛少正卯案例确定的。另外据说孔子杀少正卯还有一些私人恩怨，如汉朝王充的《论衡》中记载：“少正卯在鲁，与孔子并。孔子之门，三盈三虚，唯颜渊不去。”看来，孔子与少正卯为争夺生源而结下了仇恨，当孔子“由大司寇摄相事”之后，就借手中的司法权力杀少正卯。这种滥用死刑和缺乏法律正当程序的案例即是典型的任意剥夺人的生命。

如果说孔子杀少正卯一事因为史书中记载不详细而不完全确定，孔子另一件杀人的事在《史记》中记载得颇为详细。《史记·孔子世家》载：鲁定公十年春季，鲁国与齐国和好。夏季，齐国大夫黎鉏对齐景公说：“鲁国任用孔丘，这形势就会危及齐国。”于是齐国派出使者告知鲁定公举行友好会见，约定在夹谷会面。鲁定公准备乘坐车辆友好前往。孔子兼任盟会司仪之事，说：“臣下听说有文事的话必须有武备，有武事的话必须有文备。古代诸侯越出自己的疆

① 《荀子·宥坐》：孔子为鲁摄相，朝七日而诛少正卯。门人进问曰：“夫少正卯，鲁之闻人也，夫子为政而始诛之，得无失乎?”孔子曰：“居！吾语汝其故。人有恶者五，而盗窃不与焉。一曰心达而险，二曰行辟而坚，三曰言伪而辩，四曰记丑而博，五曰顺非而泽。此五者，有一于人，则不得免于君子之诛，而少正卯兼有之。”

界，必定配备文武官员作为随从。请配备左、右司马。”鲁定公说：“好。”配备了左、右司马。到夹谷会见齐景公，在那里建筑盟坛，排定席位，修起土台阶三级，按诸侯间会遇之礼相见，鲁定公与齐景公互相作揖谦让而登坛。宴饮献酬之礼完毕后，齐国官吏小步疾走进来说：“请演奏四方的舞乐。”齐景公说：“好。”于是莱夷乐人打着旌旗，挥舞羽毛、彩缯，手持矛戟剑盾，击鼓呼叫而到来，孔子快步上前，一步跨越一级台阶而往上登，离坛上还有两级台阶时，挥举长袖而说：“我们两国的君主举行友好盟会，夷狄的舞乐为何在此！请命令有关官员下令撤走。”主管官员发令退下，但乐人不离去，左右的人看着晏子和齐景公。景公内心有愧，挥手让他们离去。过了一会儿，齐国的官吏小步疾走进来说：“请演奏宫中的舞乐。”齐景公说：“好。”艺人侏儒便演戏调笑而上前。孔子又快步进前，一步跨越一级台阶而往上登，离坛上还有一级台阶时，说：“百姓而胆敢蛊惑诸侯的，罪该诛杀！请命令有关官员执行！”有关官员施加刑法，艺人侏儒都被处以腰斩而手足分离。①

根据这个记载，此次孔子当着两国国君的面，以“蛊惑诸侯的罪名”判处齐国王宫歌舞团的演员们死刑，并且立即执行，使跟随外国元首而来的歌舞团演员们立即身首异处，可谓非常快速。问题是这些演员们并无任何罪行或过失，他（她）们是国王的宫廷歌舞团成员，根据国君王的命令表演节目为两国元首的聚会助兴，却被孔子下令当场处死，而且没有任何审判程序并立即执行，可见中国古代死刑的任意性和残酷性。

孔子是中国历史上伟大的教育家，他的形象是一个“仁者爱人”

---

① 《史记·孔子世家》：定公十年春，及齐平。夏，齐大夫黎鉏言于景公曰：“鲁用孔丘，其势危齐。”乃使使告鲁为好会，会于夹谷。鲁定公且以乘车好往。孔子摄相事，曰：“臣闻有文事者必有武备，有武事者必有文备。古者诸侯出疆，必具官以从。请具左、右司马。”定公曰：“诺。”具左右司马。会齐侯夹谷，为坛位，土阶三等，以会遇之礼相见，揖让而登。献酬之礼毕，齐有司趋而进曰：“请奏四方之乐。”景公曰：“诺。”于是旍、旄、羽、袚、矛、戟、剑、拨鼓噪而至。孔子趋而进，历阶而登，不尽一等，举袂而言曰：“吾两君为好会，夷狄之乐何为于此！请命有司！”有司却之，不去，则左右视晏子与景公。景公心怍，麾而去之。有顷，齐有司趋而进曰：“请奏宫中之乐。”景公曰：“诺。”优倡侏儒为戏而前。孔子趋而进，历阶而登，不尽一等，曰：“匹夫而营惑诸侯者罪当诛！请命有司！”有司加法焉，手足异处。

的很儒雅的人，但他也受到时代的限制，不可能具备现代人的法制观念。他所处理的死刑案件深深打上那个时代的烙印，所以，我们不能由此责备孔子处理死刑不当，而可以得出这样的结论：在中国古代死刑随意和残酷的情况下，主张“温良恭俭让”的孔子都不能够不开杀戒，可见中国古代的一些施行暴政的官员和酷吏在死刑方面更为随意和残暴。

三、中国古代死刑案件程序的启示

中国古代死刑制度历史悠久，给后代留下很多启示。本文不能穷尽这些启示，只能略举例说明。

（一）滥用死刑可能带来对社会的不稳定因素

适用死刑的一个重要理由是镇压和预防犯罪维护社会稳定。但死刑是否能够镇压和预防犯罪并未得到证实。中国古代的帝王和各级政府运用死刑的一个重要的目的是镇压人民的反抗，然而这种死刑制度的效果则可能与其目的适得其反。中国古代哲学家老子说：“民不畏死，奈何以死惧之？”[①] 秦朝末年，以陈胜、吴广为首领的中国历史上第一次大规模农民起义战争的发起就与秦王朝的死刑制度有关系。公元前 209 年，陈胜、吴广与九百闾左同赴渔阳戍边，至大泽乡，因雨受阻，失期当斩。“今亡亦死，举大计亦死，等死，死国可乎！”陈胜、吴广遂智杀校尉，率众斩木为兵，揭竿为旗，筑坛盟誓，诛伐暴秦，秦朝很快灭亡。如果秦朝的死刑制度不是那么严苛，如果陈胜等人因雨误期不至于被判死刑，他们可能不至于被逼上绝路而起义。[②] 秦二世三年（公元前 207 年），赵高做了丞相，朝政专权，谗害忠良。因秦军的退却，秦二世派人责让大将章邯。章邯恐惧，派长史司马欣去请示。司马欣到了咸阳，留在司马门三天，赵高不接见，有不信任之意。长史司马欣心里害怕，急忙逃回军中。他怕有人来追杀，没有敢走原路。赵高果然派人追赶他，没有追上。司马欣到了军中，向章邯报告说：“赵高居中用事，下面的人不可能有所作为。如今仗能打赢，赵高必定嫉妒我们的功劳；仗

---

① 《老子·道德经》七十四章。

② 《史记·陈涉世家》：二世元年七月，发闾左适戍渔阳，九百人屯大泽乡。陈胜、吴广皆次当行，为屯长。会天大雨，道不通，度已失期。失期，法皆斩。陈胜、吴广乃谋曰：“今亡亦死，举大计亦死，等死，死国可乎？”

打不赢，免不了被处死。希望将军深思熟虑。”陈余也送给章邯一封信说：“白起为秦将，向南攻拔鄢、郢，向北坑杀马服，攻城略地，不可胜数，而最后竟然赐死。蒙恬为秦将，北逐匈奴，开辟榆中几千里的地域，最终竟然斩于阳周。为什么呢？功劳太多，秦不能按功行封，因此罗织罪名，用国法杀死他。现在将军为秦将三年了，所损失的士卒以十万计，而诸侯军同时并起，越来越多。那个赵高一向谄谀，为时已久，眼下形势危急，也怕二世杀他，所以打算用法杀死将军，借以推卸责任，另外派人替代将军，以此来摆脱祸患。将军在外时日已久，朝廷中很多人与你有隔阂，有功也是被杀，无功也是被杀。况且天要亡秦，无论是愚笨的人还是聪明的人全都知道。如今将军在内不能直言规谏，在外为即将灭亡的国家的将领，孑然孤立而想长期存在，岂不可哀！将军何不倒戈与各路诸侯联合，签订和约，共同攻秦，割地为王，南向而坐，称孤道寡；这同自己伏砧受戮，妻子被杀，哪个比较好一些呢？”章邯由于害怕被诛杀，而且秦军被项羽打得大败，从而投降项羽，加速了秦帝国灭亡。[①]

（二）死刑执行的期限

中国古代在死刑执行时间上实行了秋冬行刑的制度，即通常所说的“秋后问斩”。在古代，除对谋反、谋大逆等犯即时处死，“决不待时”外，其他死囚的处决须待秋季霜降后至冬至前进行。理由一是因为秋季“天地始肃”，草木凋零，此时行刑乃“敬顺天时”，尊重天意。虽然这种观念现代人看起来似乎是迷信，但秋冬执行死刑还是有重要意义的。死刑案件通常是大案，可能要牵涉死刑犯家

① 《史记·项羽本纪》：章邯军棘原，项羽军漳南，相持未战。秦军数却，二世使人让章邯。章邯恐，使长史欣请事。至咸阳，留司马门三日，赵高不见，有不信之心。长史欣恐，还走其军，不敢出故道，赵高果使人追之，不及。欣至军，报曰：“赵高用事於中，下无可为者。今战能胜，高必嫉妒吾功；战不能胜，不免於死。愿将军孰计之。”陈余亦遗章邯书曰：“白起为秦将，南征鄢郢，北阬马服，攻城略地，不可胜计，而竟赐死。蒙恬为秦将，北逐戎人，开榆中地数千里，竟斩阳周。何者？功多，秦不能尽封，因以法诛之。今将军为秦将三岁矣，所亡失以十万数，而诸侯并起滋益多。彼赵高素谀日久，今事急，亦恐二世诛之，故欲以法诛将军以塞责，使人更代将军以脱其祸。夫将军居外久，多内却，有功亦诛，无功亦诛。且天之亡秦，无愚智皆知之。今将军内不能直谏，外为亡国将，孤特独立而欲常存，岂不哀哉！将军何不还兵与诸侯为从，约共攻秦，分王其地，南面称孤；此孰与身伏鈇质，妻子为僇乎？”

属和许多证人。秋冬季农事已毕，执行死刑对农业生产影响较小。秋冬行刑之制一直被历代封建王朝所沿用。死刑的判决在秋后执行也为犯人在此期间的申诉争取了时间。实际上是一种死刑缓期执行制度的萌芽。

(三) 死刑复奏和会审

在死刑复奏方面，在三国两晋南北朝时期开始将死刑最终决定权收归中央。三国时期魏明帝曾规定：除谋反、杀人罪外，其余死刑案件必须上奏皇帝。南朝宋武帝诏令："其罪应重辟者，皆如旧先须上报，有司严加听察，犯者以杀人论"。北朝北魏太武帝时也明确规定：各地死刑案件一律上报奏谳，由皇帝亲自过问。在隋唐，死刑复奏制度已经很完备。

据《唐六典·刑部》记载，"凡决死刑，虽令则杀，乃三复奏"，也就是说，对要杀的人，死前一天可以允许复奏二次，执行死刑当日仍可复奏一次，以避免错杀无辜，冤枉好人。后唐太宗为避免错杀，进一步慎重死刑执刑制度，将行刑前三复奏改为五复奏。

死刑开庭审理制度方面，中国古代的中国地域广阔交通也不如现代，但古代的皇帝常常"亲鞫狱案"，以操"生杀之柄"，唐代的三司推事、九卿议刑乃至都堂集议等，都要求有关的官员必须亲自参与案件的审讯，并当庭提讯有关的人犯，以核实案件事实和证据。至于明清时期的朝审，须提人犯到堂，当面朗诵罪状，并加以讯问。死刑会审复核制度，宋、明两朝只有"三复奏"，取消了"五复奏"。明朝为了加强对审判权的控制，统一法律的适用，对重大、疑难以及死刑复核案件实行了会审制度。而会审制度的完善是在清朝完成的。在明朝会审制度的基础上，清朝进一步完善了重案会审制度。秋审是清朝最重要的死刑复审制度，因在每年秋天举行而得名。清朝的死刑分斩、绞二种，又分为立决和监候二种情形。[①] 而判斩监候或绞监候的，都须在会审后才可执行，会审后死刑犯会被分为情实、可矜、缓决和留养承祀四类。情实是指罪情属实、罪名恰当者，奏请执行死刑；缓决是指案情虽属实，但危害性不大者，可减为流放三千里，或发烟瘴极边充军，或再押监候办；可矜是指案情属实，但有可矜或可疑之处，可免予死刑，一般减为徒、流刑罚；留养承

① 历代都有许多非正式的刑罚，包括死刑的方式，在清代除正式的死刑方式之外，还有凌迟、杖毙、站笼等死刑方式。

祀是指案情属实、罪名恰当，但罪犯为独子而祖父母、父母年老无人奉养的，则经皇帝批准，可改判其他刑罚。

（四）死刑赦免制度

中国古代死刑适用受到各种文化因素和制度的制约，其中比较突出的是赦免制度。在客观上中国古代各种赦宥一般是帝王继位、改元、立后、生子、建储、册封和天灾等事件时进行。由此也可能看出，古代帝王也担心死刑的执行会给帝王家运、王朝政运带来不利影响，所以在相应的日期内进行赦宥，以获得善报。《周礼·秋官·司市》中有“国君过市则刑人赦”。这里“赦”的原因仅是国君经过犯罪人居住的地方。死刑赦免通过三个途径达到目的。一是狭义上的“赦”，即免除当事人的死刑，主要适用于大赦；二是把当事人从死刑减等为其他刑罚，如徒、流、徙等；三是允许当事人采用赎金等方式替代死刑。帝王是否能从赦免制度得到“上天”的保佑没有证据证实，但这种制度客观上起到了减少死刑的作用，甚至可以起到保护生产力的作用。在中国古代的死刑制度中，由于株连制度可能一个案件中被杀很多人，这样可能使很多家庭无法继续下去，社会生产力也遭到破坏。古代的统治者也认识到了多杀对社会生产力和国家安定的影响，所以有些朝代把大量死刑转为劳役、兵役刑，进而获取劳动力。朱元璋在明朝太祖洪武五年（1372 年）五月在家乡建造中都时下诏“自今杂犯死罪可矜者免死，发临濠输作。”①所以赦免制度客观上还是有借鉴意义的。

① 《明太祖实录》卷 76。

西方刑事正当程序、对质权的起源与发展（上）

——以帝国后期罗马法与中世纪教会法为中心

佀化强*

引　言

1215年大宪章作为英国正当程序的起源，其重要性是不言而喻的，但是，整个西方正当程序的起源，却是源于早期神父奥古斯丁的著名布道篇351。该篇在整个中世纪都是教会刑事司法的基石，也是12世纪以后欧洲普通法的重要内容，比大宪章早了整整8个世纪，大宪章只不过是13世纪欧洲罗马教会法司法程序原则在英格兰地区的一个体现和映射。①同样，传统观点认为对质权源于1603年雷

* 作者为中国人民大学诉讼法学专业博士研究生，福德汉大学法学院访问学者。

① 成功论述大宪章与欧洲普通法（罗马教会法）的渊源关系的论文，见R. H. Helmholz，“Magna Carta and the ius commune”，The University of Chicago Law Review，Volume 66，Spring 1999，pp. 297—371，尤其是被称为“正当程序条款”的第39条与罗马教会法的关系，见356—357页；西方学界对39条“the law of the land”是否等同于“正当程序”的争论，见Edward S. Corwin，“The Doctirne of Due Process of Law Before the Civil War”，Harvard law Review，Vol. 24，No. 5（Mar.，1911），pp. 366—385；C. H. Mcllwain，“Due Process of Law in Magna Carta”，Columbia Law Review，Vol. 14，No. 1（Jan.，1914），pp. 27—51；Lysander Spooner，An Essay on the Trial by Jury，（1852），pp. 20—23，26—29，46—49；Francis Bowen，Documents of the Constitution of England and America，（1854），p. 11。

立夫案件[1]，但这种观点早已被美国最高法院、学界抛弃。[2] 然而，无论是西方学者还是国内学者，都没有对质权最根本的成因、功能角度来进行分析，因此也无法详细描绘其真实面孔。[3]

本文将指出，西方正当程序与对质权是基督教诉讼文化的产物，它肇始于教会法刑事程序传统以及基督教征服以后的罗马法；"正当程序"作为一个明确原则，是由早期拉丁教父奥古斯丁提出的，他将包括对质权在内的各种必要因素归结为"正当程序"，并提出了"司法整洁性"的概念，随后成为教会法、罗马法、后世欧洲大陆、英国1215年大宪章在内基督教世界"正当程序"的始祖。在罗马世俗法院，它是刑事法官避免上帝惩罚的一个避难所：法庭是唯一能够得出死刑、流血刑判决的场所；在教会法院，它也充当了教会法官作出任何一个不利于教会人士判决的合法场所。因此，原告、被告、控方证人，必须在这个场所内进行指控、辩护、作证；法官也

---

① "刑事案件中被告人享有的与控方证人对质的权利并非源于宪法第六修正案，而是普通法上的一个权利，该权利被认可，是基于Walter Raleigh叛国案的不当行为。" Francis H. Heller, The sixth Amendment to the Constitution of the United States, University of Kansas press, 1951, p. 104.

② 英语世界的开山之作为Frank R. Herrmann, S. J., and Brownlow M. Speer, 'Facing the Accuser: ancient and medieval precursor of confrontation clause', Virginia Journal of International Law, Vol. 34: 481, 1993—1994；以此为基础相继完成的经典论文，见Richard D. Friedman, Confrontation: The Search for Basic Principes, Georgetown Law Journal , February, 1998; Randolph N. Jonakait, The origins of the confrontation Claus: an alternative history, 27 Rutgers L. J. 77 1995—1996; M. W. Chang, A Historical Study on Evidential Hearsay and the Confrontation Clause of the United States, 13 Tilburg Foreign L. Rev. 43 2006—2007。关于欧盟对质权，见Dr. Stefano Maffei, The European Right to Confrontation in Criminal Proceeding, Absent, Anonymous and Vulnerable Witnesses, Europa Law Publishing, 2006; David Lusty, Anonymous Accusers: An Historical and Comparative Analysis of Secret Witnesses in Criminal Trials, 24 S · ey L. Rev. September 2002。中文的最新专著为廖耘平：《对质权制度研究》，中国人民公安大学出版社2009年版。

③ 例如，"13世纪以后对质权在教会、世俗法院消失""Ayrault所设想的对质权不但在欧洲大陆的司法制度中是未知的，而且在英国普通法中也是未知的"，见Frank R. Herrmann, S. J., and Brownlow M. Speer；廖耘平：《对质权制度研究》，中国人民公安大学出版社2009年版，第35页。其实，完整的对质权在不涉及死刑的世俗司法、不涉及异端案件的教会司法中，都是存在的，即使纠问制死刑案件残缺的对质权，其精妙之处并未被西方学界所知。

必须在这个场所内认定案件事实，严禁庭外取证。这些，构成了西方法庭中心主义传统。

在谈论正当程序、对质权之前，必须了解其生成的基督教文化及其独特的刑事审判观、正当程序观。

一、基督教刑事审判观、正当程序观：法官公共身份与对质权的生成

早期的基督教继承了犹太教对血禁忌的传统，在西方教会形成了独特的刑事审判观：凡是涉及流血、死刑刑罚的案件，主持审判的法官，如果判决被告人有罪，那么法官本人就被视为杀人犯，并在末日审判中被投入地狱，遭受血腥报复。因此，“刑事法官＝谋杀犯”，“刑事审判＝杀人”，判决他人死刑的法官在末日审判中将被投入地狱，面临灭顶之灾。正是基于此，整个中世纪的西欧基督教世界，西方神明裁判、司法决斗、宣誓程序主导涉及流血、死刑的案件近10个世纪。[①] 早期著名拉丁神父安布罗斯（Ambrose）以约翰福音5：30为基础，给出了基督教世界司法官的典型模板，并且专门针对刑事案件，给出了“程序、审判规则主义”，排除“法官个人主观意志”；而奥古斯丁则继承、发展了安布罗斯的传统，并在死刑、流血刑中专门强调了“法官以公共职务身份判处死刑”不是杀人。[②] 不难看出，他们的共同点就是：排除个人因素、个人意志。但是涉及教会惩罚、世俗的刑事诉讼，安布罗斯强调的是“程序规则、审判规则主义”，当涉及死刑案件，奥古斯丁又专门提出了“公共身份”与“个人身份”的区分。因此无论教会的教规处罚还是世俗刑罚中的死刑案件，基督教世界的司法者，首先必须“遵循正当的程

---

① 详见 James Q. Whitman, The Origins of Reasonable Doubt , Theological Roots of the Crimianl Trial , Yale University Press, 2008。耶鲁大学教授 Whitman 的这本名著，成功地挖掘出基督教血腥审判观，从神学追溯了西方刑事诉讼起源、发展。笔者从中受益匪浅，决定将其译成中文，于在美期间和 Whitman 教授商议翻译版权事宜；回国后承蒙张志铭先生推荐，该书已经被列入“中美法律文库”。

② 程序规则主义与约翰福音5：30以及 Ambrose 的 Ex. Ps. 118 和 EP. 20 (ex 77) 的关系，详见佀化强：《西方刑事诉讼传统的形成——以中世纪基督教世界的“非理性”证据、审判制度为中心》，即将刊出于陈兴良主编：《刑事法评论》2010年第1卷。

序、规则”；其次是法官公共身份与个人身份的分离；再次，排除“个人意愿”、“个人意志”、“个人利益”。

这对西方刑事诉讼、证据法传统的形成产生了决定性的影响。著名的教会法之父格兰西于1140年前后完成的《教会法汇要》沿循了安布罗斯、奥古斯丁的程序主义，区分了不同的杀人：“如果谋杀意味着将一个人杀死，那么有时候杀人并没有罪：毕竟，士兵可以杀敌，法官或其助手也可以处决一个罪犯……在我看来，上述杀人都不是罪，他们也不能被称为通常意义上的杀人犯。当一个人被以正义的方式杀死时，不是你，而是法律杀死了他。”① “不是你，而是法律杀死了他”这句话中的“法律”并非刑法，而是专指“程序法，证据法”。13世纪早期的著名教会法学家Raymond de Penafort明确指出，世俗法官审判可能判处死刑的案件时，只要“遵守法律程序”，那么就免于死罪：“杀人有四种方式：凭正义杀人，随意杀人，出于必要杀人以及意外杀人。凭正义杀人，即法官或其助手杀死一个已经被公正地判决有罪的罪犯。如果处于恶意或以流人类的血为嗜好而杀人，即使罪犯被正义方式处死，那么法官也由于其污染的主观目的而触犯了死罪。然而，如果法官出于对正义之爱而杀人，那么他宣布死刑判决、命令其助手处死罪犯，法官并没有罪，其助手如果被命令处死罪犯时也没有罪。然而，如果法官或其助手没有遵循法律程序（iuris ordine non serbato），那么他们就犯了死罪。”② Whitman教授对此评论道：“判处死刑时法官必须遵守法律程序，这为法官提供了一个安全之道，无论是英国还是欧洲大陆，法官之所以得以救赎，就在于遵守法律程序”。③可以说，西方刑事程序、证据法的历史，也是为法官创造不同避难所的历史。

① C. 23, q. 5, c. 41, translated and quoted by James Q. Whitman, The Origins of Reasonable Doubt , Theological Roots of the Crimianl Trial , Yale University Press, 2008, p. 47.

② X. Ochoa and A. Diez, ds. , S. Raimundus de Pennaforte Summa d Paenitentia, in Universa Biblitheca Iuris, 1: 443, translated and quoted by James Q. Whitman, The Origins of Reasonable Doubt , Theological Roots of the Crimianl Trial , Yale University Press, 2008, p. 48.

③ James Q. Whitman, The Origins of Reasonable Doubt , Theological Roots of the Crimianl Trial , Yale University Press, 2008, p. 48.

（一）“法官公共身份与个人身份的分离”与“禁止私人意志”：避免地狱之灾的安全之道

在西方，职务身份与个人身份的分离早在公元一世纪就已出现，[①] 奥古斯丁——尽管从神学的角度——也认识到公职身份与个人身份的双重性。[②] 在谈到法官判处死刑与上帝所惩罚的谋杀罪的区别时，他却是明确将法官公共职务身份作为法官免受地狱惩罚、血腥审判之虞的第一人。对判处死刑、流血刑的世俗法官而言，只有以公共、职务身份、履行司法职务，他才免受上帝的惩罚；相反，以个人、非职务身份给出死刑判决，那么法官将沦为谋杀者被投入地狱。这种以公共身份作为豁免之道一直为后世的中世纪法学家奉为圭臬。

基督教神学上多重身份的区分传统，仅就刑事司法领域而言，在公元6—12世纪世俗司法流行神明裁判的年代，不可能得到长足的发展。只有到了12世纪“文艺复兴”时期，法学家才将目光重新投放到这个古老的神学原则上来。James A. Brundage教授证实：“到

① 据比较法大师Ernst H. Kantorowicz考察，西方个人身份与职业身份分离最早出现在罗马帝国尼禄皇帝的顾问Seneca（c. 4 BC - AD 65）的一个书信中，我们看到Seneca写道：“在导航员中凝聚着两个人格：一个是他和其他旅客共同享有的身份，即他也是一个旅客；另一个则是独特的，因为他是一个导航员。风暴伤害的是作为一名旅客的他，而不是作为一个导航员的他。”Seneca，Epistolae，LXXXV，35，quoted by Ernst H. Kantorowicz，The King’s Two Bodies A Study in Medieval Political Theology 498（1997，Princeton University Press）；同样，Seneca也曾经给尼禄皇帝说道：“你在the soul of respublica，and the respublica is your body。”Seneca，De clementia，I，5，I，quoted by Ernst H. Kantorowicz，The King’s Two Bodies A Study in Medieval Political Theology 215（1997，Princeton University Press）。

② 奥古斯丁在谈到世俗国王伺服上帝的义务时说道：“基于他作为一个单个人而伺服上帝的时候，这是一回事；而当他作为国王的时候伺服却是另一回事。”Augustine，Ep. CLXXXV，c.5，19。在维护“三位一体”教义、解释“圣父”与“圣子”关系时，奥氏对Psalm 91评论道：“基督耶稣在天堂坐在上帝的右边，但是其脚和手臂在尘世。”Augustine，Enarrationes in Psalmos，XCI，11，PL，XXXVII，1178.“耶稣高居天堂，但是其脚则在尘世：其头在天堂，身体在尘世。一个人，两个本性one person，two natures”——他又说道：“但是我们不要相信头和身体是分离的：在空间上存在一个灵活性维度，但是在爱上，却是一体的。”Augustine，Enarrationes in Psalmos，XC，5，PL，XXXVII，1163. Quoted by Ernst H. Kantorowicz，The King’s Two Bodies A Study in Medieval Political Theology 71—72（1997，Princeton University Press）.

了 1200 年，教会法学家开始区分传统法学意义上的自然 'persons' 与法学意义上 'persons'，或说一个共同体，他作为自然人 'persons' 的同时还拥有法律人格的特征。"① 也是从 12 世纪开始，和身份区分密切相关的是，禁止"法官知悉"作为判决基础、"法官与证人身份的分离"的原则也得到发展和强调，三者互为因果、唇齿相依："只要你不动用自己私下的知悉，那么不是你、而是法律杀死了他"、"只要法官不作为证人，那么他就安然无恙"②。

12 世纪"西欧最有成就的"、对后世罗马教会法学家具有重要影响的 John of Salisbury（1120—1180）③ 在谈到世俗君主、官员使用世俗之剑惩罚犯罪时说道："（因此）君主是公共利益的仆人、正义之法的奴仆；在这种意义上他具有公共身份：即公平实施正义，惩罚所有的罪恶……他以此剑流他人的血时，他没有任何罪责，也不会成为血罪之人；他经常处人死刑也不会招致谋杀之罪或谋杀之名……"。④ 比较法大师 Kantorowicz 对此解读道："君主以法官的公共身份杀人、流他人的血时没有罪；因为如同他通常做的那样，他是为了公共利益。他是以公共身份行事处理公共福利，而不是以私人身份、凭借个人意志行事。"⑤

同样，著名的天主教神父阿奎那在论述法官裁判的基础时，也是坚持个人知悉与通过程序、以公共法官身份知悉的区别："在涉及

---

① James A. Brundage, Medieval Canon Law 100（Longman Grou Plimited 1995）.

② See James Q. Whitman, The Origins of Reasonable Doubt , Theological Roots of the Crimianl Trial , Yale University Press, 2008, pp. 105—114.

③ Charle Howard McILwain, The Growth of Political Thought in the West, from the Greeks to the end of the middle ages 229（The Macmillan Company 1932）; W. Ullmann, ' The Influence of John of Salisbury on Medieval Italian Jurists' , The English Historical Review, Vol. 59, No. 235（Sep. , 1944）, pp. 384—392.

④ John of Salisbury, Policraticus,（Bk. IV, chap. 2）edited and translated by Cary J. Nederman , Cambridge University Press, 1990, p. 31. 关于这一段的英文翻译见 http: //www. fordham. edu/halsall/source/salisbury - poli4. html。

⑤ Ernst H. Kantorowicz , The King' s Two Bodies A Study in Medieval Political Theology 95（Princeton University Press, 1997）.

私人事务上，一个人必须以私下的知悉中形成自己的良心[①]；但是在关系到公共事务中，他必须根据在公共司法程序中获得的知悉来形成自己的良心。”[②] 在这里，和公共身份一样，“私下知悉”与“公共良心”也是被区分开来的。

13世纪最著名的程序法学家 William Durand（1230—1296），以一个真实的案例讨论了法官“个人知悉”的问题，“一个法官向窗外观看，看到一个贵族在博洛尼亚公共的广场上杀了一个人”，[③] 在这个发生在公共场合的杀人案，无疑法官作为个人身份亲眼看到了杀人过程，并且，在广场的众人也看到了。但是，William Durand 坚持道，即使对于当着法官的面发生的犯罪，法官也不能对此判决有罪；要使有罪判决属于正当，既定的犯罪分子在犯罪之时，必须当法官是以其公职身份、并且当着足以众多的人犯罪，从而犯罪行为公众所知。只有在这种情况下，犯罪才能属于严格意义上的 notori-

① 在古希腊，指代“良心”conscience 的词是“syneidesis”（名词形式）、syneidos（也是名词形式），“synoida”（动词形式）。据学者考察，“古希腊“oida”与拉丁文“scio”都表示“我知道”，因此“sunoida”与“conscio”就表示“我也知道，我和（某人）都知道”。Sce C. S. Lewis，Studies in words 181，（Cambridge University press，1960）拉丁文的良心是“conscientia”，其用法也是知悉与道德双重意义上：“I：共同知悉，和他人共知；II：意识到，知悉，感觉；特别是道德意义上的 conscience，即意识到对错。”Eric D' Arcy，Conscience and its right to freedom 6—7（Sheed and Ward London，1979）．因此，“良心”conscience 这个概念，在西方有不同的含义。良心的最初的一个含义就是“用来表示知悉，这种知悉可能为许多人所共享。”第二个含义就是“对自己行为、态度、状况的一个自我的、充分的、清晰的感知。”第三个含义就是道德意义上的是非判断。See Philippe Delhaye，The Christian Conscience24（translated from French by Charles Underhill Quinn，Desclee Company，New York，1968）.

因此，在上述的语境中，良心指“对事实、真理的知悉、判断”。“根据良心裁判”是指“根据知悉裁判”“根据内心确认的事实”裁判，和“根据证据裁判、根据法庭上的主张”裁判是相对的，见 James Q. Whitman，The Origins of Reasonable Doubt，Theological Roots of the Crimianl Trial，Yale University Press，2008，pp. 105—106。

“良心”的这种含义在两大法系是不同的，其原因主要是天主教神父阿奎那的良心概念少有道德是非判断的成分。

② Thomas Aquinas，Summa Theologica，Questions 67，article 2.

③ James Q. Whitman，The Origins of Reasonable Doubt，Theological Roots of the Crimianl Trial，Yale University Press，2008，p. 109.

ous；然而，只要被告人否认有罪，那么就不属于 notorious 的犯罪了。[1] 因此，并非仅仅当着法官的面，而必须在法官以公职身份行事、且履行审判职能之时，当着他的面所发生的犯罪才能以 notorious 论、省略审判程序。

在 13 世纪后期、14 世纪前期著名教会程序法学家 Johannes Monachus 也知道，教皇或某些法官，很可能从私下渠道知道案件事实，但是他强调道："你可能会说，作为一个单个的人，教皇与法官很可能是从私密渠道知悉案件事实的。应当明确的是，那是行不通的，因为法官不能以私人身份裁判案件，而是应当以公共身份，同时他应当公开地通过公法、神法、普通法了解案件真相。"（"Sed forte dices quod papa uel alius iudex nouit causam et ueritatem neogotii secreto, ut est priuata persona. Dicendum est quod hoc non sufficit quia iudex non iudicat ut priuata persona, sed ut publica et ideo publice debet sibi innotescere ueritas, scilicet per leges publicats, diunas, uel humannas in communi."）[2]

著名的中世纪法学家、意大利法学教授 Bartolus 也严格禁止法官以个人身份所获得的知悉作为判决的基础。他说道"这种禁止依据个人良心作出判决的规则，是禁止使用法官以私人身份而获得的案件信息"。因此，他要求法官"在作出判决时，其基础只能是以证据、诉辩为基础而获致的良心。"[3]

在英国也是如此。亨利四世（1399—1413 年在位）统治期间，在一个案件中，原告偷偷地将一个未提交给法庭作为证据出示的书面文件塞给陪审团。法官知道此事以后，宣布道："在作出宣誓以

---

① William Durandus, Speculum iudiciale, lib. 3, partic. 1, rubr. Demotoriis criminibus §9, and rubr. Notorium quid sit (Basel, 1574 edn), pp. 44—5, 49—52, quoted and translated by James A. Brundage, Medieval Canon Law (Longman Grou Plimited 1995), pp. 146—147.

② Johannes Monachus to Extrav. Com. 2. 3. 1, quoted by Kenneth Pennington, The Prince and the Law, 1200—1600, University of California Press, 1993, p. 162, at footnote 167.

③ Bartolus, In ius universum civile commentaria, Dig. 1. 18. 6. 1, translated and quoted by Richard M. Fraher, "Conviction According to Conscience: The Medieval Jurists' Debate concerning Judicial Discretion and the Law of Proof", Law and History Review, Vol. 7, No. 1. (Spring, 1989), pp. 23—88.

后，陪审团不能看、也不能携带任何未在公开法庭上提交的证据”[①]。

由此可见，中世纪的法学家沿循奥古斯丁的“公共身份、法官身份”之道，为刑事审判世俗、教会法官[②]创造了一个避难所。

（二）“私人身份与公共身份”之区分标准与对质权的生成

那么，如何区分“私人身份与法官公共职务身份”？如何避免个人知悉的介入？就我所能想到的，区分的标准无疑至少有两个：服饰与法庭内外。

1. 法官服饰[③]

据 William E. A. Axon 考证，“法官假发上的黑色布块肇始于 13 世纪……必须提到的是法官黑色的帽子，它是法官在宣布死刑判决时所佩戴的。它是由布做成的四方形帽子，四个角低垂下来。当法官着法袍的时候戴着它，但是只有两种场合：一是当宣判罪犯到绞刑架时，二是在王室法院接受当选的伦敦市长宣誓时。这好像是一种代表国家之尊的帽子，象征着法官作为国家、君主的代表、执行

① William Forsyth, supra n. 40, at 131.

② 需要指出的是，虽然教会没有死刑、流血刑，但是，由于下列原因，在教会法官眼中，教会司法中严重的处罚如绝罚等程序，其意义不亚于世俗法官眼中的死刑审判程序：1. 为了保持教会本身的“纯洁性”、维持神职人员的“道德优越性”（theme of moral superiority），“神职人员应该比非神职人员更加称得上基督徒：对非神职人员来讲仅仅属于羡慕的，对神职人员来讲，就是强制性的。”（这种教会传统从来都没有丢失过，在格里高利七世的改革中，重新得到强调，见 Robert E. Rodes, Jr. , Ecclesiastical Administration in Medieval England , the university of Notre Dame press, 1977, p. 33。）2. 早期教俗刑事司法权的分工并没有那么明显；即使到了 13 世纪，异端的死刑由世俗当局负责，但是，审判组织却是教会的法官，世俗当局只不过是充当了一个专门的执行机关角色。因此，无论在早期还是 13 世纪以后，教会法官对死刑判决并非毫无染指。3. 正如后文指出，教会司法程序的传统，坚守新约中保罗审判模式，该模式特别强调了对质要求。4. Ambrose 提出的基督教司法模板，显然适用于整个基督教的刑事、民事案件；而奥古斯丁在给 Publicola 的书信（Epistle 47）中提出的身份区分之道虽然专门针对死刑而言，但是在著名的布道篇 351 中，他对教会司法也强调了“司法内”与“司法外”区分（关于 Ambrose 与奥古斯丁，详见侣化强所著《西方刑事诉讼传统的形成》一文；简单的分析也可见后文）。

③ 教会法官的服饰当然可以追溯到中世纪早期，因为牧师、神父在罗马帝国后期就充当着法官、裁判者角色；在后来缺失职业法官的神明裁判、宣誓审判中，牧师也是神明裁判的程序主持者。

者而享有的至上权力”。[1] 还有学者发现在14世纪，世俗法官就拥有专用服饰。[2] 西方法官在庭审过程中所佩戴的假发，其造型、颜色、风格十分奇特，显然，其设计上刻意凸显了与法官自然毛发、服饰有着显著的不同。William E. A. Axon 评价道，这些法律的道具“无疑有着其历史和含义”。[3] 13至14世纪作为世俗法官服饰的起源，在时间上和13世纪法官代替上帝作为刑事审判主体、司法调查代替神明裁判，是基本吻合的。

2. 法官审判的物理场所——法庭之内

当然，区分法官个人身份与公共身份的两种标志中，最具影响的还是“在法庭之内、并履行审判职能过程中”。因此，基督教世界的司法中，法庭，无疑承担了超出地理位置和物理空间意义、更加丰富的法律重要性。

正是法庭——这个具体的、看得见摸得着的物理意义上的法庭，才能将法官的私人身份与公共身份区分开来：只能是也仅仅是在这个特殊的物理空间内，才能昭示、标志着法官以公共身份、履行着司法裁判职能；也仅仅是在法庭上，证据提交、证人作证、当事人的主张和举证，才具有法律程序意义，才对法官起到作用。也正是这扇物质性的法庭之门，才将空间、世界一分为二：门外属于自然世界而门内则是迥然不同的法律、程序世界，法官也从法庭大门之外的一个自然人转换成一个以司法者面孔出现的法律拟制人；也正是这个法庭之门，将本来仅仅具有时间差异的历史事件——过去已经发生的自然事件——与当前所要证明、裁判的事件，区分开来：门外所发生的事件——无论法官在法庭之外通过何种方式知悉与否在所不论——均无任何法律意义；形成鲜明对比的是，门内所展示、证明的——当事人的主张、提交的证据、证人证言——无论与门外的自然、历史事件相符与否（注：这里仅仅指死刑、流血刑的刑事重罪案件中）、或与法官个人知悉相互矛盾与否——均具有程序、法

---

① William E. A. Axon, “The Costume of the Law”, in The Lawyer in History, Literature, and Humour, (Edited by William Andrews) London, 1896, pp. 150—159.

② See Ernst H. Kantorowicz, supra n. 9, at 416.

③ William E. A. Axon, supra n. 15, at 150—159.

律意义①：它构成了刑事死刑裁判的唯一基础。也正是这个法庭之门，充当着界定司法外行为（或曰法庭外活动）（extra - judicial activity）与司法行为（法庭内行为）、司法外职权与司法职权的唯一权威标准：正如后文指出，罗马帝国后期，以及中世纪纠问制的死刑案件中，庭外调查是法官的禁忌；同样，庭外的证据、证人证言无论多么真实，都丝毫不能成为死刑判决的基础。相反，只有通过在法庭上进行的指控，才能成为正式的指控；只有在法庭上展示的证据，才能成为司法证据；只有在法庭的控辩、质证，才是构成法官据以形成“公共良心”的素材；也只有在法庭内、履行“公共职能”期间形成的“公共良心”，才能作为判决的基础。也正是这个法庭之门，决定了门内、门外所发生案件所适用程序、证据制度之巨大反差：门外所发生的刑事案件，纵然为以私人身份的法官在法庭之外通过某种渠道所知悉，或案件事实十分明显、众所周知，审判、证据、程序也绝对不能省略，并且也决不能成为判决的基础②；相反，只要在法庭开庭期间、并且当着法官的面发生的杀人罪，无须事先任何刑事指控、无须任何证据、并且无须审判程序，法官即可依职权作出有罪判决。

---

① 12世纪的神学家 Peter Abelard (d. 1142) 说道：“在某些案件中，无辜的人也应该受到惩罚。例如，当敌视他的人用伪证来诬陷他时，如果法官不能以‘明显的原因’来反驳这些证人时，法官没有其他的选择只能接受证据而作出有罪的判决。” D. E. Luscombe (ed.), Peter Abelard's Ethics, Oxford, 1971, pp. 38—41. 著名的神学家阿奎那明确说道：“如果法官知道一个无辜的人被伪证入罪，法官必须像丹尼尔（daniel）那样，仔细讯问证人来找到将这个无辜者释放的理由；但是如果他没能找到，他必须将被告人呈送更高一级的审判。纵使用这种方法也不可能（将被告人无罪开释），那么如果法官根据证据作出有罪判决，他没有罪（sin）。因为在这种情况下，将无辜的人处死的，不是法官，而是那些宣称其有罪的人。” Saint Thomas Aquinas, Summa Theologica, Question 64, Article 6. 关于上述神学观点与欧洲大陆法定证据之间的关系、法定证据制度的起源、适用范围，详见侣化强所著《西方刑事诉讼传统的形成》一文。上述极端的证据裁判原则，于1789年以后陆续被大陆法系国家地区抛弃，形成了相对的证据裁判原则：即以呈堂的证据为基础但法官对其可信性进行自由裁判。

② 教会法之父格兰西在其《教会法汇要》引入了一个令西方基督教司法者颇为两难的概念：即“明显的、众所周知”的案件；尤其是法官也可能私下知悉案情，但是程序仍然是必要的、证据仍然要在法庭上展示。格兰西以及其他法学家的观点，详见后文。

我们以中世纪意大利法学家 Cynus（Cino da Pistoia（1270—1336/37）论述世俗纠问制司法中“众所周知”、“明显的犯罪”为例，根据他的理论[①]：

一个 notorious 犯罪是这样的，该犯罪“quod aliqua tergiversatione celari non potest.”[②] Cynus 说道，有两种 notoriety，一个是为法官在其作为法官身份、履行法官职务时对其来讲是 notorious 的；另一个是“在众人面前发生的犯罪”（the other which was characterized by the perpetration of a crime “coram magna collectione hominum”）[③] 在第一种情况中，它可以被称为司法 judicial notoriety，无须另外的证据就可以给出一个判决……如果 notoriety 是司法外的 extra - judicial，那么法官所要获取的证据必须清楚地作出如下区分：notoriety 的事实与犯罪本身……然而，至于犯罪本身，给出一个判决必须有充分证据：“Sed de crimine inquirendo debet plene constare”。

法庭内外发生的犯罪，其差别之大，超乎我们的想象。也只有透过这种极端的反差，我们才能真正体会到西方基督教世界法律程序、刑事证据法功能之所在。因此，法庭，成为法官避免上帝惩罚、免受地狱之灾的避难所，也是法官唯一可以行使司法权的合法物理空间。我们看奥古斯丁在著名的布道篇 351 中关于司法内外职权的区分：“教会法官不能以法庭职权以外的有罪迹象（extrajudicial indications of their guilt）为基础而对一个人开除教籍，无论这种有罪的迹象多么真实（quamvis enim vera sint）”，“因为无论某些事情多么的真实（公众成员知道这些事实真相但是没有在法庭上予以证明：原文注），但是法官不能轻易地信以为真，除非它们由确定的证据证明”。[④]

一个物理空间的法庭被赋予法律上的特殊含义，我们还可以从

① W. Ullmann，“Some Medieval Principles of Criminal Procedure”，The Judicial Review 1947.

② C. IX. 2. 7，no. 3，fol. 537 verso.

③ C. IX. 2. 7，no. 3，fol. 537 verso.

④ St. Augustine，Sermon 351.，quoted and translated by Frank R. Herrmann，“ The Establishment of a Rule Against Hearsay in Romano - Canonical Procedure，Virginia Journal of International Law，Vol. 36：1，1995—1996，p. 23.

西方处罚藐视法庭罪、伪证罪的传统中体会出来。[①] 首先，藐视法庭罪存在直接性与构建性的区分（direct and constructive）；并非巧合，二者区分的标准就是前文强调的"物理空间意义上的法庭内外"。前者是"在法庭内、同时也是在开庭期间，或与法庭近在咫尺以至于可以扰乱其程序进行"，而后者则"起因于未在法庭上揭示的事情，但拒绝遵守那些需要在其他地方（即法庭之外）执行的法庭命令和判决"。[②] 刑罚虽然相同，但是，"如果主持审判的法官认为有必要，他可以当场命令对直接性的藐视法庭罪进行处罚；但是对于构建性的藐视法庭罪，尽管同样地具有可罚性，却需要一个不同的、不是那么简易的程序。"[③] 其次，法官在法庭内外权力的差异。对藐视法庭罪的处罚权，是法庭"固有的"、"必要的"、"无须成文法授权的"、"无须记录案件事实的"；[④] 但是，"休庭期间"的法官，以及即使在"开庭期间"但本人"不在法庭上"，都无权处罚藐视法庭罪。[⑤] 在法庭上的伪证罪也是如此："因此当法官在审判过程中相信证人做了伪证，他就可以将这个证人予以关押，并且无须任何另外的证据或正式的指控就可以依职权作出判决。"[⑥]

另外，被告人所做的供认也因物理位置、法庭内外不同而在法律程序意义上有天壤之别。以著名教会法学家 Stephen of Tournai (1135—1203) 为例。在评论格兰西《教会法汇要》C. 2 q. 1 时，

① 需要说明的是，在现代正当程序、国际法的规范下，传统上"藐视法庭罪"、"伪证罪"无须起诉、无须证据、无须审判的简易程序正当性受到挑战和质疑，因此，旧有的简易处罚程序逐渐改变。英美法中的变化过程，见 John C. Fox, The History of Contempt of Court: The form of trial and the mode of punishment , Oxford University Press, 1927；欧盟法律对传统的改变，见 Miller, C. J. , Contempt of Court (3rd ed,) Oxford University Press, 2000。

② 后者的例子有："证人或陪审团拒绝执行法庭要求其出庭的命令；经官员合法要求，但是公民拒绝在执行逮捕或其他程序中提供帮助；拒绝对自己的合法逮捕，或被逮捕后逃逸；第三人试图妨碍逮捕或试图使他人逃逸……在任何一个法庭的任何诉讼的等待开庭期间，暴力阻止证人或当事人出庭作证或在上述期间阻止当事人辩护"。Stewart Rapalje, A Treatise on Contempt, New York, 1890, p. 27, at note 1.

③ Stewart Rapalje, id. , at 26—27.

④ Id. , at 1—2.

⑤ Id. , at 10—11.

⑥ W. Ullmann, supra n. 21.

Stephan 指出：如果判决一个无意识作出供认的被告人“sponte confessus”——未受任何威胁、突然、并且出其不意作出的供认[①]——那么这种供认必须是在“法庭上”作出的；无论有多少人听到被告人庭外的有罪供述，但是法庭外的供述并“没有任何危害”。但是在法庭上作出供述，该供述将对其不利——因为他这样做时，是在公共程序（public forum）中。[②]这里，物理位置上的区分被赋予不同法律含义的原则同样昭然若揭。

物理空间意义上的法庭内外这一关键的标准，直接产生了“对质”要求——双方当事人必须出庭、证人必须出庭，严禁刑事死刑案件的缺席判决、严禁原告庭外指控、严禁证人庭外作证、法官严禁庭外取证等；总之一切都必须出现在法庭上才具有法律意义。这也是西方法庭中心主义传统的文化根源。也正是这种基督教世界法庭所具有赋予物理空间以一种特殊的法律重要性，直接催生了西方正当程序的核心内容：法庭上所展开的对质要求与证据法中的传闻规则。对质要求与传闻规则密切相关，二者交叉重合部分就是“证人必须亲自到庭作证”。显然，要求证人出庭并非完全是满足查明事实的需要：比在法庭上观看经过事先“排演”的证人作证更具可信性的是法官庭外调查取证，因为亲临案发第一现场或外出调查、发现正在发生的犯罪，较坐堂听证更能直接、全面体验、观察到案件

① Stephan ad C. 5 q. 5. c. 4, quoted and translated by Ronald Gordon Gustav Knox, “Rufinus and Stephan on Church Judgment” pp. 169—170 (PH. D Dissertation, Yale University, 1976).

② Stephan ad C. 2 q. 1 c. 1 vv. Sponte confessum: in iudicio. Nam extra no nocet. (Schulte 158) quoted and translated by Ronald Gordon Gustav Knox, “Rufinus and Stephan on Church Judgment” pp. 169—170 (PH. D Dissertation, Yale University, 1976).

事实真相。[①] 但是，在死刑案件中，庭外调查取证是严格禁止的。

取消神明裁判以后，西班牙卡斯蒂利亚国王阿方索五世（Alfonso X）的立法 Siete Partidas（1263/65）严格禁止死刑案件中的庭外取证："其居住地距离审判法院十分遥远的证人——除非案件的结果涉及死刑或肢体残害，或土地所有权的丧失——可以在其所在地法院的法官面前给出他们的证言，因为此后该证人证言以书面形式呈送给审判法官。但是，在死刑案件或流血的案件中，……不是其他的法官而正是裁判该案的法官，应该亲自听取证人。"[②] 在这里，我们明显体会到死刑案件与轻罪案件、民事案件之间，在庭外取证上的显著区别。

为了更好地凸显基督教对对质要求的决定性作用，我们最好比

① 基督教与非基督教世界、东西方诉讼文化中最根本、最核心的差异就在于此：无论是文学作品中的中国古代包公形象还是近代"马锡五"审判方式，乃至最近的"宋渔水"法官，之所以广受国人喜爱、尊敬，其主要原因之一就是没有把纠纷解决、案件事实的调查、证据查明的合法场所，排他性地限定在物理意义的法庭之内；相反，他（她）们都相继走出法庭，有的充当了"侦查官、调查官与法官"合一的角色，例如包公、马锡五；即使是包公著名的手下王朝、马汉等，也仅仅是前者庭外调查案件事实的左膀右臂，在法律地位上并不拥有独立于其主人包公的地位，主仆双方在西方的诉讼程序中应该是同一、合一的；马锡五更是集包公及其手下的角色于一身，其活动的主要范围并非固定的法庭，从一定意义上来讲，西方基督教意义上的法庭在马锡五审判方式中是根本不存在的；至于受到西方法学教育的宋渔水法官，显然她并没有简单地愚守西方法律程序的表面形式，和前二者一样，她司法活动的时空范围并没有囿于狭隘意义上的法庭，以及身置于法庭内的工作时间。另外，与上述特点相对应的是，他（她）们司法判决的基础，并没有限于在法庭内提交的证据；相反，与基督教征服之前的古希腊司法相识，他（她）们判决中，起决定作用的乃是法庭之外所了解的事实——以其西方同行的标准，这属于法官私下的知悉。在这三个典型的中国式司法者眼中，证据与事实之间的分野、矛盾，在他（她）们眼中是不存在的——即使偶然存在，那么证据将毫不犹豫地让位于事实（无论是通过私下知悉、庭外调查，还是从呈堂证据中获知并确信的事实）。

② Patida 3. 16. 27（1263/65），in 3 Los Codigos Espanoles concordados yanotados at 167（Madrid，La Pubilicidad 1849），translated and quoted by Frank R. Hermann，S. J.，and Brownlow M. Speer，'Facing the Accuser：ancient and medieval precursor of confrontation clause'，Virginia Journal of International Law，1993，34：481.

较一下罗马刑事程序在基督教征服前后的明显差异。

二、前、后基督教时代罗马法中的对质要求：以刑事、民事案件差异为视角

对于整个罗马法证据部分，曾有学者评论道“必须承认，证据法是公认的罗马法学宝库中最不令人满意的部分……是因为 Digest，Code，and Novels 这些不同的法规中零星规定了证据法，对其总结归纳十分困难，”其中还不乏矛盾之处。[①]毫不奇怪：查士丁尼的立法，是对基督教征服之前共和时期与征服之后的帝国时期法律的汇编，这期间的罗马法正是经历了基督教神学洗礼后罗马法，相应地，证据法也是从无到有、从自由心证到初见端倪的法定证据的转变[②]，其杂乱、矛盾是可以想象的。

尽管如此，我们还是能够发现罗马共和、经典时代与帝国时代尤其帝国后期罗马法在刑事案件中所发生的变化：在死刑审判中，“物理空间的法庭”成为唯一可以得出有罪判决的合法场所和空间；因此被告、原告、控方证人必须出现在法庭上。

（一）死刑案件中的缺席审判：被告出庭

在西塞罗时代，对于抗拒法庭命令故意不出庭的被告人如何处理，在罗马境内引起了激烈的讨论。西塞罗（公元前 106—公元前 43 年）指控执政官 Verres 对 Sthenius 作出了缺席判决。在该案中，西西里执政官 Gaius Verres 被控犯有多项渎职、违法行为，其中的一项指控就是 Verres 作为法官，在审判 Sthenius 犯有伪造罪以及在一个死刑审判中有不当行为。Verres 曾经两次对 Sthenius 作出了缺席审判的有罪判决。在对 Sthenius 第二个缺席审判中，原告也没有出庭，但是 Verres 判决他犯有这两项罪。西塞罗认为，Verres 因此不仅违反了被告人应当享有出庭机会的要求，也违反了指控人也应当出庭的要求：“他没有让被告人出庭，在原告没有出庭的情况下作出了有

① Abdy, John Thomas, A Historical Sketch of Civil Procedure Among the Romans (1857), pp. 107—108.

② 罗马法证据制度从“自由心证”到“法定证据”的转变，见佀化强：《西方刑事诉讼传统的形成——以中世纪基督教世界的“非理性”证据、审判制度为中心》，载陈兴良教授主编：《刑事法评论》2010 年第 1 卷。

罪判决。”最后元老院作出决议，反对缺席审判。[1]

在罗马的民事案件中，法官、执政官可以对不出庭的被告作出不利的判决。但是，在刑事案件中，帝国时期的法律区分了死刑案件与非死刑案件，前者严禁作出有罪缺席判决。在 Digest 中，乌尔比安引用图拉真大帝的法令说道：“先帝图拉真在给 Julius Fronto 的一个法令中写道，一个缺席的刑事被告人不能被判决有罪。然而，对那些不接受传唤或抗拒执政官命令、故意不出庭的被告人，应该如同私诉案件中那样，对其作出不利的判决。这些原则可能并不矛盾。那么如何处理呢？这样规定是较为可取的：如果经过屡次警告他们还是拒不出庭，在涉及金钱或影响到其声望的案件中，可以对不在场的被告人处以惩罚；这也适用于放逐[2]。但是如果可能要判处的是较重的刑罚，那么对未出庭的被告不能判处死刑。”[3] 在 211 年，皇帝 Antoninus 对 Rusticus 作出如下指示：“当指控严重的犯罪、并且被告人未出庭，通常不能匆忙作出最终判决。但是他可以被记录为被传唤出庭的人，这不是为了惩罚；如果他能够证明自己无辜就必须给他这种机会。”[4] 在 242 年皇帝 Gordian 给一个要指控妻子通奸罪的服役士兵 Hilarianus 答复道：“如果你以前的妻子在你指控她犯有通奸罪之前就离开了她居住的行省，那么既不能在她不在的时候指控她，也不能要求把她带到你所服役的行省来指控。”[5] 243 年，皇帝 Gordian 在答复 Avidianus 时对 211 年法令的内容强调道：“不能对未出庭的人作出死刑指控，仅仅能被记录为不出庭，如同登记一个要传唤的人一样；这是一个古老的规则。”[6] 287 年，皇帝 Diocletian 与 Maximian 对 Aelia Matrona 说道：“一个对没有出席的人所作出的、并且没有经过辩护的判决……没有任何效力，这是一个人人熟知的规则”；皇帝 Severus and Antoninus Magnus 的法令规定道：“不要判处任何一个缺席的人以刑罚。我们坚持如下规则，即不出庭的

① A. H. J. Greenidge, The Legal Procedure of Cicero' Time (Oxford, 1901) pp. 461—462; Frank R. Herrmann, S. J. , and Brownlow M. Speer, 'Facing the Accuser: ancient and medieval precursor of confrontation clause'.

② 在罗马，放逐是拒不出庭、逃避死刑的被告人所遭受到的一种惩罚。

③ D. 48. 19. 5.

④ C. 9. 40.

⑤ C. 9. 9. 15.

⑥ C. 9. 2. 6.

人不能被判有罪，因为正义不允许任何人在一个案件没有被听取的时候就被判有罪。”[①] 至于听审一名“被羁押在监狱、并非在法庭上的被告人”，如何确定“监狱”在基督教世界中的特殊含义？我们看到，保罗专门将“羁押场所”的法律意义等同于“法庭”：“听审一个在押的被告人，不仅可以在审判法庭上，也可以在该法庭之外”[②]。在5世纪中期，一个匿名的、可能是一个法学教师的笔记中明确地写道：“对一个未出席的人所进行的任何指控，都是无效的。”[③]

（二）原告出庭

早期的罗马法规定，原告可以通过他人或以书信形式起诉，并由代理人出庭诉讼。这种不区分死刑案件、民事案件允许原告庭外指控的做法，被3世纪早期法学家保罗（约公元222年去世）否定。保罗主张：“在死刑案件中，任何不出庭的人都不能被判有罪；一个不出庭的人既不能指控、也不能通过他人来指控，更不能被指控犯罪。”[④] 这个权威性的表述，分别于327年、426年被皈依基督教后的康斯坦丁大帝、狄奥多西皇帝在敕令中宣布具有法律效力。[⑤] 在罗马帝国时期，通常而言，“原告出庭，是开启公开审判程序的一个必要条件，并且他不能由代理人代为出庭指控。”[⑥] 法庭对于抗拒法庭司法命令、拒不出庭的原告，要以藐视法庭为由进行处罚，并且案件要被撤销掉。对于有其他正当理由而不能出庭、或未出庭的原告，法律规定要中止程序、释放羁押的被告，并允许以后重新指控。在公元214年，皇帝Gordian法布敕令道：“如果原告并非出于抗拒法庭命令而未出庭，并且该行省长官对其进行了一次传唤，未经调查

① D. 48. 17. 1.; see also Frank R. Herrmann, S. J., and Brownlow M. Speer, ‘Facing the Accuser: ancient and medieval precursor of confrontation clause’, at note32.

② Paul, Views, book 5, in D. 48. 18. 18.

③ Frank R. Herrmann, S. J., and Brownlow M. Speer, ‘Facing the Accuser: ancient and medieval precursor of confrontation clause’.

④ Frank R. Herrmann, S. J., and Brownlow M. Speer, ‘Facing the Accuser: ancient and medieval precursor of confrontation clause’, p. 487, at footnote 34.

⑤ Frank R. Herrmann, S. J., and Brownlow M. Speer, ‘Facing the Accuser: ancient and medieval precursor of confrontation clause’, p. 487, at footnote 35.

⑥ A. Esmein, A. Esmein, A history of continental criminal procedure with special reference to France, (Boston Little, Brown, and Company, 1913) p. 23.

便裁决释放你所指控的被告，那么刑事程序仍然处于中止状态；因为当原告并非属于藐视法庭或可惩罚之耽搁时，案件不能撤销，并且该指控仍然可以由同一法官或继任者按照通常的司法程序进行审判。”①

至少在3世纪，刑事案件原告出庭，就成为有效审判的一个必要前提。从停留在法庭时间的起点至终点要求来看，原告从审判开始一直到审判结束、定罪完成的整个阶段，都被要求必须出现在法庭上。但是，实践中仍然引发出这样的问题：在审判过程中，原告出庭、活动在法庭上的时间是否足够？是否能称得上真正意义上的完整出庭？由此引发的另一个问题也就是，该程序、判决是否合法有效？质言之，原告提前离开法庭，程序、判决是否有效？在287年12月5日罗马皇帝Diocletian and Maximian给Pompeianus的回复中规定如下：

“毫无疑问，法律规定每当提起一个通奸罪的指控，原告必须出庭。但是从你的来信中我们获悉，在经过刑讯后的讯问后，Viator的妻子被发现与Julianus犯有通奸罪，但是她要求Viator本人于判决宣布之时到庭。我们认为，既然该案的审判几乎业已结束，并且犯罪业已由刑讯后的讯问证实，那么其丈夫就不必重新再次be recalled from his watch on the border。”②

在这里，我们看到的不仅是罗马帝国时期原告有效出庭期间计算精确之程度，更重要的是，它折射出一个完整、充分的出庭对于重罪审判的程序，对一个有效的判决来讲、对主持审判的法官来讲，是何等重要！

（三）原告、被告同时出庭：对质要求

帝国时期的罗马法，虽然将原告、被告出庭作为一个审判程序有效的必要条件，但是，它并没有明确地说原告与被告必须同时出现在法庭上。4世纪后期的帝国法律，弥补这个缺陷，即宣布原告在被告人不在场的情况下所作出陈述无效。在384年12月20日，罗马皇帝宣布：“对一个不在场的被告人无论作出什么样的指控，将原告单方出庭所做的自言自语——就好像被告人也在场甚至他已经被

① C. 9. 2. 4.

② C. 9. 9. 19.

判决有罪一样——这是不允许的。”[①] 该 constitutio 具有特别重要的意义，因为它被收录在罗马法第一个正式的官方汇编中，即 438 年的 Theodosian Code Boook XI 中。[②]

在前帝国时代，罗马贵族享有“作为原告使用书面指控而不出庭”的特权，可以由代理人出庭指控，从而“双方同时出庭”的要求，在贵族作为原告的案件中可能无法实现。我们看到为了堵塞法律漏洞、杜绝这种特权导致的诟病，新的立法随即出台。390 年 2 月 15 日，罗马皇帝在米兰规定：“尽管在民事案件中，有头衔的人可以书面起诉他人并由其代理人出庭进行诉讼，但是在刑事案件中，以书面指控他人犯罪，需要原告出庭，因此即使他是有头衔的人，书面指控他人犯罪也必须亲自出庭。”[③] 该法律被表述为：“民事案件中有权势的人由代理人出庭诉讼，但是在刑事案件中必须亲自出庭诉讼”[④]。从上述罗马刑事、民事程序原告出庭要求的明显差异中，我们可以深深体会到基督教血腥审判观念对于刑事诉讼程序设计影响之深远。在 423 年，罗马帝国皇帝重申：“我们规定如下：很久以前制定的刑事案件的法律仍然有效。在一个涉及一个人的性命的案件中，他不能仅仅因为自己被指控就马上被视为被告人，以防危及无辜。在任何情况下，一个人指控另一个人犯罪，他必须来到法庭，给出被告人的姓名……”[⑤]。

（四）控方证人出庭[⑥]

控方证人是否必须出庭，在经典时代与基督教征服以后的罗马

---

① Frank R. Herrmann, S. J. , and Brownlow M. Speer, ‘Facing the Accuser: ancient and medieval precursor of confrontation clause’.

② Theodosian Code , Boook XI, Title 39, 9. , see The Theodosian Code and Novels and Sirmondian constitutions, A Translation with Commentary, Glossary, and Bibliography by Cl · e Pharr , The Lawbook Exchange, Ltd. 2001, pp. 340—341.

③ Emperors to Tatianus, Praetorian Perfect, Given at Milan February 15 (390), in C. 9. 2. 15.

④ Bas. 60. 33. 28.

⑤ Emperors Honorius and Theodosius to the Consuls, Praetors, Tribunes of the People and Senate , Given at Ravenna August 5 (423), C. Th. 2. 1. 8, in C. 9. 2. 17.

⑥ 由于对质权与传闻规则之间的交叉重合，故这部分主要内容不可避免地和笔者的另一篇论文《西方传闻规则的历史、发展与功能演进》的内容重合，请见谅。

帝国的法律中有明显的不同：经典时代、共和时期，不出庭证人提供的证据可以作为判决的基础；而在帝国时代，证人出庭成为一项原则。我们先看前基督教时代的立法和司法实践。

1. 前基督教时代的立法

经典时代罗马证据法的唯一规范者就是哈德良皇帝，可以说没有哈德良就没有经典时代的罗马证据法。在给地方官员的一个回复中，哈德良大帝说道："亲自出庭的证人给出的证言，和那些在法庭上宣读的证言相比具有不同的分量。因此斟酌一下，如果你相信那个证人，那么给他（出庭的路途）费用让他出庭作证。"① 实际上，在哈德良的立法中，出庭证人证言与庭外证人给出的书面证言之间的唯一区别就是可信度不同，而非可采性。

而对于路途遥远的证人、军事服役的士兵，可以因不便而不出庭："正如先帝哈德良所规定的那样，路途遥远的证人不能轻易地被传唤出庭作证，更不用提传唤那些军事服役的士兵出庭作证放弃军事服役了。"② 在哈德良那里，不方便的情况下，不出庭作证是原则，出庭作证是例外。保罗的法学老师、罗马皇帝马可·奥勒留（Marcus Aurelius，161—180 年在位）的法律顾问 Cervidius Scaevola 说道："那些年长的、生病的，或服役士兵或不能前来的，都不能强迫他们前来作证。"③

在 3 世纪以前的陪审团刑事审判中，④ "未出庭的证人证言可以用来解决任何争议事项，"其做法是，"由 7 个保证人作出宣誓，确保当下制作的书面记录内容确属该证人所言，并且这样的书面记录经 7 个保证人共同用印签密封后送至罗马。"⑤ 这种庭外取证程序，

---

① D. 22. 5. 3. 4.

② D. 22. 5. 3. 6.

③ D. 22. 5. 8.

④ 罗马刑事陪审团的消失发生在公元 3 世纪以后的帝国早期，见 Wolfgang Kunkel, An introduction to Roman Legal and Constitutional History , Oxford , 1966, pp. 63, 66; George Mousourakis, A Legal History of Rome, Routledge Taylor and Francis Group, 2007, p. 134。

⑤ James Leigh Strachan - Davidson, Problems of the Roman Criminal Law (Volume II) 1969, p. 116.

同样适用于民事诉讼。[①] 据学者考证，“在西塞罗时代（公元前106—43年），至少在整个1世纪，无论原告还是被告，都可以让各自的证人不亲自出庭，而使用书面材料向法庭作证。”[②]

2. 前基督教时代的司法实践

据学者考察[③]，尽管一个有关罗马诉讼的论文详尽地论述了证人有义务详述‘他所看到的，以及他所听到的’[④]，但同时也发现当时著名的罗马雄辩士 Lucius Crassus（140BC—91BC）运用交叉讯问讯问对方传闻证人的例子[⑤]：证人西卢斯（Silus）一直用“陈述自己曾经听到的来证明对皮索 Piso 不利的事实”，Lucius Crassus 讯问道：“西卢斯，你从那个人的口中听来的，可能是他出于怨恨才说的话”；西卢斯同意这样的说法。“同样，你也可能没有正确地理解那个人。”西卢斯肯定性地点了点头。“同样，很可能，你根本没有听到什么。”在这个典型的案件中，我们看到传闻证人所可能遭受的不利，也仅仅限于可信性降低或丧失。

为了说明问题，我们再看西塞罗辩护的三个截然不同的例子[⑥]：

西塞罗辩护的被告人弗拉库斯（Flaccus）被指控犯有敲诈罪，控方的证据主要是私人信件，在该信中，被害人即信件的作者向他母亲和姐姐写信倾诉道，弗拉库斯曾经敲诈了自己50银币。但是该信件的作者从未出庭作证。[⑦] 西塞罗要求陪审团（在决定是否相信控方证人证言的时候）审视证人面部表情、注意证人说话语气是否粗鲁。[⑧] 他提醒陪审团注意证人作证时是如何愤怒、脸部如何呈现出羞愧、发抖、脸色苍白的。[⑨] 西塞罗对指控弗拉库斯的传闻信件提出

① Leopold Wenger, Institution of The Roman Law of Civil Procedure , translated by Otis Harrison Fisk, (revised edition) 1986, p. 198.

② Frank R. Herrmann, S. J. , and Brownlow M. Speer, ‘Facing the Accuser: ancient and medieval precursor of confrontation clause’.

③ James Leigh Strachan - Davidson, Supra n. 67, at 123.

④ Cicero, ad Herennium, IV. 35. 47.

⑤ Cicero, de Oratore, II. 70. 285.

⑥ Frank R. Herrmann, S. J. , “The Establishment of a Rule Against Hearsay in Romano - Canonical Procedure” , Virginia Journal of International Law Vol. 36: 1.

⑦ see Cicero, Pro Plancio 36. 90—37. 93, in The Speeches, N. H. Watts trans. , 1923, pp. 460—465.

⑧ see Cicero, Pro Flacco 4. 10 , in The Speeches, id. , at 376.

⑨ Id.

了反对意见："但是，Flacidius（该书信的作者）所做的指控是不寻常的；他说给了弗拉库斯50银币，如果是这样的话，那么让我们听听这个人说什么！但他不在这里。那么他如何说话？他母亲出具了一封信件，他姐姐也出具了一封信件。她们说他写信给她们，并且还说他给了弗拉库斯一大笔钱……我们为什么听不到他自己的声音呢？……难道你认为你能证明这么严重的指控吗，Decianus 仅仅复读一下信件，而且仅仅是这妇人在信件的作者未出庭而提交的……？"① 在另一个案件中，西塞罗为普拉瑟斯（Plancius）辩护中，普拉瑟斯被指控贿赂选举。西塞罗反对控方证人提交他们曾经听到的口头陈述，包括关于普拉瑟斯的贿选行为的传闻和流言。②

具有讽刺意味的是，西塞罗在为其另一个当事人 Roscius Comedus 辩护的时候，③ 其观点就发生了戏剧性的变化。原告声称 Roscius 欠他钱。西塞罗希望展示被告人已经归还。④ 没有一个目击证人能够证明，因此，辩护就只能依靠某个人的传闻陈述，这个人声称自己曾经听到一个目击证人说过款项已经归还。⑤ 西塞罗努力为自己使用这样的二手证据辩护。他对陪审团的解释就像现代美国法律实务者那样，即因为传闻证据是必要的、可信的，所以传闻证据应该被允许。西塞罗首先坚持，没有任何证明款项支付的直接证据传唤到陪审团面前可供听取。⑥ 其次，他的那位未出庭的声明者是一位法官、爵士，是没有偏见的人；对方当事人也曾经承认其人品正直可靠。最后，他解释道，这个声明者知道，如果自己撒谎，上帝将惩罚他，即使他（说出此事时）没有经过宣誓。⑦ 总之，西塞罗主张，传闻是可信的。

西塞罗之后的另一名罗马著名辩士昆体良（Quintilian，c. 35—

---

① Id. , at 460—62.

② see Cicero, Pro Plancio 23. 57（54 B. C. E.）, in The Speeches, id. , at 406, 480—482.

③ See Cicero, Pro Roscio Comoedo（c. 66 B. C. E.）, in Cicero, The Speeches, id. , at 274 .

④ Id. 14. 41, in The Speeches, id. , at 312.

⑤ Id, 14. 42—43, in The Speeches, id. , at 312—314.

⑥ Cicero , Pro Roscio Comoedo 14. 42, in Cicero, The Speeches , id. , at 312.

⑦ Id. 16. 46, at 316—17.

110 C. E. ）曾经就如何讯问证人给法律执业者提供了详细的司法指导建议。他明确指出，不出庭的证人给出的书面证言是可采的——即证人证言“或以书面形式给出或是通过出庭亲自给出”——但是他提示道：事实发现者倾向于更加信任现场证人（live witness）的证言。[①] 可以看出，出庭仅仅是增加可信性的一种可能的筹码。

总之，无论是从哈德良皇帝的立法，还是从著名的罗马雄辩士 Lucius Crassus、西塞罗、昆体良的例子来看，证人并没有被要求必须出庭，传闻规则也没有很好的建立起来。因此，学者得出如下结论：“如果我们从西塞罗对待二手证据的方式来判断的话，那么对于二手证据的可采性则不存在任何规则可言……从庭外取的书面证据——我们假定多数是经过宣誓了的——被提交、被宣读；我们发现西塞罗在一个案件中使用这种证据：这个证人的证辞以书面的形式提交到法庭，其内容是关于自己和那个最终的、真正意义上的证人的交谈内容……书面证据大量被作为证据使用……这些证据被提交作为证据使用，说明了另一个原则，即法庭被允许采纳所有的一切。”[②]

但是，到了罗马帝国时代，这种状况便出现了变化。

3. 基督教征服以后的帝国时代

随着基督教对罗马帝国的征服，刑事案件中，证人出庭渐渐成为强制性的，并且控方证人出庭成为一个有效审判程序的前提。当然，这个转变过程并非一蹴而就的。

查士丁尼大帝立法 C. 4. 20. 16 中规定：“除了那些被法律禁止作证的、或那些社会地位较高的人或贵族之外，所有人的，除非有皇帝的谕令，不仅在刑事案件中，而且在民事案件中，都要在宣誓下就自己所知道的事情作证，或宣誓自己不知道某些事情。”[③]在强调证人作证义务的同时，接下来，查士丁尼大帝规定了两个例外，即居住在异地不方便作证的证人，与享有庭外作证特权的贵族：“如果证人在罗马城居住，他们要给出口头证言；如果他们不在这里，那么双方当事人的代理人要前往其居住地，这样证人就可以对自己所知道的事情宣誓，或宣誓自己不知道某些事情。那些享有作证豁免

---

① Frank R. Herrmann, S. J. , and Brownlow M. Speer, supra n. 33.

② A. H. J. Greenidge, Supra n. 69, at 274—275.

③ 4 C. 4. 20. 16; see also Digest 22. 5. 1.

特权的显贵达人也应该享有通过书面记录作证而免于到庭作证的特权。”[①] 学者证实，这个法律是对以前立法的改动；在以前，民事案件中的证人不能被强迫到法庭作证。而该法律规定了无论是刑事案件还是民事案件，证人必须出庭作证。但是，该法律也认可了某些贵族或社会地位较高的人免予亲自出庭作证的特权。[②]

在529年，查士丁尼大帝又重复了C.4.20.16的刑事案件与民事案件证人不出庭的例外：“我们以前制定的法律（即C.4.20.16）规定：如果证人在其他地方居住，当法官认为最好是让双方当事人或他们的代理人到证人居住地以便证人的证词可以当着双方当事人的面作出，并在随后该证词再呈送到法官那里，那么法官可以这样做。无论是在罗马还是在行省，法官现在都要遵守这个先前的法律；万一需要证人证明书面文书的真实性，如果法官认为证人想在其他地方证明的要求是正当的，那么他们应该作出这样的命令。因此，在该文书的真实在一个适当的地点得到证实以后，该事项应该呈交到最初的法官那里。”[③] 但是，他并没有提到先前的贵族庭外作证特权是否还有效，这就留下了一个模糊的空白地带。

查士丁尼大帝于539年10月1日公布了新律（leges novella or Nove），明确地在刑事诉讼与民事诉讼的证人出庭、庭外取证方面作出了区分，从而取消了刑事案件中所有的不出庭例外，消除了以前立法的模糊之处。新律第90章的标题就是“证人”：

“我们已经制定过法律（指C.4.20.16；C.4.21.18）规定，如果一个当事人在这里（罗马城）起诉，但是必须由另外一个行省的证人提供证言来证明部分案件事实；那么根据法官作出的司法命令，并在一个适当的时间内，可以在该行省讯问这个证人；该证人证言被呈送到罗马城的法官以后，这里的法官就可以作出判决了。现在，许多人要求这个法令得以扩展适用，即如果罗马城的当事人有居住在这里的证人，在得到其他行省法官的司法命令后，他们可以在这里讯问证人并取证，然后将该证据呈送到该行省的法官那里。实际上，他们要求的是该法令应该在不同的行省之间同样适用。因此我

① 5 C.4.20.16.1.

② Cujacius, Obs. 13, c.38.

③ Emperor Justinian to Mena, Praetorian Prefect, Given April 6 (529), in C.4.21.18.

们规定，基于获取证据之目的，该法令应该如此适用；并且，法官可以作出一个司法命令，派人索取这里（罗马城）获取在我们任命法官面前作出的证人证言；按照法官的司法命令，在辩护人或地方行政长官面前所获取的一个行省内的证人证言，可以在另一个行省使用；同样，在罗马城或在一个行省获取的证人证言也可以在其他的行省使用，这种便利要平等适用。”①

但是，查士丁尼大帝接着马上指出：“上述法令仅仅适用于民事案件；因为在刑事案件中，最为重要的事情危在旦夕，证人必须出现在法官面前，并且当着他的面告知其所知道的事情。”②

新律完全杜绝了刑事案件中使用庭外获取证人证言的可能性，也禁止任何形式的庭外取证。至此，物理意义上的庭内、庭外证据的区分，到查士丁尼发布新律的公元6世纪，已经完全被界定得十分清楚：首先是被告，然后是原告，其次是原告与被告同时出现在法庭，最后是证人尤其是控方证人的出庭，成为一个有效刑事审判程序的必要前提。法庭，成为唯一可以提交证据并作出判决的地方。虽然当时被告人并没有被赋予“名义上的对质权”，但是，在效果上，这种对质要求和当今“对质权”没有任何实质性的区别，唯一的区别就在于：最初作为法官避免上帝惩罚的避难所或程序装置，在13世纪的教会法那里，以自然法的面孔出现成为上帝赋予的对质权。③

这种在罗马帝国时期的世俗死刑审判中发展出来的对质要求，成为奥古斯丁所提出的“正当程序”原则的核心内容。更重要的是，在神明裁判等非理性证据制度主导西欧世俗重罪审判程序的中世纪时代，融对质要求于一体的“正当程序”原则，转而成为教会法程序的基石。

（未完，待续）

---

① Emperor Justinian to Mena，Praetorian Prefect，Novel. 90. c. 5.

② Id.

③ 13世纪以后，教会法学家以自然法为基础，将这种对质要求转变为对质权，详见后文。

图书在版编目（CIP）数据

诉讼法学研究．第16卷/卞建林主编．—北京：中国检察出版社，2010.3

ISBN 978-7-5102-0241-4

Ⅰ.①诉…　Ⅱ.①卞…　Ⅲ.①诉讼法-法的理论-研究
Ⅳ.①D915.01

中国版本图书馆CIP数据核字（2010）第029922号

诉讼法学研究（第十六卷）

主编　卞建林

出版发行：中国检察出版社
社　　址：北京市石景山区鲁谷西路5号（100040）
网　　址：中国检察出版社（www.zgjccbs.com）
电子邮箱：zgjccbs@vip.sina.com
电　　话：(010)68682164(编辑)　68650015(发行)　68636518(门市)
经　　销：新华书店
印　　刷：三河市燕山印刷有限公司
开　　本：720mm×960mm　16开
印　　张：28印张
字　　数：436千字
版　　次：2010年4月第一版　　2010年4月第一次印刷
书　　号：ISBN 978-7-5102-0241-4
定　　价：55.00元
